崇尚科学 追求创新

镇江院士专辑

镇江市政协办公室
镇江市史志办公室 编

江苏大学出版社
JIANGSU UNIVERSITY PRESS
镇江

图书在版编目（CIP）数据

崇尚科学 追求创新：镇江院士专辑 / 镇江市政协办公室，镇江市史志办公室编. -- 镇江 ：江苏大学出版社，2025. 3. -- ISBN 978-7-5684-2427-1

Ⅰ. K826.1

中国国家版本馆CIP数据核字第2024PT3967号

崇尚科学 追求创新：镇江院士专辑

Chongshang Kexue Zhuiqiu Chuangxin：Zhenjiang Yuanshi Zhuanji

编　　者/镇江市政协办公室　镇江市史志办公室
责任编辑/米小鸽　许　睿
出版发行/江苏大学出版社
地　　址/江苏省镇江市京口区学府路 301 号（邮编：212013）
电　　话/0511-84446464（传真）
网　　址/http：//press. ujs. edu. cn
排　　版/镇江文苑制版印刷有限责任公司
印　　刷/南京艺中印务有限公司
开　　本/710 mm×1 000 mm　1/16
印　　张/25
字　　数/420 千字
版　　次/2025 年 3 月第 1 版
印　　次/2025 年 3 月第 1 次印刷
书　　号/ISBN 978-7-5684-2427-1
定　　价/98.00 元

如有印装质量问题请与本社营销部联系（电话：0511-84440882）

序言

　　创新是一个民族进步的灵魂，是一个国家兴旺发达的不竭动力，也是中华民族最深沉的民族禀赋。当前，"两个大局"交织激荡，改革发展稳定任务艰巨繁重，如何把握主动、赢得未来，习近平总书记深刻指出："坚持培育创新文化，传承中华优秀传统文化的创新基因，营造鼓励探索、宽容失败的良好环境，使崇尚科学、追求创新在全社会蔚然成风。"

　　中华民族的历史是一部不断寻求突破、塑造文明的创新史诗，中华民族底蕴深厚的创新文化孕育出众多闪耀史册的创新创造，推动人类社会发展进步。在这一过程中，无数创新先驱如同星火点亮了前行之路。

　　回望镇江三千多年的建置史，一面是尘世的千年烟火，一面是创新的璀璨星空。元代学者俞希鲁在《至顺镇江志》中载曰，上下千数百年，名公巨卿，鸿儒硕彦，项背相望。刘勰、米芾等文人墨客在这里著书立说，沈括、苏颂等科学巨匠在这里发明创造。近代以来更是群星闪耀，中国航空事业先驱巴玉藻、中国现代桥梁之父茅以升、"大师之师"马相伯等，他们坚持真理、勇攀高峰的壮丽史诗，诉说着镇江深邃灿烂的历史文化和独特厚重的人文风骨。

　　一代人有一代人的奋斗，一个时代有一个时代的担当。改革开放以来，镇江人在创新的道路上勇毅前行，在各行各业开创了骄人业绩，涌现出了一批战略性、领军型人才，镇江院士是其中的杰出代表。他们在业内的卓越建树，孜孜不倦的科研精神，扎实的工作作风令世人崇敬。他们"爱国奉献、敬业诚信、崇学向善、造福桑梓"的高贵品质不断赋予着镇江"山水花园名城、创新创业福地"新的时代内涵。

党的二十届三中全会强调，教育、科技、人才是中国式现代化的基础性、战略性支撑。中国科学院、中国工程院是国家科学技术界和工程科技界的最高学术机构，是大师荟萃之地。发挥镇江院士崇尚科学、追求创新的示范作用，对于坚定实施创新驱动发展战略，坚持高水平科技自立自强，因地制宜发展新质生产力，加快让"六个更加"现代化图景变成美好现实，扎实稳健推进中国式现代化镇江新实践，努力为全国全省大局多作贡献，具有重要意义。

编撰《崇尚科学 追求创新——镇江院士专辑》是发挥文史资料工作"存史、资政、团结、育人"作用的重要实践。本书收录镇江院士的生动事迹，记述了院士们成长成才、治学育人等重要的人生经历，展现了一位位踏实、严谨、热情、谦逊、拥有赤子情怀的科研工作者形象。

科技创新大潮澎湃，千帆竞发勇进者胜。希望更多人通过本书读懂院士们科学报国的光辉品格，追求真理、勇攀高峰的科学精神，勇于创新、严谨求实的学术风范，矢志投身创新时代洪流，在全市上下营造崇尚科学、追求创新的社会氛围，为新时代新征程上奋力谱写"镇江很有前途"新篇章汇聚智慧和力量。

是为序。

中共镇江市委书记 马明龙

2025 年 3 月

目录

胸怀祖国　服务人民
勇攀高峰　敢为人先
追求真理　严谨治学
淡泊名利　潜心研究
集智攻关　团结协作
甘为人梯　奖掖后学

　　茅以升，中国科学院学部委员（院士）。1896年1月出生于江苏省丹徒县。土木工程学家，桥梁专家，近代桥梁工程奠基人，积极倡导土力学学科在工程中应用的开拓者。曾主持修建中国人自己设计并建造的第一座现代化大型桥梁钱塘江大桥。新中国成立后，又参与设计武汉长江大桥。主持中国铁道科学研究院工作30余年，为铁道科学技术进步做出了卓越贡献。编写《中国桥梁史》《中国古桥技术史》《中国的古桥和新桥》《桥梁史话》《茅以升桥话》等。1989年11月12日逝世。

　　1955年当选为中国科学院学部委员（1993年10月国务院决定将中国科学院学部委员改称中国科学院院士），1982年当选为美国国家工程院外籍院士。

茅以升

桥梁之子

1916 年赴美国留学；1917 年获美国康奈尔大学土木工程硕士学位；1919年获匹兹堡市加利基理工学院（今卡内基—梅隆大学）桥梁系工学博士学位。

1919 年 12 月 18 日登轮返国，1920 年 1 月 4 日抵达南京。历任唐山工业专门学校教授、国立东南大学（今东南大学）教授兼工科主任、河海工科大学（今河海大学）校长、天津北洋工学院（今天津大学）教授兼院长、江苏省水利局局长、浙江省钱塘江桥工程处处长、国立交通大学唐山工程学院院长、国民政府交通部桥梁设计处处长、中国桥梁公司总经理兼总工程师、中国工程师学会会长、中央研究院评议员、中央研究院院士。

1937 年，组织建成了我国第一座自行设计并组织施工的公路铁路两用桥——钱塘江大桥。

1949 年，应邀参加中国人民政治协商会议第一届全体会议。

中华人民共和国成立后，任中国人民政治协商会议全国委员会副主席、九三学社中央名誉主席、中国科学技术协会副主席及名誉主席、中国交通大学（北方交通大学）校长、铁道部铁道研究所所长、铁道科学研究院院长、武汉长江大桥技术顾问委员会主任委员、中国土木工程学会理事长。

1955 年，当选为中国科学院学部委员（院士）、常务委员、副主任。1982年，当选为美国国家工程院外籍院士。

这一份光辉的履历属于一个我们绝不陌生的名字——茅以升。

茅家有子初长成

说到茅以升这位桥梁专家，桥梁界无人不知。但说到他的籍贯，说起他是土生土长的镇江人，恐怕连一些镇江本地人也未必知晓他们还有这样一位重量级的"老乡"。

1896年1月9日，镇江五条街草巷茅家，一个哭声响亮的婴儿呱呱坠地，全家上下喜之不尽。自先祖武功大夫茅康随驾南渡定居丹徒，传至茅以升已届30代。不过茅家人无法预见，这个孩子不仅将给家族带来希望，给故里带来荣耀，更将为国家和民族做出卓越的贡献。

茅以升出生10个月，望子成龙的母亲韩石渠就主张全家迁到南京。

茅以升从小好学上进，善于独立思考。他10岁那年过端午节，家乡举行龙舟比赛，看比赛的人都站在文德桥上。而他因为肚子疼没能去看热闹，只能远远地听着锣鼓喧天，喝彩震地，喊号子、唱船歌的声音远远传来。他真恨自己偏在这个节骨眼儿上生了病。这天，桥上站的人比平时多出几倍，竟把文德桥压塌了，不少乡亲被砸死、淹死！这一不幸事件沉重地压在他心上。他不明白，桥，难道不应该有起码的承载能力吗？怎么就脆弱得多站了些人就承受不起这分量？他暗下决心：长大了一定要造出一座最结实的桥！

从此，茅以升只要看到桥，他总要从桥面到桥柱都观察个够。上学读书期间，从书本上看到有关桥的文章、段落，他便抄在本子上，遇到有关桥的图画就剪贴起来，时间长了，足足积攒了厚厚的几大本。

茅以升的爷爷茅谦是著名报人、我国近代史上颇有影响的水利专家，生前写的《水利刍议》一书，至今还珍藏在国家图书馆里。有一天，爷爷给茅以升讲"神笔马良"的故事，告诉他得到神笔的秘诀就是"勤奋"二字。这两个字伴随着神奇的传说深深地铭刻在茅以升的心里，由此可见幼承庭训是何等重要，而儿时所受的教育是否正确、得当、巧妙又会怎样影响一个人未来的发展。

入学后有件事令茅以升终身难忘：时任南京临时政府大总统的孙中山到他的学校视察，在礼堂里做了鼓舞人心的演讲。孙中山说，国家需要两路大军：

一路举行起义，建立民众政权；一路向西方学习，掌握先进的科学技术，因而在学堂里学习也是为建设国家做准备。孙先生那铿锵的语音、赤诚的情怀、富有感染力的话语，都深深地影响着茅以升。"为建设国家做准备"，自然也包括为桥梁建设打好知识的根基。茅以升原本就勤奋，受了这次演讲的激励，更是近乎贪婪地学习着知识，立志要以己所学，为国造桥。在他心目中，那一座座桥不仅勾连着江河两岸的交通，更整合着经济与文化，开启着民智。1916 年，茅以升从唐山工业专门学校（最初叫唐山路矿学堂，后来先后更名为唐山铁路学校、唐山工业专门学校）毕业，参加清华学堂（清华大学前身）留美官费研究生考试，以第一名被录取，赴美留学。

茅以升院士题词

在美国的几年，他如饥似渴地学习新知识，眼界和胸怀又开阔了很多。他的出色表现，不仅被学校师生注意到了，也被一些美国公司注意到了，他们纷纷向他伸出橄榄枝。茅以升在美丽幽雅的校园里，在车水马龙、繁华喧闹的街道上漫步，他惊叹于美国的强大与现代化，对彼时伤痕累累、满目疮痍的中华大地忧心忡忡。

有一年，他和那些来自世界各地的同学们一起过圣诞节，来到一处并不出名的大桥边游玩。白雪飘然而下，同学们唱着英文歌，在他乡过圣诞节。茅以升站在异国他乡的桥上，陡然产生了一阵强烈的思乡之情。脚下是带着落雪静静流去的河水，头上是深邃的天空，他不由得想起从前和亲人们一起守岁过春节的情形来。他们吃的不是火鸡，而是肴肉；不是冷面，而是热腾腾的锅盖面。鞭炮的硝磺味无比亲切。巷子里磨剪子菜刀的叫喊声在耳畔响起。金山寺、西津渡、北固楼，更是他们新年常常踏足的地方。家乡固然没有坚固的钢

茅以升青年时期留学美国前后

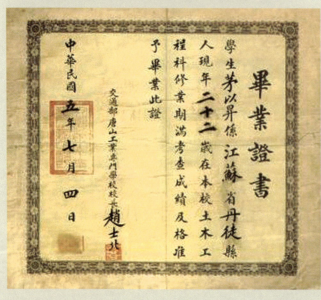

茅以升大学毕业证书

质桥梁，却还有虎踞桥横卧在古运河上。他下了决心：毕业后，定要以学来的一身本事回中国建桥去！

这个机会在 1933 年出现了。这一年直至 1937 年，茅以升一直担任钱塘江桥工程处处长，主持修建我国第一座公路铁路两用的现代化大桥——钱塘江大桥。

一战惊艳天下知

钱塘江大桥开工于 1934 年。当时，浙赣铁路正在兴建，要与沪杭铁路衔接，需在钱塘江上架设一座大桥。钱塘江是著名的险恶之江，水文地质条件极为复杂，其水势不仅受上游山洪暴发之影响，还受下游海潮涨落之约束，若遇台风袭击，江面常呈汹涌翻腾之势。江底的流沙厚达 41 米，变幻莫测，素有"钱塘江无底"之说。因此，民间有句谚语就叫"钱塘江上架桥——办不到"。

当时的工程技术界也普遍认为在钱塘江上架桥是件十分困难的事。茅以升却不信这个邪。看到祖国江河上的钢铁大桥均为外国人所建，他颇为痛心。他要为中国人争气，架设中国人自己的大桥。他迎难而上，毅然受命，任钱塘江桥工程处处长，邀请在康奈尔大学学习时的同学罗英担任钱塘江大桥的总工程师。寝馈于斯，志在必得！

建桥遇到的第一个困难是打桩。为了使桥基稳固，需要穿越 41 米厚的泥沙在 9 个桥墩所在的位置打入 1440 根

茅以升院士题词

木桩，让木桩立于石层之上。沙层又厚又硬，打轻了下不去，打重了易断桩。茅以升从浇花时壶水把土冲出小洞中受到启发，采用抽江水在厚硬泥沙上冲出深洞再打桩的"射水法"，使原来一昼夜只能打 1 根桩的效率提高到一昼夜可以打 30 根桩，大大加快了工程进度。

建桥遇到的第二个困难是水流湍急，难以施工。茅以升有针对性地发明了"沉箱法"，将用钢筋混凝土做成的箱子口朝下沉入水中罩在江底，再用高压气挤走箱里的水。工人在箱里挖沙作业，使沉箱与木桩逐步结为一体，在沉箱上再筑桥墩。放置沉箱很不容易，开始时，沉箱一会儿被江水冲向下游，一会儿被潮水顶到上游，在江中上下乱窜。茅以升苦思对策，把 3 吨重的铁锚改为 10 吨重的铁锚，沉箱问题才得以解决。

第三个困难是架设钢梁。茅以升巧妙利用自然力的"浮运法"，潮涨时用船将钢梁运至两墩之间，潮落时钢梁便落在两墩之上，省工省时。他的做法引发了同行的一致赞叹。

钱塘江大桥的建造，不仅受制于地理水文等自然条件，还受制于当时的战争背景：建桥末期，淞沪会战正紧，日军飞机常来轰炸。有一次，茅以升正在 6 号桥墩的沉箱里和几个工程师及监工员商量事情，忽然沉箱里电灯全灭。原来是日军飞机又来轰炸，工地关闭了所有电灯，以保证众人安全。黑暗中伸手不见五指，彼此只闻对方的呼吸声。茅以升明白这时他需要给大家力量。为了减轻大家的恐惧，他轻声安慰大家，引导他们想象此桥建成将会发挥的巨大作用，很快稳定了团队成员的情绪。

钱塘江大桥终于于 1937 年 9 月 26 日建成，在抗日战争中发挥了巨大作用。不过，令人意想不到的是，大桥建成不久，它的主持建造者又亲手将它炸毁。这是怎么回事呢？建桥纪念碑的碑文记录了这段悲壮的史实："时值抗日战争爆发，在敌机轰炸下昼夜赶工，铁路公路相继通车。支援淞沪抗战、抢运撤退物资车辆无数，候渡百姓，安全过江，数以数十万计。当施工后期，知战局不利，因在最难修复之桥墩上预留空孔，连同五孔钢梁埋放炸药，直至杭州不守，敌骑将临，始断然引爆，时一九三七年十二月二十三日。"1937 年 12 月 23 日，日军从北面攻入杭州，钱塘江大桥赶在日军到达江边之前起爆。茅以升挥泪作下《别钱塘》七绝："陡地风云突变色，炸桥挥泪断通途。五行缺火终来火，不复原桥不丈夫。"后来，他携带图纸资料，辗转后方。亲手毁灭日日夜夜赶工造起的大桥，对他来说是何等的悲痛和不舍，又是何等的果断和悲壮。抗战胜利后，茅以升兑现诺言，又主持修复了大桥。建桥、炸桥、复桥，几度沉浮，茅以升操碎了心。

钱塘江大桥使沪杭与浙赣两条铁路相连接，使钱塘江由天堑变通途，通车以来，为我国交通事业的发展和当地经济的繁荣发挥了巨大的作用。

钱塘江大桥既是我国桥梁建筑史上的一座里程碑，又是我国桥梁工程师的摇篮。茅以升创造性地把工地办成学校，吸收大批土木工程专业的学生参加工程实践，为国家培养了一批桥梁工程人才。我国一些重要桥梁工程，如武汉长江大桥、南京长江大桥的负责人，大多曾参与过钱塘江大桥建设。

此桥向世界展示了中国科技工作者的聪明才智。以茅以升为首的我国桥梁工程界的先驱在建桥中显示出的伟大的爱国主义精神，敢为人先的科技创新精神，排除一切艰难险阻、勇往直前的奋斗精神，是鼓舞后人为国家富强不懈奋斗的宝贵精神财富。

光华炫目耀神州

茅以升当然不会止步于此。1955 年，他又接过主持修建我国第一座跨越长江的大桥——武汉长江大桥的任务，担任武汉长江大桥技术顾问委员会主任委员。1955 年 9 月，大桥正式开工，到 1957 年 9 月 25 日建成，比原计划提前了一年零三个月。1957 年 10 月 15 日，武汉长江大桥举行落成典礼。

武汉长江大桥是铁路公路两用的双层钢桁梁桥。上层为公路桥，宽 22.5 米，其中车行道宽 18 米；下层为铁路桥，宽 18 米。主桥长 1155.5 米，连同两端公路引桥，总长 1670.4 米。

若坐上飞机从更高远的天空俯瞰，可以看到武汉长江大桥将京汉铁路和粤汉铁路衔接起来，成为我国贯穿南北的交通大动脉，并把武汉三镇连成一体，确保了我国南北地区铁路和公路网的贯连畅通。

这样的工程还有很多很多，茅以升的足迹可说遍布大江南北，他的名字也和新建的大桥一起留在了神州各地。

茅以升的一生不仅学桥、造桥，而且写桥。他在中外期刊发表文章 200 余篇，其中科普文章约占 1/3。他主持编写了《中国古桥技术史》及《中国桥梁——古代至今代》（有日、英、法、德、西班牙文五种文本），著有《钱塘江桥》《武汉长江大桥》《茅以升科普创作选集》《茅以升文集》等。这些论著见地不凡，文笔朴实，娓娓可读，是一笔丰厚而瑰丽的精神财富，持续浸润着一代代的后来者。

党和国家领导人非常信任他，1958年在修建北京人民大会堂时，工程总指挥审查工程设计时指出："要有茅以升的签名来保证。"投我以木桃，报之以琼瑶。茅以升对党的工作极端负责，他对人民大会堂的结构设计做了全面审查核算，最后一笔一画签上了自己的名字，撇捺之间都是郑重与自信。

茅以升院士在工作

世界名校、科技界肯定他。1919年，茅以升获美国加利基理工学院工学博士学位，其博士论文《桥梁桁架之次应力》中的科学创见被称为"茅氏定律"，他也因此荣获康奈尔大学优秀研究生"斐蒂士"金质奖章。1979年应邀访问母校卡内基—梅隆大学时，母校授予他"卓越校友"奖章，以表彰他在世界工程技术方面做出的贡献。1982年他被美国国家工程院授予外籍院士称号。

1997年1月9日，国家天文台在河北省兴隆县的观察基地发现了一颗小行星，编号为18550。这一天正是茅以升的诞辰日。为了纪念茅以升在我国桥梁工程建设和科技、教育、科普事业等方面的卓绝成就，国家天文台向国际小行星组织申请将其永久命名为"茅以升星"。它和祖冲之星、沈括星遥相呼应，永远闪耀在浩瀚的宇宙中。耿耿星河，璀璨者众，但对于镇江人而言，这三颗星的光华分外耀眼、分外夺目。

天涯游子心相系

　　茅以升牵挂着故乡，但也许连他自己也没想到，走出这座城市以后，漫漫数十载，仅回过镇江五次。

　　茅以升第一次回镇江，是1930年春就任江苏省水利局局长。他住在仁章路集体宿舍。1931年，夫人戴传蕙带着四个孩子回到镇江，孩子们在五条街小学插班就读，他们全家先租住在中山桥附近的一座平房，后物色到中山东路东德馨里一座楼房，上下五间，条件上乘，于是阖家迁入。在这段时间里，在繁忙的公务之余，茅以升携妻将雏，畅游金山、焦山、北固山，踏访草巷故居，享天伦之乐。就职两年间，茅以升大刀阔斧整顿和发展江苏水利事业。他亲率工程技术人员实地精心勘测，认为"北固山东，乃深泓所经，焦山砥柱中流，溜势一束，故新港吃水深度，无虞不足"，遂计划在镇江象山、北固山之间建一新港。港埠区域，东起象山，西止北固，北临大江深泓，南以山线为障，面积5300余亩，地位超越，形势天成。计划认为，新港建成后，"交通即可发达，商业随之振兴"。此项计划于1931年经省府议决通过，经费也大体落实，岂料就在即将动工之时，运河、海塘洪水成灾，经费移作治灾工程之用。不久水利局又被裁撤，于是镇江新港工程流产。茅以升在任内为象山新港所作的努力，虽付之东流，却已载入镇江交通港口的史册。

　　茅以升第二次回镇江是处理父母合葬的事宜。1934年，其父茅乃登病逝于南京。1946年1月，其母在重庆去世，孤厝暂放嘉陵江畔。同年2月，茅以升便从重庆飞到上海，为维修因战争损坏的钱塘江大桥，他奔走于上海、南京、杭州间。因机票紧张，他的家属到

茅以升院士在查阅资料

7月底才得以分批乘机飞回南京。待长江航运恢复正常，他一面委托本家茅鸿年去嶂山墓地整旧布新，做好双亲合葬的准备，一面委托重庆的同仁代为操办，从山上启灵下船，运到汉口，又经汉口同仁梅旸春（后为南京长江大桥总工程师）主办换轮，自汉口运抵南京。1948年1月7日清晨，茅以升和从上海赶到的大哥前往江边接灵，然后乘卡车沿宁镇公路来到镇江蒋乔嶂山，将灵柩运至墓地，亲眼看到父母灵柩合葬，墓前行礼，挥泪返宁。

茅以升第三次回镇江是在1959年4月8日到10日，是与周培源等全国人大常委会委员、全国人大代表和全国政协委员赴江苏视察的。在镇三日，与镇江负责同志亲切会面，畅谈甚洽。离开镇江前，茅以升委托送行的统战部同志查看其双亲墓地，接待同志一口答应，令他颇为感动。

茅以升第四次回镇江是在1984年4月5日到7日，是来参加《土木工程》编委会的成立会议的。此前，镇江第二中学团委和少先队联合举办了"学习茅以升爷爷，从小立志攀高峰"主题报告会，初一少先队员集体给他写了信。市科协将此次活动情况拍成照片，向他做了汇报。他收到信和影集后，写了热情洋溢的回信。4月7日上午，他在市科委、市科协和市教育局领导陪同下专程到市第二中学与学生代表欢聚座谈。据时任镇江市科委副主任的霍义平回忆，市第二中学校长代表全校师生向茅以升赠送了校徽，亲自为他佩戴在左胸前，少先队员为他戴上红领巾并献上鲜花。他则满怀深情地说："我过去总想见见家乡的同学们，今天如愿了，我很高兴。"他希望同学们好好学习，为家乡的四化建设做出贡献，最后勉励大家："从小立志，振兴中华。"他在休息室里还兴致勃勃地与学生代表交谈，观看了同学们课外科技活动的成果。在阵阵欢声笑语中，摄影师为茅以升和孩子们留下了一个个珍贵的镜头。看到青葱少年，他不禁想到了在大洋彼岸刻苦攻读、立志报国的青春岁月。只是此时并没有多少伤感，抚今追昔，看到九州大地一座座"国产"的桥梁如同飞虹腾空架起，欣慰之情盈满心怀。

1987年9月29日到10月1日，钱塘江大桥建桥50周年纪念活动后，茅以升在返京途中特回故乡，这是他第五次回镇江，也是他最后一次回到故乡。9月30日上午，他由市政协秘书长陪同，坐着轮椅游览了金山，又去了蒋乔嶂山，祭扫父母坟茔；下午会见市政协副主席、九三学社副主委等；晚上在市委书记、市委及市政协秘书长的陪同下，在伯先公园与家乡人民一起欢度中秋、国庆双节。10月1日，他参观了梦溪园。这次回来，恰逢两个节日邻近，停留时间虽不长，却因此二节有了一种不同的分量，也平添了一分不同的意味。游览梦溪园多半是在白天，笔者却愿意想象是在月明星稀的晚上。他或许会抬头看一看沈括星，那颗与茅以升星一起闪烁着镇江之光的星星。九十一岁高龄的他该别有一番感慨吧！

茅以升的情系家乡，其来有自。梳儿巷居委会就曾在茅以升故居办公多年。1955年他访日归来后，在杭州受到毛主席接见，主席问他是哪里人，他自豪地答道："我是镇江人。"

茅以升院士1987年10月回镇江题词

1985年，霍义平和当时镇江市文化局的同志一起到茅以升家，请他题写"梦溪园"匾额，并担任纪念沈括逝世890周年大会活动的名誉主任。茅以升欣然接受，不久就将题字寄回。"梦溪园"三字骨架端秀劲挺，气质平和简静；茅以升署名下方一枚朱红印记尤为夺目。"梦溪园"三字被镌刻在汉白玉门额上。现在，梦溪园已成为镇江市的旅游景点之一。

茅以升一口乡音，终生未变，我们想着他以地道的镇江方言指挥着钱塘江大桥和武汉长江大桥等大工程的建设时，也不禁感到特别温暖。

参天大树不忘植根的沃土，茅以升爱乡思乡之情，老而弥笃。在生命的最后时日，他仍屡屡叮嘱秘书郑淑娟："小郑，车来啦？快，我们回镇江……"乡情真挚深沉，感人肺腑。他的祖父母安葬在镇江五州山的湾沟，父母亲合葬在蒋乔的嶂山，他在1989年11月12日去世后则叶落归根，归葬镇江栗子山。

这一次，他是真的回来了。从起点到终点，在外的种种风云际会似只是绕了一个大圈，却也诠释出一种人生的圆满。

茅以升去世后，中央成立了治丧委员会。中共镇江市委、镇江市人大、市政府、市政协和市九三学社、市科协、市第二中学分别发出了唁电，镇江派出代表团赴京吊唁，向他表达家乡人民的哀悼与追思。

遵照茅以升的遗愿，他的部分遗物由其亲属捐赠给镇江人民，包括各种著述、书信、资料手稿，各种中外奖章、荣誉证书、任命书、委任状，各种录像录音带、社交活动照片，以及他生前长期使用过的工作、生活器具，共四大类800余件。其中，他建造钱塘江大桥时使用过的自制测绘工具及部分资料、早年留学美国时的博士论文和毕业证书，以及一些中外著名专家学者写给他的信件等史料实物极为珍贵，现在都陈列在世业洲茅以升纪念馆，供人观瞻研究。

他心中装着家乡，家乡人民亦从不曾忘记他。2020年11月27日，茅以升实验学校揭牌仪式在镇江市丹徒区茅以升实验学校报告厅举行。该校是第一所以"茅以升"命名的九年一贯制学校，秉承着他奋斗勇进、爱国奉献的精神，渗透着他"奋斗作桥，以身渡人"的情怀，是家乡以他为骄傲、以他为榜样的明证。

鲜活的例子还有不少：江苏省交通控股集团在世业洲兴建了茅以升纪念馆，寄托思念；从丹徒新城兴汽路到上党大道则建了茅以升大道。茅以升的建桥，与家乡父老的铺路相得益彰。这也许才是对他最好、最动人的纪念！

参考资料

1. 中国科学院学部. 院士信息：茅以升 [EB/OL]. (2019-06-24) [2024-09-07]. http://casad.cas.cn/ysxx2022/ygys/200906/t20090624_1809895.html.

2. 北京茅以升科技教育基金会. 走近茅老 [EB/OL]. [2024-09-17]. https://www.mysf.org.cn/Zoujinzation/index.html？id=2.

3. 尹晓宇. 茅以升：中国现代桥梁之父 [N]. 人民日报，2021-06-01（6）.

4. 中国人民政治协商会议江苏省镇江市委员会. 桥梁专家茅以升 [M]. 北京：中国文史出版社，1990.

5. 中国人民政治协商会议江苏省镇江市委员会. 镇江乡情 [M]. 北京：中国

文史出版社，1990：69-73.

　　6. 上海铁路局志编委会. 上海铁路局志 [M]. 北京：中国铁道出版社，2004：190-192.

　　7. 镇江市地方志编纂委员会. 镇江市志 [M]. 上海：上海社会科学院出版社，1993：1691.

　　8. 镇江年鉴编辑部. 镇江年鉴：1992 [M]. 上海：上海社会科学院出版社，1993：87.

　　9. 镇江市地方志研究会. 镇江为你骄傲：镇江籍两院院士、全国名人 [M]. 北京：方志出版社，2003：1-18.

　　10. 镇江市历史文化名城研究会. 镇江历史文化大辞典 [M]. 镇江：江苏大学出版社，2013：232，529.

（陶然撰稿，钱兆南修改）

　　吕澂,中国科学院学部委员(院士),哲学家,佛学家。1896 年 1 月生于
镇江丹阳。中国佛教协会常务理事。佛学造诣甚深,主要研究印度和中国佛学
及佛教因明学。主要著作有《佛典泛论》《中国佛学源流略讲》《印度佛学源流
略讲》《因明纲要》等。吕澂以其探隐抉微、穷原竟委的治学精神,深为后人
敬重,而他研究领域的广袤,在中国佛学界中亦少有人堪与比拟。他诲人不倦、
甘于淡泊的处世情怀,以及不慕荣利的高洁情操,至今令人景仰。1989 年 7 月
逝世。

　　1957 年当选为中国科学院学部委员(1993 年改称院士)。

吕澂

潜心佛学研究的现代佛学家

从美学转身佛学研究

吕澂，原名吕渭，后改名澂，字秋逸，也作秋一、鹙子，1896 年生于丹阳县梧桐山麓的三板桥街吕宅。父敏生，字丽泉，母李氏。丹阳吕氏一门出了吕叔湘、吕澂和吕敏三位院士，以及吕澂的大哥、声名誉满中华的吕凤子先生。

吕澂早年研究美学，著有《美学概论》等美学著作，在美学方面的成就已为世人所推重。后为了寻找解决人生问题的真谛，他转而研究佛学。从创办内学院起，他在佛学园地里辛勤耕耘了 70 个春秋，为佛学研究留下了宝贵的财富。

吕澂在《我的自述》一文中，讲述了他从美学研究转向佛学研究的原因。吕澂在 1959 年 8 月所写《我的经历与内学院发展历程》一文中介绍说："我原名仲渭，后改名澂，号秋逸。1896 年 1 月 10 日生于江苏丹阳县，同胞兄弟姐妹七人，我排行第四。兄弟姊妹对我思想上发生过影响的，只有大兄凤子，他早进了高等学校，带给我许多新知识，我之所以爱好佛学，也由于他传达在宁所闻杨仁山（文会）先生的讲说而得到启发。他本学西洋美术，这也影响了我，使我对美术理论发生了兴趣。"吕澂研究美学和佛学，均受了大哥吕凤子的影响。

20 世纪初期的"美术革命"思潮，是中国近现代美术思潮的重要方面，对其后中国美术尤其是中国画的创作，对中国画坛格局都产生了深远的影响。
1919 年 1 月 15 日，上海图画美术学院教务主任吕澂和中国新文化运动的主将、
中国共产党的主要创始人之一陈独秀，一起在《新青年》杂志（第六卷第一
号）上公开树起了"美术革命"的旗帜，提出"美术革命"的口号，引起了
中国美术界空前激烈的争鸣。吕澂通过阐述什么是美术史、介绍西方艺术史等
方式帮助人们重新认识中西美术的变迁和现状，让人们知道艺术界的大趋势，
这体现了"美术革命"的意义。在吕澂看来，中国的艺术家们在对待西方艺
术这件事情上并没有做到知己知彼，产生了不良的影响。为了消除不良影响，
必须进行"美术革命"。这吹响了以中国画为主的"美术革命"的号角，引起
了美术界的振荡，使中国画在当时整个文化视野中骤然成为焦点。

　　吕澂从美学研究转向佛学研究，经历了一个渐进过程。1909 年，14 岁的
吕澂考入镇江府中学堂（今镇江中学）。吕澂勤奋好学，以优异的成绩于 1911
年底毕业。1912 年春，吕澂考入常州高等实业学校农科，该校系私立学校，
一学期后停办。1913 年秋，吕澂又考入南京民国大学经济系，后由于学校迁
往上海而辍学。在南京期间，吕澂常前往金陵刻经处购书，因此得识欧阳竟无
先生，并颇获教益。1914 年，吕澂考入南京私立民国监狱学校，继续在南京
研究佛学。1914 年冬，进入欧阳竟无先生创办的金陵刻经处研究部，兼点校
刻稿，在这里工作了 2 年时间。

　　1917 年 10 月，吕澂留学东京，进入东亚高等预备学校，补习日本语文，
兼自习美术。次年 5 月，留日学生因爱国运动决议全体离日，吕澂随众归国。
吕澂归国后，欧阳竟无先生函约他去南京筹办内学院，以专门研究佛学。
9 月，吕澂由大兄吕凤子介绍，前往徐州第十中学任图工课教员，在此时改名
为澂。1919 年 2 月，吕澂从徐州返回南京参加筹备内学院的工作。

　　1920 年 2 月，云南督军唐继尧邀请欧阳竟无先生赴昆明讲学，兼筹内学
院开办费。吕澂随往助讲，在昆明结识了张天放、徐梦麟。同年 9 月，讲学结
束，吕澂前往上海，任上海美术专科师范教务主任兼美术史讲师，主编《美
术》杂志。

　　1921 年 8 月，欧阳竟无先生约吕澂从上海回到南京筹办内学院。1922 年
7 月，内学院得到梁启超、熊希龄、叶恭绰等名流的赞助，正式开办，吕澂任

学务处主任。1923 年 8 月，内学院办研究部试学班，吕澂兼任讲师，主编《内学》年刊。同时，他还兼任南京美专美术理论讲师。1924 年，兼任南京一中高中部哲学教员。应李石岑之约，撰写了《近代美学说和美的原理》《美学浅说》两稿，由商务印书馆印行。也许正是由于《近代美学说和美的原理》《美学浅说》的出版，吕澂感到似乎完成了美学研究的使命。受杨仁山先生、欧阳竟无先生的佛学影响，吕澂放弃美学研究，转身专事佛学的研究。

研究佛学

吕澂研究佛学，是从 1918 年正式追随欧阳竟无先生开始的。1918 年，欧阳竟无先生在金陵刻经处研究部设内学院筹备处，召吕澂回南京协助筹备。此后一直到 1943 年欧阳竟无先生去世，吕澂在欧阳竟无先生指导下着重考证鉴别佛教典籍的真伪。基于此，吕澂研究了梵、巴、藏、日等语言并获得了很深的造诣，凭借着较高的佛学素养与精深的语言知识，他在佛教典籍的辨伪考证方面取得了很高的成就，解决了佛教史上的许多难题，而且这些工作大部分是在 1943 年以前完成的。当时，中国的佛教理论研究工作尚在萌芽阶段。

1943 年欧阳竟无先生病逝，吕澂被内学院同仁推举为院长。此后，吕澂实现了由佛学研究骨干向带头人的重大转变。吕澂建立了"佛学五科"讲习体系的原则和设想。虽然由于当时环境的限制，这些原则和设想未能得到完全落实，但"佛学五科"的分法反映出吕澂对于佛学整体的思考，标志着吕澂佛学研究的重要转向。正是基于对佛学整体的思考，吕澂进一步诠释了"佛法不离世间"的积极意义和中印佛学"性觉与性寂"的本质差异，为以后进一步探究佛学的内涵和发展规律做了必要的理论准备。

1949 年 9 月全国政协第一届全体会议召开，特邀吕澂为代表（宗教界），吕澂因顾虑代表名单公布后会影响到内学院蜀院成员的安全（当时四川尚未解放），未能应邀出席。1950 年，四川解放。在此期间，吕澂总结了内学院建立以来的工作成绩，并拟定了将来的工作计划，在《现代佛学》月刊创刊号上发表。从 1951 年 1 月到 1952 年 8 月，吕澂和在院员生共同研究了佛学基本问题、中国佛学史隋唐部分、法称因明等。

吕澂研究佛学的历程，亦是一个渐进和深入的过程。1925 年夏，内学院得到南京韩府街旧营地 81 亩，内学院法相大学正式开学，开办了法相大学特科。吕澂在开学典礼上做演讲，指出法相大学开办之目的："正此趣向专志精勤，必使纯正佛法遍世间"（《内学》第二辑）。吕澂两次兼任法相大学讲师，讲印度佛学史等。1927 年，法相大学因故停办，内学院研学组织仅存问学和研究两部。

1937 年 11 月，抗日战争形势紧张，吕澂率院众迁蜀，同时将《金刚经三义》经版一并运至蜀地。从此，"息影江津，建蜀院，仍旧贯，讲学以刻经"。他主持编印《藏要》（三辑），又编校本版佛典 400 余卷，于编校余暇，撰写《西藏佛学原论》（该书由商务印书馆印行）。

1938 年，内学院西迁至重庆江津东郊，成立内学院"蜀院"，吕澂作《南藏初刻考》载于《内院杂刊入蜀之作二》（江津）。该文是吕澂参与整理考订国内各种陆续发现的历史大藏经刻本的成果之一。1939 年至 1941 年，内学院蜀院开讲"佛学派别及其传承"和"《起信论》辨伪"等课程。1941 年，吕澂又为华西大学中国文化研究所编撰《汉藏佛教关系史料集》第一集。

1943 年 2 月，内学院院长欧阳竟无先生病逝，吕澂继任内学院院长。吕澂拟定"佛学五科"讲习纲要，准备在数年内为院员讲授要典 30 种。从 1943 年 10 月到 1946 年 12 月，共讲授 15 种课程，编成《大藏目录》初稿。

1944 年 10 月 25 日，吕澂与蜀院院友会讲"谈'学'与人之自觉"。1945 年 11 月 13 日，与蜀院院友会讲"佛法与世间"。1946 年，于蜀院做"种性义""佛性义"等演讲。

1950 年 9 月，《现代佛学》月刊创刊，吕澂在《现代佛学》第一期上撰文系统回顾内学院 20 多年的工作和成果，并提出今后的计划。

1953 年 5 月，中国佛教协会成立，吕澂当选常务理事。1955 年 4 月，吕澂任保卫世界和平委员会江苏分会常委，当选政协江苏省第一届委员会常委。担任《中国佛教百科全书》副主编。1956 年 1 月，列席中国人民政治协商会议第二届全国委员会第二次会议，担任了中国佛学院院务委员会副主委。1956 年 7 月，被聘为中国科学院哲学所兼任研究员。1957 年 3 月，中国佛教协会第二届全国代表会议召开，吕澂再次当选常务理事。1957 年 7 月，被聘为中国科学院哲学社会科学部委员。

1958 年至 1961 年，吕澂先后当选江苏省第二届人民代表大会代表，第三届全国政协委员。受中科院哲学社会科学部委托，在南京开办为期五年的佛学研究班。

吕澂在《内学院研究工作的总结和计划》中写道："我们以为，人类真正的文化是一元的。随着历史的推移，旧有的学说思想契合于真理之处，在人类生活实践当中，一定会被吸收融合，以丰富着永在开展的文化。就这一点上着眼，佛学对于我国新文化的建设有其重要的意义。而且佛学的主旨，本是不满于不平等而痛苦的世间现状，要求根本变质地改革它，这样积极的精神虽时被曲解，却始终未会丧失，就又有其助长文化改进的功能。但这些，都必依据真实的佛学才谈得到。"

研究佛学之成就

1937 年，抗战全面爆发，战火蔓延到南方。欧阳竟无先生率领部分门人弟子前往四川，吕澂负责护送大批重要资料。内学院在江津成立"蜀院"，从事著述和研究工作。那时，吕澂 42 岁，正值壮年，在入川后数年间，于处理院务之余，全心投入学术研究。他对梵文、藏文原典的解读，尤为突出，曾校勘藏文《摄大乘论》《因明入正理论》和梵文《楞伽经》，并完成《杂阿含经刊定记》《因明入正理论讲解》等重要著作及学术论文。吕澂同时与法国佛教学者西勒万·列维及日本佛学家木村泰贤等往返论学，解决了许多历史遗留问题，为内学院在国际学术界赢得了声誉，也为中国佛教争了光。

1953 年 5 月 30 日至 6 月 3 日，中国佛教协会在北京广济寺成立，吕澂当选为常务理事。1955 年，斯里兰卡佛教徒为纪念佛陀涅槃两千五百年，发起编撰《英文佛教百科全书》的事，邀请各国佛教学者参与。中国佛教协会当即成立"中国佛教百科全书编纂委员会"，推举赵朴初为主编，吕澂任副主编，聘请国内佛教学者撰稿。吕澂同时撰写百万字的《中国佛教》，获得国际佛教界的肯定和赞誉。

吕澂晚年与家人合影

    1957 年，吕澂任中国科学院哲学社会科学部委员，兼任哲学研究所研究员。从 1959 年开始，吕澂连续当选第三至第七届全国政协委员。1961 年，吕澂受中国科学院委托，在南京开办一个为期五年的佛学班，开设"中国佛学"和"印度佛学"两门课程，后整理讲课笔记，辑成《中国佛学源流略讲》《印度佛学源流略讲》两书。

    吕澂不仅在佛学研究方面有着极高的造诣和成就，而且在中国近代佛学教育事业、佛学人才培养，以及佛经校刊出版等方面做出了不可磨灭的贡献。吕澂九十寿辰时，中国佛教协会会长赵朴初在贺信中对他的佛学研究成就做出了高度评价："居士继往圣之绝学，为法门之重镇。精义入神，昌明竺贤之心曲；显为阐幽，廓清内学之积晦，正法萦怀，功垂永久。"

    1962 年 2 月 12 日，中国佛教协会第三届全国代表大会在北京召开，吕澂到会并连任常务理事。吕澂于《学术月刊》第四期上发表《起信与禅》（对于《大乘起信论》来历的探讨）。同年 6 月 6 日，在《光明日报》上发表《试论中国佛学有关心性的基本思想》。巨赞法师就心性问题于 6 月 1 日去信与吕澂商榷，吕澂于 6 月 23 日复信，往来书札俱载于《现代佛学》第五期。

    1963 年，吕澂开始编写《中华大藏经目录》，后该计划因"文革"被迫中止。1964年，吕澂当选第四届全国政协委员，为纪念玄奘诞辰1300周年，著文《玄奘与印度佛学》载于《玄奘纪念集》，该文后被转载于《现代佛学》。1966年，南京佛学班停办，多年研究成果资料亦散失殆尽。

1972年，吕澂当选第五届全国政协委员。1978年，吕澂在《哲学研究》第六期上发表了《杜甫的佛学信仰》。1979年8月，中华书局出版了吕澂的《中国佛学源流略讲》。同年10月，上海人民出版社出版了《印度佛学源流略讲》。1980年，吕澂在《新华文摘》第五期上发表《中国佛学源流略讲序论》。齐鲁书社出版了吕澂编撰的《新编汉文大藏经目录》。这部目录刊出前人未曾刊出的119部经籍，并重新分类编目，为后人编辑《大藏经》提供了方便。1983年，吕澂当选第六届全国政协委员。同年12月，中华书局出版了吕澂的《因明入正理论讲解》。由李安整理编辑、吕澂自行选择并审定的《吕澂佛学论著选集》（五卷），1991年由齐鲁书社出版。

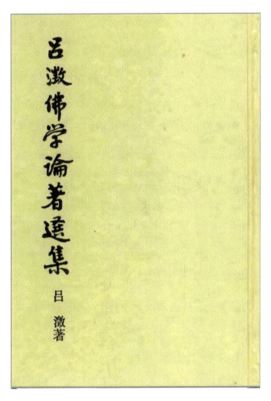

《吕澂佛学论著选集》书影

1949年以后，吕澂佛学研究的重点已经转向对佛学内涵和中印佛学发展规律的探讨，试图建立起适应新的时代需要的、具有存真求是精神的佛学学科体系。除少量考证著作外，其主要的著作都偏重于佛学思想方面。

吕澂对佛教内涵及中印佛学发展规律的认识逐渐系统化，编写了一系列关于佛教基本问题的论文和两本关于中印佛学思想发展源流的讲义。吕澂的这些探索，对于佛教的学术化和佛学的学科化建设来说，意义重大。

吕澂撰成了《声明略》《佛典泛论》《印度佛教史略》《因明纲要》《西藏佛学原论》《印度佛学源流略讲》《中国佛学源流略讲》《因明入正理论讲解》等十余部佛学著作及大量佛学论文，论文包括《杂阿含经刊定记》《显扬圣教论大意》《论庄严经论与唯识古学》《阿毗达磨泛论》《西藏传本摄大乘论》《安慧三十唯识释略钞》《因明正理门论本译文》《论奘译观所缘释论之特征》《入论十四因过解》《因轮论图解》《集量论释略抄》《南藏初刻考》《契丹大藏经略考》等。这些著作和论文为海内外佛学研究者所重视，其中有的被收入重要的佛学丛书，多次刊行。

吕澂谈到他的佛学研究过程时说道："我们多少年来，曾经努力廓清佛学思想上重重障敝，并辨析了现存于我国本土和西藏乃至印度、锡兰的各派学说的性质，以求窥见佛学的真相。有了这种准备，我们想，今后就应当去做下列的工作：一、用科学的历史观点，重行批判全体佛学并确定其一般价值之所在。二、注重民族性方面来阐明佛学过去对于我国文化的关系，由此寻出途径，结合当今人民大众所需求的，所了解的，以发挥佛学对新文化建设应有的作用。三、同时，彻底扫除人民大众间所有关于佛学的错误思想，以减少新文化建设的障碍。四、与国外进步的佛学研究相配合，以完成上述的任务。"

吕澂做学问非常严谨，著作堪称博大精深。他是世界上第一个发现瑜伽师地论中存在杂阿含经的本母的人，早于日本佛学界60年，让汉地的杂阿含经在世界上得到承认。

吕澂的佛学研究不唯功力深厚，而且所涉及的领域也甚为广博。他在佛书版本及辨伪、印度原典的研究与迻译、因明与声明、戒律、西藏佛教、印度佛教、中国佛教等方面均取得了卓越的成绩。

吕澂的佛学思想堪称三藏兼备、五明俱通。如果综合起来衡量，在广度与深度上，他可以说是 20 世纪中国佛研第一人。

参考资料

1. 马德泾，范然，马传生，等. 镇江人物辞典 ［M］. 南京：南京大学出版社，1992：152.

2. 中国人民政治协商会议镇江丹阳市委员会文史资料研究委员会. 古邑史踪 ［M］. 上海：三联书店上海分店，1994：237.

3. 镇江市历史文化名城研究会. 镇江历史文化大辞典 ［M］. 镇江：江苏大学出版社，2013：232.

4. 于凌波. 吕澂教授 ［EB/OL］.（2012 – 03 – 14）［2024 – 09 – 15］. http：//www.zgfxy.cn/xygk/lsmr/content_678.

5. 楼宇烈. 吕秋逸先生小传 ［EB/OL］.（2003 – 07 – 17）［2024 – 09 – 15］. http：//www.guoxue.com/discord/louyl/0683.htm.

6. 巨赞. 现代佛学：第 1 册 ［M］. 天津：天津古籍出版社，1995：18.

7. 丹阳"三吕故居"展出资料.

（王礼刚撰稿）

周志宏，中国科学院学部委员（院士），冶金学家、冶金教育家。1897年12月出生于江苏丹徒。中国合金钢与铁合金发展、中国冶金学科的带头人之一。1923年毕业于天津北洋大学。1926年获卡内基理工学院硕士学位，1928年获哈佛大学博士学位。在美国进行魏氏组织和纯铁马氏体的研究，推翻前人的结论，闻名于国内外冶金学界。1929年回国，先后任上海炼钢厂厂长、前兵工署材料试验处处长、合金钢厂厂长、重庆大学教授、大同大学机械系主任、上海交通大学副校长等职。长期从事物理冶金和钢铁冶炼研究，完成了钱塘江大桥的桥梁桥座的铸造和加工任务，是我国工具钢、高速钢和不锈钢的首创者，为发展中国氧气顶吹转炉、顶底复合吹炼和直接还原炼钢等技术做出了重要贡献。1991年2月13日逝世。

1955年当选为中国科学院学部委员（1993年改称院士）。

周志宏

中国现代冶金之父

早年求学、留学及成才之路

周志宏，清光绪二十三年（1897）十二月二十八日出生于江苏丹徒高桥一个普通职员家庭。其父周问梅是北平劝业银行的职员。父母共生有两子六女，周志宏是长子。他从小天资聪慧，父亲对他寄予了很大的希望，并悉心培养。1913 年，在他 16 岁那年，地处江边的高桥发生坍江，全家人所住房屋处在危险之中，不得不迁往与镇江一江之隔的扬州。周志宏从两淮小学毕业后即考入扬州中学就读。

周志宏读高中时，曾听一位日籍教师讲："一个国家强弱的标志是它的钢铁生产水平与产量。1842 年，英国打败清政府时，年产钢 104 万吨，而你们大清帝国只有 2 万吨。"堂堂大国，钢产量只有英国的几十分之一。这番话深深地刺痛了周志宏的心。落后，就要挨打。他把落后的耻辱埋在心底，认识到，中国要强大，必须靠自己的努力，靠全民族的努力，改变自己，赶超他国。从此，周志宏与钢铁结下了终生之缘。

经济的落后，生活的动荡，在周志宏脑子里留下了深深的烙印，但也成为激励他不懈奋斗的动力。1917 年，刚刚 20 岁的周志宏，以优异的成绩考入北洋大学预科。北洋大学创建于 1895 年 10 月，是中国近代第一所大学，也是清政府培养新式人才的一所学校。1923 年，周志宏从北洋大学矿冶工程系毕业，获工学士学位。由于学习成绩优异，他深受北洋大学矿冶系主任、美籍教授施勃理（Edwin Sperry）青睐。1924 年，经施勃理推荐，周志宏远赴美国南芝加哥炼钢厂工作。

在美国南芝加哥炼钢厂工作期间，周志宏把所学知识与勤奋相加，不畏辛苦，在实践中积累了丰富的经验。1925 年秋，他进入美国匹兹堡卡内基理工学院，即今卡内基—梅隆大学学习。这段时期，他主要从事中锰钢结构的研究，1926 年获冶金硕士学位。

在卡内基理工学院的一次论文答辩会上，他的才华引起了在校讲学的哈佛大学著名教授苏佛（Albert Sauveur）的注意，苏佛教授同意他到哈佛大学攻读博士学位，并亲自指导。在哈佛大学学习的第一年，即 1927 年，他研究了"不同冷却速度对亚共析钢魏氏组织形成的影响"，取得了创新性的研究成果，揭示了亚共析钢中铁素体的形成机制。他发现魏氏组织类似马氏体形态，遵循惯习面规律，顺着一定的晶面形成，即魏氏组织与基体具有共格特性。同时，他还研究了钢锭中树枝晶的形成，发现亚共析钢钢锭的冷却速度愈快，所形成的树枝晶愈细。他首次为大生产揭示了控制钢锭质量的规律。同年周志宏制作的一幅金相组织图，至今仍被珍藏于美国密苏里大学冶金系的陈列室中。他所制作的枝晶图，则被苏联鲍尔豪威季诺夫所著的《金属学》采用。

为了"高速冷却对纯金属马氏体组织的形成"这项研究，周志宏非常刻苦地完成了哈佛大学著名教授苏佛想做而又未能做出的试验。当时还没有现成的真空冶金设备，如何使纯铁样品从高温冷却到低温而不被氧化，成了他研究工作的主要难点。周志宏相信，只要功夫深，铁杵磨成针。周志宏把不足一平方英寸的纯铁试样，手工磨至 1～2 毫米厚。然后把它放入一只石英管，抽成真空并加以密封。加温后，再把它浸入水银液中急速冷却，同时把石英管打破，阻止试样上浮。周志宏运用熟练的试验技巧，使这些操作都在瞬间完成。凭借个人智慧和试验实践，他在 1928 年揭示了纯铁在高速冷却下形成马氏体的过程。写成的论文被载入了著名的《美国矿冶学报》。周志宏因此获得了哈佛大学的科学博士学位，成为世界冶金工业界的名人。

纯铁在高速冷却下能形成马氏体被证实的事实，改变了当时学界唯有高、中碳钢淬火才能得到马氏体的认识，为马氏体相变研究奠定了基础。在 20 世纪 70 年代国际物理冶金界纪念索比（Sorby）百年诞辰纪念会上，加拿大阿尔贝特大学教授佩尔（J. G. Parr）曾在他题为"马氏体相变的变化规律"的报告中，高度赞扬了周志宏的这一成就。

1928 年，周志宏在哈佛大学深造期间，获得"海林—介林奖学金"。周志宏获得科学博士学位后，被苏佛推荐到美国国家钢管公司劳伦钢铁厂任研究员。在此期间，钢铁厂给了他一个关于"消除钢管表面缺陷"的课题。没过多长时间，厂方主管工程师就收到了周志宏的研究报告，其研究与实践论证，令这位主管工程师惊愕不已，另眼相看。

国难当头，回国报效祖国

"宁怀故国土，不恋他乡金。"劳伦钢铁厂愿以高职高薪聘请周志宏，但他回国创业的决心不变。1929 年，厂主在获悉他执意回国的意愿后，仍再三挽留，但周志宏婉言谢绝了。报国心切的周志宏，于 1929 年秋回到祖国。回国后，担任了南京国民政府兵工署兵工研究委员会助理委员。1930 年，周志宏出任兵工署下属的上海炼钢厂厂长。33 岁的周志宏到上海炼钢厂工作时，带来一架金相显微镜，因为使用该仪器可以研究相变的动态过程。他十分熟悉金属组织结构和性能变化规律，在他的精心指导下，上海炼钢厂的产品质量迅速提升。他的学识和胆略，使当年即将倒闭的上海炼钢厂迅速扭亏为盈，其产品质量已可与英、德等发达国家竞争。

1942 年抗战时期，周志宏在兵工署材料试验处和第二十八厂工作时，也把金相检验列为冶金组的第一项工作。至 1962 年，他已年逾花甲，还指导研究生设计了一台高温显微镜，并在许龙生、谢涌沛等人的协助下定型。1980年，美国材料科学讲学团参观这台仪器时，对其盛赞不绝。

在上海炼钢厂，周志宏坚持走自己的路，将原有酸性平炉改为碱性平炉，用本国原料代替进口原料，加强了产品质量检验。由此，产品质量改善，生产成本降低，增强了对外竞争能力，工厂厂貌、员工精神面貌为之一新。

在周志宏的主持下，上海炼钢厂不仅供应兵器用材，还承担了当时一些重要工程大型设备的生产任务，例如为钱塘江大桥制造了桥座铸钢件，承制了南京龙潭水泥厂回转窑 6 吨大直径大型铸钢齿轮，制造了逸仙舰主轴等大型铸锻件。由于他严格进行冶炼成分控制和炉后理化检验，产品质量有可靠保证。他尝试用我国产量丰富的锰和钼代替或部分代替贵重的镍和铬，以冶炼高强度合金钢，并最终试验成功，使上海炼钢厂的产品能与美国、德国的名牌产品竞争，为民族钢铁工业做出了杰出贡献。

1935年，周志宏被派往欧洲检验进口钢材及考察钢铁工业。出国两年间，他在欧洲考察了洛克林、克虏伯、百禄及普达等著名钢铁厂。由此，他眼界更加开阔，对于发展国内钢铁工业，更加成竹在胸。1937年，"七七事变"爆发后，他立即返回祖国，受命筹备汉阳铁厂复工。

周志宏是我国第一位航空炸弹制造者。在国外，炸弹是压制出来的。当时我国没有大型设备，周志宏因地制宜，首创用铸造方法来制造。抗日战争全面爆发后，中国多地的钢铁厂相继落入敌手，许多海港、码头等也被日本人封锁，进口钢铁来源断绝，国内钢材和生铁奇缺。曾亲历日军轰炸的一位老工人说："我们当时一边安装设备，一边生产，一边还得躲避轰炸，每天都要注意高处挂出红气球没有，如果挂了，就预示着日军很快就要丢炸弹了。尽管如此，我们仍希望多炼一些钢铁出来支援兄弟兵工厂，多生产一些子弹、枪炮，好狠狠地打击日本侵略者。"

日本侵略军进逼武汉，汉阳铁厂等均准备内迁至四川，复工计划未能实施。当时兵工署在重庆成立了材料试验处，周志宏任该处技正（总工程师）兼处长。1942年兵工署第二十八厂成立，周志宏兼任厂长。

在重庆材料试验处和第二十八厂，周志宏因陋就简，就地取材，从事合金钢的研制和生产。当时重庆地区电力不足，周志宏就设法用坩埚炼钢。当地没有炼钢坩埚，周志宏和丘玉池等人就用四川南充、威远等地的黏土自制。经过数百次试验，终于试制成功了大小不同的炼钢坩埚，其中最大的容量可达70~80千克，为中国建起了一座颇具规模的坩埚炼钢车间。该车间可以同时用12个炉膛24只坩埚进行浇注，得到较"大型"的钢锭。自1941年起，周志宏就陆续用坩埚生产出锋钢（即高速钢）、冲模钢、磁钢等产品。1943年8月试制成功铬铝钢、镍钢，同年还生产出镍铬钢、冷冲钢、绞刀毛坯、不锈不伸缩钢等产品。1944年又增加了拉丝模具钢、高碳钢毛坯、铬钢、钨钢、弹簧钢、弹子钢等。第二十八厂成为抗日战争时期西南后方的合金钢生产基地，为抗战提供了有力的物资支持，其试验设备和产品，获得了受聘于重庆国民政府战时生产局的美国专家格雷罕姆（Graham）、史屈来音（H. Strain）等的高度评价。

史屈来音代表美国南芝加哥炼钢厂钢铁协会，聘请周志宏为荣誉会员，并发给他荣誉会员金质纪念章。南芝加哥炼钢厂是周志宏从北洋大学毕业后从事冶金实践的第一家炼钢厂。

抗战期间，为了解决合金钢原料问题，周志宏于 1941 年成功将重庆材料试验处提炼纯钨的科研成果在第二十八厂进行试生产。当时条件十分困难，提炼纯钨的设备也不得不用土办法解决。他们用盐酸罐代替酸化器，用汽油桶制成传热器，用布袋做分滤器，到 1943 年就能日产纯钨 20 千克了。

1943 年，在周志宏的组织领导下，一座我国自行制造的 400 千伏安硅铁炉在第二十八厂安装成功，每月可产硅铁 10 吨。开始时硅铁含硅仅 50%，经郑凤珍等人的努力，硅含量提高到了 70%。另外还安装了 200 千伏安钨铁炉，周志宏亲自指导肖纪美试制成功了钨铁并小批量生产。其后又安装了 755 千伏安锰铁炉一座、金刚砂炉两座，生产锰铁和试制硅碳棒获得成功。

20 世纪 50 年代初，由于种种原因，我国镍、铬的进口受到限制。周志宏在上海交通大学带领一些年轻助手，经过几年努力，在 4 个系列 16 个钢号中

周志宏院士在阅读文献

筛选出 4 种不含铬、少含铬或少含镍的新合金钢种。通过疲劳、时效等试验，确定上述几种新钢种可作为轴承钢的代用钢种。

周志宏为发展中国氧气顶吹转炉、顶底复合吹炼、直接还原炼钢等技术做出了贡献。20 世纪 50 年代初，奥地利发明了氧气顶吹转炉，中国部分有识之士对此极为重视，周志宏也是其中之一，他曾撰文介绍氧气顶吹转炉的优越性。1958 年，他在上海交通大学兴建了氧气顶吹转炉炼钢实验室，指导研究生和青年教师开展了一系列有关氧气顶吹转炉炼钢法的研究，如水力学模拟试验、热模拟试验、烟气除尘及其回收试验等，皆取得了较好的成果。其后，在周志宏的指导下，上海冶金设计院和上海第一钢铁厂（上钢一厂）合作，于 1962 年将上钢一厂一座 5 吨侧吹转炉改为氧气顶吹转炉。在取得工业试验数据后，上钢一厂在三车间兴建了一座年产 30 万吨钢的氧气顶吹转炉。

1976 年，周志宏虽已年届八旬，但他不顾自己年迈体弱，仍指导上海交通大学的氧气顶底复吹炼钢的基础研究，并将这一方法应用到铁合金生产上。他指导上海铁合金厂用顶底复吹氧气转炉冶炼中、低碳铬铁获得成功。这项科研成果获得了 1982 年上海市重大科技成果一等奖。

"冶金之父"的赤子情

周志宏是中国合金钢与铁合金发展的领头人之一。20 世纪 40 年代，他带领科技人员生产钨粉，成功炼制钨铁合金，填补了国内空白。50 年代后期，为发展中国氧气顶吹转炉与顶底复吹炼钢等技术做出了重要贡献。周志宏与其合作者在 20 世纪五六十年代还曾进行了"亚共析钢中魏氏组织的长大速率""贝氏体相变动力学"等研究，也取得了重要成果。

周志宏十分重视对科技人员的培养。早在抗战期间，他任国民政府兵工署材料试验处技正、处长兼第二十八厂厂长时，为了提高科技人员的水平，他就倡议在本单位举行读书报告会，并亲自参加。他积极参加中国工程师学会和矿冶工程师学会的活动，并在年会上交流他的论文。他注重在工作中考核技术人员的业绩，为优秀工作者向上级请奖，举荐优秀工作者，选送优秀工作者出国深造。周志宏从教近 50 年，为我国培养了一大批冶金、机械方面的科技人才。

受到周志宏培养的科技人员有肖纪美、徐祖耀、方正知、郑执信、张岭楠、郭树楠、谢家兰等人，后来他们都成长为知名学者、专家。

抗战时期，在重庆的 8 年中，周志宏兼任重庆大学等校的教授。1947 年，他应南京国民政府交通部之聘，筹办交通部技术研究所。1948 年，他从南京回到上海，等待解放。1949—1952 年，周志宏受聘于大同大学筹建机械系，任系主任，并在交通大学兼课。1952 年调到上海交通大学，1952—1991 年先后任金相教研室主任、机械系主任、冶金系主任、副校长，1978—1986 年任上海交通大学机电分校校长、名誉校长。1986—1991 年任上海工程技术大学名誉校长。

新中国成立前，周志宏曾亲自听过国民党政府孔祥熙要办年产 10 万吨钢铁厂和翁文灏要办年产 30 万吨钢铁厂的讲话，但两者都未能实现。新中国成立后，钢铁工业蒸蒸日上，使他倍受鼓舞。在 1979 年召开的中国人民政治协商会议第五届全国委员会第二次会议上，他谈到自己虽已 82 岁，但要当成 28 岁那样去奋斗。

那时，他是中国现代化大型钢铁企业——宝山钢铁总厂顾问委员会副首席顾问。他对宝钢一期工程是否续建、宝钢地基打桩中出现移动现象的处理，提出了重要意见。1981 年，中央出台文件，宝钢一期工程要下马，二期工程要结束，需要专家认证。周志宏认为宝钢要继续建下去。经过大量调研论证，他向国家计委提出了新的方案，这一方案得到了国家的重视，挽救了宝钢。耄耋之年的他，亲自指导技术人员进行试验。这是他一生中完成的最后一个课题。宝钢为感谢这位著名冶金专家，1985 年特邀他参加宝钢一号高炉点火开炉仪式。在他 92 岁寿辰时，他还提到，1985 年为宝钢第一座高炉点火，是他一生中最快乐的事情。

周志宏博学多才，平易近人。他主张教学民主，善于启发和鼓励中青年教师和学生勇敢发表自己的意见。20 世纪 60 年代，他坚持每周召开一次座谈会，并与研究生进行学术讨论。他鼓励学生要有预见，要勇于创新。他常对他们说："没有丰富的想象力和创造力的人，是没有前途的，选择研究方向要有预见性。"他有丰富的实践经验，讲一口流利的英语，在大同大学和上海交通大学工作早期，学生们都喜欢听他用英语讲课。他讲课很精练，概念清楚，结合实际，深入浅出。

周志宏在教学中注意理论联系实际，重视实践教学环节，坚持以身作则，言传身教。他行政工作非常繁忙，仍然坚持亲自授课。年逾花甲之际，还带领学生下厂进行生产实习。为带学生实习，他踏遍了大半个中国。耄耋之年，还到实验室指导学生做实验，过问研究生的研究进展情况，亲自帮助学生解决问题。他经常告诫学生不要辜负国家和人民的期望。

当年的上海交通大学材料科学系在后来可谓"兵强马壮"。周志宏要求大家为了一个目标"分工合作，各显神通"，当时他有一句名言："十八般武艺，耍刀的耍刀，使枪的使枪。"意思是，一个专业或一个实验室，各方面的工作都需要，只有发挥每个人的积极性和特长，才能组成一流的团队，创造一流的成绩。他德高望重，大家尊称他为"老夫子"。在他的倡导和鼓励下，材料科学系形成了"上下一心，团结协作"的局面。经过多年努力，上海交通大学材料科学系发展成为国内著名的材料科学与工程学院。

与周志宏一起共事40多年的徐祖耀院士说："在周老所领导的部门，他竭力鼓励和提携别人，从不压制任何人。半个多世纪来，他培养和造就的人才中，有中科院的学部委员、省市级领导干部、高等学校校长、研究所所长、总工程师和高级工程师等。他们精于业务，热爱祖国，都应归功于周老的言传身教。"周志宏为祖国钢铁工业的发展奋斗了近70载，在中国冶金科技发展史上留下了他艰辛奋斗的足迹。

作为九三学社的老社员，周志宏曾担任全国人大第二、三、四届代表，也是全国政协第五届委员，通过人大和政协平台，他为我国现代化建设提出了不少建言和良策。周志宏1955年当选为中国科学院学部委员（1993年改称院士）。曾任中国金属学会第一、二、三届理事，1986年当选为荣誉会员，上海市金属学会理事长，中国机械工程学会热处理学会理事长。

1986年7月1日，上海工程技术大学成立，周志宏担任名誉校长，继续为我国高等教育事业默默奉献，直至1991年2月13日逝世。他逝世后，上海交通大学举行隆重的追悼仪式，中央领导江泽民、朱镕基等敬献了花圈。

为表达对周志宏先生的深切怀念，学生们募集资金，雕塑周志宏先生半身铜像，以纪念这位恩师。曾任上海市市长的中国工程院院士徐匡迪先生，为雕塑题写了"冶金泰斗 育人师表"的题词。

周志宏的一生，是读书的一生，奋斗的一生，简朴的一生。他家里没有什么值钱的东西，唯有书最多。家中陈设简单，家具还是战时在重庆用过的。20世纪50年代他的工资每月400多元，这在当时已经是很高的工资了，但他下班回家却总是乘有轨电车，还是乘最便宜的三等车（3分钱一张车票）。若碰到熟人同路，他还要抢先为对方买车票。有次过年，他请办公室一位同志到交大校门口的番禺路上买了三斤花生米，用纸包成三包，带回家作为给孙女、外孙的新年礼物。

他除了读书读报，没有特别的嗜好。"文革"期间，他每天都要去上海图书馆看书。徐匡迪回忆，当年他就是在上海图书馆认识周老的。上海交大材料科学系的老师平时去看望周志宏，一进门总是看见他在读书或写作。后来他住进华东医院后，还是十分认真地看书做笔记。当系领导去看望他时，他总是要详细地了解系里的工作情况。

周志宏的精神不仅影响着过去和现在，也影响着未来。1987年，为鼓励学习勤奋、成绩优异的学生，九十高龄的周志宏捐出自己多年来的工资积蓄2万元，设立"周志宏奖学金"基金，每年颁发一次，以提携勤奋学习冶金和材料科学的后辈。

2006年，上海交通大学材料科学与工程学院、上海工程技术大学的21位学子获得了第七届"周志宏奖学金"。上海工程技术大学的张润同学代表获奖学子发言表示：要学习周志宏老先生的精神，认认真真做人，勤勤恳恳工作，胸怀宏大志向，以振兴中华为己任，脚踏实地，开拓创新，为祖国科学事业的发展而奋斗。

2006年12月，在周志宏院士诞辰110周年之际，上海交通大学、上海工程技术大学举行隆重的纪念大会。全国政协副主席、中国工程院院长徐匡迪院士发来电文，表达对周志宏院士的崇敬和怀念。上海交通大学党委副书记郑成良，周志宏院士的女儿周以静，周志宏奖学金理事会成员、中科院院士徐祖耀教授、中国工程院院士阮雪榆教授、潘健生教授，以及上海交通大学材料科学与工程学院的师生代表、获得第七届"周志宏奖学金"的学生等，一起参加了纪念大会，共同缅怀这位国际著名冶金学家、我国研究金属内部组织的开拓者——周志宏院士。

2024 年 6 月，镇江市政协院士走访组一行到周志宏院士工作单位上海工程技术大学走访

　　2024 年 6 月 19 日，镇江市政协院士走访组一行四人来到上海工程技术大学长宁校区，与学校统战部的戴宣言老师，校档案馆的杜伟、盛芳两位老师，上海九三学社的徐滕岗主委，老教授沈德安和张民辉一起，开展了一场与周志宏、周以洞（周志宏长子）有关的座谈会，共同回忆他们的事迹。

　　为了纪念这位德高望重的老科学家、老教授、老校长，上海工程技术大学在松江校区图文信息中心专门设有名为"志宏堂"的学术报告厅，让世世代代的师生员工和校友们永远记住一个响亮的名字——周志宏。沈德安和张民辉至今仍将周志宏院士的一段话深深刻到脑子里："我追求的是实现祖国社会主义现代化。对此我始终满怀信心和希望。我认为物质生活是有限的，而我们需要的精神世界则是无限的。它随着我们在学术和事业上的进取和生活上的改善而日益充实和丰富。年轻的同志，难道人生不应该是这样吗？"周志宏院士于 1986 年 12 月写下的这段话，正是他光辉人生的真实写照。

　　周以洞和父亲一样，也在上海交通大学任教。他和父亲一样，为人正直、心地善良、德高望重。即便在"文革"年代身处逆境时，他仍然坚定信念。20 世纪 80 年代，他从上海交大调到上海工程技术大学，担任图书馆馆长。他和当时交大调来的 4 位教师共同发起成立了九三学社交大分校直属小组，后来发展到 54 人，迄今已发展 120 多位社员。九三学社凝聚了周志宏、周以洞父子两代人的心血。周家父子两代人，为人师表，爱国爱校，并热衷于民主与科学事业，是我辈学习的楷模。斯人已去，唯精神永存！

参考资料

1. 马德泾，范然，马传生，等. 镇江人物辞典 ［M］. 南京：南京大学出版社，1992：599.

2. 镇江市地方志研究会. 镇江为你骄傲：镇江籍两院院士、全国名人 ［M］. 北京：方志出版社，2003：19-25.

3. 镇江市政协文化文史委员会. 镇江文史资料：第 35 辑 ［Z］. 2002.

4. 镇江市历史文化名城研究会. 镇江历史文化大辞典 ［M］. 镇江：江苏大学出版社，2013：233.

5. 俞皓耀. 纪念周志宏诞辰 120 周年 ［EB/OL］.（2017-12-01）［2024-12-15］.https://archives.sues.edu.cn/eb/6c/c10493a125804/page.htm.

6. 九三学社中央宣传部. 周志宏 ［EB/OL］.（2018-08-23）［2024-10-11］. http://www.93.gov.cn/syfc-lyys-zgkxyys-yg/223334.html.

7. 沈德安、张民辉口述 ［Z］. 2024-06-19.

（王礼刚撰稿，钱兆南修改并新增部分内容）

　　戴安邦，中国科学院学部委员（院士），无机化学家、化学教育家。我国配位化学的奠基人之一。1901年4月30日出生于江苏丹徒县辛丰乡。5岁入乡村私塾，11岁入镇江润州中学，1919年考取南京金陵大学，1924年毕业留校任教。1928年入美国哥伦比亚大学化学研究院学习，1929年获硕士学位，1931年获博士学位。1947年赴美国伊利诺伊大学访问。曾任金陵大学理学院化学系教授、理学院院长，南京大学化学系主任、配位化学研究所所长，《无机化学教程》与《配位化学》主编。1999年4月17日去世。

　　1980年当选为中国科学院学部委员（1993年改称院士）。

戴安邦

配位化学的奠基人

戴安邦致力于化学教育和科学研究 70 余年，为我国培育了几代化学人才。他对启发式教学和全面的化学教育有精辟的见解，且身体力行，影响深远。他一贯从实际出发选择研究课题，同时进行实际问题中的基础理论研究，把解决实际问题、发展学科和培养人才三者有机结合为一体，取得了丰硕的成果。他在学术上的重要成就是开拓了中国的配位化学研究领域，是我国配位化学的奠基人之一。

艰苦奋斗的求学历程

1901 年 4 月 30 日，戴安邦出生于江苏丹徒，那是一个人民饱受屈辱与苦难的年代。他在丹徒县辛丰乡后庄泉村（今镇江市丹徒区谷阳镇庄泉村后庄泉自然村）的家，地处土地贫瘠的丘陵地区，虽然家里有少量土地，家庭仍饱受贫困之苦。幼年时，他常随家人在地里劳作，深切体会到了农民的艰苦。祖母和其他村民一样，每逢香期，总要牵着他的小手，到村上的庙里请香，祈祷菩萨保佑风调雨顺，百姓丰收。贫穷、落后在戴安邦幼小的心灵上刻下了深深的烙印。

戴安邦少年时期身居穷乡僻壤，终日为生存挣扎。5 岁时读乡村私塾，读的是《三字经》《百家姓》《千字文》《论语》等，所学皆圣贤之道，接受的观念是摆脱贫困，光宗耀祖。那时他坚信用功学习为的是"吃得苦中苦，方为人上人"。当时很多人认为读书的出路就是"学而优则仕"，"天子重英豪，文章教尔曹。万般皆下品，惟有读书高"。

民国元年（1912），戴安邦11岁，进入镇江润州中学学习。这是一所教会学校（1907年创办），建在登云山上。在润州中学期间，戴安邦学习了中外历史、地理和数学、物理、化学、生物等课程（英文教师为赛珍珠），开阔了眼界，逐渐产生了为科学、为社会创业的思想。民国初期，北洋军阀执政，社会结构、思想、文化呈现多元化，各种思想思潮涌动，学生受新思想的影响，对革命充满热情。从这所学校走出去的学生，有许多人后来成为社会贤达。那时有在润州中学担任青年会德育部长的李晋祥，他后来改名李公朴，成了抗战初期"七君子"之一、著名的爱国民主人士。李公朴是江苏省常州府武进县人，1902年11月26日生于江苏淮安。童年的李公朴家境贫寒，13岁时辍学到镇江京广洋货店做过三年学徒。五四运动爆发后，16岁的李公朴发动店员和青年，组织爱国团，抵制贩卖日货，被店主解雇。而后他在兄长的资助下就读于润州中学，毕业后考入武昌文华大学附中等校继续学习。1924年秋，李公朴以学名李晋祥，转学进入沪江大学附属高中。他和戴安邦很投缘，他们都深受中华职业教育思想的影响，认为学习的目的是谋个性之发展，为个人谋生、为服务社会做准备，为国家及世界提高生产力做准备。1919年9月，戴安邦考入金陵大学，进入农科专业学习。

戴安邦在金陵大学攻读农科，因为他生在农村，深知农民穷困疾苦，立志以农业科学改造农业生产，改善民生。但金陵大学作为教会创办的私立学校，收费高昂。虽然戴安邦因为成绩优秀被中学保送，免缴了学费，但家中仍无力承担膳宿杂费。第二年，他即在中学找到兼任教员的工作，以维持生计。当时金陵大学为五年制，预科二年，正科三年。戴安邦两年读完农科的预科，预科毕业就读正科期间，时间不定，须看天气好坏，这不利于他做中学兼任教员的工作。迫不得已，只能放弃学农而改学理科化学，因为他在成美中学教化学和物理两科，当时化学开设的课程比物理多，且化学课更灵活。

戴安邦在学业上能够取得成就，与他那段艰苦奋斗的求学经历分不开。在兼课教学中，他认真备课，仔细做好每个教学环节的教学工作。由于特别重视直观教学，他讲课经常借用大学的仪器做示教实验，因此教学效果很好，深受学生的欢迎及学校领导的赞许和支持。不久，成美中学即拨出经费购置理化实验器材，成为当时极少数拥有理化实验设备的中学之一。这使他的化学功底日益深厚。改变家乡贫困面貌的志向始终激励着他，就像他在《化学》杂志创刊号中撰文呼吁的那样，"吾国之贫弱已臻极点。富国之策，虽不止一端，要在开辟天然富源，促进生产建设，发达国防工业，而待举百端，皆须化学家之努力"。作为一名中国化学家，他时刻以这种精神鞭策自己，身体力行。

1924 年 6 月，戴安邦大学毕业，获得了理学学士学位。因学习成绩优异，当选为中国斐陶斐（Phi Tau Phi）荣誉学会会员，获金钥匙奖。金陵大学请他留校，他先承担普通化学实验教学工作，继而兼任有机分析、食物分析等课程助教。1926 年，他升任讲师，讲授"普通化学"课程。

1926 年夏，他参加"中华教育改进社"开办的"化学教师暑期讲习班"，为他后来的实验教学和化学教学奠定了重要基础。

1928 年，戴安邦赴美留学前，金陵大学化学系汤姆森主任（J. C. Thomson）为其撰写了推荐信。

赴美的海轮上，戴安邦与李公朴重逢。同船共有 18 名中国赴美留学生。

镇江市政协院士走访组成员，在戴安邦后人家中，看到了戴安邦和李公朴当年的书信。透过历史的尘埃，一张 18 人的黑白合照旁边，两张纸条承载了两位年轻人的思想和理想。其中一张纸条赠言并跋："一九二八年八月与李公朴同志同轮赴美留学，某晚谈至深夜，各论其志，相互勉励。轮上中国留学生共十八人，他为全体照相，双十节寄给我相片一张，其上有所书赠言。现将相片献给盟组织，以资纪念。戴安邦识于南京大学。一九八六年六月。"

戴安邦院士（后排左一）赴美留学时在海轮上与同船留学生合影（前排右四为李公朴先生）

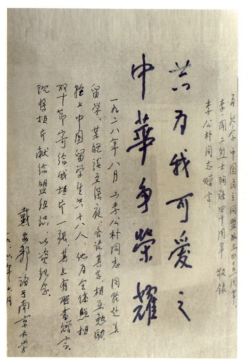
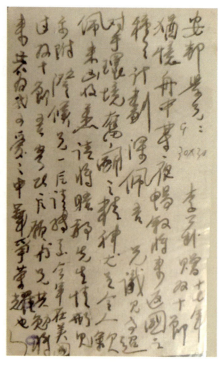

戴安邦院士为纪念李公朴、闻一多二烈士殉难四十　　　　李公朴先生给戴安邦院士相片赠言
周年敬录的书信（其中敬录李公朴同志赠言）

　　这封短札写于 1986 年 6 月，是为了纪念中国民主同盟成立四十五周年，李公朴、闻一多二烈士殉难四十周年而作。

　　李公朴比戴安邦小一岁，李公朴在书信来往中都称"安邦学兄"："犹忆舟中某夜畅叙将来返国之种种计划，深佩，吾兄识见高超，对于环境奋斗之精神，尤是令人钦佩。来函收悉……今年在美国过双十节，吾寄此片，愿与兄共勉。将来为我可爱之中华争荣耀也。"

　　他们二人后来在各自的领域中都取得了不俗的成就。

　　1928 年，戴安邦获中国医学会奖学金，赴美国纽约哥伦比亚大学化学系深造，由于勤奋刻苦，每门功课成绩均优，次年 6 月即获硕士学位，并于 12 月被选为美国化学学会荣誉会员，荣获金钥匙奖。后又被选为美国科学促进会（AAAS）荣誉会员，再度荣获金钥匙奖。戴安邦通过博士生资格预试，正式攻读博士学位，师从胶体化学家托马斯教授（A. W. Thomas），用配位化学方法进行氧化铝水溶胶的研究。戴安邦依靠自己扎实的化学功底和精湛的实验技术，很快取得了创造性的成果。1931 年 6 月，戴安邦获博士学位。

1931 年 9 月，戴安邦回国，任金陵大学副教授，由于研究成果突出，1933 年升任教授。

战争给中国人民带来了深重的灾难。1937 年 11 月，日本侵华战火蔓延至南京，戴安邦随金陵大学西迁成都。由于战争的影响，当时仪器和试剂奇缺，实验教学已难以维持。

1940 年初，他为四川省教育厅创办了四川省科学仪器制造所，并兼任该所副所长。他在人力物力奇缺的情况下，大量生产中学化学、物理和生物教学所需的仪器、试剂、模型和标本等，使四川省和部分邻省学校的实验教学工作在物资匮乏的战争年代得以维持。他还结合实际条件编写实验教程，由四川省教育厅出版。

抗日战争胜利后，1947 年 8 月，戴安邦作为访问学者赴美国伊利诺伊大学分析化学系，主要研究无机沉淀的晶化作用，应用 X 射线衍射法测定样品的晶体结构，并阐明了磷酸铬的多晶现象。一年后，该系系主任克拉克教授（G. J. Clark）欲挽留他继续工作，戴安邦则放弃丰厚的待遇，介绍他的学生代替他进行研究工作，毅然按期回国。

精于教育"授人以渔"

自 1921 年戴安邦在南京成美中学踏上讲台起的 70 余年中，他讲课内容充实，重点鲜明，每堂课中心是什么，怎样让学生掌握重点，他都成竹在胸。授课时，他总是先从事实出发，或演示实验，或讲授化学历史故事，或表列实验数据，以启发学生自觉有效地学习。他语言生动，深入浅出，条分缕析，总能抓住学生的心理，因此课堂秩序井然。学生和教师都反映听他的课是一种享受，不仅能学到知识，而且能学到获取知识的方法。

在美国从事造纸工业的戴先生 30 年代的学生郜公铭，在给戴先生的信中有这样一段描述："每当回忆自己青年时代，都要想起 1937 年您教授无机化学课的情景，您只带一支粉笔，在黑板上写一个化学反应式，然后提问题让我们思考，启发大家自由讨论。被提名发表意见的学生有的马上作出反应，答不出的，您也不留难。从此我努力参阅资料，准备下一堂课的讨论。当然，最精彩的是下课前五分钟，在透彻地讨论以后，您作一个简单的总结，画龙点睛，给我们留下难忘的印象。您不仅传授给我们知识，而且引导我们如何追寻知识，这使我终生受益。"

戴安邦十分重视教师队伍的培养。他认为，有一支高素质的教师队伍，才能培养出一大批优秀的学生。从 1933 年起，金陵大学理学院每年举办理科教师暑期讲习班，每次戴安邦都担任化学讲师，讲授化学教授法。1936 年，他还应福建省之邀，到福建省暑期教师讲习班讲课。

戴安邦不仅在教学上取得了突出的成就，而且在教学理论上也做出了重要贡献。耄耋之年，戴安邦仍孜孜不倦地写出一些教学方面的文章，供后人借鉴。1983 年在全国无机化学教学讨论会上，针对国内高等学校化学教学工作存在的不足，他发表《基础化学教学启发式八则》一文，认为当时只是教师讲、学生听的注入式教学法应予废止，因为这种方法不利于培养学生分析问题、解决问题和独立思考的能力，必须采用启发式教学法。

"授人以鱼，不如授人以渔。""孬教师给人奉送真理，好教师教人发现真理。"戴安邦坚持并要求启发式教学，引导学生有学习要求，引导和启发学生始终专心。他以学生为学习主体，让教学符合学生的认知规律，举一反三，学思结合，重视实验教学，重视教学的思想性和教师的主导作用。1934 年，他在《科学教育》杂志上提出，科学教学不是单单传授知识，而是要进行全面的教学，包括人的科学思想的塑造和品德的培养。

戴安邦认为：只传授化学知识和技术的化学教育是片面的，全面的化学教学，不仅仅要传授化学知识和技术，更要训练科学方法和思维，培养科学精神和品德。学生在化学实验室中是学习的主体，在教师指导下进行实验，通过实验解决化学问题，使各项智力因素皆得以发展。他主张，化学实验是实施全面化学教育的一种最有效的教学形式。

戴安邦认为化学是一门实验科学，学习化学特别需要从实验入手。化学感性知识主要靠化学实验提供。化学课实验作业主要是学生的实习活动。在实验室里，学生们能够学习各种操作技能，由实验求得结论，即训练由感性认识求得理性知识的能力。

为激励学生进取，戴安邦将获得的奖金、稿费，以及海外学生捐赠折算为资金，于1985年设立"学生实验优秀奖"基金，奖励化学系应届本科毕业生中实验成绩优秀的学生。又鉴于学生在实验教学中所受教育的质量有赖于教师的主导作用，以及器材、设备等条件，于1989年设立"化学实验教学先进奖"，奖励化学实验教学先进教师，以及从事化学实验教学管理的科技人员和管理人员。

1985年戴安邦院士设立"学生实验优秀奖"

1989年戴安邦院士设立"化学实验教学先进奖"

戴安邦极其勤奋，治学态度严谨。他总结治学经验为"勤学习，多动手，深思考，自强不息"。他年届九旬时，仍非常珍惜时间，努力学习和工作，不论严寒酷暑、风霜雨雪，甚至生病住院也从不松懈。他凭借深厚功底，为传承经验笔耕不辍。他对中青年教师和学生既严格要求，又爱护备至，受教育者都非常感动。例如，有一位研究生用英文撰写论文摘要，他不厌其烦地指出问题，致四易其稿，最后，再从抽屉里取出他早已拟就的摘要稿给学生作参考。

他对学生要求很严格，在1985届学生毕业典礼上，他录化学家门捷列夫说过的话赠送给1985届毕业学生："终身努力，便是天才。"

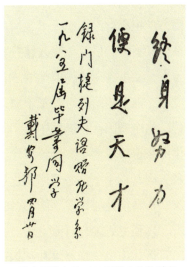

戴安邦院士对1985届毕业生的赠言

配位化学学术带头人

配位化学是在无机化学基础上发展起来的重要分支学科，它涉及的内容已远远超出经典无机化学的范围。20世纪20年代末，戴安邦就以配位化学的观点，进行高价金属羟氧化物水溶胶的研究。50年代末，戴安邦看到无机化学的现代化发展、新型配合物的大量涌现，以及这些化合物结构和反应机理研究的成功，特别是配位场理论的创立使得维尔纳配位理论有了新的发展，于是请来苏联专家及全国高等学校和研究机构的一些优秀的无机化学教师，在南京大学创办全国络合物化学（现名配位化学）讲习班，为国家培养配位化学的学术带头人和骨干力量。他连续几年亲自为化学系本科高年级学生开设"络合物化学"课程，还指导助手开设实验课。经国家批准，1963年，他创建南京大学络合物化学研究室，后于1978年将其扩建为南京大学配位化学研究所，1988年又创建了南京大学配位化学国家重点开放实验室。

1987年7月，"第25届国际配位化学会议"在南京召开，这是一次有44个国家和地区的代表共约1000人参加的化学盛会，戴安邦被推举为大会主席，苏联科学院普通及无机化学研究所给他颁发了丘加耶夫奖章，以表彰他在配位化学领域做出的卓越贡献。这次大会上，戴安邦要致开幕词，发言稿用英文写。他担心自己年纪大了，写的发言稿语法跟不上时代，便咨询国外的亲戚，请他们看，然后反复修改，几易其稿。那时他已经86岁高龄，是完全可以带着发言稿上台念的，但他要求自己全部背下来。会前那几日，他每天都在背英文稿，连上厕所的时间都不放过。他先把自己的发言录下来，再反复听是否正确。这个会因社会运动中止了十年多，改革开放后才重新召开，对中国的化学事业来讲太重要了。会议现场，戴安邦从容的发言给予了台下的同行很大的鼓舞，同行们个个信心倍增。这期间他做了太多的功课，包括接待来访的外国专家，接待前他必定要到图书馆去查阅这位专家的相关论著，了解对方的学术情况，以便更好地与对方交流。

近代配位化学要求和结构化学及量子化学理论密切结合，在戴安邦指导下的"新型配合物的合成和结构研究"课题组，在大量合成金属簇合物、不对称和多核有机金属化合物的基础上，在配合物的谱学计算和实验方法、簇合物的成键理论和低对称场的研究方面取得了不少成绩，特别是在包括 d 轨道和 f 轨道的核磁共振化学位移理论方面的研究成果，获 1987 年国家教委科技进步奖二等奖。

戴安邦注重理论联系实际，认为要对有关的基础理论有所发现、有所创造，就必须再回到实际中去，推动生产方式不断改进和革新。这样既能解决实际问题，也能丰富基础理论内容，对学科发展也有所贡献。

早在 1934 年，金陵大学就成立了化学研究所。1935 年，该所受江苏省建设厅委托，从事江苏土壤肥力的调查研究，以满足农业建设的实际需要。根据农产品的种类产量和土壤分类，戴安邦带领队员将江苏省划分为若干代表区，在各区的 16 个县采集土样 203 种，经分析综合，编写成《江苏土壤肥力》一书，由江苏省建设厅出版。该书中提出的因地制宜施肥方法，对促进农业的发展很有意义。

抗战期间，金陵大学于 1937 年迁至四川成都。不久，戴安邦就接受四川省农业改进所的委托，研制碱式碳酸铜。四川北部山区农田小麦遭受黑穗病毒害严重，碱式碳酸铜是防治该病害的特效药剂。但是，当时生产碱式碳酸铜的原料紧缺。化学研究所从废旧铜材料中研制出高纯度的碱式碳酸铜细粉，并以实验室规模进行生产，交四川省农业改进所发售给农民，川北严重的小麦黑穗病因此得到控制。一年多时间，该所共生产 2000 多公斤碱式碳酸铜。由于需求量较大，化学研究所就将制法交给四川省农业改进所，由他们大量生产。因该任务而进行的基础研究，如金属铜的氧化溶解反应的速度、碱式碳酸铜沉淀的晶化等研究成果均于《中国化学会会志》发表。

1955 年黄土高原土壤加固研究，要求找出影响硅酸胶凝材料作用的因素，戴安邦欣然承担了这个课题。他带领团队系统研究黄土高原土壤特性，并最终提出"硅酸聚合作用理论"。该成果被选入国家科委组织编撰的《中国基础研究百例》。"硅酸聚合作用理论"于 1982 年获国家自然科学奖二等奖。

"化学模拟生物固氮研究"课题，也是与农业生产密切相关的课题，其研究目的是在较温和条件下合成氨，包括解决合成机理等基础理论问题。戴安邦亲自参加调研，动手实验，终于在 1975 年提出了合成氨催化剂活化氮中心的七铁原子簇模型，受到同行的赞许。该成果于 1978 年荣获全国科学大会奖。

戴安邦既重视生产实际中的问题，也注意国际配位化学的研究动向，及时开拓新兴学科的基础研究和应用研究领域。

无机化学和生物学交叉而形成的生物无机化学是那一时期配位化学中最活跃的领域之一。在戴安邦指导下的"铂配合物抗癌作用及机理研究"课题已进行了多年，课题组首先系统地研究了已有铂配合物的抗癌活性、毒性及结构之间的定量关系，设计并合成了一系列新的铂化合物，其中铂配合物的活性与顺铂相当，而毒性更低，已进入临床试验阶段。在顺铂的作用机理方面，课题组发现顺铂不仅能与癌细胞 DNA 同股两个相邻鸟嘌呤的 N_7N_7 形成链内交联，而且能与两个鸟嘌呤的 N_7N_1 结合，以形成链内交联，这种交联比前者更可能是顺铂阻断 DNA 复制的机制。课题组在国内外期刊发表论文 20 余篇，相关研究成果荣获 1987 年国家自然科学奖三等奖。

老骥伏枥　自强不息

戴安邦奉行的格言是"立身首要是品德，人生价值在奉献"。他为科学的进步、社会的繁荣、祖国的发展奉献了毕生心血。为扶掖后进，他常常付出大量的时间为他们修改论文、书稿，自己从不计较任何荣誉和报酬。他谦虚地表示"个人所受优遇有余，所做贡献不足，乃憾事也"，总是把自己应得的稿酬和奖金留作公用。

戴安邦在科学研究方面，与团队合作发表论文 240 多篇，受到多种奖励。他用宋朝朱熹的《泛舟》一诗表达他对科研突破式发展的喜悦心情："昨夜江边春水生，蒙冲巨舰一毛轻。向来枉费推移力，此日中流自在行。"

戴安邦长期从事无机化学教学与研究工作，讲授过"普通化学""无机化学""配位化学""有机化学""吸附理论"等 10 余门基础课程和专业课程。1932 年创办《化学》杂志（《化学通报》前身），担任总编辑和总经理达 17 年之久。1957 年，戴安邦主编了我国第一部高等学校统编《无机化学教程》，主持编写了《配位化学》一书。1963 年创建配位化学研究室（1978 年扩大为配位化学研究所），是迄今我国这门学科唯一的研究机构。

中华人民共和国成立以后，戴安邦除了承担繁重的教学和科研工作外，还承担许多行政和社会工作。他曾任校工会主席、江苏省科协副主席、金陵大学理学院院长和化学系主任、南京大学化学系主任、南京大学配位化学研究所所长、《高等学校化学学报》副主编、《无机化

戴安邦院士回乡与家人合影

学学报》主编、中国化学会常务理事、高校理科化学教材编审委员会副主任兼无机化学组组长、江苏省化学化工学会理事长。他是第三届全国人大代表，政协第五、六届全国委员会委员，中国民主同盟中央委员。由于他对我国化学事业的卓越贡献和在化学领域取得的学术成就，1978 年荣获江苏省劳动英雄称号。同年，被聘为国家科学技术委员会化学组成员。1980 年 11 月，当选为中国科学院化学学部委员（院士）。1981 年 6 月，被聘为国务院学位委员会理学学科评议组成员。

成功的背后，是无数艰辛的付出。1978 年盛夏，戴安邦承担了科学技术百科全书无机化学部分的翻译工作，时间短、任务重、天气热。家中无空调，温度达到 38℃，房间如蒸笼。他在书桌边放一盆冷水，将湿毛巾搭在身上，孩子们和老伴轮流坐在他身边扇扇子。他日夜不歇，工作起来更是忘记回家的时间，有几次家里人久等他不回，原来他在西大楼的办公室里忘我工作，被反锁在办公楼内。

故土不忘

2024 年 6 月 18 日上午 10 时，镇江市政协院士走访组一行四人，去南京大学拜访戴安邦院士的后人。在其小女儿的记忆中，戴安邦离开家乡后只回过辛丰老家两次。

第一次回乡是在 1946 年抗战刚胜利不久，戴安邦带着孩子们从成都金陵大学回乡。戴安邦的父母在抗战时期去世，他连父母最后一面都没见上。他一

2024 年 6 月，镇江市政协院士走访组在南京大学公寓楼戴安邦院士小女儿戴乐美家中拜访

直到老都怀念母亲。母亲一双小脚，背着粮食颤颤巍巍走到集上去卖，换点钱供戴安邦到镇江润州中学读书。而他在美国留学期间，把节省下来的奖学金悉数寄给父母在农村盖房。他把博士论文也寄给了父母，父母不懂英文，他只是想以这样的方式感谢父母的养育之恩。那一次他在家待的时间并不长，他刚从后方回来，学校有许多事等着他去做。

戴安邦第二次回乡是 1983 年，离他第一次回辛丰将近四十年。从那以后，戴安邦再也没有回过辛丰。不过老家的人常常去南京看望他。老家辛丰中学赴南京，请戴安邦为学校题写校名，93 岁的戴安邦欣然提笔写下"辛丰中学"

戴安邦院士与妻子、女儿合影

四个苍劲有力的大字。他曾多次捐书捐款给家乡的学校，支持家乡教育。

在小女儿的记忆中，父亲在 90 多岁时还常跟她提起他的小脚母亲，可见他有多思念家乡。

戴安邦不止一次和几个孩子讲过办杂志的经过。早在 1932 年成立化学会的时候，他就决定出一份化学刊物。才 30 岁出头的戴安邦，精力充沛，凭一己之力办起了《化学》杂志，从审稿、校稿到印刷、发行、邮寄，全是他一个人负责。这份杂志在 1937 年被迫停刊，因为日本侵略者来了。没过多久，他在成都又开始复刊，一直办到 1949 年才更名为《化学通报》。这份刊物一直延续至今，并且是中国科技核心期刊，由中国科学院化学研究所、中国科学院联合主办。当年办刊没有经费，戴安邦就去拉广告。也许他当时看不到办这份刊物的意义，但坚持下来就是最大的意义所在。

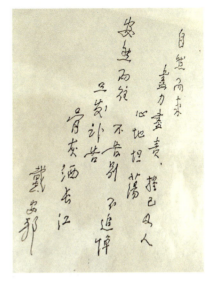

戴安邦院士临终遗愿

戴安邦一生淡泊名利，看淡生死。他的临终遗愿是："自然而来，尽力尽责，推己及人，心地坦荡，安然而往。不告别，不追悼，只发讣告，骨灰洒长江。"

1999 年 4 月 17 日，戴安邦安然离世，享年 99 岁。

参考资料

1. 镇江市政协文化文史委员会. 镇江文史资料：第 37 辑 [M]. 2003.

2. 镇江市地方志研究会. 镇江为你骄傲：镇江籍两院院士、全国名人 [M]. 北京：方志出版社，2003：81.

3. 马德泾，范然，马传生，等. 镇江人物辞典 [M]. 南京：南京大学出版社，1992：974.

4. 中国人民政治协商会议镇江市丹徒区委员会. 丹徒文史 [M]. 北京：中国文史出版社，2011.

5. 戴安邦原籍地丹徒后庄泉自然村采访记录.

（王礼刚撰稿，钱兆南修改并新增部分内容）

注：在本文写作过程中，戴安邦院士的小女儿戴乐美于家中接受采访并审稿，戴安邦院士的侄子戴明月介绍相关情况并审稿。

　　林镕，中国科学院学部委员（院士），植物学家、植物分类学家。中国植物分类学与真菌学的开拓者与奠基人。祖籍江苏丹阳（今隶属江苏省镇江市），1903年3月出生于丹阳县钢厂（即今丹阳市后庙巷）。早年留学法国，获法国国授理学博士学位。1930年秋归国，历任北平大学农学院、北京大学、西北联合大学、西北农学院、厦门大学、北京师范大学、辅仁大学等校教授，或兼任系主任；亦曾任职于国立北平研究院植物研究所、福建省研究院动植物研究所。1949年后任中国科学院植物研究所研究员、副所长、代所长等职。1957年当选为中国科学院生物地学部副主任，后任生物学部副主任。1955年至1958年任中国科学院黄河中游水土保持综合考察队副队长，连续4年率队赴山西、陕西、甘肃等地，进行黄河中游黄土地区水土保持综合考察。20世纪50年代起参与中科院外事工作，多次出访和接待来访，并与各国签订科学技术合作协定。此外，曾任中国植物学会秘书长、副理事长。《植物分类学报》创刊人及主编。主要著作有《中国经济植物志》、《中国植物志》菊科（76、77、78卷），《中国北部植物图志》旋花科、龙胆科二册；主持编写《黄河中游黄土地区水土保持手册》并作序；有《林镕文集》和散在的林镕著作63篇；等等。1956年加入中国共产党。1964年当选为第三届全国人民代表大会代表。1954年获"爱国卫生运动劳动模范"奖章和奖状，1994年获中国科学院学术成果奖，2009年其主编的《中国植物志》获国家自然科学奖一等奖。1981年5月与世长辞，享年78岁。

　　1955年当选为中国科学院学部委员（1993年改称院士）。

林镕

中国植物分类学与真菌学研究的
开拓者与奠基人

出身书香门第，获得博士学位

　　林镕出生于江苏丹阳一个世代书香之家，少年丧父，其祖、父辈即开办教馆，全家赖以生活。伯父们大半做举业或教书。太平天国后，祖遗的房屋被焚毁，家境已渐衰落。林镕的父亲林兆晟（字旭初）仅中过秀才，后来进了光绪年间开办的两江师范，但因体弱多病，中年时即故去。林镕的母亲葛健，做得一手精细的女红，以此贴补家用。林镕是家中的长子，5岁进私塾，聪明好学、倍受宠爱。其祖父非常关心他的前途，每天上学前放学后，都要亲自教他读书。林镕国学功底深厚，得益于幼年时期的这一经历。

　　林镕12岁小学毕业后，只身前往邻县镇江的第六中学读书。他很少回家，开始独自生活，生活技能得以提升。在袁世凯洪宪复辟、北洋军阀混战时期，十四五岁的林镕跟随着一位调职的老师和一位年长的同学（何泽）转到上海浦东中学读高中。五四运动前后，林镕在上海读到了《新青年》《新潮》《星期评论》等新思潮的书刊，并受到"科学""民主""劳工神圣"等口号的影响与鼓励，参加了勤工俭学团体。随即，林镕及何泽、张闻天等同学在夜校补习法文，并在中华职业学校的夜班学习机器操作。林镕的祖父、母亲节衣缩食，为他筹得留法读书所需的最低费用，对他唯一的要求是"学成回国"。1920 年 5 月 9 日，17 岁的林镕乘法船阿尔芒勃西号（Armand Behi）启程赴法留学。同船的有赵世炎（在大革命中牺牲）、萧三（文学家）、朱洗（生物学家）等。6 月 15 日船抵达马赛港。林镕等在法国西部小城贡福郎（Confolens）的公学短暂补习法语后，随即进入专业学习。

林镕在法国先后进入 3 所大学学习。1921 年林镕考入南锡大学（Nancy University），开始系统学习农学。1923 年他在南锡大学农学院获得学士学位及农业技师证书。随后到地中海沿岸的小城安底柏（Antibes）一所农业实习学校的农场参观、实习 8 个月。

1923 年，林镕考入克莱孟大学（Clermont University）理学院，同学中有刘慎谔。他仍师从他在南锡大学时的老师、著名真菌学家摩罗（Moreau）教授，开始真菌学研究。1925 年，林镕获得法国自然科学研究文凭。1926 年、1927 年先后发表的《毛乐倚囊霉新种及其化学、细胞学和形态学的研究》和《同种毛霉菌之间存在的杂种》两篇论文，引起国外真菌学家的兴趣和关注。1927 年和 1928 年，林镕相继获得克莱孟大学理学硕士和法国国授理学硕士学位。

林镕在克莱孟大学学习时，考取了利用庚子赔款创办的里昂（Lyon）中法大学的公费生，同时也补上了江苏省半公费留学的缺额，这使他不再受到失学的威胁。之后林镕进入巴黎大学（Paris University）理学院，参加并通过了巴黎大学的学位考试。1930 年春，27 岁的林镕基于连续数年从事真菌学研究的成果，写出了题为《毛霉有性生殖的生物学研究》（Etude des Phénomènes de la Sexualité chez les Mucorinées）的长篇论著，从而获得巴黎大学国授理学博士学位。该文亦得到国内外学者的高度评价。由于该文是我国早期真菌学研究的重要文献，因此林镕称得上是我国真菌学研究的开拓者与奠基人。

林镕在法国学习期间结识了刘慎谔、朱洗、齐雅堂、严济慈、金树章、雍克昌、张玺等许多志同道合的同学、朋友，这些人中许多后来成为中国科学界之栋梁。他们怀着"科学救国"的理念，时刻关心着祖国的学术进展，留学期间就成立了一些学术组织，进行学术交流与切磋。1924 年 5 月，林镕在里昂发起组织"中国生物科学学会"里昂中法大学分会，并任总书记。1926 年

8月又组织了"新中国农学会"，李富春是该会成员，林镕任副总编辑。该会准备翻译一些书籍，并审定农学名词。1929年，林镕作为"新中国农学会"的代表，代表中国首次出席在比利时安特卫普（Antwerpen Anvers）召开的国际农

1929年刘慎谔、齐雅堂、林镕等人于巴黎发起编辑《中国植物文献汇编》（右二为林镕）

业会议。1931年，林镕在国内出版的《新农通讯》上发表了《参加 Antwerpen Anvers 国际农业会议报告》，详尽地报道了会议的经过。他除了将国际农业生产发展的情况和先进的农业技术介绍到中国外，还对中国的农业发展提出了许多建设性的建议。

1929年，林镕与刘慎谔等人共同发起编辑《中国植物文献汇编》，并开始收集整理有关中国植物的文献资料，力求改变中国生物命名混乱，以及生物资源因分布不清而无从利用的状态。归国后，此项工作因经费短缺和各自忙于工作而中断。而林镕自1929年起直至1981年去世，坚持做了50余年。他积累了有关菊科、龙胆科、虎耳草科及有花植物等的手抄本资料46卷，为《中国植物志》的编撰做了充分的准备。

这里还要提一笔的是，林镕留法勤工俭学期间，正值中国共产党建党初期。林镕此时虽未参加组织，但他交往的人中有不少"科学救国"的同路人，也不乏进步青年与革命者。在大革命中牺牲的杨士彬（1895—1948）就是他在南锡大学时的室友。那时林镕与杨士彬常到巴黎西郊一个集中了许多中国穷学生的工业区去。林镕喜欢读中国共产主义启蒙时期的一些小册子，如对失学、失业青年极富有吸引力的旅欧共青团的机关刊物《赤光》。《赤光》常与反动的青年党的刊物《醒狮》发生激烈的争论。林镕、杨士彬和他们的朋友都热烈拥护《赤光》，并为《赤光》在争论中的每一次胜利而兴奋。这时的林镕初步认识到共产主义与其他空想社会主义不同，共产主义有完整的理论基

础，并指出社会主义革命的必然性。30 年后，林镕成了中国共产党党员中的一员，这时他与他青年时期就献身于革命的朋友们走在同一条大道上了。

1930 年秋，林镕揣着他的巴黎大学国授理学博士证书，绕道苏联回到阔别十年的祖国，开始了教学与科研"双肩挑"的职业生涯。

从业五十余年，教学科研"双肩挑"

1930 年，年仅 27 岁的林镕受聘于北平大学农学院，成为我国当时最年轻的教授。三年后，林镕出任该校农业生物系系主任，他集聚了一大批国内知名的生物学家，如经利彬、刘慎谔、金树章、夏康农、易希陶、齐雅堂、汪德耀等，使该系的教师队伍成为全国一流。他本人也在北京大学生物系兼课。20世纪 30 年代的中国经济异常落后，科研经费奇缺，他们无力购置开展真菌学研究必备的器材与设备，亦难以获取该学科国际最新进展的参考资料。加之，当时我国种子植物分类的基础薄弱，没有适合本国的教材。因教学和科研的需要，林镕毅然放弃深耕多年的真菌学研究，转向种子植物分类学的教学与科研。他主讲过的课程有植物学、植物分类学、植物系统学和植物病理学等。

与此同时，林镕亦接受好友刘慎谔的邀请，在国立北平研究院植物研究所任研究员。他们时常在河北和北平近郊采集植物标本。1930 年至 1937 年，林镕独自或与刘慎谔合作，著有《中国北部植物图志》旋花科、龙胆科二册，发表了《旋花科中诸属叶形之变化》《陕西獐牙菜属之一新种》《中国新见或未深悉之菊科》等近十篇论文。

1931 年 9 月 18 日，日军侵占我国东北；1937 年 7 月 7 日卢沟桥事变发生，抗日战争全面爆发。北平居民处于水深火热之中，在北平的各界人士纷纷内迁。当时的国民政府决定把北平、天津六所院校分组成两所临时大学，即西北联合大学和西南联合大学。西北联合大学（简称西北联大）由国立北平大学、国立北平师范大学和国立北洋工学院（在天津）组成，设于西安；西南联合大学（简称西南联大），由国立北京大学、国立清华大学和私立南开大学组成，迁至昆明。1938 年初，随着战事向内地延伸，西北联大迁至汉中一带，后又分别独立成农、医、工及西北大学等四个分校。之后西北联大农学院与国立西北农林专科学校合并组成国立西北农学院（今西北农林科技大学），终迁至陕西武功。在北平大学农学院内迁时，林镕因家里人口众多和妻子有孕，未能及时随校撤退，转而承担了将国立北平研究院植物研究所留存的书籍、资料运往内地的工作。

1938年2月，北平的日伪政权成立了"北京大学农学院"，该校日籍教员众多。该校校长四处打听林镕的下落，准备高薪聘请他执教。林镕不为所动，数次迁居躲避骚扰，后将家眷安置到京城僻巷，并变卖家产，筹足路费，只身离家，经香港、广州、武汉到西安，任西北联大农学院教授，并随校转移到武功，任西北农学院教授。在武功，林镕参与了刘慎谔、辛树帜等人在武功创办的西北植物调查所的科研工作，并发表论文《钟观光采集植物（一）菊科》。

1942年，林镕家眷逃离沦陷区北平，落脚福建永安。其后，正值假期的林镕为了迎接逃离了沦陷区的家眷，经过川、黔、桂、湘、赣各省，长途跋涉抵达福建。但此时日军已进兵江西、打通湘桂路，回陕西之路断绝，致使其全家滞留在福建永安。在永安，虽然林镕和夫人均在职、有薪金，但收入不足以维持一家六口的温饱，生活极端困苦。全家人接连患恶性疟疾，孩子们个个生冻疮。此外，他们还时刻处于担忧、恐惧之中，日日遭受日机的轰炸和低空扫射。

就是在如此极端困难的条件下，林镕应福建省研究院汪德耀院长的邀请，着手筹建福建省研究院动植物研究所，任研究员兼所长，并创办了福建省研究院研究丛刊。为开展福建植物区系的研究和开发利用福建植物资源，在经费和条件极其困难的情况下，常年身患恶性疟疾和严重胃病的林镕率队先后在福建的东西部和中部山区，在德化、龙岩、建宁、连城一带，采集并鉴定植物标本约计万号，涵盖两千余种。在这一过程中，他还为福建地方培养出不少科研和教学骨干。

抗战时期，厦门大学迁至福建长汀，萨本栋任校长。林镕受萨校长之邀，于1942年至1944年兼任厦门大学生物系教授，开始了在相距约180公里的永安与长汀之间每周奔波授课。1944年青年党人周昌芸（曾是林镕在武功的同事，后为南京国民政府最后一届农业部次长）接任福建省研究院院长后，林镕婉拒了福建省刘建绪省长的邀聘，接受萨本栋的聘任，专职担任厦门大学教授和生物系主任，并兼任厦大海洋生物研究所主任。

1945 年 8 月抗战胜利，1946 年秋厦门大学从长汀回迁厦门。林镕携全家经上海返回北平，回到抗战以前工作过的国立北平研究院植物研究所。由于刘慎谔尚未回到北平，因此林镕暂时主持植物所复原工作。林镕一面为所里招募人才，一面将在福建采集的标本设法运抵北平，重新鉴定并归档，着手建设标本馆；同时发表了以福建植物为主的《福建之一种新龙胆》《福建中部栎属植物》《福建产黑粉菌科数种真菌之研究》等数篇论文。林镕同时在国立北京大学、国立北平师范大学、私立辅仁大学和抗战时由东北迁至北平的东北大学的生物系任教。

1946 年 6 月解放战争打响，淮海战役后时局更为紧张。林镕早年的同学和同事刘厚、周祯、林渭访、易希陶等人多次邀请林镕到台湾大学任教，林镕都一一推辞了。他毫不犹豫地在北京住了下来，静候解放，也就此终止了携家人颠沛流离的生活。

林镕院士在指导学生

1949 年 10 月新中国成立，我国的科教事业迈向快车道。1949 年 11 月，中国科学院成立，北平研究院植物研究所和北平静生生物调查所合并成为中国科学院植物分类研究所（1953 年后更名为中国科学院植物研究所），林镕任该所研究员。1953 年 1 月至 1978 年 10 月，林镕先后出任该所副所长、代所长，直到病重不能上班，这时他已在该所的领导岗位上工作了 26 年，可能是中国科学院任职时间最长的所长了。1955 年，林镕当选为中国科学院学部委员（院士），1957 年当选中国科学院生物地学部副主任，后为生物学部副主任。他担任过的重要职务还有中国植物学会秘书长兼副理事长，北京植物学会理事长，《中国植物志》《中国经济植物志》主编，《植物分类学报》创刊人及主编。林镕 1956 年加入中国共产党，1964 年当选为第三届全国人民代表大会代表。20 世纪 50 年代，林镕仍兼职在北京高校授课并参与高校的教学改革。1956 年，他招收了中国科学院植物研究所第一位研究生，开始有计

1964 年中国科学院与波兰科学院签订科学技术合作协议，中方签字者为林镕院士

划地组织各学科专家培养年轻科研人才，为植物学的研究储备后续力量。此外，林镕参加过自然科学基金评定，并在一些研究所主持结业考试。林镕此阶段的研究成果主要包括菊科植物、黄河中游水土保持综合考察等领域发表的相关文章数篇，以及出版的《中国植物志》《中国经济植物志》等著作。

纵观林镕的一生，他出色地扮演了两个重要的角色——教育家和科学家。

教书育人，流芳千古

林镕初任教授时，年仅 27 岁。他授课引人入胜，将多名学生引进植物学研究之门。林镕早期的学生北京农业大学张仲葛教授在他的书中写道："林镕教授讲课深入浅出、条理清晰，枯燥乏味的植物分类学，经他口讲手绘，学生听起来兴趣盎然。他绘图技术相当高超，用粉笔在黑板上几笔就把某一植物的特点描绘出来，不亚于齐白石先生的画虾。"

同为林镕学生的中科院院士王文采在他的书中写道："林先生领我进入分类学的门，是我的恩师……1948 年 5 月初林先生带全班同学到玉泉山实习，这一次的实习给我的印象太深了。遇到开花的紫花地丁、蒲公英等植物，林老随手采起。讲这个植物所属的科、属的特征怎么样，花的构造怎么样。从蒲公英花的构造讲到菊科的一个大群的特征……我当时就佩服林老什么都认识……我采了不少标本，都放到了宿舍里面，有问题时，便到林先生家里去请教……林先生看过这些标本，都一一写出拉丁学名。我非常钦佩。经过那几个月野外

的采集工作，以及观察解剖各群植物的花的构造，被子植物花构造的多样性深深吸引了我，我想了解整个被子植物的花的构造多样性，也就逐渐下定决心，将植物分类学作为终生从事的研究学科。"

林镕不仅是会答疑解惑的老师，他真正关心学生的成长，致力于培养出一批于国家有用之才。再引一段张仲葛写的话："林镕教授时常对来访的学生晓以世界科学进展的形势，鼓励学生们奋发图强。""在与学生的一次谈话中，提出国际水平如何迎头赶上等六个问题（略）。给学生们以很大的启迪，使人终生难忘……至今记忆犹新。"

林镕甚至把维护学生的安危视为己任。抗日战争初期，北平和武功两次学生运动都有林镕的学生被捕。一次是"九一八"后，北平农大学生抗议国民党教育部派专门镇压学运的曾济宽担任校长，学生以罢课阻止其入校。1932年11月13日夜，国民党市党部派军警持枪进校抓人，当夜抓走17人。其中有林镕的学生李汉英（女）、相里矩等7人。次日，林镕即前往监狱探视并保释他们出狱。林镕在日记中写道："……政治连起码的欧美式民主都没有。"由于祖护和保释学生，林镕得了"警告"，还有传说林镕也被列入了黑名单。另一次在武功，反动政权侵入西北农学院，捕去一批罢课学潮中的学生，林镕等教授在学院教授会上提出抗议，要求学校当局立即出面保释学生。

1948年，林镕在厦大任教时的学生万兆广，在奔赴解放区的前夕，藏匿在林镕北平的家里数日，曾与林镕深夜促膝长谈。林师母为其在棉衣里缝盘缠，并送其上路。

林镕爱护学生还体现在他充分肯定学生的工作和能力上。每当发现一个新科或新属，他自己并不急于成文发表，而是鼓励和指导学生去研究。例如，他在福建发现的一个新科——川苔草科和1974年发现的菊科紊蒿属等，都是鼓励和指导学生研究后与学生共同署名的。他从不让学生在论文上署他的名字，而每次学生帮他做了些许工作，他必定署上学生的名字。学生林来官多次跟随他在福建山区采集，他甚至将一种稀见的械树（Acer Laikuanii Ling）以林来官的名字命名。他在论文中写道："此种采集人林来官（Ling, Lai-kuan），对于福建植物的采集极多贡献，故作者乐以此种的种名，作为纪念。"所以林来官的外文名字不是英文而是拉丁文。

作为教育家，林镕先后任教于北京、西安、武功、厦门等近十所大学，在研究所任职时招收数名研究生。他带出了像中科院院士马世俊、王文采，研究员王云章、陈艺林、林有润、石铸，教授张仲葛、赵修谦、王大顺、贾慎修、闻洪汉、林来官、陈青莲、赵国珍，农场从业者相里矩，以及青年时期即参加革命的万兆广和李汉英（李汉英于新中国成立后任林业部副司长、中国林业科学研究院副院长）等多人，为我国的教育事业做出了极大的贡献。王文采曾说："林老的弟子逾千人。"

林镕与学生的关系亦师亦友。1949 年，北平刚解放不久，回归北平的李汉英即前来探望老师。马世俊、贾慎修比老师小不了几岁，每年春节必相约来看望老师。老师去世后，学生们继续看望师母。林镕许多从事植物分类学研究的弟子学习他的治学精神，像他一样，以手抄本积累资料。学生陈艺林甚至连书写汉字的字体都与老师的相似。

科研、工作，以国为重

林镕作为科学家，作为我国研究菊科植物的世界级专家（吴征镒语，吴征镒为 2007 年国家最高科学技术奖得主、中科院院士），在我国菊科植物分类学的开拓和发展上做出了突出的贡献。经查明，我国菊科植物有 210 余属，2300 余种，是中国植物区系中最大的一个科。林镕发现了凤毛菊属、兰刺头属、苍术属、川木香属、重羽菊属、葶菊属、毛冠菊属、合头菊属、紊蒿属等 10 余个新属；发现了火绒草属、旋覆花属、苇谷草属、蚤草属等数个新分类群。他描述和探讨了中国菊科植物近千种，发表了相关重要研究论文。菊科植物中有许多种药用植物、油料植物及其他经济植物，他的研究对开发利用我国的植物资源具有指导意义。同时，了解了菊科植物的种类、分布、习性和亲缘关系等，对阐明中国植物区系的起源和发展也有重要的理论价值。

林镕对标本的整理极为重视。植物所标本馆珍藏的 100 多柜菊科植物标本都是他带领学生整理完成的。

林镕不仅是植物分类学家，新中国成立后他还承担了大量的国家、中国科学院、科委、科协的工作。在有限的时间内，他总是把研究先搁置一边，以国为重。

1950 年朝鲜战争爆发，患有严重胃病的林镕毅然奉命与钱崇澍、胡先骕、刘慎谔、吴征镒、朱宏复等专家一起，奔赴我国东北进行调查、鉴定，以确凿的证据证实美军机在朝鲜北部和我国东北地区撒布的山胡椒和朝鲜红柄青冈栎的叶片，仅为朝鲜三八线以南所特有，从而揭露了美国进行细菌战的罪行。1953 年，人民政府为表彰他们在反细菌战中所做的贡献，授予林镕等人"爱国卫生运动劳动模范"奖章和奖状。林镕因为过于劳累，病情恶化，回京后，他的胃被切掉五分之四。

1955 年至 1957 年，林镕被聘为中国科学院黄河中游水土保持综合考察队副队长，1958 年被聘为中国科学院综合考察委员会委员。为取得第一手资料，解决黄土高原严重的水土流失问题，他于 1954 年、1955 年和 1958 年 5 次率队奔赴晋、陕、甘等地的水土流失地区考察，调查研究水土流失的影响因素，试点水土保持、土地合理利用区划，获得该地区的地质、土壤、水文、气候、植被等大量研究成果，培养了大批干部。在植物学方面，他率队完成了甘肃中部 4 万平方公里、陕西无定河流域和白于山地区 2.4 万平方公里的植被普查，重点研究并完成了 7 个重点地区的植被类型图，采集标本 8000 余号，并完成了黄土地区的植物名录。1958 年至 1959 年，林镕集中发表了《对黄河中游黄土地区水土保持工作的初步意见》《黄河中游水土保持》等文章，组织编写《黄河中游黄土地区水土保持手册》并作序。他还提出水土保持的正确方向应该是"发展山区多样性生产，农、牧、林、水综合治理，合理地利用土地"，在水土流失严重的地区，要实行"退耕陡坡耕地、还林返牧、造林植草与田工水利有机联系"等措施，为根治黄河水害，开发黄河水利，提供了具有可行性、指导性的文献。

1956 年林镕院士（左一）率队进行黄河中游水土保持综合考察

1956 年，林镕参加了国务院主持制定

"1956—1967年我国科学技术发展远景规划"会议。作为生物学部副主任和植物分类学学科带头人，他主持制定了《我国植物学学科发展远景规划》，正式将编写《中国植物志》列入生物系统分类和资源开发利用规划的项目。1959年，《中国植物志》的编撰工作正式启动，林镕当选为《中国植物志》第一届编委，第二、三届主编。这时，他积累了50余年按科、属、种编辑的46卷手抄本的植物分类学资料（其中菊科就有32卷）终于派上了用场。遗憾的是，"文化大革命"期间《中国植物志》的编撰工作停滞了十年。待1976年恢复编撰后，留给林镕的时间已经不多了。《中国植物志》菊科共7卷11册，他在世时仅出版了2册。好在他在世时这46卷资料就常年放在植物所，无私地供学生和编撰《中国植物志》的人员使用。人们称林镕的资料为"一部中国菊科植物分类大全"。学生参考他的资料，甚至以这些资料为蓝本完成了菊科后几卷的编撰。可惜的是在编撰《中国植物志》的过程中，他的第17卷资料"菊科橐吾属"被借出，至今下落不明。现存的45卷资料与林镕的其他著作一起被扫描成电子文件，作为他留给后人的一份极其难得和珍贵的科学遗产保存了下来。

林镕历来重视野生经济植物资源的开发利用。1953年，他提出"植物所的发展方向应是：要使植物学在中国成为密切联系实际而能解决一定经济建设问题的科学"。具体包括三个方面，即植物资源的调查开发、植被的改造利用和植物学发展上的一切研究。在野生经济植物资源的开发利用方面，林镕尤为关注的是：① 药用植物及其引种驯化。为此，1955年他曾亲自到药材产地调查。引种驯化与植物园建设密切相关，因此他极其重视植物园的建设和发展，每次出国访问必将参观该国植物园列为必做项目。他甚至提出：美国的花旗参在国内没有，能否在南方栽种，意大利的甜杏仁、腰果，以及土耳其的榛子是否可以引种。如今这些植物中国都可以自产了。② 工业原料如石蜡、石松孢子（用作高级轿车部件的脱模剂）、紫胶（用作封蜡、电绝缘体和军工产业）等。有些原料国内较稀缺，要用外汇购买。林镕建议寻找其代用品。③ 防风、治沙等的资源植物。1959年，国务院批准中科院和商业部合作开展野生植物资源普查及编写《中国经济植物志》。为此，林镕亲自跑到商业部商谈合作，组建普查队。编写《中国经济植物志》时，林镕不但亲自挂帅任主编，还承

20世纪60年代林镕院士在进行野外考察

担组织、编撰、审稿、纠正错别字等全套工作。《中国经济植物志》历经一年零三个月完成，1961年出版，分为上、下两册。

1956年后，林镕外事工作相当多，除本所工作外，还要处理中科院及他所的外事和国际性会议的一些事宜。1956年至1961年，林镕作为中科院代表团成员4次出访苏联和东欧7国，1963年，林镕应邀率中科院科学家小组访问古巴。他代表国家、中国科学院与各国商讨科学技术合作事宜并签订合作协定。在外事工作中，林镕始终坚持原则，处处以国家利益为重。1951年，苏联商务代办偕同苏联专家巴甫洛夫来所，提出要收集巨量杜仲种子和寻觅发汗剂，林镕拒绝了；匈牙利植物所所长两次要求考察我国黄土地区植被，林镕当面回绝了；1958年，中苏合作进行我国西北黄土地区综合考察，工作队曾于空中拍摄黄土丘陵沟壑的照片，60年代，苏联政府撕毁两国合作协定，林镕就此拒绝为苏方提供摄影胶片复印件。日本人芦田和久米请求参加西藏考察，林镕也回绝了。抗日战争胜利后，美国曾提出代编《中国植物志》的计划，并已部分实现。林镕痛心疾首，呼吁"我们绝不允许"。所以自1952年7月起，他就多次提到要为编撰《中国植物志》做好准备。可以告慰林镕的是：2004年底，80卷126册的《中国植物志》全部出版，成为当今世界已出版的《植物志》中种类最丰富的一部巨著。

国学功底深厚，多才、多彩的一生

林镕国学功底深厚，他青年时期收集的历代名家别集现存有200种计506册，占了满满一个书柜。他晚年借出、因家人不清楚而未能予以追回而遗失的有17册。这200种里有《花间集》《苏东坡全集》《易安词》《唐诗纪事》

林镕院士的 46 卷手抄本分类学资料（一）

林镕院士的 46 卷手抄本分类学资料（二）

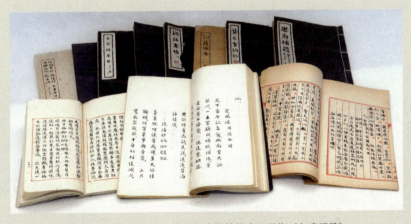

林镕院士抄录的诗词，中间一本是林镕本人所作《匀庵词稿》

《元曲选》《宋六十名家词》等。林镕还在《林氏藏书词籍目录》中，将这些词按词论、词韵、词乐和词选编目。林镕把他最喜欢的词用端庄秀丽的书法字体抄录了 11 本，有《碎金词谱》《阳春白雪》《清词举要》《乐府补题》等。有的词后还附有他本人写的评论。林镕还有一个不常用的号"匀庵"。在《匀庵词稿及补遗》一册中，他将自己于 1939 年至 1946 年尤其是居陕、闽时创作的 62 首词，用娟秀的小楷誊写在由薄薄的毛边纸装订成的册子上。他的词与过去的文人墨客所作不大相同。有的写景，有的抒发对痛失祖国大好山河的愤愤不平，对国民政府的日日歌舞升平、不思抗日的不满和自己的报国之志，充分表达了他忧国忧民的情怀。下面这首词就是他在北平大学农学院西迁咸阳时所作。

浪淘沙·闻西迁之警

归燕已无梁。何处宫墙。咸阳三月草如霜。古渡沙平留晚照，一片红桑。

箫鼓说兴亡。舞彻霓裳。马嵬西去路仓皇。如此河山如许恨，立尽昏黄。

再一首是抗日战争时期，他在永安陪同女儿送别她们的小学老师参加青年军奔赴西南战场，归家后而作。

人月圆

平戎原是书生业，采石卷惊涛。丰姿犹见，西风万马，明月征袍。

学书学剑，功名河朔，意气云霄。樱花三月，夷酋系首，共醉醇醪。

新中国成立后，林镕的工作负担实在太重了，他再也没有时间和精力继续创作他所钟爱的旧体诗词，以至于他的《匀庵词稿及补遗》中的最后 12 首词是用钢笔写的。

林镕还擅长绘画和篆刻。他刻有各种篆体的、大大小小的篆刻 20 多枚，大部分是他的名、字和号。他爱书和字画，所以专门刻有用于他的藏书的"丹阳林氏所藏词书""匀庵之藏书""丹阳林氏珍藏古今名画选"等大图章。林镕清平一生，他去世后，遗物中最珍贵的就是书了。字画在"文革"后不知去向，其中一幅是经亨颐的画作——13 只丹顶鹤的四联屏，实在可惜。林镕的女儿们遵从母亲的遗言，最终将林镕的全部图书捐给了中科院植物研究所图书馆和国家图书馆。

林镕院士的篆刻作品

　　林镕于繁忙工作中唯一没有完全放弃的是绘画——这是从事分类学工作的人必须具备的技能。林镕早期发表、出版的著作里的插图，包括真菌、龙胆科植物、菊科植物的形态图和解剖图，大部分出自他的笔下，有的图在隐蔽部位还有他外文名字的缩写。据统计，在他 46 卷手稿资料里，就有 660 多幅插图。林镕的本事是他能把铅笔画呈现出水墨画和油画的效果。许多介绍林镕的著作里，都采用了他在做黄河中游水土保持考察时画的西峰图，其实那是林镕随手画的铅笔画。

光明磊落，廉洁自律

　　林镕承担上述如此繁重的工作，留给他从事业务工作、抓个人学术研究的时间就不是很多了。中国科学院统计的结论是"林镕抓业务的时间每星期一般不超过三天，还有时一搁置就是半年"。其实林镕自己也很苦恼。他在检查里写道："我的业务工作是一曝十寒，不少半成品未经整理好。""我的研究工作时间不多，从来没有完成过计划，所以，一有空闲就钻到书籍、标本里去。"其实，林镕搞业务的铁定时间是每天夜晚和节假日。所以下班后他经常抱一大摞标本回家，或伏案鉴定或写作，直到深夜。令家人痛心的是，每每半夜醒来，他们看见的是灯光下不听劝阻的白发苍苍的他伏案工作的背影。他的许多论著，包括《中国植物志》和他的旋花科、龙胆科、菊科的大部分著作，甚至他的46卷手抄本资料，都是深夜在家里完成的。新中国成立后，他在职的32年间，没空和家人看一次电影、逛一次公园，即使他当年的办公室"陆莫克堂"就在北京动物园内。他看电视也只看《新闻联播》。他没空与家人合影，他与外宾的合影远比与家人的多，以至于编辑《林镕文集》时，找不到几张他与家人可用的合照。

林镕为人处世很低调，但他的逸闻趣事却传得很广。譬如林镕一年中有近300天午饭吃包子的事，不但植物所里人尽皆晓，中关村宿舍区很多人也知道林师母每天清晨5点得起床蒸包子。这是因为在所里食堂吃饭是要排队的，林镕去食堂总有人给他让座，让他非常过意不去。晚点去吧，也不行，学生把饭就端到办公室里来了。带饭吧，米饭显然不行，那个年代没有条件加热。现买吧，那时没有超市，清晨也没有小吃店。林师母当机立断——带包子。让一个吃米饭长大的南方人天天吃包子可真有点为难他了。林师母就换着花样蒸，肉的、鸡蛋韭菜的、豆沙的、五仁的。林镕夏天就吃凉包子，冬天一进办公室就把包子放在暖气上，等到中午吃。一年300天，天天如此。

林镕与生俱来的自律不仅针对自己，也要求家人同样自律。五六十年代林镕的工资最初是每月360元左右，院士另有100元津贴。林师母说一个人不能拿国家两份钱，就把100元退回去了。1956年林镕入党后自动降薪20元，工资变成了每月340元。1961年我国处于三年困难时期，不少单位动员职工下岗。刘少奇提出，"科学家的夫人可以回到家中，照顾科学家的生活起居，让他们有更多的精力为国家做贡献"。林师母当年已经54岁，在中关村医院工作，每月工资79元。只要再工作一年，就可以退休了。退休可以享受退休金待遇，而退职是分文没有的。林镕劝老伴说："你应该想通啊！这是帮助国家解决困难，你退下来，可以把岗位留给生活有困难的人，相比之下我们家不算太困难，何必和别人争一个岗位呢？"一句"先人后己"，林师母就下岗了。其实当时家里有8口人（有祖母和病退未婚的姑姑同住），靠340元养家是不富裕的。

林镕有四个女儿，其中两个上了师范大学。当年师范大学每人每月12.5元伙食费是由国家负担的。林师母说，"是人都要吃饭，吃饭哪能国家掏钱"。大女儿参军复员后上大学，有调干助学金，父母让她放弃，生活费由家里负担。家里四个大学生，本来只要负担一个，结果负担了四个。不仅如此，大女儿毕业后的工资比上大学前还低一级，直到20多年后调整工资时才恢复。所以他们老两口真是"双双胳膊肘向外拐"。

林镕是不是脑子里装的学问多了，缺根亲情弦？不是，是原则、是自律。1950年抗美援朝时大女儿参军，临去部队报到那天，在院部开会的林镕走神了，他在日记里写道："心中觉得烦闷，以为至少要待许多年以后，我们才可以重新见面了。"1958年植物所提出要把北京师范大学生物系应届毕业生、林镕的二女儿留在所里。林镕婉拒，说女儿已自己报名去新疆了。其实新疆那么远，他是不放心的。他在出访时，每到一个国家必给远在新疆的二女儿寄一张当地的明信片，并附上他的嘱咐。可以说，林镕这一生没有给自己和家人谋过一次私利。

至今，林镕已仙逝43年了。他的音容笑貌仍经常出现在人们的记忆里。想起他，就想起他常对女儿们说的话："我的时间不多了，我已完成的事，还不到我想干的事的十分之一。我得一天等于二十年才行，再不抓紧，恐怕就来不及了。""做一个中国人，总要为中华民族留下点东西，增添点什么……"缅怀他，就要像他一样，时刻以国为重，有一颗爱国心。

（本文由林镕院士的女儿林慰慈供稿）

　　吕叔湘，中国科学院学部委员（院士），语言学家、语文教育家。1904年
12月出生于江苏丹阳。1926年毕业于东南大学外国语文系（现南京大学外国语
学院）；1936年赴英国留学，先后在牛津大学人类学系、伦敦大学图书馆学科
学习；1938年回国，先后在云南大学、华西协和大学、金陵大学、中央大学等
学校从事教学和研究工作。1950年至1952年任清华大学中文系教授等职。
1980年至1985年任中国语言学会会长。1998年4月9日逝世。

　　1955年当选为中国科学院学部委员（1993年改称院士）。

吕叔湘

在中国文法中遨游的一代语言宗师

并不传奇的早年

清光绪三十年（1904），吕叔湘出生于江苏省丹阳县城内新桥西街柴家弄的一户商人家庭。

吕家家境富裕，吕叔湘的父亲叫吕东成，在扬州与人合股，在镇江与人合伙经营同孚永洋纸号。吕东成很重视子女的教育。吕叔湘4岁就读私塾，9岁开始念小学，先在私立文中小学，后转私立东岳庙小学，11岁到县立高等小学堂。县立高等小学堂

丹阳吕叔湘先生故居

的教师水平很高，教学态度认真，管理极严。比如校长教算术，就要求学生的作业本上绝对不能涂涂改改，一旦写错，唯有全部重写；国文教师批改作文时往往一起叫去五六个学生，随改随讲，细致入微。前者培养了吕叔湘很好的学习习惯，后者培养了他对语文的热爱。

当时的丹阳县是没有中学的，他和同学夏翔一起考入了江苏省立第五中学（今江苏省常州高级中学）。江苏省立第五中学的校训是"存诚，能贱"，"存

诚"是指为人要真诚，"能贱"是指做事要踏实。在各门功课中，吕叔湘对国文和英语最感兴趣，一有空就喜欢在图书馆阅读，中学毕业时以优异的成绩考取了东南大学，主修西洋文学。

大学毕业后，吕叔湘在丹阳县立中学（今吕叔湘中学）教英文和国文文法——这是他最喜欢的两门功课。从孜孜求学到传道授业，短短几年，华丽转身，他不无欣悦。

在学生时代，吕叔湘对语文的兴趣全在文学上，对语言方面如语音、会话、语法等并不十分重视，做了老师后，他边教边补。他以同乡前辈马建忠所著《马氏文通》为教材，开始钻研中国文法。在昏暗的灯光下，对着半熟的新领域，吕叔湘努力地熟悉它们。桌子是老式的，书籍被翻到泛起毛边，但其中的知识体系不管对于他个人还是对于那个时代，总散发着一种清新感。在有月亮的晚上，他推开窗子，让月光洒在桌面摊开的书页上，每当这时候，那些抽象的知识点变得具体起来；若是雨夜，挑灯夜读，虽不是唐诗宋词，虽还要记知识点、做笔记，倒也添了些许的诗意。他忽然发觉自己于中国文法竟是很有天分的，也越来越喜欢语言学。

这期间，他还在长他18岁的堂兄吕凤子创办的丹阳正则学校（今丹阳正则小学）兼课。吕凤子当时已是著名画家、教育家，受其影响，吕叔湘深信教育能够救国。由职责到兴趣，由兴趣到担当，到家国情怀，吕叔湘找到了自己前进的方向。

1928年，吕叔湘转到苏州中学任教，该校图书馆藏书甚多，有一些是他以前从未接触过的。譬如他阅读了丹麦学者叶斯柏森的《语法哲学》等语言学名著，正是这些名著，为他走上语言学研究的道路打下了坚实基础。

在这一段时间里，吕凤子等人共同商量，延聘何其宽任丹阳县中第三任校长，何其宽请来吕叔湘担任教务主任，并从外地聘请来好几位有学问、有经验的老师，一时间教师阵容整齐，学校气象为之一新。但在同时，人事倾轧如影随形，何其宽校长和吕叔湘又受到排挤。二人只能被迫离职，到外省教书。人虽然走了，心却牵记着，每次回丹阳，吕叔湘总要到正则学校去看望大哥吕凤子和其他的熟人，他忘不了曾经志同道合献身于教育事业的朋友。

书写传奇的中年

吕叔湘深感学识储备的不足，1935 年，他通过考试获得了江苏省公费留学英国的机会。启程前，吕凤子为他绘了一幅画送行。吕叔湘没有辜负这位亦师亦友的兄长的期望，先后在牛津大学人类学系、伦敦大学图书馆学科学习，刻苦钻研，点滴时间也不舍得浪费。

在英国，吕叔湘时常想念家乡的亲人和朋友。不论吕叔湘在英国到过何处，怎样拓宽了眼界，汲取了知识，他神驰万里、念兹在兹的始终是他的国和他的家乡。

吕叔湘是一位勤奋的学者，除非迫不得已，从不会主动参加社会上种种应酬，更愿意一门心思研究学问。在英国如此，回国后亦然。1937 年，抗日战争全面爆发，他于 1938 年与流亡在湖南的家人一同前往云南，在云南大学做副教授，教英语。在此期间，他发表了第一篇有关汉语语法的文章，从此走上语法研究的道路。

人的精力有限，省去了不必要的来往应酬，也就能集中精神在他心爱的语言学上了。他看到散文家朱自清的一篇文章，说每个句子总要有一个主词，觉得这种说法不全面。考虑再三，他写下了《中国话里的主词及其他》一文。这是他撰写的第一篇有关汉语语法的文章，并由此引起朱自清的注意，结识了朱自清。朱自清当时已是知名作家，有人指出他的"错误"，公开提出探讨，虽是好意，换了心胸狭窄之辈只怕也难免愠怒。这篇文章的发表还带来一个"后果"：1939 年暑假后开学，系里给吕叔湘加了一门讲授中国文法的课程。

1940 年，吕叔湘迁居成都，任华西协和大学（今四川大学）中国文化研究所研究员。在这里他全身心投入学术研究中。胡适和王静如的文章中说"们"是从"俺、您、喒"的韵尾——m 变来的，吕叔湘觉得这个结论恰好把演变的历史给弄颠倒了，他便写出论文《释您，俺，咱，喒，附论们字》。在文中，他引了许多材料证明先有"们"字，"俺"是"我们"的合音，"您"是"你们"的合音，"喒"是"咱们"的合音。此后他接着发表《说汉语第三身代词》（英文）、《论"毋"与"勿"》等论文，其中有好几篇是研究近代汉语的，开辟了汉语语法研究的新领域。

1942 年，吕叔湘离开华西协和大学，改任金陵大学中国文化研究所研究员。同年，商务印书馆出版了他的《中国文法要略（上卷）》（中卷、下卷出版于 1944 年）。此书是受四川省教育部门嘱托，由四川教育科学馆约稿，供中学教师参考的，所以引用的材料大多取自当时的语文课本，文言白话兼收。此书是他的成名作。

吕叔湘探寻的脚步不会停歇。1942 年至 1948 年，短短六年光景，他在《中国文化研究汇刊》上发表了《"相"字偏指释例》《"见"字之指代作用》《论"底"、"地"之辨及"底"字的由来》《与动词后"得"与"不"有关之词序问题》《"个"字的应用范围，附论单位词前"一"字的脱落》《"把"字用法的研究》等一系列语法论文。又在《开明书店二十周年纪念文集》上发表了《从主语、宾语的分别谈国语句子的分析》一篇长文，其影响一直延续到新中国成立后的主宾语讨论。吕叔湘还很重视语言学的普及工作，写了大量深入浅出、取材精当的文章。在《国文杂志》上发表过《文言和白话》、《汉字和拼音字的比较》、《笔记文选读》（连载），在《中学生》上发表过《中国人学英文》（连载）。1944 年由开明书店出版的《文言虚字》，选取最常用的二十多个文言虚字，条分缕析，详细举例，说明它们的意义和语法功能，并尽可能和现代汉语作比较。新中国成立后，此书由中国青年出版社（1953 年与开明书店合并）印了十三次，新知识出版社印了四次，上海教育出版社印了十三次。其实用和受欢迎的程度，可见一斑。

1948 年，吕叔湘与夫人在金陵大学合影

1946 年，吕叔湘随金陵大学由四川返回南京，仍旧担任该校中国文化研究员，同时兼中央大学中文系教授。他和朱自

清、叶圣陶合作编写《开明文言读本》（计划编六册，因各种原因只出版了三册）。1948 年 12 月，他由南京迁居上海，在开明书店当编辑，新中国成立后随开明书店迁到了北京。

总括来说，吕叔湘这一时期的作品，单篇也好，成书也罢，都是既精深精确，又明白晓畅，有针对性，有实际指导意义，可以纠正许多习见的偏颇和谬误，行文明白晓畅，还将说明文写出了散文的风致，这是学养深厚的学者方能达到的境界。

崭新时代的传奇

新中国成立后，吕叔湘十分振奋。他在新中国成立初期的一幅照片上自题道："青年人怀着远大的理想，老年人越活越年轻。——在祖国的土地上。"这个时期，年已半百的吕叔湘焕发人生第二春。尽管过多的行政工作和组织交办的任务已经不允许他继续进行近代汉语的研究了，但是，身为学者的强烈社会责任感使他带着饱满的热情积极投入对社会语言规范的关注中。新中国初立，领导考虑到机关干部讲话、写稿及报刊来稿上存在着语言混乱现象，遂约请吕叔湘和朱德熙合写《语法修辞讲话》在《人民日报》上连载，后由开明书店出版。这是新中国成立初期促动语言规范化的第一部著作。《语法修辞讲话》不做理论上的阐发，尽量少用术语，主要通过举例来说明。全书六讲中除第一讲简单介绍语法体系外，其他各讲都是举出报纸杂志、课本、文件、文稿等之中时常出现的病句，分别从语法、修辞、逻辑等不同的角度加以解释。《人民日报》于1951 年 6 月 6 日起开始连载，并发表了题为《正确地使用祖国的语言，为语言的纯洁和健康而斗争》的社论。社论明确指出："我们的学校无论小学、中学或大学都没有正式的内容完备的语法课程……正确地运用语言来表现思想，在今天，在共产党所领导的各项工作中具有重大的政治意义。"

当时全国各地都掀起了学习语法、教学语法、研究语法的高潮。《中国语文》《语文学习》《语文知识》等刊物也相继创刊，有力地推动了语法知识的普及。不仅学校普遍加强了语法教学，就是机关干部、工人、解放军战士等也开始以《语法修辞讲话》和其他语法著作作为教材，纷纷学习语法，范围之广，力度之大，范本之精，在中国历史上都是前所未有的。

也就是从这时起，吕叔湘参加了新中国成立初期政府部门所有重大的语文建设工作："普及语法知识，编写中学语文教材，商定文字改革方案……"1950年2月，吕叔湘被聘为清华大学中文系教授；1952年高校院系调整，他改任中国科学院语言研究所研究员，同时也是中国文字改革研究会（1954年改为中国文字改革委员会）的委员。1954年宪法起草，叶圣陶、吕叔湘是语文顾问。

专业和行政虽可兼容，但难免要偏向于一头。吕叔湘还兼任了中国科学院语言研究所副所长，有了行政职务后，他发现自己写作的时间少了。行政岗位千头万绪的事务考验着他协调利用时间的能力。尽管如此，他仍在《中国语文》上发表了几篇论文，其中《汉语研究工作者的当前任务》围绕现代汉语规范化问题，提出了语音、语汇、语法、修辞、方言、汉语史、文字改革、语文教学、工具书和参考资料的编辑等十个方面的具体任务，且对每一方面的研究重点、应当达到的目标进行了详尽的论述。

他还参加了两项与语文教育有关的工作，一项是参与拟订"暂拟汉语教学语法系统"，另一项是指导和校订初中《汉语》课本。后者是应当时语文课试行"文学"和"汉语"分科教学的需要而编写的，试用两年之后，这两门课又合并为"语文"一门，但六册《汉语》课本仍然在学校内外发挥作用。

1955年，中国科学院召开现代汉语规范问题学术会议，吕叔湘在会上做了《现代汉语规范问题》主题报告，为此后相当长一段时期我国的语言工作勾勒出蓝图。会议通过决议，提出组成词典计划委员会，拟订《现代汉语词典》编纂计划，吕叔湘任主编。会后，国务院发出指示，要求中国科学院语言研究所尽快编好以确定词汇规

吕叔湘院士和邢福义在一起讨论问题

范为目的的中型现代汉语词典。此后几年间，吕叔湘的主要精力就投入到《现代汉语词典》的编写中了。从 1956 年开始筹备，到 1958 年着手编写，1960 年印制出"试印本"，仅用了三四年的时间，《现代汉语词典》即告付梓，且全书内容全面而精良，可见吕叔湘工作效率极高。

学术回春的传奇

"文革"期间，吕叔湘住在家里，很少外出，一度从事丹阳方言的研究工作。"文革"后期，他将中华书局校勘标点本《资治通鉴》中有代表性的一百三十多条语料分为三十类，写成《〈资治通鉴〉标点琐议》，见解之透辟及字里行间流露的深厚学养，令许多标点古书的人震撼。同时，他又反复考虑《现代汉语语法》体系的问题，这是他从 20 世纪 60 年代初就一直挂在心头的。后来他把自己的想法汇写成《汉语语法分析问题》，该书于 1979 年出版。那正是国家迎来新生、充满希望的节点。新作的诞生与新时代的新气象呼应得丝丝入扣。

改革开放后，语言学界逐渐活跃。1979 年 12 月，中国教育学会邀请各省、市代表到上海开会讨论成立全国中学语文教学研究会的事宜，吕叔湘被推举为理事长。1980 年，中国语言学会在武汉成立，吕叔湘被推举为会长。同年，由吕叔湘主编、十几位学者参与编写的《现代汉语八百词》出版，这是我国第一部现代汉语用法词典，全书 50 多万字，适合少数民族学习汉语使用，也可供方言区的人学普通话时参考。选词以虚词为主，也收录了部分实词；每个词按意义和用法分项说明。这部词典在某种意义上说是个创举，过去虽然有过《经传释词》和《词诠》等书，但都是以文言为对象的。如今专"说"白话，自然不同。

1980 年，兼任全国人大常委会法制委主任的习仲勋，组织修改民法草案，邀请吕叔湘参加会议并修改文字问题，同时叮嘱大家："文字修改，你们要听吕老的，他是语言大师。"吕叔湘拿到草案和有关资料后，连续三天一字一句认真修改，修正了许多字句上的问题，为民法的制定做出了不可磨灭的贡献。1982 年宪法修订，叶圣陶、吕叔湘参与了工作。

1980 年，吕叔湘还出版了《语文常谈》，该书和 1984 年出版的《语文杂记》同为篇幅不大的"小书"，不过虽为"小书"，但内蕴颇深，又很能体现吕叔湘的讲学特色。这几年当中，吕叔湘把以前发表过的文章结集为《吕叔湘语文论集》和《吕叔湘语文论集》（增订本）。20 世纪 40 年代，他就有过写一部近代汉语历史语法的计划，1947—1948 年，他把搜集的材料里面关于指代词的部分分类编排，进行贯串，写成初稿，作为近代汉语历史语法的一部分。后因工作变动，稿子就被搁置了下来。1983 年，吕叔湘取出旧稿，经过整理和补充，写成《近代汉语指代词》，1985 年由学林出版社出版（署名：吕叔湘著，江蓝生补）。这部孕育了四十多年才得以出版的著作，在国内外获得广泛好评，也是他一生学术研究的主要成果之一。

1985 年，于吕叔湘而言是个不同寻常的年份——从事语文教学与研究的第六十年。人生一甲子，魂牵梦绕，细想这份执着，实在非同小可，且亦可歌可庆。《中国语文》杂志社第一、二期出版特辑，以表庆贺。4 月 19 日至 5 月上旬，吕叔湘应邀访问香港。4 月 27 日，他在香港中国语言学会演讲，题目是《汉语语法的灵活性和节约性》，与会者反响强烈，也对这位专注汉语语法研究整整六十年的大学者更增敬意。

化身传奇的晚年

吕叔湘非常看重中青年语文工作者的进步，对他们寄予厚望。1986 年 10 月 14 日至 18 日，在北京西山第四次现代汉语语法学术讨论会上，吕叔湘讲了话，主要是推荐《光明日报》上一篇报道杨振宁教授谈要研究"活的物理学"的文章。他抑扬顿挫地朗读了全文，尤其着重引了杨振宁的话说："一个青年人应该将他的大部分时间用于解决简单的实际问题，偶尔做一些难的问题，而不应专一处理深奥的根本问题。"与会的四十多名中年同志和三十多名列席旁听的青年领悟了他这番举动的深刻含意：搞语言学研究也应该追求新的、活的、与现实直接发生关系的东西。

吕叔湘通过开会、做报告、个别谈话、修改文章、为著作写序等多种形式，与中青年语文工作者保持密切的联系。

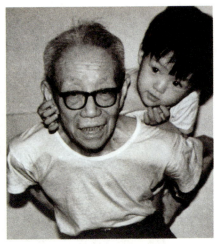

吕叔湘院士与长子吕敏院士在一起　　　　吕叔湘院士与外孙吕大年在一起

　　1982 年底，吕叔湘因为年事已高，不再担任他做了近三十年的语言研究所所长职务。尽管在这个职位上他多年来尽职尽责，获得了一致赞誉，但出于对学问的挚爱，他还是常常想"能清清静静过日子，做点自己想做的事"。不过，退下来的吕叔湘并没有独享清闲，一生的学术追求使他想的仍然是语言事业的未来。

　　离开语言研究工作的第一线，吕叔湘想得最多的就是青年。1983 年，吕叔湘捐献多年积蓄的六万元，不以自己的名字命名，设立了中国社会科学青年语言学家奖金。此后，他又把荣获首次吴玉章奖金特等奖的奖金和几笔稿费转为青年语言学家奖金。

　　1987 年 10 月 23 日，在中国人民大学建校五十周年庆祝大会上，举行了吴玉章奖金首次发奖仪式。吴玉章奖金此次评选出特等奖三项、一等奖五项、优秀奖四项，获奖作品是哲学社会科学领域的优秀著作。吕叔湘的《汉语语法论文集》（增订本）荣获语言文字学特别奖。发奖以后，吕叔湘代表获奖者讲了话。他祝愿吴玉章奖金基金日益增多，获奖作品越来越多，并当场表示把所得奖金 5000 元转为中国社会科学院青年语言学家奖金。这体现出他对人才培养的重视，以及高瞻远瞩、寄希望于未来、奖掖后学的精神。

2012 年，为纪念吕叔湘对我国语言文字的贡献，征得吕叔湘家属同意，该奖正式更名为中国社会科学院吕叔湘语言学奖。这是我国第一项语言学奖，已经成为青年语言学者心目中的最高荣誉。

吕叔湘院士在书房

耄耋之年，吕叔湘仍在参加大百科全书语言文字卷的审稿工作，以及语言学界的一些学术活动，他还十分关注国内外学术界和教育界的动态与发展。

七十多年来，他孜孜不倦地从事语言教学和语言研究工作，涉及一般语言学、汉语研究、文字改革、语文教学、写作和文风、词典编纂、古籍整理等广泛的领域。他的学生王菊泉曾总结道："吕叔湘先生作为我国语言学界的一代宗师，对我国的语言对比研究做出了四大贡献：一、积极倡导比较方法论；二、努力实践比较方法论；三、在理论和方法上有独特建树；四、重视学科建设与人才培育。"

王菊泉的总结是中肯的。他尊敬的恩师虽值暮年，却声誉更隆。1987 年 3 月，吕叔湘前往香港，接受香港中文大学颁发的荣誉文学博士学位。他是第二、三届全国政协委员，第三、四、五、六、七届全国人大代表，第五届全国人大常委会委员、法制委员会委员。他是当代中国杰出的语言学家、语文教育家、翻译家。他学贯中西，撰述宏富，专著和编译著作近二十种，论文和其他文章六百余篇，为中国语言学的发展做出了卓越的贡献。

2024 年是语言学家吕叔湘诞辰 120 周年——他此生只为语言。

吕叔湘一直关注着家乡的教育事业，在他有能力的情况下，想尽办法帮助家乡。1971 年，吕叔湘捐赠一万元给丹阳第二中学（2003 年 9 月，更名"吕叔湘中学"），希望兴建一座图书馆，并亲自设计图纸，他在信中还提出，如经费不够可再补寄。1979年他汇款给丹阳县政协，用于家乡公园儿童图书阅览室建设，并资助公园办书画馆。1986 年 12月，在吕叔湘的赞助下，丹阳县中学图书馆终于落成；吕叔湘亲

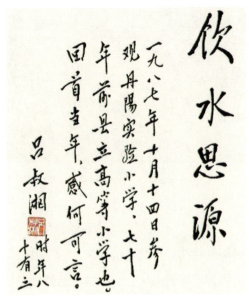

1987 年吕叔湘院士给丹阳县实验小学的题词

笔题写了"图书馆"三个字，并亲题赠联"立定脚跟处世，放开眼孔读书"。1984 年，镇江市社科联内部刊物《镇江社联》试刊出版，吕叔湘为刊物题写刊头。1986 年 5 月 17 日，吕叔湘到江苏工学院给研究生讲课，然后到镇江师专给中文系、外语专业师范生讲课，并接受《镇江日报》采访，给本地语言研究者题词，谈及小学阶段到南郊远足旧事，历历在目。1990 年，丹阳市高级中学 65 年校庆，吕叔湘寄来题词："做人要做正直的人，有理想的人，有事业心的人；凡事要先公后私，先人后己。愿与诸同学共勉之。"

在丹阳"三吕故居"里，一串串闪亮的名字令人肃然起敬：吕凤子，吕澂，吕叔湘，吕敏（吕叔湘长子），吕霞（吕叔湘长女）。吕叔湘家族几代人生活过的故居，现已成为市民们的打卡地。丹阳的水土养育了吕家，吕家也回馈了丹阳，吕叔湘长女吕霞将吕家祖宅拆迁后的补偿款全部捐给了地方政府。

民进中央捐赠给丹阳"三吕故居"的书籍

1998年4月9日，吕叔湘先生以94岁高龄辞世。9月8日，吕叔湘塑像揭幕仪式在其执教过的丹阳市高级中学举行；2003年9月，丹阳市高级中学更名为吕叔湘中学。先生虽已仙游，但他的著作将永存人间，他的家乡也永远以他为傲。

参考资料

1. 赵成昌. 吕叔湘：语言学界的一代宗师 [N]. 中国教师报，2018-03-21 (13).

2. 吕晴. 吕叔湘的文学情怀 [N]. 中国社会科学报，2020-06-19 (1).

3. 镇江市地方志编纂委员会. 镇江市志：1983—2005 [M]. 北京：方志出版社，2014：2696.

4. 镇江年鉴编辑部. 镇江年鉴：1992 [M]. 上海：上海社会科学院出版社，1993：73.

5. 镇江年鉴编辑部. 镇江年鉴：1999 [M]. 北京：方志出版社，1999：436.

6. 镇江市地方志研究会. 镇江为你骄傲：镇江籍两院院士、全国名人 [M]. 北京：方志出版社，2003：28-38.

7. 镇江市历史文化名城研究会. 镇江历史文化大辞典 [M]. 镇江：江苏大学出版社，2013：237，529.

8. 张伯江. 吕叔湘：语言研究中的破与立［EB/OL］.（2019－06－10）［2024－08－26］.https：∥news.gmw.cn/2019－06/10/content_32904279.htm.

9. 刘探宙. 吕叔湘：人民的语言学大师［EB/OL］.（2021－08－10）［2024－09－23］.https：∥baijiahao.baidu.com/s？id＝1707673705116597177&wfr＝spider&for＝pc.

（陶然撰稿，钱兆南修改并新增部分内容）

　　华罗庚，中国科学院学部委员（院士），数学家，中国解析数论、矩阵几何学、典型群、自守函数论与多元复变函数论等多方面研究的创始人和开拓者。开创中国数学学派，并带领中国数学学派达到世界一流水平。1910 年 11 月 12日出生于镇江府金坛县（今常州市金坛区），祖居在镇江府丹阳县访仙桥。历任清华大学数学系主任、中国科学院数学研究所所长、中国科学技术大学数学系主任、中国科学技术大学副校长、中国科学院副院长、全国政协副主席等职。主要从事解析数论、矩阵几何学、典型群、自守函数论、多复变函数论、偏微分方程、高维数值积分等领域的研究；在解决高斯完整三角和的估计难题、华林和塔里问题改进、一维射影几何基本定理证明、近代数论方法应用研究等方面获得出色成果，被美国芝加哥科学技术博物馆列为"当今世界 88 位数学伟人之一"。国际上以华氏命名的数学科研成果有"华氏定理""华氏不等式""华-王方法"等。1985 年 6 月 12 日逝世。

　　1955 年当选为中国科学院学部委员（1993 年改称院士），1983 年被选聘为第三世界科学院院士，1984 年当选为美国国家科学院外籍院士，1985 年当选为德国巴伐利亚科学院院士。

华罗庚

中国现代数学之父

跌宕起伏

镇江丹阳市有一座访仙镇，地处江南水乡、沪宁之间，物华天宝，人杰地灵。1985 年在前册塘村四方山出土的西周青铜方卣、西周青铜尊、西周青铜戈等文物，证实早在两千多年前就有先民在此定居生活；访仙镇萧家村是南朝齐高帝萧道成、梁武帝萧衍的故里，素有"帝皇世家"的美誉。

1983 年 11 月 10 日，丹阳县地方志办公室给华罗庚写信征集籍贯等有关资料。1984 年 7 月 17 日，华罗庚亲笔给丹阳县地方志办公室写了回信，对自己的个人情况做了简单说明，"我父亲是丹阳访仙桥人，母亲是孟河人，我生在金坛，祠堂在丹徒，有谱可查，谱上把我的名字写为发庚，是修谱先生的'杰作'，因我几个堂兄弟都以'发'字排行。除可能造成混乱外，以'发'字排行，是无根据的"。

《朱方华氏宗谱》记载了华罗庚的家族信息。其父华锦祥，字瑞栋，又字鹤英（号祥发，人称华老祥）。其母为巢奎发之女巢性清。华罗庚的姐姐华莲青适刘文荣之子刘世定。华罗庚是丹徒朱方华氏富一公后裔，且为富一公之第十七世孙。

在 2019 年 12 月出版的《镇江市文物志》一书中，有一段关于华罗庚故居的记载："华罗庚故居位于丹阳市访仙镇东街。始建于晚清。坐北朝南，为一

丹阳华罗庚故居

间两进两层楼，面阔 3.1 米，进深 19 米，占地面积约为 57 平方米……现房屋有华氏后人居住。华罗庚故居 2007 年被公布为丹阳市文物保护单位。"2019 年 3 月，华罗庚幼女华密与丈夫一起到丹阳访仙镇寻找祖父华瑞栋的居住地，直言"终于找回了自己的根"。

华瑞栋自小当学徒，13 岁学做生意。年轻的时候，经营过一个丝绸店。后来不幸失了火，家产付之一炬。他从废墟上站起来，收拾了一下残存的家当，来到金坛小城，在清河桥东经营一家叫"乾生泰"的杂货铺。1910 年 11 月 12 日华罗庚在金坛出生，华瑞栋 40 岁晚来得子，欣喜万分，为取"进箩筐避邪，同庚百岁"的吉兆，为孩子取名"罗庚"。

在 1983 年前，镇江地区辖镇江市和丹徒、丹阳、句容、扬中、武进、金坛、宜兴、高淳、溧水、江宁、溧阳 11 县（市）。1983 年 3 月 1 日经国务院批准，撤销镇江地区，实行市管县体制，镇江市改为省辖市，辖丹徒、丹阳、句容、扬中 4 县。与镇江一脉相承的常州金坛，成为华罗庚的另一个故乡。华罗庚一家靠着父亲的这个小杂货铺谋生度日，华罗庚在 20 岁之前，一直在金坛生活。

华罗庚 6 岁入仁劬小学读书，12 岁入金坛县立初级中学。俗语说"从小看老"，又说"三岁顶八十"。幼时的华罗庚，天资颖悟，尤精算术。他从小爱动脑筋，但因时常"呆头呆脑"地想问题，净做类似"傻事"而被小伙伴们戏称为"罗呆子"。1922 年，华罗庚成为金坛中学的第一届学生，他所在的第一班总共只有八个学生。刚开始，由于他很顽皮，字又写得不好，语文老师都不太喜欢他。上到初二，华罗庚仿佛被埋没于泥沙中的一块稀世珍宝，在刹那间闪出了一道耀眼的光芒，而这一光芒被他的数学老师王维克发现了。在初中数学老师王维克、李月波、韩大受的鼓励和引导下，华罗庚对数学产生了浓厚的兴趣。他 1924 年初中毕业，1925 年就读于上海中华职业学校，在上海读书期间他报名参加了上海全市的珠算比赛。当时的参赛者，大都是银行、店铺、钱庄的职员，长年累月与算盘打交道，几乎不大有人相信这位中学生会是一匹"黑马"。然而世界的精彩就在于常有出人意料之处。有一道珠算题：$189987×9998=$（?），难倒了许多考生。华罗庚却只拨动了四次算盘，花了几秒钟，就把准确答案写在了试卷上。他的方法是：$189987×9998=189987×（10000-2）=1899870000-189987-189987=1899870000-190000-190000+13+13=1899870000-380000+26$。有名记者在得知华罗庚第一个交卷，且获得此次珠算比赛冠军后，特地跑去向他表示祝贺。华罗庚笑着说："我是'斗智不斗力，比巧不比富'。"

一战成名，人生却没有顺势驶入快车道。华罗庚虽有天分，但因拿不出学费而不得不中途从上海中华职业学校退学。此后，华罗庚便回家一面帮父亲料理杂货铺，一面钻研《范氏大代数》《解析几何》《微积分》等"天书"。一心不能两用，他时常闹出笑话。顾客要买"灯草"，他听作"京枣"，京枣是一种糖制的糕点，和灯草读音虽似，却谬以千里。顾客要买香烟，他因心里想着数学，手上就本能地把香烟的"近亲"火柴给送了过去。这些小失误不过引来顾客的抱怨和家人的埋怨，严重的是有一年腊月二十八夜半，邻家失火，火苗映红了他家的窗户。华罗庚在小阁楼上读书，竟浑然不知。他姐姐死死把他拽下，他不是后怕险些丢了一条小命，而是先叫"怎么好呢，我的那些书……"父亲气极了，将他的"天书"都扔进了灶膛，想着最好把儿子不切实际的呆憨之气也一并烧掉才好。

旧式父母，为了让儿子迅速成长，往往视娶亲为有效途径。1927 年，华罗庚娶了媳妇。妻子吴筱元温柔贤淑，见他痴迷数学，不仅不多管束，反竭力在生活上照顾体贴他。

不久，曾在法国留学、出任过上海"中国公学"教授的王维克重返金坛，受聘担任金坛初级中学校长。听说华罗庚婚后生活拮据，王维克便将他请来学校做会计兼庶务员、事务主任，拿双倍工资；接着又让他在补习班教数学。这是一份既与兴趣爱好对口，又能维持家计的工作，华罗庚对这份工作倍加珍惜。

在王维克的鼓励和支持下，青年华罗庚开始撰写数学方面的论文并向外面投稿。命运喜欢作弄人，就在事业和家庭都稍见起色时，华罗庚的母亲去世了。天寒偏逢连夜雨，船破又遇顶头风，金坛随即又闹起瘟疫，致使华罗庚染了伤寒，病情严重。为了治病，家里能典当的东西几乎全部进了当铺，就连妻子陪嫁的几件首饰也都被拿出去变了现钱。这时又是王维克伸出援手。他得知华罗庚遭遇困难，不但亲自为他代课，工资照发，还私下给他补助。王维克也病了，但病中仍要妻子陪同去看望华罗庚这位特殊的下属。妻子不解，王维克动情地说："如果我们的国家有一个灿烂的明天，人民那时要盖建幸福的大厦，我看华罗庚倒可能是一个栋梁。"其爱才之心，报国之志，尽在这几句朴实的心声里了。有了王维克的关怀和妻子吴筱元的照料，在病床上躺了半年的华罗庚竟奇迹般地活了下来。不过自此以后，他的一条左腿就再也不那么灵便了。

华罗庚成名后一直惦记着王维克的恩情。1950 年，华罗庚刚在北京安顿好，就收到了王维克写给他的信，他不顾劳累，马上回信："归后，见书函盈尺，但不能不先复吾师……" 1961 年，华罗庚在南京参加数学工作者座谈会时，见到了王维克的女儿王振亚，很热情地给大家介绍："她父亲王维克先生还是我数学成绩的第一个赏识者哩！我这位中学老师，他不仅数学好，而且在物理学、天文学方面造诣也很深，并且是一位有成就的翻译家，他还是法国巴黎大学居里夫人的第一个中国学生哩！"

开创辉煌

1930 年春，上海《科学》杂志上出现的一篇论文《苏家驹之代数的五次方程式解法不能成立之理由》，轰动了数学界，这篇论文正出自华罗庚之手。华罗庚在这篇数学论文中，既严正地指出了苏家驹文中一个十二阶的行列式之计算错误，又毫不讳言地否定了自己此前的"代数的六次方程式之解法"。这种既敢于向权威挑战又勇于自我批评的精神和治学态度，是华罗庚日后能成为大数学家的重要原因。

《科学》杂志上的这篇文章被清华大学数学系主任熊庆来看到了，他看着看着，不禁拍案叫绝。

有一天，他在数学系的教员办公室里惊问周围的人说："这个华罗庚是个什么人？"

"可能是个留学生。"一位教师从熊庆来手中接过论文，看了以后说。

"可能是在哪个大学里教书，因为他写的这篇论文的水平远远超过了大学教授！"读了论文的第二位教员，很自信地认为自己的猜测一定是对的。

可是，猜测毕竟是猜测，熊庆来爱才如命，非要查出这个华罗庚究竟是什么人。经过一番努力，他终于找到了了解华罗庚身世的人。在清华大学工作的一位名叫唐培经的助教是华罗庚的同乡。

"噢，他呀，他是我弟弟的同学。他哪里教过什么大学，只念过初中，听说现在在金坛中学当庶务员。"唐培经一五一十地对熊庆来述说了华罗庚坎坷的经历。

熊庆来感到惊奇不已！一个初中学历的人，能写出这样高深的数学论文，必是奇才。他当即做出决定：将华罗庚请到清华大学来。

华罗庚接到邀请愣住了。他没想到会有这样一个做梦也不敢想的机会降临到自己头上。那无数个刻苦阅读、埋头计算、狂热钻研的日日夜夜，一下子从脑海中掠过。原来，所有的努力都不是白费的。无论是邻家的火焰，还是往日的病魔，都不曾将他击垮。他注定要在数学的领域里开疆拓土，为国家和民族贡献智慧。

1931 年，华罗庚以数学系助理员的身份进入清华大学。他身心畅快，如鱼得水，游弋在数学的海洋里。勤奋的华罗庚每天只给自己留五六个小时的睡眠时间，他甚至养成了熄灯之后也能看书的习惯——当然不是什么特异功能，只是头脑中的一种逻辑思维活动。比如他在灯下拿来一本书，看着题目思考一会儿，然后熄灯躺在床上，闭目静思，开始在头脑中做题。碰到难处，再翻身下床，打开书看一会儿。就这样，一本需要十天半个月才能看完的书，他一夜两夜就看完了。他被全校师生看成不寻常的助理员，也就在情理之中了。

后来，他的论文陆续在国外著名的数学杂志上发表。1933 年，清华大学

1936年华罗庚赴英国当访问学者时留影

破了先例，决定把只有初中学历的华罗庚提升为助教；1934年9月，华罗庚又被提升为讲师。

这已经是加速度了，不过好事却不止成双。1935年，美国著名数学家诺伯特·维纳在清华大学讲学，他建议华罗庚关注苏联解析数论领军人物维诺格拉多夫的研究方法，并向英国著名数学家哈代极力推荐华罗庚。在熊庆来的力荐下，1936—1938年，华罗庚被保送到英国剑桥大学留学。这时的华罗庚，又显现出他"罗呆子"的"呆"气来了。他竟然不愿意攻读博士学位。想做什么呢？只求当个访问学者。他的理由是做访问学者可以冲破束缚，同时攻读七八门学科。友人善意地提醒他，剑桥的博士学位不是随便谁都有机遇去拿的，应当把握命运之神的青睐。他却振振有词："我到英国，是为了求学问，不是为了得学位的。"

华罗庚真的没有攻读博士学位。在剑桥的两年，他写了20篇论文。论水平，每一篇都可以申请一个博士学位，在其中一篇关于"塔内问题"的研究中，他提出的理论被数学界命名为"华氏定理"。华罗庚可谓是没有博士学位的博士了。有人为他惋惜，因为不谙世故，错过了世俗的荣耀。但绝大多数人却透过外表看到了他璞玉浑金般的赤子之心，以及对学术的无比热诚与虔诚。

回报祖国

1937年，华罗庚从剑桥大学学成回国，担任清华大学数学系正教授，后抗战全面爆发，跟随清华大学师生到昆明国立西南联合大学执教，一直到1945年。1938—1946年受聘为西南联合大学教授。华罗庚悉心教导学生，口碑极佳。1939—1941年，在昆明的一座吊脚楼上，他写了20多篇论文，完成了第一部数学专著《堆垒素数论》。这部专著获得当时教育部第一届国家学术奖励金，进一步奠定了华罗庚在全球数学界的地位。

1946 年 2 月至 5 月，华罗庚应苏联科学院邀请赴苏联访问。同年 9 月，在美国普林斯顿高等研究院访问。1947 年，《堆垒素数论》在苏联出版了俄文版，后又先后出版了匈牙利文版（1959 年）、德文版（1959 年）、英文版（1965 年）等，成为 20 世纪经典数论著作之一。1948 年，他当选为中央研究院院士，被美国伊利诺伊大学聘为教授，此后他一直在伊利诺伊大学任教直至 1950 年他选择回国。

伊利诺伊大学创建于 1867 年，是美国最具影响力的公立大学之一，在全世界享有盛誉。伊利诺伊大学还与中国有着特殊的关系：1911—1920 年，伊利诺伊大学培养了多达三分之一的留美中国学生，是对中国学生最友好的美国大学之一。华罗庚也因此欣然应邀，在他看来，这是对这所名校的一种回馈，也是对中国数学专业不凡实力的一种展示。

听到新中国成立的消息，华罗庚无比兴奋。他放弃高职厚薪，克服了美国政府制造的种种困难，毅然携家人回国。一家五口乘船离开美国时，他回望了一眼。三年多时光，他在这个强大富庶的国家生活、工作，不能说没有好感。只是橘红色建筑再美，终不及故乡的亭台楼阁；北美红橡树再红叶似火，亦不如故国的香山枫叶秋色迷人。华罗庚怀着强烈的爱国之心和责任感，站在甲板上，听着悠长的鸣笛声，天高海阔，白浪滔滔，他的激情也如同潮涌。

1950 年 3 月 16 日，华罗庚和夫人、孩子抵达北京。他回到了清华园，担任清华大学数学系教授、主任。校园还是那个校园，国家却换了主人，人民自己能当家作主了。这样的国家，这样积极向上的明朗氛围，理所当然地激起了他新的热情。他受中国科学院院长郭沫若的邀请开始筹建数学研究所。1951 年，任中国科学院数学研究所所长，中国数学会理事长。1952 年 7 月，数学研究所正式成立，他担任所长，同年加入中国民主同盟。他开始潜心为新中国培养数学人才，王元、陆启铿、龚升、陈景润、潘承洞、万哲先、段学复等在他的精心培养下均成为世界知名的数学家。

1953 年，华罗庚参加中国科学家代表团赴苏联访问，并出席在匈牙利召开的二战后首次世界数学家代表大会。1955 年，被选聘为中国科学院学部委员，并任中国科学院物理学数学化学部副主任。1956 年，担任计算技术研究

华罗庚院士和学生一起研究问题

所筹备员会主任，负责筹建中国科学院计算数学研究所。

1956年6月14日，华罗庚同其他参与制定全国科学发展规划的科学家们乘车来到中南海，受到了毛泽东、周恩来、朱德、邓小平等中央领导的接见。

在一阵阵热烈的掌声中，毛主席感谢了科学家们为发展新中国科学事业所做的贡献，并和大家合影留念。这之后，《中国科学发展规划》出台，计算技术、半导体、电子学、自动化、喷气技术"五朵金花"被列为国家急需的紧要项目，以华罗庚为组长的计算技术规划组制定的新中国计算技术发展规划就是"五朵金花"中的一朵。

回国后十来年，华罗庚在数学领域里的研究已然硕果满枝。他撰写的论文《典型域上的多元复变函数论》于1956年获中华人民共和国第一届自然科学一等奖，于1957年1月获中国科学院1956年度科学奖金一等奖，并先后出版了中、俄、英文版专著；1957年出版《数论导引》；1959年莱比锡首先用德文出版了《指数和的估计及其在数论中的应用》，又先后出版了俄文版和中文版；1963年华罗庚和他的学生万哲先合写的《典型群》亦告出版。

华罗庚在撰写论文

他主张在科学研究中要营造学术气氛，开展学术讨论。他发起创建了中国计算机技术研究所，也是中国最早主张研制电子计算机的科学家之一。

1958 年，华罗庚任中国科学技术大学数学系主任；同年，和郭沫若一起率中国代表团出席在新德里召开的"在科学、技术和工程问题上协调"的会议。1962年，任中国科学技术大学副校长，提倡在高中举行数学竞赛。他为培养青少年学习数学的兴趣和热情，在北京发起组织了中学生数学竞赛活动，从出题、监考到阅卷都亲自参加，并多次到外地去

1978 年华罗庚院士亲临全国中学生数学竞赛现场

推广这一活动。他还写了一系列数学通俗读物，把抽象的理论形象化、趣味化，在青少年中影响极大。

他发现将数学中的统筹法和优选法应用在工农业生产中可以提高工作效率，改变管理面貌。1964 年初，他觉得自己的想法已较成熟，遂给毛主席写信，表达了要走与工农相结合道路的意愿。同年 3 月 18 日，毛主席亲笔回函鼓励。1965 年，华罗庚开始推广统筹法和优选法，发表了《统筹方法平话及补充》。1966 年，他在全国各地奔走，亲自带领中国科学技术大学师生到一些企业推广和应用"双法"，为工农业生产服务。1969 年，发表《优选法》。

顾武英在《中国现代数学之父的南京情结——纪念华罗庚逝世 35 周年》中说到一件趣事："统筹法对新上马的单项工程比较有效，在成昆铁路的建设

华罗庚院士推广"双法"

中发挥了重要作用，为此，国家科委在中国科学技术大学专门成立了统筹法研究室，编制 20 人。统筹法研究室成立后，华罗庚积极在面上推广，多次来到南京。1966 年 6 月，华罗庚及其助手们在栖霞区的栖霞公社搞农业统筹法推广，当时正值抗旱的关键时刻，南京当地有关部门画了一张抗旱统筹图，华罗庚建议再画一张防涝统筹图，有些人对此感到疑惑不解，结果图画好的第二天就下起了雨，到第三天江水就上涨了，由抗旱变成防涝，防涝统筹图的作用立竿见影，大家都说华罗庚真神了！"世间岂有仙与神，神的是华罗庚炉火纯青的专业技能。

顾武英在文章中又说："1966 年 5 月在南京鸡鸣酒家，华罗庚对来自南京师院、南大等学校的学生做演讲，他说：'提起统筹法，这里还有一段小故事，那是两年前的事，一位日本朋友送给毛主席一份礼物，其中有一本书的第一页，指名要给华罗庚看一下。我看后，经过琢磨，并结合中国的国情，开始了推广统筹法的实践活动……统筹方法是一种为生产建设服务的数学方法，是想为毛主席所提出的统筹兼顾的全面统筹原则做一个小小的注脚。'华罗庚非常生动地启发大家，和大家讨论了早上煮牛奶如何节省时间的几种方法，并编绘成'箭头程序图'挂到餐厅的黑板上，接着用大量的事实和数据，讲述了统筹法在生产流程、计划安排、工程调度等方面的运用。"其灵动朴实的风采于此可见一斑。

1967 年五一劳动节，华罗庚应邀登上天安门。毛主席唤他"我们的数学家"，华罗庚深受鼓舞，一度受到冲击的境遇也随之得到了改善。1969 年，他推出了《优选学》一书，并将手稿作为国庆 20 周年的献礼送给了国务院。在国际优选法专业会议上，专家们认为，"优选学"的出现及其与计算机的结合，给设计、生产、制造、控制全过程带来了一场革命。1970 年 3 月 4 日，周恩来总理在华罗庚的来信上作了批示："应给华罗庚以保护"，"最好以人大常委身份留他住京，试验他所主张的数学统筹法"。华罗庚激动不已，火速飞往上海炼油厂搞试点，又去北京、武汉、沙市、大庆等地推广优选法，成果喜人。小分队共去过 26 个省、自治区和直辖市，所到之处，掀起了科学实验与实践的群众性活动浪潮，取得了很大的经济效益和社会效益，受到国家领导人的肯定。1975 年，他在大兴安岭推广"双法"。1975 年 8 月，华罗庚第一次心梗发作，昏迷了 6 个星期，一度病危。国家领导人闻讯，派出了为自己看病的医生专程前往哈尔滨救治。住院期间，华罗庚仍牵挂着"双法"的普及，病稍好便伏枕给毛主席写信。

"文革"结束后，华罗庚于 1977 年被任命为中国科学院副院长。他多年的研究成果《从单位圆谈起》、《数论在近似分析中的应用》（与王元合作）、《优选学》等专著也正式出版。1979 年，华罗庚加入中国共产党，当选民盟中央副主席，担任中国科学院应用数学研究所所长。同年 3—11 月，访问西欧；7 月，参加英国解析数论国际会议；11 月，接受法国南锡大学荣誉博士学位。华罗庚以"下棋找高手，弄斧到班门"要求自己，把自己的数学研究成果介绍给国际同行。他毫不藏私、毫无门户之见的"呆气"实是一种博大的胸襟，一种全人类共享先进成果的气度。

顾武英说："1980 年 4 月，华罗庚和他的学生们再次到南京推广'双法'，他们和以前一样深入工厂、车间、码头和工地，询问生产情况，推广统筹法和优选法。4 月 21 日上午，华罗庚在南京江苏饭店对全体'双法'小分队队员说：'江苏与其他省不同，工业技术先进，力量雄厚，产值居全国第三位，仅次于上海和辽宁，相当于两个四川省的产值。全国的工业水平是金牌上海多，银牌江苏多，所以我们这次来，一定要好上加好，锦上添花。'在华罗庚带领的小分队的辛勤努力下，江苏省在全省范围内大面积推广应用统筹法和优选法，从 1980 年 5 月到 11 月，共取得重大成果 4978 项，增产的价值为 9523 万元，节约金额 2809 万元。"同年，华罗庚率领工作队来到镇江，在交通、轻工等主要产业部门，普及推广优选法和统筹法，取得了良好的效果。

1980 年 8 月至 1981 年 2 月，华罗庚访问美国。1981 年，他当选为中国科学院主席团委员。

虽逝犹生

华罗庚的心梗在 1982 年再次发作，幸好未伤及根本。但他仍坚持忘我工作。1983 年 10 月至 1984 年 7 月，他以菲厄查尔德杰出访问学者的身份访问美国。在美期间，他赴意大利的里雅斯特市出席第三世界科学院成立大会，并当选为第三世界科学院院士。1984 年 4 月，他在华盛顿出席了美国国家科学院授予他外籍院士的仪式，成为第一个获此殊荣的中国人。1985 年 4 月，他在全国政协六届三次会议上，被选为全国政协副主席。1985 年，他当选为德国巴伐利亚科学院院士。

1985 年 5 月 28 日，镇江文物精华展览在北京中国历史博物馆开幕，华罗庚参加开幕式。同年 6 月 3 日，他应日本亚洲文化交流协会邀请赴日本访问。6 月 12 日下午 4 时，他在东京大学数理学部讲演厅向日本数学界做讲演，讲演的题目是"理论数学及其应用"。下午 5 时 15 分讲演结束，他在接受献花时身体突然往后一仰，倒在讲坛上，人事不知。晚上 10 时 9 分，因急性心梗而猝然逝世。

华罗庚热爱科学、勤奋学习、不求名利。他是中国解析数论、矩阵几何学、典型群、自守函数论与多元复变函数论等多方面研究的创始人和开拓者，且把科学研究与实际应用紧密结合起来，把数学应用到工农业生产中，为我国现代化建设做出了突出的贡献。他以卓越的成就和伟大的品格，影响了一代又一代的年轻人和科学工作者。他的名字已进入美国华盛顿斯密斯尔尼博物馆，他也被芝加哥科学技术博物馆列为"当今世界 88 位数学伟人之一"；国际上以华罗庚命名的数学科研成果——"华氏定理""华氏不等式""华-王方法"等，都是对他的高度认可。在国内，他被誉为"中国现代数学之父""中国数学之神""人民数学家"。

除了在数学上的成就，华罗庚还是中国计算机事业的奠基人，知道这一点的人可能不多。在他的主持下，1952 年中国成立了第一个计算机小组，他担任了计算技术规划组的组长，并组织了计算机训练班和计算数学训练班。2017 年在南京举办的"互联网大数据终端安全"主题论坛上，华罗庚的弟子、中国著名软件专家殷步九说，作为中国数学界的奠基人，华罗庚的核心理念"直接法"至今还在影响着软件业、大数据行业。

为纪念这样一位影响深远的大师，华罗庚祖籍地镇江丹阳市访仙镇在东街修复了华罗庚故居。2011 年 11 月 12 日，丹阳市集邮协会等单位设计了"纪念华罗庚诞生 100 周年"邮票，一套 6 枚，方寸之间，风采毕现，票随信走，流通世间。这一别致的方式让更多人记住了他，亦透出家乡人对他的遥远追思。

参考资料

1. 顾迈南. 华罗庚传［M］. 石家庄：河北人民出版社，1985.

2. 顾迈南. 华罗庚传［M］. 上海：复旦大学出版社，1997.

3. 王元. 华罗庚［M］. 南昌：江西教育出版社，1999.

4. 林承谟. 华罗庚的故事［M］. 武汉：华中科技大学出版社，2013.

5. 镇江市文化广电和旅游局. 镇江市文物志［M］. 镇江：江苏大学出版社，2019.

6. 镇江市地方志研究会. 镇江为你骄傲：镇江籍两院院士、全国名人［M］. 北京：方志出版社，2003.

7. 中国科学院学部. 院士信息：华罗庚［EB/OL］.（2009-06-24）［2024-12-15］.http://casad.cas.cn/ysxx2022/ygys/200906/t20090624_1810068.html.

8. 胡明艳，白英慧. 华罗庚：创造自主的数学研究［EB/OL］.（2022-06-08）［2024-12-17］.https://www.cas.cn/xzfc/202206/t20220608_4837332.shtml.

（陶然撰稿，钱兆南修改并新增部分内容）

　　支秉彝，中国科学院学部委员（院士），计量学家，电工仪器仪表专家，我国仪器仪表事业的奠基人之一，汉字编码和汉字信息处理系统研究的先驱者。祖籍江苏镇江，1911 年 9 月 29 日出生于泰州杜家巷。1931 年考入浙江大学电机系。1934—1946 年赴德国多所大学深造学习，先后任德国莱比锡大学、马堡大学中文系讲师。1947—1951 年任浙江大学、同济大学、上海航务学院教授。1951—1953 年任上海黄河理工仪器厂经理兼工程师。1954—1964 年任上海电表厂副总工程师等职。1964 年调入上海电工仪器研究所（原上海电工仪器仪表研究室，1978 年更名为上海仪器仪表研究所），任总工程师、副所长、所长、名誉所长。20 世纪 60 年代开始研究汉字信息字模，1978 年发明"见字识码"编码方法，率先攻克汉字进入电子计算机的"世界难题"。1991 年加入中国共产党。1993 年 7 月 24 日逝世。

　　1980 年当选为中国科学院学部委员（1993 年改称院士）。

支秉彝

给汉字插上翅膀的"支码之父"

为国为家努力学习

支秉彝生于书香家庭，父亲支履谦毕业于江宁（今南京）江南高等学堂，却英年早逝。母亲吴怀德在丈夫"一定要让孩子念书，才可以改变自己命运"的思想影响下，以及丈夫病重时"哪怕砸锅卖铁，一定要让孩子读书"的嘱咐下，立志抚育子女读书成才，她顽强地从失去丈夫的悲痛中振作起来，为了全家人的生活开始奔波，全力支持孩子们读书。

从1918年起，支秉彝接受了长达9年的私塾教育，为日后学习和研究汉字编码工程打下了坚实的基础。功夫不负有心人，支秉彝作为家中长子，没有辜负母亲的期望，于1926年考入江苏省代用淮东中学校（今江苏省泰州中学）读书。1929年，考入上海大同大学理科预科班。1931年，以优异的成绩考进浙江大学电机系。那时的中国，外受西方列强的掠夺和蹂躏，内受军阀混战的荼毒，民不聊生，暗无天日。支秉彝受五四"民主与科学"进步思潮的影响，立志走"科学救国"的道路。

1934年，支秉彝告别家人，远渡重洋到德国求学。他先后就读于德国德城工业大学和莱比锡大学，1944年获莱比锡大学物理学院自然科学博士学位。同时，在"奎庭"无线电厂、"兰旦"无线电厂担任技师、工程师。他一边学习，一边工作，在计量学、无线电传真、石英晶体钟长期稳定性等方面先后攻克了许多难关，获得多项奖励。

1945年第二次世界大战结束后，美、英、法、苏占领德国，鉴于德国在科学技术上的优先地位，四国在德国竞相争夺优秀科技人才，支秉彝也在其中。美国想以丰厚的待遇聘请他去美国，并许诺可以帮他移民到美国。支秉彝断然拒绝："我千辛万苦学得的本领，为的是报效苦难落后的祖国。"

1935年到1946年，支秉彝在德国度过了11个年头，从事仪表研究，并凭着对中国汉字的研究，在莱比锡大学、马尔堡-菲利普大学中文系任讲师，讲授中文。1946年，支秉彝携德国妻子支爱娣教授准备回国。回国前，支秉彝的岳父把平时的积蓄都交给了他们，支秉彝靠着岳父的资助购置了一批精密标准仪器，义无反顾地携妻回到上海。经友人推荐，支秉彝担任中央工业试验所电子试验室主任。在试验室科研经费无着落时，支秉彝就用自己带回国的标准仪器进行研究；原材料缺短，就用日本战败时残留的通信设备，从上面拆下零部件拼用。在艰难的条件下，支秉彝从未说一个难字，他将兼任浙江大学、同济大学、上海航务学院教授时获得的部分经费用于研制阴极射线示波器、电子管电压表、石英晶体振荡器和高、中频振荡器等科学研究工作。

1949年上海解放后，支秉彝创办了黄河理工仪器厂，担任经理和工程师，并受聘为上海航务学院教授。他既当教授，又办实业，是我国最早研究开发电工仪器仪表的海归专家之一。1954年，上海黄河理工仪器厂并入上海电表厂，支秉彝任上海电表厂副总工程师，组建中心实验室，并以在德国研究石英晶体钟长期稳定性的成果为基础继续进行研究，组织和领导了用于天文方面的石英晶体钟研究工作，制造出样品（当时在国内处于先进水平），从而推动了我国石英晶体钟的研究。此后，支秉彝率先开展了仪表数字化研究，在国内推广和应用数字仪表，继而在国内尚缺乏完善的电量标准和传递系统的情况下，在国家计量局领导下，会同上海市计量局等单位，商议并制定了上海市标准电阻、标准电池等一套传递实物标准，为当时我国急需的电工仪器的生产创造了条件。为了打破从联邦德国高价进口锰铜材料的局面，支秉彝建议上海市科委组织联合技术攻关，得到市科委的同意，初步确定由上海铜仁合金厂负责高级锰铜合金的研制，由上海电表厂仪器仪表研究室负责锰铜电阻元件的高精度可靠性测量和专用仪器设备的研究工作。支秉彝制造的标准电阻性能通过对比，达到国际先进水平，为我国精密电阻、计量仪器的制造奠定了坚实的基础。1957年，支秉彝从事锰铜电阻元件老化处理的研究，解决了国产锰铜电阻元件的质量问题。支秉彝负责仪表三大关键元件（宝石、轴承、油丝）的质量攻关，组织研究了油丝的制造工艺和性能测试设备，制定了质量标准，提高了电表的精度和稳定性，为建立中国的计量标准做出了重要贡献。

新中国成立后不久，正值国家第一个五年计划的科技发展讨论时期，周恩来总理亲笔签名向支秉彝发出请柬，邀请他到北京参加我国的科技发展计划，共商大计。1956年和1962年，支秉彝先后两次参加我国《1956—1967年科学技术发展远景规划纲要》的起草讨论工作，具体负责筹划我国仪器仪表的开发。

支秉彝参与制定了中国第一个《1956—1967年科学技术发展规划》，负责主编电工仪器部分，率先开展仪表数字化研究，成功研制出国内第一台5位直流数字电压表。

1964年5月，上海电工仪器研究所（上海仪器仪表研究所的前身）成立后，支秉彝调入上海电工仪器研究所，任该所副所长兼总工程师。

为汉字在计算机里安家寻找钥匙

一位科学家曾说过：如果汉字不能进入计算机，使用中文的国家便不能普及电子计算机。这道难题的最难之处，莫过于汉字是方块字了。自从传说仓颉造字以来，汉字的数量之多，令人目眩，仅一部《康熙字典》就收集了5万个左右的汉字。如果能把如此繁复的汉字变成一种计算机能"懂得"的"语言"，变成一个个信息，让其忽闪忽闪地跳进计算机，再打印出来，那该节省多少人力呀，还能解决发电报、传真等多个领域的难题。

时代的进程中，难免祸福相依。有时候福变成祸，有时候祸也会变成福。"文革"中，支秉彝和那个时代所有留过洋的知识分子一样，都惹上了"祸"。在祸事来临的时候，他并没有慌，而是在狭小的空间里，悟到了"见字识码"的玄机。

1968 年 7 月，支秉彝被扣上"反动学术权威"的帽子，投进了"牛棚"。"牛棚"是一间 6 平方米的暗室，四面无窗，门上有个小洞，如果这洞口关了，里面便无一丝亮光。白天要开灯才能看得见，晚上睡的是水泥地上的一条草席子，这条草席子也算是支秉彝的桌子和板凳。逼仄的暗室中，百无聊赖，比较适合天马行空地深度思考，抬头时顺便看看床头墙上贴着的 8 个大字"坦白从宽，抗拒从严"。这 8 个字，他看了几十遍了，该交代的全交代过了，实在没有什么好坦白的了。他突然想到，何不从这 8 个字上做点文章出来。他想："能不能把这些汉字都变成一种有规律的代码，用新的代码替代老方法，进而让汉字可同西文一样直接进入计算机？如果成功的话，打电报时就可省去很多事，特别是当时计算机中难以应用中文，如果能发明一种不需记忆而见到字就可按键输入的方法该多好！汉字很多，仅常用的汉字也有 4000 多个，而拉丁文却很简单，只有 26 个字母，能否将汉字也用 26 个拉丁字母来代替呢？"想到这里，这间逼仄的暗室突然间有了光。他想，研究这样的代码，不需要任何设备，只需要一支笔和几张纸。一个偶然的机会，他弄到了一支笔，但没有弄到纸。那些人，发给他写交代问题材料的纸是编了号的，少交一张都要挨拳头。有笔就好办，支秉彝拿起了茶杯，悄悄地坐在草席上编起码来……茶杯虽小，却自有乾坤，可以在杯盖上写几十个拉丁字母。写满了，可以抹掉再写。他几乎进入痴迷状态，专案人员问他话，他答非所问，喊他名字他都听不进去。他没有字典，只能凭着记忆，一个字一个字地进行编码。一只小小的杯盖，给了他很大的舞台。为了怕人发现他在做的事，支秉彝竭力躲在暗室的角落里思考问题。直到 1969 年 9 月的某一天，支秉彝从隔离室被放出来了，但并没有给他自由，而是让他扫地、擦车床，后来把他下放到废品仓库做看守。在这样的世界里，他反而更自在清静，没有人打扰他，他可以展开想象的翅膀，在"汉字编码"的世界里自由翱翔。

　　"识码，就是要从字的特征中寻找依据，建立字和码之间的相互关系……码要建立在'字元'的基础上，而'字元'的标志，则建立在字形和字音的双重关系上。"这是支秉彝要解决的问题。

　　躲进仓库成一统，管他冬夏与春秋。只是一年中有两个季节最难熬：冬天，仓库里冷得让人发抖；夏天，仓库里热得让人想吐。支秉彝在苦心研究的过程中，好不容易得到了国外的少量资料，如虎添翼。他从这些资料中了解到，日本、美国、澳大利亚等都在推进汉字的计算机化：日本的汉字信息处理采用整字键盘，澳大利亚的一家公司按偏旁部首进行汉字信息处理，而美国的汉字信息处理采用40个字母和符号键的键盘。另外，他还了解到，我国台湾省的一些学者也在研究用外国拼音文字进行汉字编码。

计算机是按二进制数字原理工作的，它要完成神速的科学运算和浩繁的数据处理，首先要把文字转换成它能识别的符号。这对外国拼音文字来说，轻而易举，只要对20~30个字母选配一串"0"和"1"，便能使拼音文字顺利地进入计算机。可是，对以象形字为主的汉字来说，这却成了一个"世界难题"。支秉彝深深懂得：不解决这个难题，使用汉字的国家和地区便不能普及计算机，而汉字的编码方法理所当然要由中国人去突破。他感到任重道远。

从"牛棚"到仓库的日子，他没有一天闲过，天天在默默地用功。他花了两年多的工夫，硬是搞出了第一套编码方案。他让侄女在家里用一台英文打字机做试验。第一套3000字编码的试验，采用的是26个拉丁字母，加3个"卷舌音"字母（C'S'E'）。虽然3000字没有一个重码，但试验结果发现：若采用29个字母，只要打字员对汉语拼音的读音稍不准确，就会打错字；而且加了3个"卷舌音"字母，就不能与各种西文电报传真打字机通用。这个问题让支秉彝十分高兴，他觉得用26个字母是最佳的方法，得想办法去掉3个"卷舌音"字母。

通过研读国外资料，支秉彝感到国外的方法有优点也有缺点，最大的缺点是它们的编码方法不能跳出按部首、查偏旁、规则繁的老框框，因而键盘大、重复码多、输入速度慢，难以应用推广。而支秉彝的编码方法打破单一分解汉字字形的方式，与众不同地综合分析汉字字音、字形、笔画和拼音之间的关系，用26个拉丁字母进行编码，以4个字母表示1个汉字，制定出一套简单的规则，见字能识码，见字能打码。这种"见字识码"的编码方法，恰能避国外方法之所短，为汉字进入计算机打通了一条捷径。

现在的问题是：采用26个拉丁字母会有多少重复码？一本《新华字典》成了支秉彝朝夕相处的伴侣，睡觉都要将它放在枕头边。他把这本字典上的8500字都编上了码，每个字填写一张卡片，以便分类进行研究，从中探索解决重复码问题的规律。解决一个重复码，是牵一发而动全身的事。改一个码，一批码就得重新检查一遍、改一遍、抄一遍。一个汉字由四个码组成，每个汉字还要注明在《新华字典》中的页码，花费的时间和心血可想而知。为了解决一个重复码的问题，支秉彝往往要花两个星期的时间进行检校、核对、誊抄工作。单位的同事们常常看到他随身携带一本咖啡色的塑料活页笔记本，足有一寸厚，每页上都记载着他的心血。8500字的编码，每个字的分量都是沉甸甸的。

整整6年的悉心研究，支秉彝在路上、在仓库里、在家里、在梦中，冥思苦想着……

支秉彝院士在德国汉诺威游览胜地观光

他的老伴常常在半夜醒来时，不见丈夫的身影。原来，支秉彝经常深更半夜到楼下的房间去攻关编码。由于常年劳累，他得了肝病，不得不在家休养。但他在家也不"老实"，每天还是日夜不休。老伴抱怨地问："你是搞电工仪表的，这汉字编码与你的专业有什么关系，为什么要这么拼命？"支秉彝为了让老伴放心，风趣地说："我不累，编码让我乐在其中。"

有人说支秉彝成了"码迷"。确实如此，为了8000多个汉字，他日夜沉迷于26个拉丁字母。电工研究所坐落在杨浦区的江浦路上，而支秉彝的家住在乌鲁木齐南路，他在每天上下班的班车上，想的还是编码。有次他从所里回家，在车上看到街头的标语，就想如何解决编码的难题；车上挂着的"乘客须知"也成了他研究编码的对象。他在心里盘算着，在手里画着字的笔画。他突然从几个字中得到启发……等售票员喊着"乘客们，终点站到了"，支秉彝才发现自己早错过了站点。有一天，他生病发烧，躺在床上还在想如何解决"吉、台、古"这三个字码的重复码难题。就在"山穷水尽"时，他突然跳下床，原来是想到了这三个字的重复码解决方案，他立即伏案研究，花了一整天的时间，终于如愿解决难题。当家人问他为何这么高兴时，他答非所问。在家养病的两个多月里，他每天都在与8500个汉字暗中较劲。

有志者事竟成，从1968年到1974年秋，经过6年奋战，"见字识码"初稿完成，这在当时国内是开创性的成就。

千里马问世了，可是伯乐在哪里？当时有人批判支秉彝搞汉字编码是开"地下工厂"。他知道，"非法"搞出来的产品是不会得到认可的。1974年，支秉彝利用去北京出差的机会，专程拜访了第一机械工业部副部长曹维廉，详细介绍了"见字识码"这项技术，并说：现在是行百里者半九十，希望得到领导的支持。曹维廉听完了他的介绍，又翻看了支秉彝那本厚厚的编码稿，立即赞不绝口："太好了，太好了。汉字编码很重要，国家需要这个东西。你放手大胆搞吧，部里支持你，我支持你。有什么困难，你可以直接来找我。"支秉彝从北京回来，心里像吃了一碗蜜糖，甜滋滋的。几个月后，曹维廉向上海有关单位推荐支秉彝的"见字识码"技术，并告诉上海电工仪器研究所："你们所里有一项重大的创造发明，就是支秉彝的汉字编码。那是个好东西，关系到汉字现代化。你们要支持这项工作。"他还特意向上海有关部门推荐"见字识码"。在上海市计算技术研究所、上海市科学技术委员会协同研究和组织论证下，支秉彝的"见字识码"输入系统研究成果，只需要按下4个字母就能输出1个汉字，而西文平均由六七个字母组成，要按六七个键，所以汉字"见字识码"的打字速度比西文还要快。

1976年年底，支秉彝的"见字识码"方案全部完成。1977年，上海市市内电话局"114"服务台正在试制计算机查号系统，要把查询单位的汉字变成一种信息，

支秉彝院士在工作

支秉彝的"见字识码"技术恰好满足了他们的需要，成功地把用户单位名称的汉字变成一种信息，贮存在计算机内。

支秉彝在实践中发明的"见字识码"汉字编码方法，可以用 26 个拉丁字母对汉字进行编码，以 4 个字母表示 1 个汉字，新的编码方法操作简单，易于掌握，如"路"字，可拆成口、止、文、口四部分，取部首拼音读音的第一个字母，即组成"路"的代码 KZWK。每个汉字的字码固定，给计算机的存储和软设备应用带来很大的便利。

"1011"汉字自动打字机实物

1977 年，在上海市科委领导下，由支秉彝牵头，组建汉字信息处理系统的会战小组。20 多个单位的技术人员经过几次大型讨论会后，一致同意采用"支码"汉字编码方法。"见字识码"是一把开锁的金钥匙，打开了汉字进入电子计算机的大门。由于在汉字编码上的突出贡献，支秉彝于 1977 年被评为上海市先进工作者。1978 年 5 月上旬，支秉彝汉字编码输入系统的研制取得了成功。7 月 19 日，《文汇报》头版刊登这一重大消息后，美国、联邦德国等国家的一些公司、大学纷纷来函来电要求合作。支秉彝及他的助手们于 1978 年 10 月设计了一款同当时计算机通用的电传打字机差不多的小巧键盘，输入汉字速度非常快，可以做到一边看文稿一边打字。这样，汉字就可以同西文一样方便快捷地进入计算机了。实验成功，标志着中文信息化时代已经来临。后来，支秉彝及他的助手们又完成了汉字输入终端、汉字信息处理系统的研究和生产。其中，与联邦德国、香港有关公司合作生产的采用"支码"的 1011 型汉字自动打字机系列产品广销国内外。支秉彝创造的汉字编码法，赢得了世界计算机界的肯定，对中国汉字码的发展起到了重要的推动作用，支秉彝从此成为国际上有名望的汉字信息处理和仪器仪表专家。

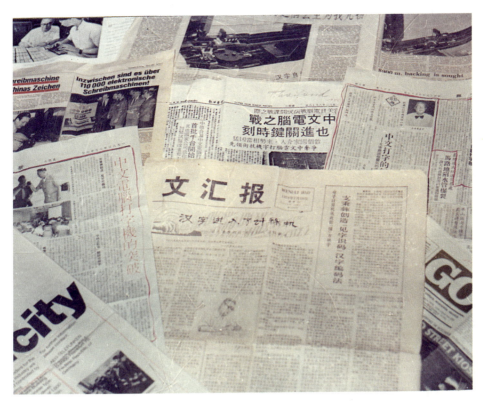

《文汇报》等媒体关于支秉彝院士创造"见字识码"法事迹的报道

为了把研究进一步向前推进，1979年4月，支秉彝随同我国第一机械工业部领导赴联邦德国考察，并同联邦德国奥林匹亚公司达成技术合作协议，以支秉彝的"见字识码"编码方法与奥林匹亚公司的微电脑和喷墨式打印技术相结合研制中文电脑打字机。

党的十一届三中全会召开后，支秉彝获得平反，1978—1993年先后担任上海仪器仪表研究所副所长、所长、名誉所长、总工程师。从1980年起，支秉彝先后当选为中国中文信息学会副理事长、中国汉字信息处理研究会理事长、上海市仪器仪表学会理事长等。

上海仪器仪表研究所为了在全国加快推广应用电子计算机，成立了汉字信息处理研究室，采用"见字识码"方法开发软件，开展汉字发生器、记录设备、显示终端、通用汉字数据库等研究。1980年6—7月，支秉彝制造出汉字字库容量达6000字的第二台样机，并于1981年1月在北京展出。党和国家领

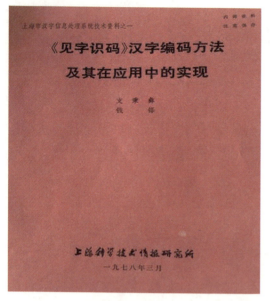

《〈见字识码〉汉字编码方法及其在应用中的实现》书影
（1978 年 3 月）

《"见字识码"汉字编码方法》书影
（1979 年 12 月）

导人邓小平、彭真、王震等同志驻足展台，观看了汉字打字机现场操作。中文电脑打字机的特点是多功能、多用途，共有 26 个字母，既可打中文，也可打英文和拉丁文，或同时处理中、英文的文字。电脑打字机由电子计算机通过信息处理，透过一个打印头将墨水微滴喷印到纸上，具有无声、快速的特点。由于装有微型电脑设备，设有软碟、荧幕、暂存记忆等，还可把文字储存在磁卡上。一个熟练的打字员每分钟可打 60~80 个汉字，而用当时通用的老式打字机每分钟最多只能打 30 个汉字。普通打字员一般只需 10 天左右即可掌握操作方法，练习一个月左右，就能达到熟练程度。

中文电脑打字机的出现，是对中文打字的突破和革新，它不是一般意义上的打字机。它附有标准电子计算机接口，作为电子计算机的输入终端装置，适用于办公指挥系统、经济情报、电传通信、气象、银行、铁路、航空和新闻等领域。为适应市场经济的需要，中德双方在两次试制的基础上，决定批量生产中文电脑打字机。1982 年 7 月 6 日负责向国外推销的新浩泰系统有限公司在香港成立。在该公司的策划下，"1011" 汉字自动打字机在香港举办展销会和研讨会，取得轰动性效应。

支秉彝在研讨会上作了"见字识码原理"和"中文电脑打字机"的专题演讲，香港多家媒体称赞："电脑打出方块字，见字识码显奇功。"

1995 年 11 月 3 日，有关媒体撰文称："支码"打开的是现代电脑技术与中国传统文化相结合的道路，"支码开门，万马奔腾"。

生命不息　战斗不止

支秉彝严于律己，廉洁奉公，把国家利益置于个人利益之上。每次出国考察访问，他都严格按照国家财务规定办事。身居领导岗位，古稀之年的他经常搭乘公交车上下班。他从不利用手中职权和社会影响力为自己及自己的亲属谋利益。例如：抗美援朝战争爆发后，他积极支持自己的独生子支正心参军。1980 年，当选为中国科学院院士后，他谢绝了许多单位慕名送来的各种形式的"头衔"，却愿意抽出大量时间为国家培养人才。1983 年 7 月，他的长孙支宏从上海交通大学毕业，按国家政策规定本可以被分配到上海照顾年逾古稀的祖父母，但他毅然写信给上海交通大学领导，希望把他的孙子分配到祖国需要的地方去。

院士证书

支秉彝一贯重视人才培养，强调"科学技术是有连续性的"，热切期望后来者居上，重振中华仪表事业。为了给国家培养中青年科技人才，他主动出资 3 万元人民币，在上海仪器仪表研究所设立了"支秉彝奖励基金"，用于奖励为信息化做出贡献的科技工作者。他先后培养了 25 名硕士研究生，并选派多名青年科技人员出国深造，为我国仪器仪表界培养了大批人才。

1985 年 10 月，支秉彝不幸因脑卒中导致半身不遂而卧病在床，在病魔缠身的情况下，还不停地研究如何提高"支码"进入计算机的速度和降低误码率。

在科学的道路上，支秉彝勤奋好学，思维敏捷，富有超前意识，不停追踪科学发展的脉搏，始终奋斗在科研的前沿。支秉彝从德国回国后，一直致力于电工仪器仪表的研究，顽强地使我国的电工仪表事业从落后状态赶上世界先进水平。

支秉彝为人正直、秉公办事，追求真理、要求进步，主要科学论文和著作包括：《石英晶体音叉频率长期稳定性的研究》《电工仪表工业十年来的发展》《建立一种汉字编码新方法》《〈见字识码〉汉字编码方法及其在应用中的实现》《"见字识码"汉字编码方法》《汉字"见字识码"及其工程装置》等。他的一生坎坷曲折，旅居德国后期正逢第二次世界大战欧洲战场交锋最激烈之时，生活环境很艰险，曾经险些丧生于空袭之下。回国初期，他试图"实业救国"，起步不久，却遭打击。但他始终没有被磨难压倒，马克思的一句格言是他的座右铭："在科学上没有平坦的大道，只有不畏劳苦沿着陡峭山路攀登的人，才有希望达到光辉的顶点。"

支秉彝晚年患病期间，唯一未了的心愿是加入中国共产党，他在入党申请书中写道："根据我国的历史事实，以及我本人的经历，使我深深感到：只有中国共产党才能领导我国人民建设社会主义的新中国。"支秉彝一生走过的是

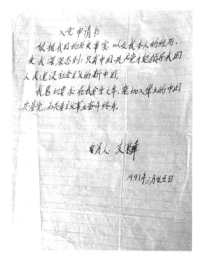

支秉彝院士 1991 年入党申请书草稿

《中国机电报》相关报道

一条崎岖的路，一条有建树的路，一条从爱国到信仰共产主义的路。1991 年 5 月 12 日，支秉彝在八十岁高龄时，光荣地加入了中国共产党，实现了他的夙愿。

1993 年 7 月 24 日，支秉彝这位中国仪器仪表事业的奠基人因病逝世。1999 年 12 月 31 日，上海仪电控股（集团）公司追授支秉彝"上海仪电杰出员工"称号。党组织在他的追悼会上悬挂的一副挽联，对他的一生作了恰切的概括："热爱祖国，远涉重洋求知识；荣登学术高峰；信仰马列，历经坎坷寻真理，终成共产战士"。

2024 年 7 月 1 日，镇江市政协院士走访组一行前往上海仪器仪表研究所有限公司寻找支秉彝当年的足迹，研究所党委书记、董事长邬秋珏和总经理滕华强盛情接待，提供了有关支院士的全部文件资料，并召开专题座谈会。两位领导深情回忆支院士在研究所风雨几十年所走过的路。我们才知道支秉彝当年曾经牵头与镇江扬中电子仪器厂对接，指导这家国营厂示波器与电子仪表的研发生产，并提供技术支持。虽然支秉彝的出生地不在镇江，但他们支氏家族的根在镇江，冥冥之中，他的血脉里总有一根线与家乡镇江紧紧相牵。

参考资料

1. 中国科学院学部. 院士信息：支秉彝［EB/OL］.（2009－06－24）［2024－12－05］.http://casad.cas.cn/ysxx2022/ygys/200906/t20090624_1809459.html.

2. 上海科技党建. 科技人才：支秉彝个人简介［EB/OL］.（2014－04－29）［2024－12－05］.https://www.shkjdw.gov.cn/c/2014－04－29/485814.shtml.

3. 支秉彝院士简介［EB/OL］.（2016－11－11）［2024－12－05］.https://gtjuh.tongji.edu.cn/85/4e/c4324a34126/page.htm.

4. 汉字进入了计算机：记支秉彝创造"见字识码"法的事迹［N］. 文汇报，1978－07－19.

5. 支秉彝儿子支正心书稿（1999 年 8 月第一稿）.

（周福全、钱兆南撰稿）

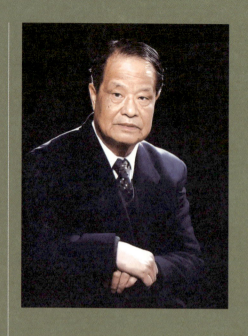

　　杨槱，中国科学院学部委员（院士），著名船舶设计家、教育家。1917 年 10 月出生于北京，籍贯江苏句容。中国船舶设计学科的开拓者，造船史研究的奠基者，上海交通大学一级教授、博士生导师。他是中国船舶行业的第一位院士，主持制定了中国第一部《海船稳性规范》，推动了中国船舶稳定性的研究和应用。提出和发展了工程经济学在船舶设计中的应用，是中国船舶与海洋工程发展的同行者与见证人，为我国现代船舶工业的发展和人才培养做出了卓越贡献。

　　1980 年当选为中国科学院学部委员（1993 年改称院士）。

杨槱

中国船舶界的"定海神针"

每个人的一生都充满着不确定性，有些人流于平庸，有些人注定与众不同，走常人难走的路，做常人难做成的事。比如，有船舶界"活化石"之称的杨槱，虽然他的事业看上去是一帆风顺的，却是一路苦辛而来。他所获得的每一项荣誉都不是从天而降的。

杨槱，1940 年 3 月毕业于英国格拉斯哥大学造船专业，获一等荣誉学士学位。同年 5 月归国，先后在同济大学、重庆民生机器厂和重庆商船学校从事教学及船舶设计工作。1943 年，杨槱任国立交通大学教授，兼重庆民生机器厂工程师。1944 年，他随中国海军造船赴美服务团去美国学习和考察一年多，1946 年 1 月回国后，先后任海军江南造船所工程师、青岛造船所工务课长和上海海军机械学校教务组长。1949 年，他任同济大学教授兼造船系主任、交通大学兼职教授；后历任大连造船厂建厂工程师、工务处长，中苏造船公司副总工程师等，于 1954 年 5 月任大连工学院教授兼造船系主任。1955 年 2 月以后，先后任交通大学副教务长、上海造船学院教务长、上海交通大学教务长兼造船系主任。1978 年 9 月任上海交通大学船舶与海洋工程设计研究所所长，一级教授。1980 年 5 月兼任镇江船舶学院（现江苏科技大学）副院长。1979年至 1992 年，任上海杉达学院首任院长和上海沪东科技进修学院董事长。1980 年 12 月，当选为中国科学院学部委员（院士）。1984 年，当选为国务院学位委员会学科评议组成员，并任船舶工程（含海洋工程）学科评议组组长，上海交通大学船舶设计学科博士生导师（上海交通大学首批博士生导师）。

1998 年 6 月，被中国科学院授予首批资深院士荣誉称号。2002 年，杨槱被英国格拉斯哥大学授予名誉工学博士学位。

20 世纪 40 年代，杨槱担任中国造船学会秘书，60 年代任中国造船工程学会副理事长，80 年代任中国海洋学会常务理事、中国海洋工程学会副理事长，中国太平洋历史学会副会长，上海造船工程学会第五届副理事长。1978 年后当选为第五、六届全国人大代表和第八届上海市人大常委会委员；从 1985 年开始，担任第十、十一、十二届九三学社上海市委员会主任委员，第六、七、八届上海市政协副主席。1988 年后，当选为第八、九届九三学社中央委员会副主席，第十届九三学社中央名誉副主席，中国人民政治协商会议第七、八届全国委员会常务委员。杨槱院士曾组织江苏、浙江、上海两省一市的九三学社专家花了一年时间进行调查研究。在 1996 年全国政协八届四次会议上，杨槱领衔提出《长江三角洲地区经济要走合作发展道路》的提案。1996 年至 2001 年，杨槱担任第六届上海市科协副主席。2004 年，杨槱当选为上海造船工程学会终身荣誉理事。

学名寄寓报国理想

杨槱，别号君朴，祖籍江苏句容西门外寨里村，1917 年 10 月 17 日生于北京。杨槱长大后能成为中国顶级造船专家，与父亲对他的教育有着密切关系。那时的中国，还是一盘散沙，他的父亲是位爱国人士，常教导孩子们要有一颗爱国报国的赤子之心。

杨槱的父亲杨宗炳（1889—1968），字仲杰，号华农。在祖父杨声远的私塾读了 8 年后，先后考入句容县高级小学和江宁府中学。中学毕业后，考入京师大学堂（北京大学前身）预科。清朝末年，杨宗炳由同学孙炳文（中共早期党员，在 1927 年上海"四一二"反革命政变中被杀害，周恩来、邓颖超夫妇的养女孙维世的生父）介绍，参加了孙中山先生领导的同盟会，从事反清活动。杨槱的名字，就是孙炳文起的。"槱"字，意为"聚积"，孙炳文寄望杨槱将来为国为民发光发热。杨槱最初对"槱"字的理解，是为了理想燃烧自己的生命。后来，无论是为国为民发光发热，还是为了理想燃烧自己的生命，杨槱都做得很好。

1918 年杨宗炯自北京大学法律系本科毕业后，赴广州任广东省高等审判厅法官。1920 年，杨槱跟随父亲杨宗炯来到广州。1924 年，孙中山任命杨宗炯为北伐大本营法制委员会委员，其任命书至今还保存在中国国家博物馆。

清末民初的中国，交通不像今天这样发达，在南方，人们出行的交通工具以船为主。杨槱在珠江边度过了无忧无虑的童年，他清晰地记得，珠江上停着3 艘北洋舰队的军舰，高大壮观。

因为战乱，父亲的工作频繁变动，杨槱跟随父母不断往返于广州、上海、南京、武汉等城市之间，坐遍了大大小小的船。"爸爸，大轮船为什么会自己开？"幼小的杨槱经常会拿出一本有轮船插图的书问父亲。父亲笑着对他说："船里装着很大的机器，在人的操作下就能开动了。""什么是大机器？"父亲没有办法，只能放下手中的事情，比画着，一直回答到小杨槱满意为止。

因为船舶是主要交通工具，所以，那时的儿童书籍上常有船的插图，杨槱对那些印有船舶插图的图书爱不释手，看不懂时，他就会打破砂锅问到底，非要父亲说清楚不可。

1926 年冬，杨槱的父亲随国民革命军北伐，攻下武昌后，写信叫妻子带全家去团聚。杨槱刚刚 9 岁，从广州乘船去上海，这是杨槱第一次体验乘坐大轮船远行。在船上，一位青年妇女忽然提出："我感到很奇怪，这船是铁造的，怎么能在水中不沉呢？"一位老年妇女训斥她："不要瞎说这么不吉利的话！"另一位青年人解释说："铁脸盆不是也能漂浮在水面上吗？只要脸盆的边缘高于水面，就不会沉没。"可谁也不会知道，这段对话被一个9 岁的男孩深深印在了心里。杨槱说："这是我第一次听到关于船浮沉的道理。"轮船驶近一个江中岛屿时，减慢了航速，船员在船边的一个小平台上抛下带索的铅锤，据说是测量水深，这是杨槱在船上唯一能看到的与驾驶船舶有关的操作。

生活是最好的老师，这些经历为日后杨槱与船舶结缘埋下伏笔。

选择造船科学救国

童年杨槱坐船时，眼里看到的只有船。到了青年时期，他从理性上认识到英、日等帝国主义者掠夺了我国沿海和内河的航行权。当时航行于我国江海水域的船舶，有三分之二是外国的。他坐船时，经常能看到外国军舰疾驶而过掀起的巨浪。旅途中，杨槱深感必须改变中国积贫积弱的面貌。在校时，他从所读的书中悟到：一个国家的强盛与海洋控制权有很大的关系。

1932 年一·二八事变爆发，那时杨槱在广州刚读完初中二年级，他每天关心战争消息和广大民众支援前线的情况。战事结束后，杨槱从上海搭船去香港，船驶经吴淞口时，他看到那里停泊着许多日本军舰，出海后又看到几艘尾挂日本国旗的货船迎面驶来。看到列强在我国耀武扬威、为所欲为，杨槱极为痛心。船坚炮利对于国家强盛的重要意义也深深扎入他的心中。他心中的愤恨到了极点，满脑子都在想：外国的船凭什么在我国水域耀武扬威！他决心学习造船，为国争气！

自此，杨槱开始广泛地涉猎船舶方面的书籍。他在广州培正中学读书时，就以《广东造船史》为题，撰写了长文表述自己对船舶业的认知和理解。

1935 年秋，18 岁的杨槱，怀着知识救国的宏图大志，只身踏上了前往英国的求学之路。到达英国之后，在亲戚的介绍下，杨槱选择了格拉斯哥大学造船专业。

在入学前的新生夏令营晚会上，每个学生都要唱首歌，杨槱唱了中国电影《渔光曲》的主题曲，字字句句表达出 20 世纪 30 年代中国渔村人民的真挚情感，全场响起热烈的掌声。

在格拉斯哥大学，杨槱很快适应了新环境，他发现自己在计算上比国外同学细心。精益求精是对工程师的基本要求，杨槱坚定信念，一定要学出点名堂。

留学生的学习异常忙碌，格拉斯哥大学工学院要求学生每年 10 月初到次年 3 月下旬在大学上课，4 月到 9 月这 6 个月就要到工厂去当学徒工。这种半年上学、半年做工的安排被称为"三明治课程制"。当时苏格兰工业界对工程师的要求是，不仅要拥有大学毕业文凭，还要有工厂学徒工满师的证书。

在英国巴克莱柯尔（Barclay Curle）造船厂的船台旁，杨槱开始学焊接，两个小时过去了，汗水浸透了他的衣服，他拿下防护罩，看着自己的"作品"，然后摇了摇头，对自己表示不满。第二天，他又重复着这一过程。一个星期过去了，他终于掌握了焊接技能。

在生产实践中，他每个环节都试着去学。从放样间到船体钢材加工间，再到铆钉作业台，杨槱试遍了造船的所有工种。他与工人们同吃、同住、同劳动，遇到问题不羞于求教。正是凭着这股坚韧不拔的干劲和吃苦耐劳的精神，加上善于运用理论来指导实践，慢慢地，他变成了一个"小专家"，外国教师和师傅们都很佩服他，看见他常会竖起拇指说："Good Yang！"

在英国留学期间，杨槱抓住一切机会参观各种舰船。一次，有一艘新造的法国轻巡洋舰到达格拉斯哥，欢迎当地市民去参观。杨槱立即就去了，他在甲板上看到各种武器和设备，还参观了军士住舱和餐厅。1939年夏天，杨槱以一个留英中国学生的名义写信给格拉斯哥一些船厂，提出去参观的请求。在以建造价廉物美的货船和油船闻名的布莱斯伍德（Blythswood）造船厂，他看到了在钢板上冲铆钉孔的多冲头冲孔机，了解了这种机械如何节约劳动力，提高加工精度；在斯科特父子（Scott and Sons）造船厂，他看到了小驳船外壳板是如何压敲成形的；在殷格里斯（A & J Inglis）造船厂，他看到了那时刚刚试用的导管螺旋桨，了解到这种附属装置可以增加拖船拖行时的拖力。理论学习、生产实践、实地参观，这一切充实着杨槱的留学生活。由于他在各个方面表现突出，成绩都非常优秀，1940年3月，他获得了格拉斯哥大学一等荣誉学士学位（可以直接攻读博士学位）。

学成归国投身抗战

1940年，杨槱于英国格拉斯哥大学造船系毕业，放弃了攻读博士学位的机会，也谢绝了有关方面对他的挽留。当时，英国对德宣战已经半年多，急需大批造船人才，但踌躇满志的杨槱毫不犹豫地决定回国。五年来，他日思夜想的祖国正深陷战争的苦难之中，报效祖国的决心，使他坚定地踏上了回国的航程。

回国后，杨槱先在云南昆明的同济大学任讲师。暑假后，同济大学要迁到四川李庄，杨槱未随学校北迁，便到了重庆。在重庆民生机器厂（抗日战争时期内地最大的造船厂）访问留英学长王公衡时，该厂总工程师叶在馥接见了他。叶在馥是广东人，杨槱从小在广州生活多年，所以两人用粤语交谈。叶在馥对杨槱非常赏识，邀请他留在该厂工作。这一时期，杨槱对船舶设计、制造和修理过程中遇到的问题，都能提出自己的见解。当时，在川江（长江上游）航行的船舶有不少特点，杨槱常常沿着江岸勘察船舶航行时掀起的波浪情况，经过一段时间的思考和分析，他提出了增大船宽、削瘦首尾的建议，并且用船舶阻力理论做了分析，打消了其他同事的疑虑。杨槱针对川江船的实际情况，写了一篇《川江船型之检讨》，在 1943 年的中国工程师学会年会上发表，获得三等奖。20 世纪 40 年代，杨槱在研究川江船的基础上主持设计了当时最大的川江客货船"民裕"号。

1943 年 5 月，交通大学接办重庆商船专科学校，成立造船系和轮机与航海两个专修科，系主任由叶在馥担任，杨槱被聘为副教授。次年，年仅 27 岁的杨槱晋升为教授。学校实行导师制，杨槱还担任了两名高才生的导师，一位是后来成为美国著名流体力学专家的卞宝琦，另一位是后来成为台湾造船公司总工程师的鞠鸿文。

1944 年夏，海军江南造船所所长马德骥组织了"中国海军造船人员赴美服务团"，该团共有 25 人，主要由江南造船所原班技术骨干组成，包括造船与轮机技术人员，也有个别的电气与兵器工程师。杨槱也破例受邀参加，他作为一名挂名海军技术军官的服务团成员去美国学习和考察。他们到美国东海岸几个海军船厂及几个海军培训学校参观、学习。随后，杨槱被安排到美国费城的海军造船厂实习、工作一年，并担任了助理监造官。在监造、监修舰船时，他又学到了不少舰船设计与建造、生产计划管理、轮机修理等方面的技术和经验。

1944 年的圣诞节杨槱是在华盛顿度过的。他所在的费城海军造船厂位于特拉华河与斯凯基河的交汇处，成立于 1762 年。第二次世界大战期间，费城海军造船厂雇用了 4 万名工人，建造了 53 艘舰船，修理了 574 艘舰船。杨槱在费城海军造船厂时担任一位年轻监造官的助手，他们监造时间长达一年之久的，是一艘排水量为 2.2 万吨的航空母舰普林斯顿号。

普林斯顿号航空母舰是埃塞克斯级的九号舰，1943 年 9 月 14 日在费城海军造船厂开工，原名为巴里佛吉号，建造过程中轻型航空母舰 CVL-23 普林斯顿号沉没，于是继承了它的名字。该舰于 1945 年 7 月 8 日下水，1945 年 11 月 8 日服役，加入太平洋舰队。

这艘航空母舰是在一个巨大的造船坞内建造的，杨槱等人的办公室就在船坞边一个备品仓库的楼上。美国同事分配给杨槱的工作是检查舰上船体设备和管系的安装情况，他有时要爬进双层底舱内检查管系和配件是否安装到位，当一个舰舱的设备与系统均已齐备时，就把这个舱封闭。他还有一个任务，就是定期到船坞去测量舰体变形的程度。在工地上，杨槱看到整段几百吨重的船体构件的吊装、重型机器安装和船体舱壁结构水密及气密试验等操作，对大型舰船施工现场的规模有了深刻的印象。

致力新中国造船事业

新中国百废待兴，杨槱有幸走进中国新兴的船舶工业与教育的初创者队伍。1949 年 11 月，时任上海同济大学造船系主任的杨槱随同造船界前辈叶在馥去旅大行政公署应聘，杨槱被任命为造船工程师。1950 年成立大连造船厂建厂委员会，杨槱被任命为工务处长，负责船厂规划和新船建造工作。同年，他有幸作为大连科技代表团的一员参加了全国第一次科学技术代表大会。当年春天海军在大连建校，杨槱应聘到老虎滩的海军指挥学校讲授"船舶原理"课程，后又到南山的海军工程学院讲授"舰艇生命力"课程。

1952 年冬的一天，正值抗美援朝期间，杨槱接到紧急通知，当晚就赶赴丹东，和海军将领见面后得知部队需要他协助建立一个鱼雷快艇的维修基地。杨槱提出的用吊艇架把艇吊起维修的方案被采纳实施。

1953 年 11 月，第一机械工业部船舶工业管理局指派杨槱带领 10 名技术人员去葫芦岛参加渤海造船厂的建厂工作。3 个月后，筹备组完成了建厂任务书的编制工作。1954 年春，杨槱奉命到大连工学院报到，被任命为造船系主任。

第二年春节，杨槱又接到一纸命令，率造船系 20 余名教师南下与上海交通大学造船系合并，共同筹建上海造船学院。

早期，杨槱跟随造船专家叶在馥从事船舶设计工作，发表了《川江船型之检讨》《川江枯水船之稳度》等学术论文。1960 年，他主持并领导制定了中国第一部《海船稳性规范》，该规范的制定，以及随之提出的几十个有关的研究课题，推动了中国在船舶稳性方面的研究工作。1963 年他主编了北京科学教育编辑室出版的《船舶静力学》教科书。他是中国造船专业率先招收研究生的导师之一。1963 年起，他指导研究生对被动式减摇水舱进行了大量系统的试验研究，相关研究成果被船舶设计和研究单位广为应用，促进了能改善船舶适航性的减摇水舱技术的发展。

"文革"前，杨槱是上海交通大学的二级教授，任教务长达十年之久。1979 年，六机部拟任命杨槱为哈尔滨船舶工程学院副院长，同时兼任上海交通大学教务长。而在这之前，六机部考虑到镇江船校师资和干部力量较强，设备和其他条件较好，过去又曾两度升格为造船专科学校，根据船舶工业发展的需要，向国务院提出了将镇江船校改建为镇江船舶学院的建议。经教育部决定，镇江船校于 1978 年暑假开始参加全国高校统一招生，并于 1978 年 12 月正式获得批准升格为"镇江船舶学院"。于是，六机部又改派杨槱到新成立的镇江船舶学院当副院长，并于 1980 年 2 月下达了正式文件。当时镇江船舶学院的书记是刘东明，院长是肖流，他们得知杨槱要来，感到非常高兴，因为他们和杨槱很早就认识，是老朋友了。但杨槱并没能马上到镇江船舶学院赴任，因为这时上海交大成立了船舶与海洋工程研究所，并任命杨槱为所长，上海交大要求杨槱把主要精力放在研究所，镇江船舶学院只能兼职。经协调，1980 年 4 月 15 日他被任命为镇江船舶学院副院长，同年 6 月，杨槱非常开心地到镇江船舶学院（以下简称"船院"）赴任。杨槱是在镇江工作期间（1980 年）当选为中国科学院学部委员（院士）的。

杨槱到来后，镇江船舶学院考虑到他生活不便，分配了一套 4 室 2 厅 2 卫的房子给他，他婉言谢绝了，在招待所简单安顿好就马上投入到船院的各项工作中去了。

在船院，他主抓教学科研工作，一方面尽快恢复正常的教学工作，一方面鼓励教师搞科研，积极参加地方学会学术交流活动。当时船院科研设备缺乏，他积极支持教师创造条件做研究，填补科研空白。学院没有船模试验水池，他就和大家利用学院的游泳池，增添必要的设备，在教学时间展开水池船模实验，取得了很好的效果。20 世纪 90 年代初，船院已经建设了很好的标准船模水池。

那几年，他身兼多职，工作很忙，但在镇江船院任副院长期间，他每季度都来镇江，每次至少待一周时间，对学校的建设、发展思路、发展规划及如何办好大学提出许多建议，在干部培训班上做了"工程经济学在船舶工业领域的应用"专题讲座。

毕业于上海造船专科学校并留校任教的蒋安庆，曾任镇江船舶学院办公室主任，他记得杨槱每次来镇江，都会挤出时间到镇江各地水域研究一番。1981年秋天，蒋安庆曾陪同杨槱副院长考察长江，一行人驱车沿江行至金山西边，大家下车走了一段路。走到长江金山段的一片滩涂，江边长满了大片的芦苇，还夹有许多其他的植物，杨槱指着其中一种植物问蒋安庆是否认识，蒋安庆摇摇头笑了。他没想到大名鼎鼎的学者朴实至极，童趣十足。

杨槱主持开发了"干货船主要尺度分析""按常用的三种系列船型资料设计船体型线""按母型船设计型线"等多种程序。他率先发起并与国内有关研究单位联合研制了"海洋货船设计集成系统"，该项研究成果分别获 1980 年国务院国防工业办公室、交通部和上海市重大科技成果三等奖。在上述一系列工作的基础上，他与两位青年教师合编了《电子计算机辅助船舶设计》一书，该书由上海交通大学出版社出版，被中国船舶工业总公司评为优秀教材。

1980 年，杨槱带队编写了《工程经济在船舶设计中的应用》。他应用统计学、运筹学研究航运系统中的船型分析和船队组成等问题，最早将现代工程经济的理论方法用于船舶项目的分析评估，多项科研成果被国内同行专家评为国内首创。他率先招收船舶技术经济论证方面的研究生，有力地促进了船舶经济学科在中国的发展。

杨槱十分重视船舶工程新的发展点，十分支持海洋工程研究和海洋工程专业的筹建，在 1978 年就与学科组讨论研究方向，如各类平台的稳性研究等。1980 年，杨槱任上海交通大学海洋工程跨系委员会主任，承接了"胜利二号"

极浅海步行坐底式钻井平台的研制工作。胜利油田要建设两栖钻井平台时选择了和上海交通大学合作开发、设计，杨槱代表上海交大与胜利油田签订了联合研制意向书。从"胜利二号"钻井平台的论证到设计，上海交通大学做了很多重要的工作，项目的总负责人杨槱当居首功。"胜利二号"在 1991 年获中国专利金奖，1992 年被评为全国十大科技成就之一，1995 年又获国家技术发明二等奖。杨槱不顾辛劳与其他教师下胜利油田多次，该"世界首创"项目凝结着他诸多心血。1983 年至 1984 年，他作为跨系委员会主任，主持了"上海市 1986 年至 2000 年海洋开发优先领域长远规划"的论证工作。

杨槱主持并参与设计"瀛洲"号巡逻艇、15000 吨自卸运煤船、5000 吨近洋干货船、15000 吨经济型远洋干货船等多型船舶。20 世纪 70 年代中期，他开始从事水运与海洋工程系统的技术与经济论证方面的研究，促进了这门学科在我国的发展。他首先发起研制海洋货船设计计算机集成系统，主持开发的"主要尺度分析程序"与"型线设计程序"等已编入该系统，为我国造船科学技术计算机辅助设计的发展做出了重要贡献。

上海交通大学杨宗英撰文介绍，20 世纪 70 年代初，当计算机技术刚引入我国造船科技、教育领域时，杨槱就预感到它将在船舶工程领域发挥巨大的作用。杨槱看到先进国家已经利用计算机进行船舶静水力曲线计算和计算机辅助船舶设计时，就对学生说："要尽快学会编程序来计算静水力曲线，进行船舶的主要尺度分析和论证。"杨槱身体力行，在 20 世纪 70 年代初，就与学生一起参加算法语言学习班，一起学习 ALGOL 60 语言，试着编写程序。他亲自操作纸带穿孔机，还一起到当时设在校科学馆的 108 机房去上机。即使有时上机时间安排在深更半夜，他仍积极参加。他 90 岁后仍熟练使用电脑编写出版 6 本书，被誉为"船界活化石"。

杨槱是个实干家，他把学到的计算机知识运用到我国万吨轮"山"字号的性能计算中，并尝试对干货船主要尺度进行分析和论证。同时，他非常支持"数学船型"的研究工作。20 世纪 80 年代初，在他培养的几届研究生的基础上，他在船舶设计的计算机应用研究领域，带出了国内第一支计算机辅助船舶设计队伍。1978 年，上海交大正式设立船舶设计硕士学位点，陆续开设"计算机辅助船舶设计""计算机图形处理"等课程。1985 年，杨槱编写的《电子计算机辅助船舶设计》一书由上海交通大学出版社正式出版。杨槱是我国第一批"船舶设计"学科的博士生导师。他在国内最先开设有关船舶设计的"计算机程序设计方法""计算机图示学"等课程。多年来，杨槱和他的团队开发出大量工程应用的计算机软件，如干货船主尺度分析集成系统、多用途货船集成系统，以及船舶装载管理、性能计算和绘图等方面的软件。

1978 年 3 月，杨槱作为代表参加了全国科学大会。2009 年 5 月，杨槱获得了"60 年来为上海的建设与发展做出突出贡献的典型人物"殊荣，是上海"群英谱"60 位成员中的一员。2009 年 10 月，获"上海十大科技创新杰出贡

杨槱院士在工作

献人物"称号。2010 年 9 月，获上海"2010《走近他们》年度十大人物"称号。2016 年 12 月 4 日，杨槱又获得了国家海洋局"终身奉献海洋纪念奖章"。在中国船舶的科技攻关领域，杨槱乘风破浪，始终站在最前端。

正是因为有了杨槱院士以及千千万万造船人的筚路蓝缕、艰苦奋斗，我国舰船事业和海洋事业才能日新月异、乘风破浪：从新中国成立前夕的年造船不足万吨，发展到如今年造船数千万吨，自主研制万吨轮和导弹驱逐舰，自主研制航空母舰、大型驱逐舰、核潜艇、豪华邮轮、大型液化天然气船、油气平台、深潜器等国之重器。

杨槱也是造船教育家。"芃芃棫朴，薪之槱之。"杨槱聚集起更多人的知识和力量，培育了"满船"桃李。他认为，教师的主要责任就是为学生授课，而发展船舶行业最重要的就是培养船舶人才。他亲自讲授造船原理、船舶设计和船舶静力学等课程，并传授国际前沿的造船知识和技术，不断丰富、创新教学内容，开拓了学生船舶认知的视野。"跟上新技术的时代潮流"，这是杨槱坚持科学进步的名言。他自编多部教材，其中有些是全国统编教材，其主要著

作《船舶工程辞典》《英汉船舶科技词汇》《中国造船发展简史》《造船史话》《船舶概论》《电子计算机辅助船舶设计》《工程经济在船舶设计中的应用》《船舶静力学》《散货船设计》等，成为船舶学科学生的必读书。

大半个世纪以来，杨槱培养了一大批教育界和造船界的骨干精英。他的学生中，有一批人已成为中国船舶与海洋工程领域的骄傲。"中国核潜艇之父"黄旭华院士、"蛟龙"号总设计师徐芑南院士、中国第一艘航母辽宁舰的总设计师朱英富院士、中国第一艘海洋石油钻探船设计师曾恒一院士、主持研制"胜利二号"步行式坐底式平台的马志良教授、中国第一艘深潜救生艇总设计师朱继懋教授、船舶与海洋工程专家邓三瑞教授等都是他的学生。1996年，上海市庆祝第十二届教师节主题活动主委会授予他"师魂"称号。2009年7月，在中国航海日庆祝大会上，杨槱获"中国航海教育贡献奖"。2013年6月，杨槱荣获第三届"上海市教育功臣"称号。

杨槱始终心系人才培养。他个人生活勤俭节约，却为了鼓励青年学生勤奋学习，积极投身中国船舶与海洋科技事业，自1997年起，先后共捐赠了100多万元人民币（包括2013年"上海市教育功臣"20万元奖金），设立"杨槱院士奖学金"，捐赠上海杉达学院和嘉兴南洋职业技术学院各10万元奖学金，激励后辈们奋发学习。二十多年来，受其资助的学生已超过百人。

工程经济理论第一人

早在1974年年底，杨槱就向船舶设计领域的另一新高地发起"冲击"，那就是将系统工程软科学理论与工程经济理论中的经济技术分析和优化理论应用于船舶设计和水上运输系统。当时，"文化大革命"还没有结束，但他学习、查阅外国文献的"习惯"并没有放弃。当他知道英国母校——格拉斯哥大学的巴柯斯顿教授正在从事工程经济理论在船舶设计中的运用研究，又看到美国密歇根大学本福特教授（应用工程经济研究权威之一）也在从事相同课题的研究时，他就带领同仁开展此方面研究工作，并较早打开国际合作渠道，进行学术交流。

在工程经济论证方面，杨槱最主要的贡献是改变了我国传统经济指标体系。我国传统经济论证不考虑"利率"，计算投资回收年限时必然产生不少问题。杨槱基于计算成本要计入利息的概念，最早在船舶工程经济技术论证中提出了"净现值大于零"和"所需货运费率"越小越好的概念与相应指标。他先后主持多项课题研究，如"国外船舶工程技术经济指标体系"、"5000吨近洋干货船的技术经济论证"、"15000吨远洋干货船的经济技术论证"、"16000吨多用途船的主要尺度优选"（引入了最优化方法的新指标）、"宝山钢铁厂的澳大利亚矿砂运输船的经济技术论证"等，相关技术经济论证成果或者为国家有关部门采纳，或者受到高度评价和重视。

他根据巴柯斯顿和本福特两位应用工程经济研究权威的一系列论著，编译了《工程经济在船舶设计中的应用》讲义，作为研究生教材，并在国内造船界办了几期学习班。后来，他的研究生张仁颐写成《船舶技术经济论证方法》一书。20世纪80年代初，中国造船工业界开始打破计划经济模式，不再实施"一切由国家拨款"的体制，造船需要向银行贷款，要考虑资金回收率、资金偿还期等，他提出的考虑资金时间价值的经济指标得到了广泛的应用。

他是工程经济第一人。20世纪80年代，在以经济建设为中心的中国，"效益"二字已成为人们热议的话题。如何用最小的代价获得最大的效益？杨槱首先提出要用工程经济理论分析工程项目。他对学生说，在船舶研究领域，不仅要考虑船舶的技术性能，还要考虑船舶的经济效益。就是不仅要考虑船舶的本身性能，还要与港口、航道、海上气象、营运中的操作、效率、营运成本等不确定因素综合起来进行分析，以最小的投入换取最大的效益，据此制造航行于某个航道或者水域的船舶。他为学生做举例分析：从长江各港口，将集装箱运到日本或近海的其他国家，是采用直接运输形式，

20世纪80年代后期，杨槱院士乘船穿行长江葛洲坝船闸时留影

还是先用较小的江船把货物运到下游港口，再装上大船运到目的地？这要结合各种船舶航速、船体、运行等，有一个全盘的考虑，选择最佳、最经济的方案。比如，对水产捕捞船队进行经济效益评估，要把渔船、渔港、渔场和渔业市场联系起来，建立数学模型，然后利用计算机做尽可能全面详细的分析，在项目投入以前就了解效益和风险，以确定是否可行。

1978 年 9 月和 1980 年 5 月，杨槱分别作为中国海洋科学代表团副团长和中国造船工程学会代表团副团长访问日本。1982 年 5 月，他作为代表团团长赴英国出席国际船舶系统设计会议，并访问剑桥大学，与著名科学史学家李约瑟会面。他很早就知道，李约瑟长期致力于中国科技史研究，为中国培养了一批优秀科技史学家。这次会见本来只计划了半个小时的时间，结果杨槱在李约瑟家中谈了四个多小时才告别。两人谈论了中国的造船史，特别是郑和下西洋时代造的船。李约瑟曾将镇江西津渡救生会的故事写进书里，那时还没有人写过镇江的救生会。

1984 年，杨槱作为上海市人大代表团成员出访日本友好城市大阪府。1986 年，他以近海力学和极区工程国际会议顾问委员会委员的身份出访美国。1990 年，他应邀去日本大阪府立大学讲学。杨槱关心中国的造船事业，他曾向全国人大提交提案，要求对"渤海二号"翻沉事故做科学调查，得到政府及有关部门的重视。1994 年 5 月，他前往德国杜伊斯堡参加第 15 届船舶技术讨论会，发表论文《江海直达船的经济性和实用性——在中国进行的一些研究》。

船史研究的奠基者

杨槱是中国造船科技发展史研究的奠基者。1962 年，他撰写了《中国造船发展简史》，简明扼要地阐述了中国古今造船业的发展历程及兴衰成败之道。此文在当代中国第一届中国造船工程学会代表大会暨学术会议上宣读时，引起较大反响，并得到历史学界的好评。此后，他倡导造船界重视对中国造船史的研究，古为今用，总结汲取历史经验和教训，以加快当代中国船舶工业的发展。在他的积极推动下，中国的造船史研究工作于 20 世纪 80 年代有所发展。1983 年，在杨槱主持下，中国造船工程学会造船史学组成立。1984 年，造船史学组升格为船史研究会，成为中国造船工程学会的一个专业委员会，使中国的船史研究工作走上了正轨。杨槱是船史研究会的名誉主任委员。1991 年12 月，船史研究会与上海市造船工程学会联合举办"世界帆船发展史国际学术讨论会"，这是东亚地区召开的第一次船史研究国际会议，杨槱担任会议主席。

杨槱院士在查阅资料

杨槱在 20 世纪 60 年代初撰写过2 篇著名的论文《中国造船发展简史》和《我国近代造船工业的发展》。他研究过"造船教育史"，在他任上海交通大学教务长和造船系主任期间，积极提倡继承和发扬老交大"门槛高、基础厚、要求严""重实践、重质量、重外语"的办学传统。他常常从造船历史发展中总结出具有规律性的东西，指引工作不断向前。

杨槱是一位实事求是、学风严谨的科学家。1980 年在扬州全国造船史研讨会上有一个辩论高潮，即郑和下西洋的"宝船"是"万吨级"还是"千吨级"。杨槱参加了辩论，最后从造船史的发展、国外类似船舶吨位的比较、木船发展的技术、木船可能承受总纵弯曲的理论等角度出发，提出了"千吨级"的观点。

在杨槱的带领下，国内一直有一支研究造船史的队伍。1983 年，我国宋代汴河"客舟"的复原模型在意大利获第二届世界复原模型 Cl 级金奖。1975—1977 年，杨槱任顾问并参与由上海交通大学造船科技史研究组组织编写的中国科技史话丛书之一《造船史话》编写工作，该书 1979 年由上海科学技术出版社出版。

杨槱身体力行，从事船舶史和航海史研究，撰写了《近代和现代中国造船发展史》《秦汉时期的造船业》《早期的航海活动与帆船的发展》《对泉州湾宋代海船复原的几点看法》《郑和下西洋所用宝船的进一步探索》等多篇论文，出版了《轮船史》《帆船史》《郑和下西洋史探》《话说中国帆船》《大航海时代》《人、船与海洋的故事》等著作。

百岁院士的中国梦

大国无船则无海，船与海洋成了杨槱一生的执着。从 20 世纪 40 年代到 80 年代，杨槱作为中国造船界有影响力的代表人物，从理论到实践，为中国当代船舶工业和海洋事业的发展竭尽全力。

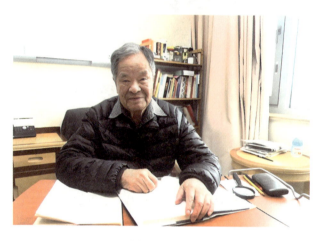

杨槱院士在工作

耄耋之年，杨槱依然担任上海交通大学船舶与海洋工程设计研究所的技术顾问。在杨槱的关怀和指导下，上海交通大学船舶与海洋工程设计研究所取得了一系列丰硕的研究成果。其中，谭家华团队的"海上大型绞疏装备的自主研发与产业化"项目获得 2019 年度国家科技进步奖特等奖。

老骥伏枥，壮心不已。1997 年 6 月，杨槱以 80 岁高龄加入中国共产党，实现了多年追求进步、真理和正义的心愿。是年 9 月，其自传《一个造船者的自述》由上海交通大学出版社出版发行。1997 年 10 月 27 日，《人民日报》以"大师造船六十载"为题做了如下报道："杨槱，1917 年生于北京，我国著名船舶设计家、教育家、中科院院士，上海交通大学教授、博士生导师。'巨匠作舟经风雨，大师育才备栋梁。'这是您的老朋友中科院院士吴阶平对您为我国船舶事业所做的贡献的概括。自 1940 年从英国格拉斯哥大学造船系毕业回到祖国，无论是 40 年代您在西南各地从事船舶设计，50 年代在大连筹备新中国最大的造船基地，还是后来在上海交通大学从事船舶教育，整整 60 年，您一直在为中国人更稳健地扬帆远航而励精图治!"

全国政协原副主席、九三学社原中央主席、中国科学院院士韩启德在给杨槱院士的百岁贺信中写道:"饱经沧桑一百年,风云变幻愈坚贞。您的生命在年富力强时熠熠生辉,在耄耋暮时更加壮志高风。您热爱祖国,淡泊名利;尊重科学,坚持真理;精心育人,为人师表。"

2012年4月,杨槱在上海交通大学主页"学者笔谈"栏目发表《耄耋抒怀》;2015年6月9日,年届98岁的杨槱出现在上海交通大学船舶海洋与建筑工程学院的课堂上,为即将踏上工作岗位的毕业生上远航教育课程。杨槱为人师表、孜孜以求的崇高品格,为其精彩人生添上了浓墨重彩的一笔。

2017年10月17日,在杨槱百岁寿辰之际,上海市市长应勇送来了"贺杨槱百岁生日"题词。上海交通大学召开了"杨槱院士育人思想及学术成就研讨会"暨《扬帆沧海——杨槱传》新书发布会。"蛟龙"号载人潜水器总设计师徐芑南院士、中国海洋石油工程专家曾恒一院士、辽宁舰总设计师朱英富院士等,都参加了杨槱院士育人思想及学术成就分享会。他们做客"励志讲坛",与嘉宾和同学们分享了他们对杨槱院士的难忘记忆,以及世界船舶海洋领域的前沿成就。在访谈环节,曾恒一院士和朱英富院士分享了他们学生时代对杨院士的记忆。于曾恒一院士而言,杨槱院士不仅引领他走上海洋之路,为他指明做科研要有"船的精神——不怕困难,迎难而上",还将"细节决定成败"烙印在他心间,为他日后牵头重大海洋工程夯实了基础。于朱英富院士而言,印象最深的是杨槱院士"学好基础课"的谆谆教诲。这些肺腑之言铭记在与会者的心间。

2018年10月16日,浙江嘉兴南洋职业技术学院(简称南洋学院)举行杨槱先生铜像揭幕仪式暨"杨槱奖学金"颁奖典礼,南洋学院院长刘淑芸代表学院向即将迎来101岁生日的南洋学院名誉院长杨槱先生致以崇高的敬意,杨槱寄语南洋学院越办越好。

杨槱102岁时在"新年专访·我和我的祖国"采访中谈及,他曾把1944年监造美国航母的经验告诉朱英富,并谈到了埋藏于心中的中国航母梦。

杨槱自述道:"在上海交通大学,我曾把在美国监造二战时期最后一艘航空母舰的经验告诉朱英富,他很感兴趣,在心底埋下了中国航母梦的种子。"

几十年后，朱英富院士成了中国第一艘航母辽宁舰的总设计师。现在，中国水面舰船研制水平和能力已经进入世界先进行列。

"我 1935 年开始学造船，如今已有 80 多个年头，亲历见证了中国造船业的从无到有、从有到强。中国可以说是世界第一造船大国了，下一目标就是成为第一造船强国。这需要我们共同努力，也是我，一个 102 岁造船人的心愿。"

江苏科技大学（前身为镇江船舶学院）90 周年校庆时，105 岁高龄的杨槱院士提笔为学校题词"建设一流的造船大学"。

他在任镇江船舶学院副院长期间，也担任全国人大代表。每年 3 月初参加全国"两会"回来，他都要在学校全体教职员工大会上传达"两会"精神，及时宣传党中央和国家的发展方略。船舶事业是国力的象征，没有国家的强大，就没有船舶的强大。每年的"两会"，杨槱都感触很深。

杨槱作为杰出的造船专家、教育家和社会活动家，作为我国船舶行业的第一位院士，是中国船舶海洋事业发展的同行者与见证人，为我国现代船舶工业发展和人才培养做出了非凡的贡献。

杨槱院士一辈子研究中国的船舶，也鼓励后辈人研究船舶，他的长子杨思远子承父业，大学毕业后经过基层磨炼，1978 年先于其父调到镇江船舶学院。杨思远在 1978 年通过全国统一外语考试，1980 年 9 月作为公费留学生成为美国密歇根大学访问学者。1983 年 1 月，杨思远学成回国，在镇江船舶学院开设了"船舶经济学"课程，组织团队开展船舶经济领域的科学研究。杨思远在镇江船舶学院工作期间，编写了中国第一本"船舶经济学"本科教材。以后在不同的院校里，杨思远开设了本科生和研究生的"工程经济学"课程，先后编写出版了《工程经济学》和《简明工程经济学》等教材。

2009 年，杨槱侄子杨世光的儿子杨大宁从国外留学归来，杨槱院士鼓励他来镇江创业，他于 2010 年在镇江成立船舶导航系统国家工程研究中心导航雷达实验室。当时已 93 岁高龄的杨槱亲赴现场参加了揭牌仪式。后来，杨槱院士又帮助建起了"镇江院士工作站"。如今，杨槱家族的第三代人在镇江继续造船事业。

2024 年 7 月 1 日，我们在杨槱长子杨思远的陪同下，来到上海华东医院探望 107 岁的杨槱院士。在整洁的病区，我们有幸见到这位世纪老人、著名的船舶科学家。他身穿一件天蓝格子上衣，一条深灰色长裤，足蹬一双黑布鞋，安静地坐着，如同宁静的大海，让人想起茫茫大海上为航行的船舶指明方向的航标灯。尽管年事已高，手脑不协调，写字困难，但听说家乡的朋友来了，他很是高兴，连声说："谢谢，谢谢!"

2024 年 7 月 23 日上午，镇江市政协在镇江市档案馆牵头组织了一场别开生面的捐赠会，杨思远教授代表杨槱院士再次向镇江市有关部门捐赠珍贵文献资料。这些年，他多次回到家乡，将父亲的著作、论文、手稿、照片、获奖证书，以及"辽宁号"第三艘航母模型（由杨槱院士的博士生、原上海船舶研究院船体室主任钱鸿研究员赠送）分别赠送给镇江市文史馆、档案馆、史志办永久收藏。这些年，杨思远捐赠的文献资料共有近百件。父子二人的故事如两束光，在照亮自己的同时，也照亮他人。最让人感动的是，杨槱院士在 107 岁高龄时，还为家乡人题词"船连世界"。船舶是他终生热爱的事业，由于年事已高，他对很多事情的记忆已经模糊了，但他念念不忘的仍是船舶，仍是海洋强国之梦!

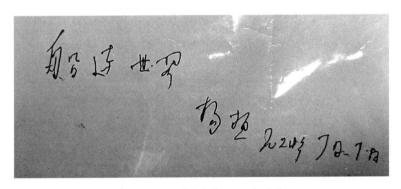

2024 年 7 月杨槱院士亲笔题词"船连世界"

参考资料

1. 刘长水. 杨槱传 [M]. 北京：学苑出版社，2012.

2. 杨槱. 一个造船者的自述 [M]. 上海：上海交通大学出版社，1997.

3. 董煜宇，陈志辉. 扬帆沧海：杨槱传 [M]. 上海：上海交通大学出版社，2017.

4. 马德泾，范然，马传生，等. 镇江人物辞典［M］. 南京：南京大学出版社，1992：295.

5. 镇江市地方志研究会. 镇江为你骄傲：镇江籍两院院士、全国名人［M］. 北京：方志出版社，2003：64-71.

6. 镇江市地方志编纂委员会. 镇江市志：1983—2005［M］. 北京：方志出版社，2014：2712.

7. 镇江年鉴编辑部. 镇江年鉴：1992［M］. 上海：上海社会科学院出版社，1993：73.

8. 镇江市人事局，镇江市地方志办公室. 我是镇江人：镇江当代旅居外地人物［M］. 上海：上海社会科学院出版社，1997：186.

9. 镇江市历史文化名城研究会. 镇江历史文化大辞典［M］. 镇江：江苏大学出版社，2013：529.

10. 上海交通大学. 100岁人生！今天致敬我国船舶行业第一位院士杨槱先生［EB/OL］.（2017-10-17）［2024-05-14］. https://mp. weixin. qq. com/s？__biz＝MjM5MDIyMDQyMA＝＝&mid＝2650650812&idx＝1&sn＝7f768c73cbc6284fbaf8cdc39ca9396c&chksm＝be4131578936b841947cec44abbb89535eb93e8efd71437b52ae3c6a34122a1a67fc9b68228d&scene＝27.

11. 百岁院士带领青年一代攻下硬核技术［EB/OL］.（2020-01-16）［2024-05-14］.http://gqt.km.gov.cn/c/2020-01-16/3262310.shtml.

12. 百岁寿诞，致敬杨槱先生，中国船舶业的开拓者，填补我国科技造船的空白［EB/OL］.（2017-10-31）［2024-05-14］. https://baijiahao.baidu.com/s？id＝1582742077279500229&wfr＝spider&for＝pc.

13. 兰杰. 百岁院士：我把监造美国二战最后一艘航母的经验告诉朱英富，他埋下了中国航母梦的种子［EB/OL］.（2019-01-02）［2024-05-14］.https://news.sjtu.edu.cn/mtjj/20190103/94187.html.

14. 市政府关于表彰第三届"上海市教育功臣"的决定［EB/OL］.（2013-09-10）［2024-05-14］.https://www.shanghai.gov.cn/nw30984/20200820/0001-30984_36904.html.

15. 杨槱. 耄耋抒怀［EB/OL］.（2015-04-11）［2024-05-14］.http://www.sjtup-

mm.com/article-1972.html.

16. 船舶工业领域新技术发展的先驱者（作者：上海交通大学杨宗英）.

17. 杨槱小传（杨思远提供）.

18. 张圣坤教授讲话稿（杨思远提供）.

19. 在杨槱院士献身造船六十周年庆祝大会上的讲话（王宗光）.

20. 96上海庆祝第十一届教师节主题活动委员会. 赠杨槱老师·师魂（杨思远提供）.

21. 杨思远本人口述（2024年7月）.

（王礼刚撰稿，钱兆南修改并新增部分内容）

注：本文经杨槱院士之子杨思远、九三学社上海市委员会、上海交通大学"杨槱课题组"审核修改。

　　李天和，中国工程院外籍院士，电气工程与系统工程学家。美籍华人，祖籍江苏镇江，1923 年 5 月出生于江苏扬州。1930 年随父迁居上海，1946 年从上海交通大学毕业，1948 年 7 月就职于上海（美国）通用电气公司。1950 年获美国纽约州斯克内克塔迪联合学院电工硕士学位。1954 年获伦斯勒工学院哲学博士学位，先后在伦斯勒工学院、宾夕法尼亚大学、麻省理工学院任教。曾任美国电气和电子工程师学会（IEEE）高级会员，IEEE 能源委员会主席、基础科学委员会主席、电力工程学会主席。1994 年获我国外国专家局授予的杰出贡献奖。在科技研究、开发与管理方面均有卓越的成就。2001 年 2 月 3 日逝世。

　　1975 年当选为美国国家工程院院士，2000 年当选为中国工程院外籍院士。

李天和

此心安处是吾乡

根系镇江

李天和的一生充满了神奇的色彩,有人说他是扬州人,也有人说他是上海人,然而,上海图书馆一部馆藏百年的《丹徒李氏家乘》记载:"余家世本徽州,当宋室南渡,由白岳迁润之开沙,至我支祖鸣岐公。沙洲坍没,乃迁城北九里街家焉。迨曾祖仰桥公发愤起家,始相宅于城东之梳儿巷,继定居于城南之下河头。"乾隆四十二年(1777),李氏家族于镇江南门外岳祠坊潘家园马字圩陈宅建祠,乾隆五十一年(1786)批文"此产建造李氏宗祠永远存照"。《丹徒李氏家乘》又叙,李氏"其高祖李文安因避太平军战乱,清咸丰癸丑年(1853),从丹徒郡城迁居江北樊川镇,时隔数年因经营发迹,于同治初,从黄氏手中购置扬州东关街的个园和住宅,居住五代人。军阀徐宝山以逼迫个人'认捐'的手段巧取豪夺,1926年间全家被迫迁移黄家园二号宅第"。今健在的上海市财政局退休干部李隽昭,是李天和的胞妹。笔者曾经和李隽昭女士通过微信交流,她说:"是的,天和祖籍是镇江的,名正言顺。这完全是镇江的光荣和骄傲。"李隽昭虽然已经93岁高龄,但是思路十分清晰,印证了笔者从《丹徒李氏家乘》中挖掘的李天和祖辈三代是镇江人的史料。

2020年孟夏,位于运河路的"李家花园"李氏祠堂因连镇铁路景观建设而被拆除,政府在原址上建了文化广场和文化墙,李天和的名字被记载在文化墙上,供人们瞻仰。

从停学到留美

1930 年，幼年的李天和跟随父母到了上海。李天和就读的中学是著名的南洋模范中学。1941 年 12 月太平洋战争爆发后，日本军队开始全面侵占上海租界，李天和家住法租界霞飞路（今淮海中路）的和合坊，当时他已是位于上海的国立交通大学三年级的在读生，因不满日伪的奴化教育毅然停学。停学后，他和一位同学就在和合坊附近租了个单开间门面，买了一辆旧汽车干起出租的生意。这辆老爷车时常抛锚，他们不但会开，还会修理。后来，李天和又到南京的富华保险公司工作了一段时间。李天和十分喜欢京剧，辞去南京的工作后，接着就认真学唱京剧老生，找了名家学戏，并请琴师来家操琴练嗓，不时还去登台义演。他兴趣广泛，唱戏、打球，样样在行，又是一个闲不住的人，喜欢结交朋友。在和合坊二楼亭子间里，他和同学们时常在一起喝酒、唱戏、聊天，谈笑之声不绝于耳。李天和跟随母亲到扬州办事，和扬州的票友登台演出，由于他扮相俊美，唱作俱佳，在扬州引起不小的轰动，也令不少扬州女戏迷倾倒。1945 年日本无条件投降，他才结束了这近三年的散漫生活，重新返回交通大学继续学业，直至 1946 年从交通大学机械系毕业。

1946 年，李天和进入美国通用电气公司（简称 GE 公司）在上海的附属企业工作。1948 年 7 月被派至美国总公司接受培训，由于时间仓促，他偕新婚才三天的妻子一起赴美。1949 年培训结束。1950 年完成美国纽约州斯克内克塔迪联合学院的学业并取得电工硕士学位。

1950 年的一天，他和妻子李锦屏购好返回祖国的船票，准备乘船回国。但由于朝鲜战

1948 年，李天和赴美前与父母合影

争爆发，中美之间的交通隔阻，他俩未能登上返回祖国的客船，只能滞留美国，这一留就是一生。

在世界电工科学领域的奋斗之路

祖国回不去了，李天和只好设法返回美国通用电气公司工作，他从一个普通的青年工程师做起，业余时间在伦斯勒工学院攻读，1954 年获得博士学位。

1924 年，美国物理学家梅立克发表了真空开关的理论。但是，要将理论变成实际可用的产品以保护电网安全却步履维艰。世界上许多国家，包括美国参与开发研究都未能成功。1955 年，李天和毅然接下了这一任务。经过 5 年的刻苦钻研，1960 年，李天和发明了世界上第一个高压真空开关，攻克了 40 年来无人攻破的难题。这项发明很快应用于全世界所有一万伏以上的电网，美国通用电气公司大受其益。

在电工科学研究中，李天和取得了丰硕的成果：发展了高压电弧中电极现象的理论，由这项理论所得到的高压电弧的能量密度可与最强的激光束相比；发展了高温气体中的电气断路理论，发明横向磁场熄弧原理的真空灭弧室，使真空开关进入电力系统作为断路器，其分断能力最初达 15 千伏，1955 年达到 25 千伏；最先开发了应用电力电子装置的高电压直流输电系统。由于李天和在科技创造上的卓越成就，他的职位不断提升，由从事科技开发任务转入公司管理领域。美国通用电气公司所有输配电的研究和开发工作全由他负责，他负责管理着 5000 多名工程师。1974 年至 1978 年任美国通用电气公司电力业务总战略设计师，1978 年至 1980 年任电力系统总工程师，后又升任公司副总裁。

李天和先后获 30 项美国专利，900 多项其他国家专利。在著名电工杂志上发表论文 75 篇，并获多项科学奖，主要有：普拉特奖（1983），电力生命奖（1983），百周年纪念奖（1984），戴维斯工程成就奖（1986）。

李天和曾任美国电气和电子工程师学会（IEEE）高级会员，IEEE 能源委员会主席、基础科学委员会主席、电力工程学会主席。1980 年被美国麻省理工学院（MIT）电机系聘为终身教授。1984 年荣任位于维也纳的国际应用系统分析研究所（International Institute for Applied Systems Analysis，IIASA）所长。1987 年，李天和任期届满回到美国。

一流的全面质量管理专家

李天和不单研究自然科学，同时也研究管理科学。他率先提出要加强企业全面质量管理，并于 1989 年创立了美国管理质量中心（Center for Quality of Management，C. Q. M），同时担任美国管理质量中心主任，每年为世界许多著名跨国企业培训数千名高级管理人员。他在美国麻省理工学院第一个开设全面质量管理课程，成为世界著名的全面质量管理专家。

1984 年，李天和暂离麻省理工学院，接受邀请前往维也纳担任国际应用系统分析研究所所长。这个研究所是 1972 年时任美国总统约翰逊和苏联总理柯西金倡议在维也纳设立的，是世界上少见的东西方国家合作的科研机构。研究所自诞生以来，吸引了各国学者来到维也纳，是当时美国、苏联、英国、瑞典、奥地利、日本等 17 个国家参加并资助的国际学术机构，参与国家中有 6 个社会主义国家。研究所拥有 300 多名学术研究人员，他们都是世界一流科技专家，包括诺贝尔奖获得者。他们一起研究国际上共同关心的环境、人口、能源、农业、食品等问题。李天和在任期内将该研究所的研究方向从过去的面向学术界转为重视应用研究，为全球的可持续发展做出了不少贡献。

李天和在国际应用系统分析研究所工作期间，看到了日本企业质量管理的严密性和先进性。他敏锐地察觉到日本产品之所以在国际市场上有强劲的竞争力，不只因为其科技含量高，还因为日本实行了先进的全面质量管理制度。

1987 年，李天和在国际应用系统分析研究所的任期届满后回到美国，重新回到麻省理工学院，他第一步先依据日本的这套先进的管理制度和体系在麻省理工学院设置课程，并邀请日本最负盛名的全面质量管理专家、筑波大学的司马正次先生赴美教授全面质量管理课程。他经过潜心研究，发现日本的质量管理模式至少可以在三大方面加以完善：一是管理应紧扣企业发展的长远战略；二是管理应与系统动力学有机结合；三是质量管理应引入社会学、心理学、人类行为学等软科学的内容。

同时，李天和又意识到单从教学一条线入手还存在局限性，要全面提高质量管理水平，必须对企业的高层管理人员进行培训，于是率先提出"提高管理质量"这一口号。李天和认为：只有首先提高管理者的水平，也就是提高管理的质量，才能最终实现高效的质量管理，才能使企业产品适应不断变化的市场需要，从而在激烈的竞争中始终立于不败之地。

1989 年，李天和创立了美国管理质量中心，亲任该中心主任。中心的第一期学员是来自世界上 7 家著名企业的高级管理人员，他们共用了 5 个星期系统地学习全面质量管理理论，受益颇多。

美国管理质量中心是一个以会员制来推广的非营利性组织，李天和在世时该组织已拥有 200 至 300 名会员，其中含 19 所大学。美国管理质量中心在美国有 4 个分中心，分别坐落于马萨诸塞州、加利福尼亚州、俄亥俄州和肯塔基州。在欧洲的分中心分别设立在德国、芬兰和爱尔兰。1992 年，李天和在北京创建了北京国际全面质量管理中心，为科技与管理搭起了双向交流的平台。

时刻关心祖国的强大和发展

李天和虽然身处异国他乡，却"身在海外，根在中国，心在中国"。他深切地关心祖国的建设和发展。年满 60 岁后，李天和把主要精力和时间都放在中国，多次受到国家领导人的接见。1983 年 6 月 18 日他出席了在北京人民大会堂东大厅召开的北京科学技术政策讨论会，与邓小平同志见了面。1984—1987 年，在出任国际应用系统分析研究所所长期间，他与中国国家科委进行合作，并在中国训练了 30~40 位科学家和技术人员。

1987 年，李天和离开维也纳返美时，特地取道北京，访问中国，受到国家领导人的接见，他就我国经济改革中的大事提出了许多有益的建议。1988 年，李天和应邀组建高级经济专家团，对中国工资和价格政策改革做专项研究，提出了许多建设性建议。

1991 年，李天和向中国政府提出把全面质量管理理论引进中国的建议，得到了国家领导人的大力支持。

此后，李天和差不多年年都要抽出相当多的时间来中国进行这项工作，他一心想在有生之年把自己的学识、经验贡献给中国。他先后到清华、北大、上海交大等高校做质量管理方面的演讲，致力于促成在这几所高校开设质量管理课程。他还多次深入北京、上海等地的大型工厂企业开展调查研究。1992 年，在李天和的帮助下，我国创建了北京国际全面质量管理中心，李天和每年来两三次亲自开班授课。1994 年国庆时，中国外国专家局授予李天和杰出贡献奖，以表彰他多年来为中国经济发展所做出的突出贡献。

李天和是上海交通大学的校友，他对母校深怀感恩之心，不遗余力地为母校效力。1998 年，他辞去了美国管理质量中心主任的职务，在上海交通大学百年校庆时，他担任了交大美国校友基金筹集委员会主席。接着就接任交大美洲校友总会会长。他为建立母校、校友、工业界三者更紧密合作的发展机制，促进美洲校友与母校在教育科研等方面更大的合作，做出了突出贡献。

耄耋之年，他不顾年事已高，每年都风尘仆仆地往来于中美之间。国内交通大学有 4 所，北京、上海、西安、成都的交通大学他都去访问过，他还在上海交通大学设立"李天和奖学金"，帮助那些优秀但家庭贫困的学子成才。

魂归黄浦江

2001 年 2 月 3 日，李天和因突发脑出血，医治无效，逝于美国麻省总医院，享年 77 岁。时任国家主席江泽民闻讯后，亲自签发唁电。

2001 年 8 月的一天，李天和夫人李锦屏、长媳 Leslie 手捧李天和的骨灰，专程从美国乘飞机来到上海，在李天和胞妹李隽昭、妹夫赵洪元、上海交通大学校友联络处黄新昌老师的陪同下，来到外滩的黄浦江边，大家满含着泪水，将李天和的骨灰伴着芬芳的鲜花，轻轻地撒入黄浦江中，让李天和魂归故土。

李天和的夫人李锦屏，美籍华人，1926 年 12 月出生于上海，曾在圣约翰大学就读，2019 年 6 月于美国逝世。

参考资料

1. 中国工程院. 院士名单：李天和［EB/OL］.［2023-08-23］. https://www.cae.cn/cae/html/main/colys/50338199.html.

2. 中国工程院院士馆：李天和 ［EB/OL］.［2023-07-18］.https://ysg.ckcest.cn/html/details/2721/index.html.

3. 李天和信息 ［EB/OL］.（2023-09-24）［2024-02-03］.https://me.sjtu.edu.cn/zmxy/57324.html.

4. 李天和先生 ［EB/OL］.［2024-03-13］.https://foundation.sjtu.edu.cn/story/view/918.

5. 张庆萍. 扬州院士李天和家人捐赠珍贵旧照愿补齐市档案馆藏《李氏家乘》［EB/OL］.（2016-05-02）［2024-04-02］. https://www. toutiao. com/article/6279901939530465793/? wid=1742371458134.

6. 张庆萍. 9旬李隽昭昨回个园首度披露迁园原因 ［EB/OL］.（2018-04-29）［2024-04-02］.https://news.sina.com.cn/c/2018-04-29/doc-ifzvpatq8978667.shtml.

7. 周福全. 略述《丹徒李氏家乘》及其他 ［EB/OL］.（2016-05-23）［2024-04-02］.http://www.jsw.com.cn/2016/0523/1325928.shtml.

8. 周福全. 丹徒李氏与个园的历史渊源 ［EB/OL］.（2017-05-08）［2024-04-12］.https://www.jsw.com.cn/2017/0508/1397186.shtml.

9. 竺捷. 李氏宗祠损毁严重待新生 ［EB/OL］.（2019-12-19）［2024-05-07］.http://www.jsw.com.cn/2019/1219/1519050.shtml.

（周福全撰稿）

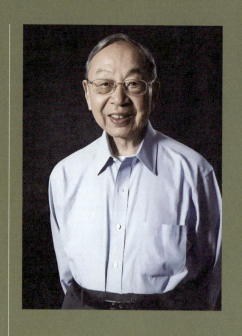

　　戴立信，中国科学院院士，有机化学家。1924年11月出生于北京，籍贯江苏句容。1947年毕业于浙江大学化学系。曾任中国科学院上海有机化学研究所学术委员会主任、学位委员会主任。曾参与"两弹一星"的科研工作。发表学术论文200余篇，出版中英文著作11部，其中译著有《有机化学中立体化学的新进展》《有机化学：结构与功能》《有机化学的再度展望》等，编著《有机化学战略研究调查报告》，主编有《有机合成化学进展》《手性药物的化学与生物学》等。1978年获全国科学大会奖，两次获国家自然科学奖二等奖、国家科技进步二等奖。2002年获何梁何利基金科学与技术进步奖。2018年5月成为荣获中国化学会终身成就奖第一人。2024年5月13日逝世。

　　1993年当选为中国科学院院士。

戴立信

用科学脚步丈量生命高度的"大先生"

科技家族，童蒙开启

戴立信虽然在北京出生，但他一直到去世，但凡涉及各类履历填写，在其籍贯栏内，都会毫不犹豫地写下"江苏句容"。句容是他的祖籍地，句容戴氏族谱里记载了他们这代人的名字，无论在哪里见到或听到与句容有关的事，心中总是感慨万千，他以做句容人为荣。

句容戴姓有很多，含"戴"字的地名也多，如华阳镇戴家边，茅山镇上戴岗、下戴岗、戴巷、戴家，宝华镇戴楼等。

戴氏家族，名人辈出。戴立信的故乡谷城是句容一带大多数戴姓的起源地。句容戴姓是唐朝著名诗人戴叔伦的后裔。谷城戴立信之戴家原先并非显宦大户，而属普通耕读人家。其门第之所以秀出于众，当归功于戴立信的曾祖父。

戴立信的曾祖父戴光培生于道光二十四年（1844），是句容分支戴宏裔孙戴道铠之子。他生活在晚清时期，自幼饱读诗书，目睹朝廷腐败，列强入侵，丧权辱国，割地赔款，民不聊生，遂萌生学习科学、变革求新的思想。为了实现自己的人生理想，戴光培不惜变卖家产，送戴儒彬、戴儒珍二子前往上海读书。兄弟二人深知父亲良苦用心，均不负所望、刻苦学习，最终学有所专，业有所成。戴儒彬成为沪上有名望的实业家，戴儒珍为中国驻法国公使兼中法银行中方代表。

戴儒彬，就是戴立信的祖父，育有二子二女，长子戴臣水，次子戴臣清，女宝贞、苏贞。戴臣水是戴立信的父亲，北京大学校矿课毕业，硕士，任工程师于北京门头沟斋堂煤矿。抗日战争中远赴云南参加叙昆铁路建设，后因病返沪医治，于1940年去世，年仅45岁。留下年幼子女立信、立德、惠英、百龄四人。

这么一个在当地颇具声望的科技家族，为戴立信日后成为科学家提供了强大基础。

在日寇的铁蹄下求学

1936年，戴立信12岁，在北平育英中学读一年级。1937年，抗战全面爆发后，北平的局势开始恶化，他随父母经青岛逃难到上海的祖父家中。到上海不久，淞沪会战爆发。那时戴立信上初中，学校也不安定，其间先后换了两所学校，到1942年才从第三所学校高中毕业，这三所学校分别是上海中学、金科中学、三育中学。

三育中学地处一个弄堂里面，虽然简陋，但教师队伍很齐整，有一位姓桂的化学老师课讲得非常好，在当时，所教的化学课竟然还包含一些有机化学的内容。戴立信最喜欢上桂老师的化学课，后来报考大学，就是受到这位桂老师的影响。

那时的上海，因为战争，许多大学已迁往外地。起初，有美国教会背景的沪江大学在租界内的校园尚能保持一点平静，不受日军之扰。但不到一年，太平洋战争爆发后，沪江大学也不再太平。日军进军租界，上海的生活日益困难，师生安全更是无从保障。戴家人和千千万万的上海人一样，饱受战争之苦，贫困交加。祖父母年事已高，于1938年相继去世。

戴立信于1942年9月考取了沪江大学（上海理工大学前身）化学系。才上了几个月，战争形势越来越严峻，学校不得不停课。

这里不得不说说戴立信坚强的母亲王萃云，就是在这么困难的情况下，她还是坚持让孩子们不中断学业，让戴立信随表姐从上海到重庆继续上学。一路上风险重重，有时步行，有时借助轮船、木炭汽车、小火轮，一路辗转，经过浙江、福建、江西、湖南、广西、贵州各省，跨越日军的层层封锁，戴立信和表姐于 1943 年 4 月抵达陪都重庆，经教育部门批准，于同年 9 月进入西迁贵州的浙江大学借读化学系一年级。

浙江大学于 1937 年 11 月 11 日由杭州西迁，经四次易址，于 1940 年 1 月在贵州安定下来。浙大师生不愿在日本帝国主义刺刀下屈辱求存而行程 2600 公里的西迁壮举，被誉为"文军长征"。

在浙江大学永兴校区的第一个晚上，戴立信突发疟疾，差点丢掉性命，幸亏校医室里还有几片奎宁，服药后才慢慢好转。经历这一磨难的戴立信，对于有机化学的热爱已不仅仅因为觉其"有趣"，更因为觉其"有用"，他进一步坚定了自己学好化学的决心。

戴立信一直生长在北京、上海两大城市，由上海至贵州的一路苦旅，使他对中国的广袤辽阔、贫穷落后有了实实在在的体会。

一次，在进步同学的带领下，他深入贵州农村，亲眼看到一户人家因为没有足够的裤子穿，只能躲在被窝里取暖，这给了他很大的震撼，也让他更加坚定了要为国家富强和民族复兴而发奋读书的决心。只有科学进步、国家富强了，老百姓才能过上像样的日子。

当时的浙大倡导"求是"的校训，这也成为戴立信一生的信仰，终生一以贯之。浙大当时位于贵州，新生部、工学院以及理学院、农学院分别处于永兴、遵义和湄潭三个县城。

为了有一个安静的学习环境，戴立信和一些来自上海的同学在校外租民房住宿。晚上六七个人围着一张方桌，坐在一起复习功课直到深夜。生活条件非常艰苦，上课、住宿地点不断变换，没有固定的教室，大多在庙里学习，没有电灯，为了节约，他们共享一盏由几根灯草做成的煤油灯。

当时，李政道（诺贝尔奖获得者）、顾以健（化学家，江苏淮安人，曾任中国科学院秘书长）等人也住在这间民房里。李政道十分勤奋，在读大学二年级的时候，就把浙大物理系教材中的习题全部做完了，后来去了西南联大。在这样良好的学习氛围影响下，戴立信读了不少有机化学原版书，并且幸运地遇到了一批非常有水平的老师。当时化学系的主任是季梁先生，这是一位著名的分析化学家。教授有机化学的则是王葆仁先生。王教授的板书给戴立信留下了深刻的印象，他画结构图非常漂亮，边讲课边板书，到下课时，留在黑板上的内容就是整堂课的总结，逻辑清楚。在没有电、水的情况下，王教授居然千方百计地安排了许多有机化学实验课（并不比现在的实验内容少），正是这位了不起的教授将戴立信引入了有机化学乐趣无穷的殿堂。

王葆仁教授是扬州人，同济大学理学院和化学系创建人。上王老师的有机化学课并不简单，一个月左右会有一次小考，如果每次小考都能拿到 80 分以上，期末的大考就可以免考。戴立信每次考试都取得 80 分以上的高分，成为当时全班唯一享有期末大考免考资格的学生。

那时候的浙大由竺可桢任校长，竺校长广延人才，各个系的教授都相当牛，很重视研究，学术氛围好，浙江大学也因此被当时的国外学者誉为"东方的剑桥"。

在浙江大学的 4 年学习生活中，戴立信还参加了当时的"反内战、要和平"学生运动，并于 1945 年担任了一届"湄潭浙大剧团"团长。

"湄潭浙大剧团"凭借话剧、京剧之魅力，寓教于乐，团结进步学生，推动抗日救亡运动。

戴立信任团长时，日军从桂北直入贵州，形势异常严峻，浙大师生再次面临生死抉择。戴立信带领同学们演出了《死里逃生》《万世师表》《送子从军》《家》等剧目，以此强化宣传，鼓舞斗志。

这些活动在他科学救国的思想实践中又加入了新的内容，他的科学研究生涯也更多地和国家的命运结合在一起。

合成金霉素报效祖国

1947 年，戴立信从浙江大学毕业，但那时，毕业就是失业，回到上海也找不到合适的工作。经人介绍，他先到中华职业学校当了一名中学代课教师，暂时把生计问题解决了。

第二年，又有一位同学介绍他进了位于浦东的第三钢铁厂化验室做分析员，这份工作总算与自己所学的专业沾上了边，他满心欢喜。

那一年上海临近解放，厂里很混乱，戴立信和厂里的工人兄弟一起参加护厂运动，迎接解放军进驻钢铁厂。在上海解放前，戴立信就已经加入了中国共产党，钢铁厂被解放军接管后，他便担任上海钢铁公司的秘书科科长，后来又调到华东矿冶局劳资科任科长，但这与他的科研沾不上边。

一直到了1953年，中央出台了"技术归队"的政策，国家号召科学人才归队，戴立信于当年6月份应召到中国科学院上海有机化学研究所报到。终于回到了自己的本专业，他的心里特别高兴。当时有机化学研究所刚开始开展高分子研究工作，庄长恭所长急需了解这些工作的科学背景和国际动向，戴立信就开始协助庄所长做文献工作。

同年下半年，戴立信又参加了黄耀曾领导的金霉素的研究工作。他用前瞻性的先进技术提出了提取金霉素的工艺建议，上海第三制药厂采纳了他的建议，并改进了金霉素的提取路线，收到了很好的效果。

在当时科技落后、医疗资源贫乏的中国，抗生素成为最稀缺的药物。新中国成立后，金霉素、链霉素这些新型的抗生素只能依赖进口。那时候做抗生素研究好比现在做蛋白结构解析研究，属于世界前沿科学领域。

就在离金霉素全合成仅有一步之遥时，1956年，中国面临的国际形势发生了变化，科学研究的重点也转移到了国防任务上。上海有机化学研究所承担了"两弹一星"的一部分化学科研任务，戴立信从这时开始转向研制导弹所用的高能燃料，参与组织全所骨干承担国防任务。

1964年10月，中国第一颗原子弹爆炸成功。钱三强后来见到上海有机所副所长黄耀曾，上前拥抱说："有机所帮大忙啦，我国原子弹比原计划提前一年爆炸。"

此后，戴立信开展了有机硼化学的探索研究，无奈这一探索进程被随之而来的"文革"阻断。

"文革"期间，戴立信曾被关押在"牛棚"，但他并没有灰心丧气，他坚信终有一天会回到上海有机化学研究所。1971年，戴立信获准从"牛棚"回家，负责实验室一层楼的清洁工作，包括清洗厕所。他很高兴，毕竟研究所近在眼前，还可以学以致用。他用一些表面活性剂和盐酸等材料，把自己负责的两个厕所清理得非常干净。

1978 年，科学技术的春天终于到来。在百废待兴之际，戴立信被上海有机化学研究所所长汪猷安排到身边做助手，从事科研管理工作，直到 60 岁。1984 年，花甲之年的戴立信看到世界科技的发展和中国的机遇，退休后不再担任行政职务，重新回到科研第一线。

戴立信选择了新的科研课题——有机化学的不对称合成作为研究方向。他和学生楼柏良很快在实验室将这个想法加以落实，并获得了成功。

戴立信与黄量院士共同主持了"九五"重大项目，成功合成多种化合物"对映体"，取得了令人瞩目的成绩，获得多项自主知识产权。

从大学毕业从事各种工作到分配至中国科学院上海有机化学研究所做科研，戴立信院士用其一生的精力助力中国科技的发展。他是新中国科技发展的参与者和见证者，共发表学术论文 200 余篇，出版中英文著作 11 部，授权中国专利 13 项。除在科研方面赶超先进外，他还把满腔热情倾注于对研究生的培养。他一生指导的 38 名博士生、3 名硕士生都成为科研骨干和学术带头人。

两度战胜病魔　终生奋斗不息

1993 年 12 月，戴立信当选为中国科学院院士，时年 69 岁。"60 岁学吹打（戴之趣语），69 岁成院士"，迟来的嘉奖是对这位执着老人最好的肯定。

对于这位生性乐观的老人，命运还是跟他开了个玩笑。1990 年，66 岁的戴立信在体检中被查出患有舌癌，当时尚不确定癌细胞是否已经转移。家人为此忧心忡忡，戴立信则靠在病床上审阅一本有关手性的教科书，还和病友们开玩笑，以至前来探望的友人都忍不住悄悄询问他的家人：戴先生精神状态这么好，是不是误诊了啊？可是朋友前脚刚走，他便流泪了，为不能再工作而流泪。

2005 年 9 月，镇江市政府举办中国镇江金秋经贸洽谈会和中国镇江高新技术洽谈会"镇江籍院士家乡行"活动，戴立信院士应邀参加。从此他对家乡有了更多的关注，情感上也更加深厚。

2009 年，他又被诊断出胃癌，好在也平安渡过。尽管他的胃被切除了三分之二，但在术后以及化疗期间依然忘我工作。平日里，就算是外出旅游，他也总是见缝插针地阅读学术文章甚至写作。他在经常住的医院里一边输液一边工作已是医生护士常见的一道风景，这样的工作状态一直持续到戴立信 99 岁。

2018 年 5 月，在中国化学会第 31 届学术年会开幕式上，94 岁的戴立信被授予中国化学会终身成就奖，而他仍然坚持每周三次的频率去所里工作。

2019 年，戴立信获得"全国离退休干部先进个人"称号。早在 2011 年，他已获得中国科

戴立信院士晚年在上海参加离退休干部先进集体和先进个人表彰大会

学院"优秀共产党员"称号，这是国家对一位在党 75 年的老党员最大的赞誉。

2018 年 5 月 28 日上午，中国科学院第十九次院士大会、中国工程院第十四次院士大会在人民大会堂隆重开幕。中共中央总书记、国家主席、中央军委主席习近平出席会议并发表重要讲话。提到习总书记的讲话，戴立信院士难掩激动的心情，他说："参加大会后我有两点感受：一是对自己本身的要求，虽然年纪大了，但是丝毫不能放松；二是在自主创新方面我们还有一些短板，如何建设科技强国，还有很多很多的事情要做。"

化学界的国际桥梁

20 世纪 80 年代，戴立信从事科技管理，担任上海有机化学研究所科研处处长，他开始调整科研方向，争取科研项目，负责牵头组织国际学术交流活动。他把巴瑞·夏普利斯请到上海来做科研交流，多次举办学术讲座。那时候巴瑞·夏普利斯还没有拿到诺贝尔化学奖。中美两国的化学巨头，跨越千山万水，在中国的上海会晤，在学术交流往来中结下了深厚的友谊，而巴瑞·夏普

利斯后来两次获得诺贝尔化学奖。

2015 年，夏普利斯教授主动提出跟上海有机化学研究所合作。他给数十年的好朋友戴立信写电子邮件："我需要真正'有机所式'的化学家们管理此

戴立信院士在参加会议

类合作……我喜欢有机所的化学风格几十年了。"在夏普利斯教授看来，拥有戴立信院士等化学家的上海有机化学研究所在氟化学方面的研究力量全世界数一数二。"上海氟"声名远扬，而夏普利斯教授的"点击化学"正需要含氟化合物，这两者的完美结合触发了两个人的心有灵犀。

就这样，两双大手紧紧握在一起，在戴立信的精心筹划之下，上海有机化学研究所在 2016 年和夏普利斯签约设立了实验室，夏普利斯成了上海有机所的常客，在上海每年至少要待上一个月时间。"上海氟"给他的"点击化学"带来了研究的灵感，实验室成果频频登上《自然》等学术顶刊，就是研究结果的实证。

戴立信院士和夏普利斯教授志同道合，一心扑在化学实验室里，成为真正的好朋友。第五届世界顶尖科学家论坛期间，夏普利斯把戴立信送给他的一件中国风短袖衬衫穿上，接受了媒体采访，他忍不住向记者介绍这件衬衫的来历。在参加分论坛"药物发现新模式"时，夏普利斯又忍不住"秀"自己珍藏的上海相关照片，其中就有他与戴立信院士的合影。

2023 年 10 月，对夏普利斯教授来说是个特别重要的月份，他特意飞赴上海"办两件重要的事情"：一件是参加世界顶尖科学家协会举办的"WRC2023 生物正交与点击化学学术会议"；另一件就是为中国老友戴立信贺百岁生日。

在 WRC 开幕演讲中，夏普利斯不顾长途飞行的劳累与身体不适，原定由他简短致辞，但他一口气讲了 20 分钟。面对 250 多位科学同道，他倾情讲述了自己和戴立信几十年来的友谊，介绍了在戴立信院士参与下搭建起来的中美

学术团队。

会后，82 岁的夏普利斯和 100 岁的戴立信并肩而坐，合影留念。两位化学家，一高一矮，夏普利斯穿蓝色盘扣唐装，戴立信却打领带、穿西装。两个人的穿着跨越了国界，而科学没有国界，镜头定格下这一幅跨越国界的永恒画面。

夏普利斯教授的嫡传弟子、上海交通大学转化医学研究院教授、世界顶尖科学家国际联合实验室特聘教授董佳家感叹：戴老前辈为中美两国化

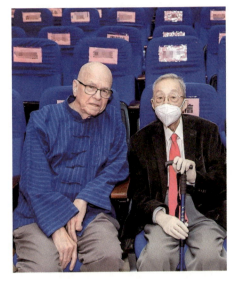

戴立信院士百岁华诞时与夏普利斯教授重聚

学家搭建了这么好的桥梁，他希望下一代的中美化学友谊传承下去，赓续他们优良的学术传统和工作作风，探索出一条更新的科学之路，把这种精神延续下去。

时间的长河向前流淌，而生命终有尽头。2024 年 5 月 14 日 15 时，中国科学院上海有机化学研究所的微信公众号上，一张黑白照片占据了篇头，是戴立信院士治丧工作小组 5 月 13 日发的讣告，戴院士享年 100 岁。他一生"求是"，鲐背之年还在工作，坦诚低调，和蔼可亲，一生奉行求实治学和豁达做人的原则。他曾经说过："时间的属性就是不可逆性，若是稍稍宽慰一下自己，这一生总算没有太多的偷懒。"这句话诠释了他一生"求是"的精神，直到晚年，他仍孜孜不倦从事着热爱的化学工作。先生一生从不负时光，将大智慧永远留在时光中。

5 月 15 日，《解放日报》上观新闻记者在戴立信先生追思会上观察到，戴老的学生在追思厅留言区写下了导师的座右铭："做人要知足，做事要知不足，做学问要不知足。"

"断七"追思会

2024年7月1日,党的生日这天,镇江市政协院士走访组一行五人,早晨6点半出发,先去接杨槱院士的长子杨思远,一同前往华东医院探望杨槱院士。10点须准时到上海大学,参加戴立信院士的追思会。走访组成员早到了半小时,在同乐斋包间等待。南方的梅雨季,湿热难耐,空气里都能闻到水气味,有些沉重。

这一天是戴院士"断七"之日,按照民间的风俗,在亲人走后的七七四十九天(最后七天)要举行祭奠仪式。巧的是戴立信追思会的日子又与党的生日同一天。遵照戴立信身后不举行追悼会的遗愿,浙江大学上海校友会的老同学们自发组织在戴立信"断七"这天举行一场追思会,再次送别,以寄哀思之情。在女儿戴敬的心里,父亲并没有走远。从四面八方赶来参加戴院士追思会的老同学不顾年老、天热,大家一起为这场追思会奔走多日。戴敬说:"爸爸是共产党员,他从不迷信,他是我们的亲人,也是党和国家的人,他爱自己的国家。他'断七'这天又恰逢党的生日,算不算是天意呢?"因此,戴敬选定父亲"断七"这天举行追思会。

追思会由戴立信的晚辈校友、90岁高龄的熊家钰先生主持。

一本由浙江大学档案馆、浙江大学上海校友会老年联谊会共同编印的纪念册发到每个人手中。封面照片中,戴立信手持话筒侃侃而谈,面容慈祥,目光坚定。翻开首页,是爱女戴敬夫妇写的悼文。一本薄薄的图文并茂的小册子在手,沉甸甸的。这本薄薄册子中的每个字、每个标点都是有分量的,可以称出一位化学家敬业、爱国、爱家的重量。

笔者曾因为院士文稿一事与戴敬老师联络过,由衷认为:戴院士一生取得的成就以及人格的魅力,如茫茫宇宙中那颗最亮的星星,遥不可及。而戴敬老师是这样描述父亲的:"如果你见到我的爸爸,他就是一个普通人的样子,没有一点架子,待人友善,特别亲和。"见到纪念册封面上的照片,戴院士就是如女儿描述中的一样,平静,淡泊,睿智。

2017年5月,是戴立信母校浙江大学120周年华诞,他把1947年在浙江大学化学系毕业时创作的一首现代诗工工整整抄写下来，作为献给母校的生日礼物。

"湄江畔/硕大水车的昼夜转动/湄江中/敬爱校长的蛙泳雅姿/师长的启迪、同学的砥砺、歌声、朗读声/交织成永志不忘的母校情结"

有其父必有其女，戴敬老师和爸爸一样，品格高洁。

十几年前，戴敬的母亲竹心静坐在椅子上溘然离世，让人猝不及防。母亲的突然离世，让远在美国的戴敬悲痛万分。她为未能陪伴母亲走完生命的最后一程而自责。为了余生不再遗憾，戴敬毅然辞掉在美国的工作，告别家人，回上海悉心照顾依然心系工作的八旬老父，并许愿一定尽全力让患癌两次的父亲平安活到一百岁。

戴立信院士与妻子竹心、女儿戴敬合影

2023 年上海有机所为戴立信庆祝百年华诞时的情景历历在目。戴院士以视频的方式感谢大家，他说："一百年许多事、许多人，从未想过自己能一路幸运地走到百岁，一生能战胜那么多劫难，收获这么多友谊……感谢已去世的妻子和在世的家人朋友，是你们一路伴随着我，赋予我精神力量，支持我的工作，丰富我的人生，用坚定的亲情和友情成就了我的家庭和事业……"

为庆祝戴立信的百岁华诞，上海有机化学研究所专门出版《戴立信院士百岁志庆集》上下册，以志庆祝。上册为戴立信院士学术思想与战略引领，下册为戴立信院士上世纪的光影留痕，收集了珍贵的照片资料，反映了戴立信院士的"大先生"风范。

曾经，在女儿戴敬的眼中，父亲是缺少人情味的，心里只有工作和学生，去美国开会才会顺道去和女儿团聚。女儿在电话里只能得到这样的回答："工作太多走不开。探亲，以后再讲吧！至于你，也别老想着要回来，专心把书读好，把事做好。"父女三年不见，难得相聚也只有两周时间。在女儿家中短短两周时间，戴立信得享天伦之乐，连邻居家的孙子小吉米都喜欢他。戴敬后来

戴立信院士在旅游

戴立信院士晚年在家中

才知道，父亲并不是真的没有人情味，事实上他爱身边的每一个遇见的人。哪怕他在散步的途中，在公交车上，对素不相识的人都面带友善的微笑。女儿戴敬自小听得最多的一句话是："你多幸运啊，因为你有一个实在好的爸爸。"

追思会上，一块很大的匾吸引了我们的目光，那是中国青少年发展基金会颁发的捐赠证书。内容如下：

戴立信先生：

感谢您向中国青少年发展基金会捐赠人民币 100 万元，您的捐款将用于支持内蒙古自治区五原县第二中学、新疆生产建设兵团第十二师高级中学建设"小平科技创新实验室"，帮助青少年健康快乐成长。

我们期待您继续关注并支持希望工程的发展，与我们一同为中国公益事业奉献力量。

特颁此证，谨致谢忱！

中国青少年发展基金会

2023 年 11 月 15 日

父亲的慈善事业尚未完成，女儿戴敬接下了父亲未竟的事业，继续走在慈善公益的路上。

想起父母，戴敬十分感恩他们对自己的教育。如果胸中有志，不言弃，定能抵达新境界，活出大价值。这是父母的愿想，也是她的愿想。

校友熊家钰先生用"公忠坚毅千古流芳"这八个字来诠释戴立信的一生。疫情期间，戴立信参与翻译了一本有机化学教科书。这位 97 岁高龄的老院士，戴着老花镜与专家们合作，完成了近 300 万字的巨著译作。他参与翻译的这本《有机化学：结构与功能》，是美国大学的教科书，2020 年在国内已翻译第八版。

戴立信的低调是大家有目共睹的。熊家钰是他在浙江大学的校友，小他十岁，按理说是晚辈，但每一次的书信贺卡中，戴立信都称熊家钰为"学兄"或"学长"。每年参加浙江大学上海老校友联谊会活动，他和大家一样都会缴纳 200～500 元的会费，捐助活动经费。

每一年的新年，他都要亲自设计图文并茂的精美贺卡 300 多份寄给国内外的亲朋好友们，每一张贺卡附言中都注明"请勿回卡"，他希望把真诚的祝福送给别人，却不想给别人添麻烦。认识他的人，都会说他是一位具有宏观思维的战略科学家。他总是站在国际学术前沿和国家需求的角度思考问题，为国家、为有机所的发展建言献策。

戴立信院士在 90 岁高龄时到美国加州大学讲课，在出差途中仍坚持阅读大量文献，撰写文章。胡金波记得 2012 年初与戴院士一起去美国访问，戴院士在南加州大学用英语做了一场精彩的学术报告，赢得了广大师生的高度称赞，这是他们第一次听到一位近 90 岁高龄的中国教授用流利的英语做高水平的学术报告。但没有人知道，为了这场学术报告，戴立信花了大量的时间和精力，认真准备 PPT 和讲稿。

"我爸爸太不容易，在'文革'中身陷地下室三年，受尽各种磨难，但他依然能背语录、跳空绳、做苦工去抵御身心的双重痛苦。""不管生活给予他什么，他始终面带微笑。"

戴敬回忆父亲一生中的两次流泪。第一次流泪是他患舌癌的那年，去看他的朋友忍不住落泪，戴立信感动着别人对他的关心，又担心自己不能再工作，因而落泪。另一次流泪是在 1968 年的某一天，他刚去上班不久，就被所里的两个人押着回家取衣物，说要隔离审查。临出门前，他深情地凝望妻子和女儿，两眼泪光闪烁，这一去便是三年。

"在我爸爸 2022 年 12 月不幸被新冠病毒击倒后，我一个人化身'千军万马'，承担起医护人员和作为女儿的所有职责，硬是把近 98 岁的老爸从鬼门关给拽回人间。"戴敬回忆那年父亲的艰难，敬佩父亲的坚强，用顽强的毅力闯关成功。

戴敬还记得，父亲在二次罹患癌症受到重创后，从痛苦中突围，靠着强大的意志力调整好情志，边治病边工作，把工作当成治病的良药。他在 90 岁过后脑力、视力下降，依然在挑战生命的底线，除了上班的途中与外界接触，日夜不歇译书撰文审稿，哪怕住在医院，也舍不得放下手中的资料。

整整两个小时的追思会，说不尽戴立信院士平凡而又坚韧的一生。大家齐聚同乐斋回忆他的一生。主持人熊家钰有些哽咽，更多是为有这样杰出的校友而感到自豪。这个追思他的地方，也是他生前和校友们欢聚一堂的地方，他和大家一起共同展望有机化学的春天。

今天，我们这群人来回忆一位朴实无华的科学家、真诚的老友，大家回忆他不同时期的诸多细节，仿佛他并没有远去，还在我们的身边。

镇江市政协副主席周文娟女士的悼词是这样写的："他的离世，对家乡人民来说是巨大的损失。但我们深信，戴院士的精神将永远镌刻在历史的长河中。他的贡献、他的智慧、他的精神，将永远是我们前行道路上的明灯，指引我们不断探索、不断追求。愿戴立信院士在天堂安息，愿他的精神如同他曾经的科研成果一样，永远熠熠生辉，为人类的科学事业继续贡献力量。我们将永远怀念他，永远铭记他的丰功伟绩和崇高精神。"

他一生"求是"，一生奉行求实治学和豁达做人的原则，是我们每个人学习的榜样。

追思会上，戴立信院士的校友熊家钰赠送镇江市政协一幅字："团结奋进长三角浦江镇江一家亲。"

我们和戴敬老师告别时，戴敬老师将提前整理好的一箱父亲的遗物赠送给家乡人，其中有戴立信院士的论文集《戴立信院士百年志庆集（上、下）》、戴立信院士 90 华诞光盘、《化学进展》等书籍。我们怀抱戴院士的遗物踏上归程，脚步沉沉。天空下起了雨，透过雨雾，戴院士微笑的面容更加清晰起来。

就在本文截稿前几日，戴敬发消息给笔者："爸爸的校友熊家钰先生因病于 2024 年 8 月 9 日仙逝……"人生无常，生命易逝。我们活着的价值是什么？就是我们一生做些什么，给这个世界留下什么，这便是活着的意义所在。

深切缅怀戴老！

参考资料

1. 熊家钰. 化学担当：记著名有机化学家戴立信院士 [J]. 科学家，2018 (7)：50-61.

2. 镇江市地方志编纂委员会. 镇江市志：1983—2005 [M]. 北京：方志出版社，2014：2715.

3. 镇江年鉴编辑部. 镇江年鉴：1994 [M]. 南京：江苏古籍出版社，1994.

4. 江庆龄. 戴立信："60 岁学吹打"的"不知足"人生 [N]. 中国科学报，2024-11-14（1）.

5. 中国科学院学部. 院士信息：戴立信 [EB/OL].（2009-06-24）[2024-07-01].http://casad.cas.cn/ysxx2022/ygys/200906/t20090624_1802318.html.

6. 黄海华. 60 岁重返科研一线 69 岁当选中科院院士，94 岁获中国化学会终身成就奖：传奇戴立信 [EB/OL].（2018-05-09）[2024-07-21].https://web.shobserver.com/staticsg/res/html/web/newsDetail.html？id＝88871.

7. 戴立信. 求实治学，豁达做人 [EB/OL].（2010-07-19）[2024-07-11].https://www.cas.cn/xw/cmsm/201007/t20100720_2907351.shtml.

（钱兆南撰稿）

　　王元，中国科学院院士，数学家。1930 年 4 月出生于浙江兰溪，籍贯江苏镇江。1952 年毕业于浙江大学数学系，曾担任中国科学院数学研究所所长、数论研究室主任，《数学学报》主编，1988—1992 年任中国数学会理事长。主要从事解析数论研究。获得的奖励主要有：因哥德巴赫猜想研究与陈景润、潘承洞共享首届国家自然科学奖一等奖（1982）；因与华罗庚合作研究"数论在近似分析中的应用"获 1990 年度陈嘉庚物质科学奖；1994 年获何梁何利基金科学与技术奖；1999 年获华罗庚数学奖。2021 年 5 月 14 日逝世。

　　1980 年当选为中国科学院学部委员（1993 年改称院士）。

王元

哥德巴赫猜想 "破壁人"

战火中的童年

1930 年 4 月 15 日（农历庚午年三月十七日），随着一声清亮的婴儿啼哭，浙江兰溪县城中一个阔大的四合院里，一名健康的男婴呱呱坠地。这户人家姓王，家主王懋勤是兰溪县县长，女主人汪纫秋是普通的家庭妇女。这名男婴是这户人家的第一个孩子，起名叫王元兰。

王家的祖籍本在江苏镇江，因受战乱影响，过着四处迁徙的生活。王家举家迁到浙江兰溪时，正是长子即将降临的喜日，全家上下在佛龛前祷告，祈求母子平安。孩子的祖母带着叔叔、姑母、姑父等人在祖宗牌位前跪拜。听到里屋传出婴儿啼哭声，祖母迈着三寸金莲，颤颤巍巍地带领众人向房门口走去。

汪纫秋强睁着疲惫的眼睛，望着襁褓中的小婴儿，无声地笑了，她顺利地为王家生下了一个大胖小子，只是她没有想到，这个孩子日后能成为顶级的数学家。给长子取名时，王懋勤颇费了一番心思："元"字在古汉语中表示"首"，预示着天地万物的本源，是生之根本。"元"字也代表着他们对这个婴儿特殊的爱意，更是整个家族的希望所在。因王懋勤的父亲已逝世，而王家亲戚稀疏，王懋勤得其诸舅舅的照顾与资助很多，所以孩子的名字就按其祖母朱家的"元"字辈排行，"兰"字是为了纪念出生地兰溪。在上小学时，又将

"兰"字去掉，改名王元。

以现代人的眼光来看，王元是含着金汤匙出生的。他呱呱坠地就落在富贵人家，因为他的父亲王懋勤是民国时期浙江省兰溪县县长。

王元一周岁时，弟弟王元白（读书时改名王克）出生，由母亲带着。而王元作为长子，备受家里人宠爱，祖母怕王元的母亲过于劳累，就把长孙接过去亲自抚养。

后来，王元的父亲调到浙江省政府民政厅任第一科科长，全家人住进杭州清波门荷花池头九号的一个独门独院，亲戚们全部住在一起。那时候王元的家境还说得过去，家里除住房与客厅外，还有前后院。前院屋檐下放有一个大水缸，用来接雨水。后院里养了一些鸡，每个孩子领养一只，王元的那只黑毛母鸡，大家叫它黑老母鸡。抗战全面爆发后，全家离开杭州前将它杀了，王元难过极了，许多年后还记得这只黑老母鸡。

王元4岁时，父亲把他送进了幼稚园读书。这么个小小孩，初出门时是腼腆的，常常独自坐在墙角咬衣角，以此来抵抗自己的孤独和对陌生环境的恐惧。好不容易一天过去，快到傍晚放学时，就盼望着有人快点来接他回家。

进小学不久，抗日战争全面爆发，王家不得已举家迁往兰溪避难，借住在水阁塘乡蒋家大院。王元和弟弟王克进入蒋家宗祠办的小学念书。他记得自己家对面是一座叫铁甲的山，透过窗户就能望见高高的山巅，他总是想爬上去看看，可是没有人带他去。少年王元虽然腼腆，但对什么事都好奇，精力旺盛，玩心也重。随着识字量的增加，他渐渐不满足于老师的课堂教育，开始看小说。他囫囵吞枣地阅读《红楼梦》《三国演义》《水浒传》《儒林外史》等大部头的书，碰上不认识的字便去请教父亲。这个在知识分子家庭里长大的孩子，除了读中国小说，还开始阅读一些外国文学作品，后来的整个初、高中阶段，王元都是在读书中度过的，他一本接一本地看，很快读上了瘾。

后来，他看到别人拉二胡，心又开始活泛起来。就那两根弦，手一拨拉就能发出动听的声音，这把少年王元的心弄得痒痒的。于是他抓紧时间苦练二胡，因为肯动脑筋，不久就成为出色的二胡演奏者。除学会了二胡，王元还迷上了画画，经常带着画板去写生。

王元和弟弟王克到兰溪不久，战火接踵而至，王元一家不得不再次举家迁徙。到哪里去呢？父亲决定坐火车南迁。先是在长沙停了一个月。一路上兵荒马乱，王元至今仍记得国民党军官鞭打逃兵时那令人惨不忍睹的情景。逃难到柳州又住了一个多月，那时王元的小姑父冯文启与叔叔王懋勋都在柳州西南公路局做事，在他们的帮助下，大家挤住在一起。然后王元一家又从柳州、贵阳一路辗转到了重庆，在重庆才安顿下来，日军又开始对这个城市进行大轰炸。全家人只能继续往乡下避难，先落脚在江北县一个叫悦来场的小村子，1940年落脚到石龙寨。

这时候王元10岁，弟弟王克9岁，他们终于进了正规小学。在颠簸的逃难途中，王父坚持教王元和王克语文与算术，兄弟俩的学业并没有完全荒废。在江北县的第一年，他们在家门口的一所小学上学，第二年转入高峰寺小学。学校与王元的家隔着一条嘉陵江，回家很不方便，王元和弟弟只能住校，每周由父亲接他们回家一次。战乱时期，遍地荒凉，物资紧缺，吃的是有霉味的平价米，米里杂物特别多，需仔细挑拣后，才能煮着吃，穿的是平价布做的衣服。王元至今还记得，在油灯下，父亲亲自帮一家人缝制衣服，母亲纳鞋底为全家人做布鞋。孩子不懂大人的苦衷，王元放学后常带着弟弟在野外玩，抓青蛙、摸鱼、劈甘蔗，他还敢抓着蛇的尾巴抖，抖一下，蛇就不动了。

王父对孩子的教育从不放松，常借来一些儿童读物读给孩子们听，比如《爱的教育》等。王父教导王元，人是需要爱的，施爱于人尤为重要。11岁那年，有一次王元和弟弟王克一起去寨子里的水井为家里抬水，跟在后面去玩的小弟王光不到3岁，走路还跌跌撞撞的，结果一不小心掉进了水井里。那时候王元不会游泳，看到小弟王光在水里扑腾，根本来不及思考就跳进水井，一把将小弟抱了上来。幸好水只有齐腰深，否则，两个人都有可能性命不保。

王元只上了两年小学，就到了毕业的时候了。

全面开花的中学时代

1942年，王元和弟弟王克同时考进了当时的国立二中（江苏省常熟中学前身）。这所学校是抗战时期由扬州中学部分师生西迁四川而来，曾命名为国立第二中学。今天的资料显示，从当时的国立二中毕业的学生中走出了40余位院士。那时的教育采用精英教育模式，一个县里也不一定有一所中学，小学毕业时，一个班 40 人左右，能考上初中的也就三五个人。

从小打下的良好基础，让王元到高年级时就显现出优势了。父母对王元兄弟俩的学习很满意。国立二中的教师与同学，大都是从扬州到四川来避难的所谓"下江人"，大家格外亲切友爱。王元和弟弟王克还是住校，每年寒暑假才回家。国立二中就像一所音乐学校，同学中多才多艺的很多，他们将竹子锯成筒，蒙上蛇皮，做成二胡，几乎每个人都能拉几首像样的曲子。学校里充满了丝竹之音。王元很早就学会了拉二胡，在班上是拉得较好的一个，他经常拉刘天华的《良宵》《病中吟》《空山鸟语》等。王元在这个艺术氛围浓厚的学校里，喜欢上许多门类的艺术，在书画艺术方面学会了临摹绘画，还练习书法，这对提升他的文化素养帮助很大。在主课中，他最喜欢数学与英语。他喜欢数学理论精确与严格的逻辑推导方法，尤其喜欢平面几何假设—求证—证明这一套程式，这需要对问题中的矛盾进行细致分析、逐步深入思考，有时还要加几条辅助线才能证明出结果来。对数学的探索，总会给他带来喜悦与满足。英语是与汉语完全不同的一门学科，王元在初学时觉得困难，但这反而激发了他的好奇心与钻研劲头。他不喜欢以叙述为主的课程，觉得自己看书就能懂，他的阅读以课外读物为主。

好在当时的学习比较简单，老师管得也不算多，正是这种宽松的学习环境，让精力旺盛的王元把目光投向了课堂以外，学习了很多的人文知识。

1944 年，王元 14 岁那年，王父辞去了国民党中央组织部工作，去中央研究院任职，后历任总务主任、秘书主任等职，全家人还住在石龙寨。1946 年，王元 16 岁那年，国立二中奉命解散，迁往江苏丹阳县。1946 年夏，王元和弟弟随家人搬至重庆中央研究院宿舍，一家人挤在一间小房子里，在那里等候迁回南京，那时王父已先回到南京接手新的工作。王元家的邻居是建筑学家梁思成一家，王元每天看到瘦弱的梁思成不是躺在床上看书，就是坐着打字，他的勤奋与刻苦，给王元留下了终生难忘的印象。

王元的母亲领着他们兄妹五人，乘运输机回到了南京，住在中央研究院成贤街宿舍，王元和王克转入南京社会教育学院附中（后改为市立六中）就读。王元家的邻居中有天文学家张钰哲、气象学家赵九章、历史学家傅斯年和李济、经济学家巫宝三等。那时的国民党极度腐败，物价飞涨，社会动荡不安。

整个中学时期，王元的学习成绩处于中等水平，50名同学中，他一直在20名左右徘徊，数学与英语相对好些，但也远不是班上最好的。王父认为那时的中学教学是正确的，不需要门门考5分（那时考试满分为5分），打好基础和及早确立自己的人生观更为重要。

随着生活条件的改善，王元在这期间又看了许多美国与英国的文艺电影，如《魂断蓝桥》《卡萨布兰卡》《哈姆雷特》等。虽然对文艺感兴趣，但王元觉得自己天分不够，高考第一志愿填报的全是电机、化工一类的工科专业。考虑到数学是冷门，王元把它放进了报考志愿的"替补队伍"。平时他的功课只有数学与英语好，填志愿报考了六所大学，没想到就是这个保底的选择让他最终走进了浙江一所并不知名的高校——浙江英士大学。当时的安徽大学也录取了王元与王克，但王元决定上浙江英士大学。这一时期的王元因为爱好广泛，精力自然分散，没能考上更理想的大学。

浙江大学的恩泽

进入位于浙江金华的英士大学数学系后，王元很失望，学校没有正规校舍，亦无图书与设备，连课也开不齐。不到半年，解放军就渡江了。那时王父已随中央研究院机关去了广州，屡次来信催全家人南下。国民党气数已尽，兵败如山倒，乱成了一锅粥。王元听说北京大学和清华大学均已恢复招生，所以决定留在学校等待解放，再南下与家人团圆，然后重新参加高考，改变困境。整个大一期间，王元都在考虑重新参加高考的事，内心烦乱，他想转到工科去。

随着浙江金华的解放，19岁的王元时来运转，英士大学理学院与工学院的学生被并入浙江大学继续就读。在金华的一年，王元基本没上课，到浙江大学后，是重读一年级，还是直接读二年级？最后他决心闯一闯，还是上二年级。这一年，他选了九门课，经过一年的拼搏，门门都得了高分，一跃成为浙江大学的高才生。

浙江大学可谓群贤毕至，人才济济，尤其是有一批著名的学者，例如分析学家陈建功、几何学家苏步青、核物理学家王淦昌、有机化学家王葆仁、遗传学家谈家桢等。王元时常聆听陈建功、卢庆骏、徐瑞云、白正国、郭本铁、张素诚等教授的精彩讲课，受益良多。那时的陈建功与苏步青都年过半百，仍从字母开始学习俄语，直到能翻译俄文数学书，他们跟年轻的老师们一道组织讨论班，互相切磋，这种勤奋的精神深深打动了王元。这两位教授特别倡导高年级学生自主学习，培养学生独立学习的能力，他们组建了读书讨论班，让学生们积极参加。

在浙江大学学习期间，家里已无法接济王元兄弟俩，除免去学费与食宿费外，兄弟俩要解决生活费用，得从王父的同事与亲戚们那里寻求帮助。中央研究院的代理总干事、物理学家钱临照资助最多。另外，兄弟俩半工半读，有时候靠帮低年级同学改习题及理发，赚点微薄的生活费。

在浙江大学的第三年，王元参加了陈建功和苏步青两位教授独创的教师指导下的学生数学讨论班，在讨论班上报告了英格姆著的《素数分布论》。从第三年开始，王元每周只听四五节课，其余时间都进行自学。在浙江大学的第一年，王元还参加了学校的小提琴队，后来毅然放弃了全部业余爱好，全身心投入数学学习之中。三年后，通过不懈的努力，王元取得了优异的成绩，陈建功和苏步青教授推荐他到中国科学院工作。

接着好运气再次降临，那时数学家华罗庚已回到国内，出任中国科学院数学研究所所长，时年 40 岁，年富力强。王元被分配到数学组，幸运地成为华罗庚的学生，跟着他学习数论。离开浙江大学前，陈建功语重心长地对王元说："你是我们嫁出去的'女儿'，好好跟华罗庚学习，他是中国最好的数学家。"这一年是 1952 年，王元从此开始了长达半个多世纪的数学研究之旅。

厚积薄发累硕果

哥德巴赫猜想涉及整数的基本性质，是数论这门数学基础分支学科中最困难和深刻的问题之一。

1953 年，华罗庚成立了哥德巴赫猜想讨论班，初出茅庐的王元很快成为该班的积极分子。此后的 32 年间，华罗庚和王元成了亦师亦友的绝妙搭档。

华罗庚曾在一张字条上写着："我被王元拉上一条路。"又曾写道："我对蒙特卡洛方法的一知半解就是在年轻人的帮助之下学来的。真是多年师生成兄弟，共同学习共钻研。"

王元的老师华罗庚的故事，在今天看来可能难以置信。他堪称一位为数学而生的天选之子。聪明且勤奋的华罗庚上初中时，经常得到老师的格外"优待"："你出去玩吧，今天的考试题目太容易了，你就不要考了。"类似的"优待"还包括，19 岁时这个有点跛脚的青年凭借一篇论文被请到清华大学工作。循此道路，没有念过高中的华罗庚一步步走向科学的殿堂，最终成为中国最有名的数学家。那么我们国家如何培养出像钱学森、华罗庚这样的大科学家？王元认为，华罗庚的故事就是最好的范例。随着义务教育的普及，各种专业门类越来越多，能够进入学校的人数远远超越自己当年那个时代，但"因材施教"远远不够。他认为，必须承认智力的差别，允许精英脱颖而出。王元认为，孔子三千弟子，也只有七十二贤，就是 100 人里只有 2.4 个人是英才。造福国家、重点创新要靠英才，我国对于英才的培养重视不够。同样是 7 岁的孩子，有的智力超过自身年龄，有的低些。如果按部就班一级级地上学和参加考试，对特别优秀的人才是一种束缚。"就像穿一样的衣服、吃一样的饭、读一样的书，变成了要齐步走，最后只有向落后看齐，特别优秀的学生终将被埋没掉，实在可惜。"

哥伦比亚大学数学系教授张寿武曾师从王元。当时，王元认为自己的研究领域——经典解析数论已无出路可言，但看中了张寿武的勤勉和悟性，鼓励他自由选择研究方向。

至今，这位美国艺术与科学院院士仍为有这样一位老师能给予自己充分信任和足够自由的空间而感到庆幸。王元则谦称，自己从没有教过张寿武，也没有跟他谈过数学。但张寿武最大的幸运是王元教授非常理解他，"不像有些老师，必须要学生干什么"。

1956 年，王元成功地将塞尔贝格的筛法和布赫西塔布的方法结合起来证明出"3+4"。1957 年，王元将他的结果改进为"2+3"（每个充分大的偶数都可以表示成至多两个素数的乘积再加上至多 3 个素数的乘积），这是我国首次在这一领域跃居世界领先地位。当年，王元27岁。

1959年"大跃进"开始，数学研究所批判"白专路线"，华罗庚首当其冲成为重点批判对象，其弟子陈景润也被列为重点批判对象。"批判完后，陈景润就被'踢'出数学所，到大连化学物理研究所洗瓶子。"王元说，"照理讲，他的学术生命就结束了，但运动过后，华罗庚又想起了他，又把他从大连调回来。现在，大家都知道华先生将他从厦门调到了数学所，但如果没有华先生将他从大连调回来，他后半生的工作包括哥德巴赫猜想的研究就不存在了。因此，华先生绝对是陈景润的恩人。"

1962年，王元退出了哥德巴赫猜想的研究，专门与华罗庚合作研究数论在近似分析中的应用。

1973年，王元和华罗庚证明的定理被国际学术界称为"华王方法"。1980年，王元当选中国科学院学部委员（1993年改称中国科学院院士）。

1982年，由于对哥德巴赫猜想研究所做的杰出贡献，王元和陈景润、潘承洞一起荣获国家自然科学奖一等奖。

王元曾经说过要为华罗庚先生立传。华罗庚于1985年6月12日下午猝然去世。在他逝世的前一年，他把王元叫到家中，递给王元一张纸，纸上是他自

1981年王元院士与恩师华罗庚院士在探讨问题

王元院士在讲课

己拟的一份提纲，让王元参考。华罗庚去世后，王元感到自己责任重大，于是着手写作，把一个两三万字阐述华罗庚学术思想的提纲扩充成了一本40万字的传记作品《华罗庚》。

《华罗庚》一书中特别提到了发生在1966年"文革"期间的一件事。当时数学研究所开批判会批判华罗庚，几千人参加。会议组织者让华罗庚的几个学生联合发言，指定由王元重点发言。尽管发言的内容仅是重复大字报的内容，而且后来华罗庚本人也忘了这件事，但是王元自己在书中写道："虽然他也忘了，但作为学生对恩师的攻击，即使是为了保命，亦终究是可耻的。"直到现在，每当想起这件事，王元就觉得无比内疚。"文革"期间，哥德巴赫研究被视为"封资修"，王元在评审意见中写了"未发现证明有错误"这句话。论文通过审查后，陈景润的结论震惊了整个数学界。

王元在年过半百之后开始着手完成华罗庚的遗愿：为他写一部传记。《华罗庚》是王元花费近10年时间创作的科普代表作，他以弟子和同事的身份撰写的这本书在国内外获得广泛的赞誉。由一位著名数学家为另一位著名数学家写传记，成为这本书的独到之处。

回到元初，重拾旧好

"天才由于积累"，这是王元的老师华罗庚的名言，也是王元的座右铭。他认为科学研究特别是基础研究在很大程度上依靠积累。在创立"华王方法"

晚年的王元院士

的过程中，仅为掌握原先不熟悉的数学知识及为以后的工作做准备，王元所做的读书笔记就达 3400 页之多，他为科学研究而付出的辛劳由此可见一斑。

王元是一位谦逊的学者。研究哥德巴赫猜想的经历使他深深体会到，做科学研究好似攀登无限的阶梯，一个人无论到达多高的地方，也总是在前人的基础上前进。因此他说："恰如其分地估计自己，不要过分陶醉于自己已经做了些什么，始终有个危机感，这样就永远不存在自满的可能性。"他认为，这种态度源于对整个数学知识海洋的客观认识。

在完成恩师华罗庚传记的那一年，65 岁的王元开始重新盘点自己年轻时的诸多爱好，决定练习书法，而且是用数学的标准去练书法。

对于他这代人来说，小时候只用毛笔写字，可当时条件差，"连一本好的字帖都没有，只能用一本旧字帖，结果字越写越差"。上大学后再也没机会碰毛笔。王元认为书法和数学一样，也是严谨的，特别是草书，再随性地书

王元院士在书房

写也要遵守笔画勾连的规矩，否则成不了书法。数学之美在于简单，虽形式简单，但证明起来很困难。书法虽说是纯粹的艺术，但也要严谨在先，而后才能狂风暴雨般挥毫泼墨。他之所以选择练习草书，是因为草书的变化多端与数学有相通之处。在他的数学世界里，数学与书法灵气共通，他的书法造诣堪称具有专业水准。

镇江人对院士的追忆

20世纪90年代，沈晓昆在镇江市科技局办公室工作。当时市政府办公室范然先生在编《镇江名人词典》，沈晓昆参与协助此事，为这本书提供了一些人名词条。王元的词条就是沈晓昆写信给王元后，王元寄回到镇江的。一位大数学家，能够及时回复一位普通科技工作者的信，这让沈晓昆十分感动。后来，镇江市地方志办公室的同志想联系王元院士，王元请他们先与沈晓昆联系，王元的看重让沈晓昆感动，并铭记于心。

沈晓昆曾写信给王元求赠一本签名图书，王元收到信后爽快应允，很快签赠了一本他写的《华罗庚》寄回镇江，沈晓昆将这本书珍藏在闻捷纪念馆。

沈晓昆后来知悉，王元在研究数学之外还喜研习书法。受益于欧阳中石先生的指教，再加上他自己的勤学多练，书法水平大有长进，他的书法作品入选中国科学院、中国工程院两院院士书法展。2013年，是镇江籍著名诗人闻捷先生诞辰90周年，沈晓昆又想到了数学家王元院士，心想能否请王院士为闻捷纪念馆题写馆名呢？于是再次致信王元求助。

不久，沈晓昆便收到王元院士亲笔题写的"闻捷纪念馆"馆名，笔迹端庄凝重。

沈晓昆与王元院士的数次书信来往，让他感受到王元院士的谦逊与朴实。2021年5月14日，王元院士驾鹤西去，享年91岁。沈晓昆惊悉王元院士病逝，不胜哀悼，特地撰写悼文纪念这位了不起的数学家。

2024年7月12日，镇江市政协院士走访组一行六人从镇江出发，去中国科学院数学与系统科学研究院。从李春英老师的讲述中，走访组得知王院士离世半年前还在写书，尽管手抖得厉害，每天只能写一点点，写满一页纸要好几

2024 年 7 月，镇江市政协院士走访组在中科院数学研究所，拜访王元院士工作联系人李春英老师

天，但他仍然坚持写，直到写不动为止。王元退而不休，主编了《20 世纪中国知名科学家学术成就概览（数学卷）》，为这些中国著名的数学家留史存真，令人感佩。

镇江市政协院士走访组一行通过聆听王元院士身边工作人员的深情讲述，以及在数学研究院展示馆参观，看到了一代代数学家为了我国数学事业前赴后继、拼搏进取的感人场景。从中国科学院数学所筹备处主任苏步青，到副主任周培源、江泽涵、华罗庚、许宝騄，以及筹备委员姜立夫、陈建功、钱伟长等，正是在这些杰出科学家的影响下，王元院士才走上了追求数学研究之路。镇江市政协院士走访组还了解到，王元院士为聊城大学数学学院题词"万物皆数"，为《数学教学通讯》杂志题词"好学数学，数学好学"，可见他对数学事业终生的热爱与坚守。

参考资料

1. 中国科学院院士工作局. 科学的道路：上卷［M］. 上海：上海教育出版社，2005.

2. 李文林，杨静. 我的数学生活：王元访谈录［M］. 北京：科学出版社，2020.

3. 镇江市地方志编纂委员会. 镇江市志：1983—2005［M］. 北京：方志出版社，2014：2717.

4. 镇江年鉴编辑部. 镇江年鉴：1992［M］. 上海：上海社会科学院出版社，1993：73.

5. 镇江市人事局，镇江市地方志办公室. 我是镇江人：镇江当代旅居外地人物［M］. 上海：上海社会科学院出版社，1997：56.

6. 镇江市地方志研究会. 镇江为你骄傲：镇江籍两院院士、全国名人［M］. 北京：方志出版社，2003：72-80.

7. 刘饷进. 王元：数学寰宇中的摘星人［EB/OL］.（2015-07-21）［2024-08-29］.https://news.sciencenet.cn/htmlnews/2015/7/323317.shtm.

8. 杨虚杰. 王元：数学家的荣辱观［EB/OL］.（2018-04-03）［2024-08-29］.https://mp.weixin.qq.com/s?__biz=MzIxNTk0MzMwOQ==&mid=2247485991&idx=1&sn=7890289f16f308971d67a0b0191ad668&chksm=9791dbc5a0e652d36ac8cd35833d0c7913a5f7404b334f0d9ca653699ccf0712fc922cc9caaf&scene=27.

（钱兆南撰稿）

　　杨启业，中国工程院院士，石油化学工程专家。1932年1月出生于江苏镇江。1957年毕业于北京石油学院。先后担任中国石化北京设计院高级工程师、副总工程师。长期从事炼油装置设计工作，先后设计、审核102套催化裂化装置，经济效益显著；参加提升管催化裂化、大庆常压渣油和减压渣油催化裂化、催化裂解等攻关工作；不断研究和采用新技术、新工艺、新设备，为我国催化裂化技术的提高和发展做出重要贡献。多次获国家及省部级奖励，获国家技术发明奖一等奖1项，国家科技进步奖一等奖2项、二等奖2项。

　　1997年当选为中国工程院院士。

杨启业

为新中国"造血"的"石化神医"

"催化裂化"中的石油之花

早在两千年前，中国人就会用石油点火照明。宋代科学家沈括在《梦溪笔谈》中记录了一种可燃烧黏稠液体，命名为"石油"，称"此物后必大行于世"。

自19世纪中叶人类开始从地下开采石油以来，石油的作用越来越重要。黑乎乎、其貌不扬的石油，在今日被称为"黑色的金子""工业的血液"，大到工业、农业、交通、国防，小到衣食住行，人们的生活全都离不开石油。根据国际能源署（IEA）的预测，未来化石燃料在能源的消费结构中仍将占有不可取代的地位。

随着国民经济的快速发展，中国目前已经超过美国成为世界第一大石油进口国。如何最大化地炼制石油，这是中国石油化学工程专家杨启业终身研究的问题。毫不夸张地说，为石油催化裂化这朵"金花"，杨启业奋战了一生。

杨启业，中国工程院院士，炼油工艺专家，石油化学工程专家。1957年毕业于北京石油学院，是新中国培养的第一批石油化工专家。曾先后担任中国石化北京设计院高级工程师、副总工程师和技术委员会委员、专家委员会委员。作为中国炼油重油催化裂化工程和催化裂化装置大型化、国产化的主要开拓者、倡导者之一，他不断研究和采用催化裂化新技术、新工艺、新设备，为我国催化裂化技术的提高和发展做出了重要贡献。

他长期从事炼油装置设计工作，先后设计、审核了 100 多套催化裂化装置，经济效益显著；参加了提升管催化裂化、大庆常压渣油和减压渣油催化裂化、催化裂解等攻关工作。

1932 年 1 月，杨启业出生于江苏镇江郊区薛家湾（现属镇江市京口区），他的父亲叫薛恒长。因家境贫寒，1936 年春天，年仅 4 岁的杨启业被过继到没有子嗣的姨父姨母杨佑昆、杨吴氏家，改由自己的姨父姨母抚养长大。

杨家居住在镇江市区经折巷 1 号，养父母朴实善良，吃苦耐劳，省吃俭用供养子杨启业读书，先后送他到镇江市水陆寺巷私塾、白家巷小学、五条街小学、和平路小学读书。1945 年，13 岁的杨启业从和平路小学六年级跳级考入镇江中学读初中一年级。不幸的是，当年 9 月，他感染了伤寒，不得不休学，缠绵病榻两年后才得以痊愈。

此后，养父患病，无力供他上学，他经熟人介绍，前往南京一家裁缝店当上了学徒。虽然不能进学堂读书，但杨启业仍然没有放弃学习，他千方百计借来课本自学。1950 年 9 月，他回到镇江顺利升入新苏中学（现镇江第四中学）读高中，对学习如饥似渴的他深受老师们的喜爱。当时的数学老师施可旺十分器重杨启业，常常在课后给他开小灶，不仅给他打下了扎实的数学基础，而且培养了他科学严谨的思维方式和精益求精的科学态度。

1951 年 9 月，江苏省重点中学——南京第九中学面向全国招生，杨启业以优异的成绩考取，开启了他在南京的求学之路。

1953 年，杨启业从南京第九中学毕业，又以优异的成绩考入北京石油学院炼制系。1957 年毕业后就被分配到当时的石油部北京设计院，从此没有离开过他所热爱的石油催化裂化事业。

1955 年 10 月，克拉玛依第一口油井"克一号井"喷油，这是新中国石油勘探的首次突破。

1957 年 10 月 8 日，新中国第一个石油基地在玉门建成。这一年，玉门生产原油 75.55 万吨，占全国原油总产量的 87.78%。

20 世纪 50 年代，新中国百废待兴，石油的发现对工业经济发展起着至关重要的作用。有了原油怎么办？炼好用好是关键。

催化裂化技术由法国人尤金·胡德利开发。1936 年，美国索康尼真空油公司和太阳石油公司合作实现石油工业化。1938 年，太阳石油公司创办者阿瑟·皮尤宣布了催化裂化工艺的成功，标志着催化裂化工艺正式诞生。

石油催化裂化主要包括原料油催化裂化、催化剂再生、产物分离三个过程，目的是在热和催化剂的作用下使重质油发生裂化反应，转变为裂化气、汽油和柴油等。石油催化裂化是石油炼制的重要工艺之一。简而言之，石油分馏得到的汽油产量和质量都不高，需要进行催化裂化，目的是既提高汽油的产量，又提高汽油的质量。

石油催化裂化正是杨启业一辈子研究的方向，他深知我国炼油技术未来的重点在于把渣油"吃干榨净"。参加工作之初，他白天和工人们一起在施工现场摸爬滚打，晚上回宿舍坚持加班收集、整理、研究各种数据，认真研究施工中发现的问题，摸清每项技术的来龙去脉。

毕业仅仅半年，学习和实践能力都十分突出的杨启业就开始参与工程项目的设计。他从没有停止对新知识的学习，当时只有 20 多岁的他，业余时间很少像一般的年轻人一样看电影、逛公园。宿舍的同事回忆，杨启业非常勤奋，经常埋头学习到深夜才睡觉。

杨启业始终以"勤奋、严谨、敬业、奉献"为人生准则，严谨治学，潜心钻研，在催化裂化的道路上不懈攻关，敢做第一个吃螃蟹的人，取得了一系列令人瞩目的成绩。

"催化一响，黄金万两。"这既是对被石油企业誉为"五朵金花"之一的石油催化裂化装置的高度评价，也是对为石油催化裂化事业做出贡献的人们的高度赞扬。

在质疑中独闯创新之路

在人们的印象中，科学家总是穿着白大褂在实验室工作。然而，杨启业在为石化事业奋斗的 60 多年中，却像普通工人一样在炼塔上摸爬滚打，像勇士一样为热爱的催化裂化事业而战斗。

1967年年底，胜利炼油厂的催化裂化装置开建但初期并不太顺利，杨启业所在的设计小组要在现场做大量的测量、修正工作。

为了尽快完成测量任务，他们每天除了睡觉的几小时，其他时间基本都待在装置上，连中午吃饭都在上面。装置上的气味比较大，他们整天都要戴着口罩。

为了获得最为准确的数据，第二年大年初一刚过完，杨启业就赶到大庆测量同类装置以获得最佳修正方案。在凛冽的寒风中，他和同事们爬到十几米高的装置上测量。零下十几摄氏度的天气，他们的手都冻僵了，几乎拿不住尺子。实在冻得受不了，他们就躲在背风的一面稍微暖和一下，再继续干。

经过两年的努力，这套装置终于在1969年顺利开车。杨启业后来说："炼厂装置的开工，让我认识到，除了理论上的东西，我们从实践中学习到的东西也非常重要。通过吸取那次的经验，我们再开同类装置的时候就没再出过问题。"

杨启业院士在工作

杨启业说："石化企业必须创新，只有创新才有出路。"创新是需要勇气的，为了创新，他敢于承担所有的压力和风险。1979年，在荆门炼油厂对20世纪60年代的催化裂化装置进行改造时，杨启业承担了"带外循环管的高效烧焦罐"高效再生技术攻关项目。

攻关开始极不顺利，一开车就出现了滑阀泄漏问题，修完以后再次开车又出现了催化剂跑损超过设计值的问题。当时生产任务比较重，而这套装置生产操作平稳，产品收率、产品质量均比较好，一旦停工，厂里就完不成任务。

杨启业坚持开车运行，等待检修时检查发现问题，再改进。这样工作量小，投资小，技术新。一时间各种非议、争论纷至沓来，连续几天的研讨会上都有人尖锐地提出，杨启业应该承认设计上有错误，并承担相关责任。

那段时间，面对各种质疑的声音，许多个夜晚他都在失眠中度过，他不停地思考，难道真的是自己的设计有什么问题？经过反复研究、论证，他确信自己的设计没有问题，于是他再三劝说厂方坚持把装置运转下去，运行一段时间以后再看问题出在哪里。厂方将信将疑地连续开了一年，才进行正常停工检查，发现原来是内循环系统的料腿没有焊好，经过处理，催化剂消耗明显减少，效率大大提高。

杨启业顶住压力，和同事们一起反复试验，经历了一次又一次的失败，3 年多的时间，经历 13 次反复试验，终于在流化催化裂化高效再生技术研发上取得成功。用这项技术改造后的催化裂化装置处理能力从 60 万吨/年提高到 108.87 万吨/年，汽油收率提高 11 个百分点，总轻油收率提高 6 个百分点，催化剂损失由改前最好水平的 1.2 千克/吨降低到 0.05 千克/吨。改造后的实际生产综合效益按 80 万吨/年处理量计算，每年多获利 3800 多万元。这项技术的开发成功，标志着我国流化催化裂化高效再生技术已达到世界先进水平。目前，该技术已在国内 20 多套装置上应用。

勇于创新，意味着勇于承担风险，这种风险不单是创新失败的风险，有时甚至是生命的风险。

"八五"期间，国家科委向石油部下达了"大庆常压渣油催化裂化"攻关任务。该项目以通常作为锅炉原料的大庆常压渣油为原料，经过催化裂化生产汽油、煤油和柴油等轻质油品。由于渣油催化裂化将产生大量的热量，这一过程中的取热技术就成了研究的关键。

当时，国外重油催化裂化技术亦处在发展阶段，根本不可能向发展中国家透露他们的取热技术。1973 年，中石化原本想引进美国公司的外取热器，可美方想要垄断技术，只肯提供图纸，而仅这张图纸开价就高达 100 万美元。那时，我们的国家还比较困难，100 万美元无疑是一笔巨款。

杨启业果断接下任务，下定决心，不求人，自己开发。他和同事们自主设计开发出技术工艺先进的内取热器，投用当年就创造经济效益 6000 多万元。为进一步改进取热器，杨启业又主持开发了外取热器。他带着大家一起攻关，通过大家的努力，一种结构简单、调节灵活、安全可靠的外取热器试验成功了。

当时很多企业科研经费严重不足，对于新项目的投入非常谨慎。杨启业多次做工作，终于说服了牡丹江炼油厂，在该厂进行工业试验。他和同事们 4 次赶赴牡丹江，其中 3 次是在零下 20 多摄氏度的露天现场搞试验。当设备开车时，他们又面临着一次重大考验。由于当时另一家炼油厂的催化裂化装置发生了爆炸，所以牡丹江炼油厂的这次试验也让大家心存恐惧，在开车的时候，有些人离开了现场。

杨启业果断地说："我来操作。"凭借长年在一线积累的经验，他和他的设计组成员亲自操纵仪器、阀门，将带有新型外取热器的装置成功开动。外取热新技术获国家计委、国家科委、财政部颁发的"科技攻关项目表彰奖"，被确认达到世界先进水平，目前已在全国几十套装置上应用。

1990 年，这种外取热器获第二届国际专利和新技术展览会金奖，并获我国专利和美国专利。美国石伟公司代理，首次将我国的外取热器出口到新加坡、韩国、印度、阿联酋，经法国销售给马来西亚，由我国公司直接销售给泰国。这种外取热器在国内外的应用取得了巨大的经济效益。杨启业自豪地说："我们的外取热器价格低、效率高、质量好、操作灵敏，外国公司非常愿意使用。"这种外取热器从开始出售就长销不衰。

科学是神圣的，绝不能掺假

"奋斗不息，创新不止。"这 8 个字是杨启业一生的追求，并成为他的座右铭。

1986 年，杨启业和同事们设计建成了我国第一套预混合提升管式高效再生催化裂化工业装置，为我国催化裂化再生技术开辟了一条新途径。1989 年，他主持了长岭炼化提升管式高效再生试验装置的研究设计。这套装置于 1992 年一次开车成功，并获得国家专利，先后被推广应用于 60 万吨/年及 200 万吨/年大型装置。1995 年，他参加的攻关项目"石油重质组分催化裂解（Ⅰ型）制取低碳烯烃工艺及催化剂"获得国家技术发明奖一等奖。

杨启业作为中国石化工程建设有限公司新工艺技术审定人，工作认真，一丝不苟。他对每张图纸、每条线、每个点、每个数据都会做仔细校审，对出现问题的人，不管是老同志还是新同志，从不讲情面，既避免了浪费和损失，又确保了工程质量。正是基于这种严谨的科研态度，他主持设计的催化裂化装置均一次开车成功。

在杨启业的心目中，科学是神圣的。"科学这东西一点都不能掺假，你糊弄它一时，它糊弄你一辈子。"他总是告诉年轻人，"在学校得 99 分是好学生，但在工程设计中，必须是 100 分，差 1 分也可能给国家和企业造成重大的损失。"

杨启业的严谨让身边的设计人员深受教育，同事杨德祥说："在海南炼化投产前，我们去现场检查，那些装置有的高度达到 80~90 米，杨老当时都 70 多岁了，还和我们年轻人一样要顺着梯子爬到装置里边去亲自测量、检

晚年的杨启业院士

查。"工作中，往往为了弄准一个数据，他要跑几个工厂，参阅许多文献资料。在各项科技攻关中，他都亲自测取大量数据，为研究提供可靠的依据。

这种严谨的科研态度贯穿了杨启业的整个治学和研究生涯。有一次，泰国国家石化工业公司引进中国的 DCC 技术。他们虽然用了中国的技术，但是对中国的设计并不完全信任，于是让美国人做工程总设计。美国人设计的装置开工时几次都不成功，杨启业检查了一遍以后说："装置设计有问题。"他要求修改其中一个喷嘴的设计。在泰国人眼中，美国人做的设计更可靠，岂能轻易修改。他们没有听杨启业的劝告，还是按照原来设计的喷嘴重新做了一个，再次开工，结果又失败了。最后他们将信将疑地采纳了杨启业的建议，修改了喷嘴设计，结果装置连续运行 4 年都很正常。

在多年的科研工作中，杨启业十分注重从实践中汲取经验，丰富自己的专业知识。多年的一线工作经验，让杨启业练就了很多绝招。一次，某厂在开车投产添加催化剂时，工作人员突然发现仪表指示异常，催化剂跑损远远超过设计值。在场的人都不知所措，找不到解决的办法。这时，杨启业来了，他围着装置转了两圈，仔细查看了有关设计资料和投料的记录，斩钉截铁地说："操作没有问题，是仪表出了问题。"大家半信半疑，一名工作人员爬到设备上查看，果然是仪表在施工中被损坏了。在场的人都对杨启业佩服不已。

在许多次类似的突发事故中，杨启业就像中医望诊一样，围着装置转一转，看一看有关资料、数据，就能找到问题所在。一时间，他成了业内有名的装置"神医"。无论是国企还是私企的炼化厂，遇到问题时总是会很快想到他。大家公认他有绝招，只要他到现场，就一定能解决问题，排除装置故障。

杨启业院士在工作室与人交流

在集团公司研究方案时，杨启业也成了不可或缺的重要专家。有一次，中国石化集团公司领导和有关部门一起研究天津石化全厂优化方案，研究催化问题时遇到了难题。集团公司领导当即决定："这个问题还是让杨启业来解决。"当时，杨启业正在外地参加另一个会议，接到通知后，第二天一大早就赶来，立刻投身到方案的优化研究中。

杨启业神奇的绝招并不是天生就有的，他常说，经验是一点一滴积累起来的，深厚的技术功底要靠不断地勤奋学习。年轻同事们则说："杨总爬过的塔比我们走过的路还多，他的绝招都是他在塔林中摸爬滚打练出来的。"

几十年来，他不仅注重把理论知识用于实际工作，而且十分重视总结提高，将在实践中积累的经验上升到理论高度，并写成论著加以推广应用，为催化裂化装置、技术、工艺的改造和新建炼厂提供了宝贵的技术资料。

杨启业说："科技创新除了科技人员要有积极创新的意识，还有一个重要方面是科技体制的改革。我认为实现这一步比科技创新本身还难。"

"节能降耗，保本经营"，成为近年来化工人喊得最多的口号。面对石油产能过剩、价格低迷的现实，万千化工人都在探索一条新的阳光大道，他们想方设法改变副产品、节能降耗、保本经营。杨启业提出在原料油进提升管喷嘴前增设膜管式油水混合器，可别小看它，这个小小的混合器可使催化轻油收率提高 1 到 3 个百分点，而这 1 到 3 个百分点，一年就能节能增效几百万元。

六十余年的忘我，只为了一个目标

杨启业对事业全身心奉献，在他 60 多年的设计生涯里，有近 8000 天是在现场工作中度过的。有时一年在外出差长达 220 多天，往往是人还没回北京，单位又为他买好了到另外一个地方出差的车票，有时早晨刚到家，晚上又走了。

1999 年的夏天，有一天他刚从大庆出差回到北京，石家庄的一家企业现场出了事故，得知消息，他随即赶往现场。当时他已经感到身体不适，可他没对任何人说，直到同事们觉得他走路的样子有点怪，猜想他可能身体有情况，劝他回去休息时，他仍然不肯离开现场。等事故解决回到北京后，同事们才向单位领导汇报。单位立刻派人把他送到医院，经检查，发现是脑部毛细血管出血。医生责怪道："你们也太大意了，再晚来一会儿后果就不堪设想了。"

忘我的奉献精神，似乎是许多科学家的共性，杨启业也不例外。对事业的全身心奉献使他很少有时间关注自己。工作中，他严肃认真，高标准、严要求；生活中，他随和、朴实，吃饭穿衣都十分简单，从不讲究。不认识他的人看到他，常会误以为他是个老工人。按级别他可以乘坐飞机出差，可他却愿意和大伙儿一起坐火车，一路上有说有笑，好不热闹。

他常说："苦点累点没啥，只要工作搞上去，事业发展了，我从心里感到高兴！"

长年奔波在各个炼厂之间，就意味着他很少能照顾到家庭。出差是杨启业生活的主要活动之一。对自己的老伴，杨启业十分感激，他曾感慨地说："我能专心地投入工作，并取得一点成绩，这和我家有位出色的'后勤部长'是分不开的。"多年来他对家里照顾得很少，一次，夫人的脚骨折了，需要他在家护理，他却接到了出差任务。他对夫人做了简单安排后，打起行囊就走。

60 多年来，杨启业一直从事炼油装置、炼油工艺设计和技术开发，在这个岗位上艰苦奋斗，无私奉献。为了及时把从实践中得到的经验加以总结，学习新知识，杨启业仍然保持着晚上读书、阅读资料的习惯。

经过 60 多年的不懈攻关，他取得了令人瞩目的成绩。作为主要负责人攻关成功的 20 多项科研成果，其中获国家级技术发明奖一等奖、三等奖各 1 项，其他获国家及省部级科技进步奖一、二、三等奖；拥有我国专利 20 余项、美国专利 3 项。他曾被评为国家有突出贡献的中青年专家、中国石化总公司有突出贡献的科技和管理专家，两次被评为中国石化总公司劳动模范，享受国务院政府特殊津贴。1997 年，杨启业当选为中国工程院院士。

杨启业是一个把自己与祖国的命运紧密地联系在一起的知识分子，一个把自己一生的心血和精力献给自己所热爱的事业的科学家，一个不畏险阻，在实践中寻找真理的追梦者。

作为在镇江出生的院士，镇江人民从来没有忘记他。2008 年 8 月 29 日，时任镇江市委常委、常务副市长陈照煌和市委常委、组织部长魏红军赴京拜望杨启业，向他颁发了"镇江市人民政府高级顾问"的聘书。同时，代表市委、市政府感谢他长期以来对镇江建设的关心支持，希望他一如既往地关心支持家乡的建设和发展。

参考资料

1. 秦文灿. 让金花更璀璨：记著名炼油工艺专家、中国工程院院士杨启业 [J]. 石油知识, 2004 (1): 58-59.

2. 周洪成, 杨丽, 王桂根, 等. 杨启业传 [M]. 北京：中国石化出版社, 2024.

3. 镇江市地方志编纂委员会. 镇江市志：1983—2005 ［M］. 北京：方志出版社，2014：2719.

4. 镇江年鉴编辑部. 镇江年鉴2003 ［M］. 北京：方志出版社，2003：319.

5. 镇江市地方志研究会. 镇江为你骄傲：镇江籍两院院士、全国名人 ［M］. 北京：方志出版社，2003：154-170.

6. 镇江市历史文化名城研究会. 镇江历史文化大辞典 ［M］. 镇江：江苏大学出版社，2013：532.

7. 杨启业：丹心从来系国家 ［EB/OL］.（2023-04-18）［2024-08-23］.http://www.sinopecnews.com.cn/zhuanti/content/2023-04/18/content_7063710.html.

（马彦如撰稿）

杨启业

　　周秀骥，中国科学院院士，大气物理学家。1932 年 9 月出生于江苏丹阳。我国现代大气物理学创建人之一，先后创建和发展我国的云雾物理、大气电学、大气湍流、大气遥感、中尺度大气物理、中层大气物理和大气化学等分支学科。历任中国科学院大气物理研究所副研究员、研究员、研究室主任、副所长，中国气象科学研究院院长、名誉院长。曾任中国气象局科技委员会副主任、中国气象局高级职称评审委员会副主任、国务院学位委员会学科评审组成员、中国气象学会副理事长、国家科技进步奖评审委员会成员、国家自然科学奖评审委员会成员、中国南极研究学术委员会副主任，中国科学院地学部第六、七、八、十、十一届常委。全国人大第八、九届代表及环境与资源保护委员会委员。

　　1991 年当选为中国科学院学部委员（1993 年改称院士）。

周秀骥

耕耘天气的大气物理学家

    1956年9月，周秀骥被中国科学院地球物理研究所破格派送到苏联科学院应用地球物理研究所攻读研究生，1962年获得苏联数理学副博士学位。回国后，历任中国科学院大气物理研究所副研究员、研究员、室主任、副所长，中国气象科学研究院院长、名誉院长，以及国家自然科学基金委员会地球科学部主任。近60年来，周秀骥为我国大气科学和气象事业的发展做出了开创性的贡献。先后创建和发展了我国云雾物理、大气电学、大气湍流、大气遥感、中尺度大气物理、中层大气物理和大气化学等分支学科。"暖云降水微物理机制的研究"于1978年获全国科学大会奖，1987年获国家自然科学奖四等奖；"激光大气遥感研究"于1981年获中国科学院重大成果奖二等奖；"大气微波辐射及遥感原理研究"于1989年获国家自然科学奖三等奖；"灾害性天气监测和短时预报系统"于1992年获国家科技进步奖一等奖；"中国南极考察科学研究"于1998年获国家科技进步奖二等奖；"我国梅雨锋暴雨遥感监测技术与数值预报模式系统"于2006年获国家科技进步奖二等奖。周秀骥1996年获得何梁何利基金科学与技术进步奖，2003年获得首届中国气象局科学技术贡献奖。

耕耘天气的一生

    1932年9月，周秀骥出生于镇江丹阳。周秀骥的祖父是清末秀才，1937

年死于日寇炮火。外祖父是书画家，以艺术为生，为人清正耿直。父亲周汝成勤奋创业，由学徒、职员到从商，1946年起经营丝绸棉布业。母亲善良贤惠。祖辈和父母的优良品德对周秀骥的思想和品格有很大的影响。周秀骥在兄弟姐妹五人中排行老大，从小受到良好教育。1962年他与马瑾结婚，育有两女。马瑾为国家地震局地质研究所研究员，构造地质学家，1988年获国家级"有突出贡献的中青年专家"称号。

1950年，周秀骥从上海中法中学（现为光明中学）毕业后，抱着献身科学事业的志向，于次年4月到当时位于南京的中国科学院地球物理研究所当练习生，一边统计气象资料，一边勤奋自学气象知识。积极进取的他受到善识人才的所长赵九章教授的赏识，1952年被派往北京大学物理系参加科研合作项目，进行大气臭氧、透明度和消光系数的观测分析，从此投入了开辟我国现代大气物理学的工作行列。北京大学这座世界闻名的学术殿堂为他提供了良好的自学条件，他充分利用一切业余时间旁听物理系基础课程，仅用三年半时间就取得了本科生主修课目的全优成绩。1956年9月，经赵九章所长推荐，他被破格派送到苏联科学院应用地球物理研究所攻读研究生，师从著名大气物理学家、苏联科学院秘书长费多罗夫院士，从事暖云降水实验和理论研究。1962年周秀骥获得苏联数理学副博士学位，学位论文为《电荷对暖云中云滴碰并影响的研究》。

20世纪50年代末，周秀骥最早发展云中湍流运动所导致的起伏将促使不同尺度的水滴之间加速碰并增长的概念，随后提出了暖云降水起伏增长理论。1963年，由于在暖云降水理论研究中取得的优异成绩，他被破格晋升为中国科学院大气物理研究所副研究员，从事并领导暖云降水物理研究，与顾震潮教授一起，完善了暖云降水起伏理论。1964年，中国科学院为表彰他在创立"暖云降水起伏增长理论"中的突出贡献和严谨谦虚的治学精神，授予他中国科学院先进工作者称号，并将其誉为"一代新人"。其代表性成果"暖云降水微物理机制的研究"达到国际先进水平，这项研究成果于1978年获全国科学大会奖，1987年获国家自然科学奖四等奖。

与此同时，周秀骥负责创建我国大气电学。1963年，他为了探索对强对流天气进行实时预报和有效防御森林火灾，选择了雷雨云物理作为新的突破口，开始对雷电和降水的相互制约、雷雨云闪电机制及其影响方法，以及雷雨云的电磁辐射效应进行研究，提出了一种新的单站测定雷电的理论方案，领导建成了雷雨云综合探测系统和雷电物理模拟实验室。这对于将现代科学技术手段和数学物理学成就引入大气物理研究起到了重要作用，这一学术思想构成了他在20世纪60年代中后期开展大气遥感研究的重要基础。

1964年，他负责主持激光大气遥感研究，并于1966年组织研制成功了激光气象雷达，由此开始了大气遥感的理论与实验研究工作。

1966年至1981年，他任中国科学院大气物理研究所第一研究室主任，1979年晋升为研究员。1981年至1984年任该所副所长兼室主任期间，他先后在激光大气遥感、大气光学遥感、微波遥感理论与技术发展和应用实验等方面做出了重要贡献。1982年，他主编了《大气微波辐射及遥感原理》一书。该书清晰地体现了他一贯倡导的将物理学原理、新技术发展与地球大气特点相结合的学术思想，全面系统地总结了他的应用大气微波辐射理论，提出了大气温度、水气、风和湍流强度垂直廓线的原理与反演方案，介绍了云和降水的微波遥感等领域的理论成果，以及在有关仪器的研制及应用研究等方面取得的成果。其中，"激光大气遥感研究"于1981年获中国科学院重大成果奖二等奖，"大气微波辐射及遥感原理研究"于1989年获国家自然科学奖三等奖。20世纪80年代，他还开始致力于大气非线性动力学研究。

1979年，中国科学院批准建设平流层科学气球工程，周秀骥先后任工程领导小组成员与工程总体组组长。第一期工程于1984年完成，建成了我国第一个高空科学气球技术系统，使我国具备$20 \times 10^4 \mathrm{m}^3$的气球发放能力，每年提供5~10次科学试验机会，为开展空间天文、大气探测、对地遥感和技术试验提供了十分方便的空间运载工具。该项目获得1995年度国家科技进步奖二等奖。

1984年以来，在任中国气象科学研究院院长、名誉院长期间，周秀骥重点推动中小尺度气象学、大气化学与气候动力学研究，先后主持了多项国家科技攻关项目、国家攀登计划、国家"973"项目和国家自然科学基金重大项目。他主持建成了京津冀中小尺度灾害性天气监测及短期预报基地和世界第一个位于欧亚大陆腹地的大陆型基准观象台——青海瓦里关大气本底基准观象台，研究范围扩展到中小尺度大气物理与探测、大气成分与气候、大气化学等领域。从20世纪90年代开始，他开展了环境与气候相互作用的重要研究，在南极臭氧洞变化机制、中国地区臭氧变化特征和青藏高原臭氧低值中心、四川地区气溶胶的气候效应、区域大气环境质量数值模拟，以及动力—辐射—光化学耦合的环境—气候模式等研究中都取得了国际前沿的新成果。周秀骥不仅推动和发展非线性大气动力学研究，在培养和建立相应的研究队伍方面也做出了巨大贡献，而且在非线性科学的概念、理论和方法的基础上，在大气随机动力学和气候预测理论研究方面提出了一些重要的科学思想。由于在大气科学领域所做的突出贡献，1988年他被授予国家级有突出贡献的中青年专家称号。1991年，他领导研制的甚高频多普勒风廓线仪获国家科技进步奖一等奖。1992年其"灾害性天气监测和短时预报系统"研究成果获国家科技进步一等奖，1996年获得何梁何利基金科学与技术进步奖，2003年获得首届中国气象局科学技术贡献奖。

周秀骥对我国自然科学基金事业的发展做出了重要贡献。1998年至2007年，他出任国家自然科学基金委员会地球科学部主任，以地球系统科学思想为指导，组织领导了地球科学部"十五""十一五"期间发展战略研究，以优先资助领域为框架，完善重点项目的立项、评审、管理制度，坚持公平、公正的评审原则。他积极推动重大研究计划的实施，率先在地球科学部试点改革，然后在国家自然科学基金委员会推广，获得科技界的肯定和好评。

随着学术影响力的日益提升，他在国内外许多学术机构和学术活动中发挥着越来越重要的作用，曾任中国南极研究学术委员会副主任、中国气象局科技委员会副主任、中国气象学会副理事长，先后担任《大气科学》《气象学报》《应用气象学报》等期刊主编。同时，他代表国家和所在单位、研究机构积极开展与世界各国的气象科技合作，先后与美国、日本、加拿大、澳大利亚等十多个国家建立了学术联系和合作关系，长期担任中美大气科学技术合作联合工作组成员，主持并组织了"青藏高原气象试验""中尺度气象研究""中国城乡复合体（CHINA-MAP）""大气化学"等国际合作研究计划。他多次被推荐在国际组织中任职，曾长期担任世界气象组织大气科学委员会委员、国际气象与大气物理协会理事会理事、国际大气辐射委员会委员、国际臭氧委员会委员及全球大气观测系统联合科学技术委员会委员等职。

治学思想与人才培养

  周秀骥学术思想活跃，治学严谨，善于汲取其他学科的新成就为己所用，开拓创新，探索新的研究方向，提出独到的学术见解，形成自己的学术观点。他勤奋、谦虚、学风正派、实事求是，同时，热心教育事业，培养出许多优秀青年人才，为我国大气科学和气象事业的发展做出了开创性的贡献。

  从国家需求出发，不断开拓大气科学新分支。周秀骥始终把为社会服务的思想作为不断开拓大气科学新方向的动力。他始终站在国际科学技术和大气科学的前沿，坚持从我国国民经济与国防现代化建设的需要出发，凝炼大气科学的发展方向，不断开拓我国大气

周秀骥院士工作照

科学的新分支，最终回到服务社会的初心使命之上。早在40多年前赵九章先生指导他去攻克云雾降水理论时，他就认识到"对于一个农业大国来说，人工影响天气有很大的使用价值，其理论就是云雾降水物理学，但这门科学当时在国内尚属空白"。于是，他运用统计物理的概念和随机过程的法则，解释了云的结构起伏对降水过程的影响，使人们以全新的视角和观念认识了降水的形成，促进了我国新兴的云雾物理学的发展。他认为，灾害性天气的预报对一个农业大国尤为重要，而中小尺度短时预报光靠现有的地面与高空观测是远远不够的，于是他努力开拓大气遥感研究领域，试图建立一种新的观测系统。为更好地提高灾害性天气预报水平，他几十年坚持这个目标不动摇，不断拓展研究范围，在京津冀地区建立了一个达到国际先进水平的中小尺度天气探测与监测系统。直到今天，他还在为大气随机动力学预报理论与方法的创建，为气象台站目测自动化系统的建立而继续奋斗。

  重视物理学原理、新技术发展与地球大气特点的结合。周秀骥一贯强调对

所研究问题的物理含义要理解清晰。在研究问题时，他紧密结合新技术的发展，将新技术作为研究的手段，同时又不忘解决问题的场景在特定的地球大气中。物理学原理、新技术发展与地球大气特点这三方面思想的有机联系和相互推动，构成了周秀骥一贯严谨的学术思想体系。从 20 世纪 60 年代的暖云降水起伏增长理论、大气电学与雷电单站定位理论、大气遥感与大气微波遥感原理的研究，到八九十年代的大气化学与中国地区臭氧变化特征和中小尺度天气监测系统与重大天气灾害形成机理的研究，他的这一学术思想贯穿始终。在进行中小尺度天气监测系统与重大天气灾害形成机理研究的过程中，周秀骥一方面强调对新技术的开发和应用，领导团队成功研制出我国第一台甚高频多普勒风廓线仪和双频微波辐射计系统，极大地提高了我国对中小尺度天气系统的监测能力，能在现场综合观测试验中抓获过去不能够得到的信息和资料；另一方面极力主张重视应用具有明确物理意义的定量分析方法，建立中小尺度系统的物理模型。他认为，只有通过这样有机、系统的结合，才有可能在对科学问题的认识上取得长足的进步。

主张不同学科的交叉和融合。人们常说："两种学科的碰撞，能激发光彩夺目的火花。"周秀骥既是这句话的推崇者，也是践行者。早在 20 世纪 80 年代中期，他便指出了大气中各种痕量气体成分对气候变化具有重要意义。从 80 年代末到 90 年代，在所开展的环境与气候相互作用的重要研究中，特别是在南极臭氧洞变化机制研究、中国地区臭氧变化特征研究、青藏高原臭氧低值中心研究、四川地区气溶胶的气候效应研究、长江三角洲低层大气物理化学过程及其与生态系统的相互作用研究中，他都特别强调各个学科之间的交叉和融合。他主持的这些项目中，汇集了大气物理学、气候学、大气动力学、光化学、环境化学、生态学、环境遥感等学科领域的专家，项目融合各家所长，把大气物理、大气化学、大气动力学与生态学结合起来，在国内较早地开发完成了动力—辐射—光化学耦合模式，以及高分辨率区域大气环境、农田生态与气候耦合数值模式研究，在区域环境与气候相互作用项目的研究中发挥了重要作用，取得了国际前沿的新成果。

热心培养青年科学人才。周秀骥在创建和发展我国大气物理学科的同时，深感人才培养的重要性，在教育培养人才上同样付出了极大的心血。1962 年从苏联回国后，他就在中国科学技术大学任教，曾被聘为大气物理教研室主任，自 1984 年起又先后在中国科学技术大学、中国科学院研究生院和北京大学研究生院培养硕士和博士研究生。他编写的讲义《大气电学》与《大气物理》经过近三十年的讲授实践与修改，最终形成中国科学技术大学大气科学系重要的基础教材《高等大气物理学》。他鼓励青年人勇于实践，敢于创新，注重培养研究生深厚的理论基础，要求他们不断进取，立足于世界科学技术的前沿。从 20 世纪 70 年代末至今，周秀骥先后招收了硕士生近 70 名，博士生 21 名，在所培养的硕士和博士生中，有不少已经成为国内外大气科学的学科带头人和站在学科最前沿的专家，他们在回忆当年做研究生的经历时说："周老师具有博深的学术眼光，严谨的学术态度，对学术精益求精。""周老师学识博大精深，涵盖广泛，思维敏捷，学风严谨并精益求精。""在研究生的三年学习时间里，周老师对我们的治学和做人都有非常大的影响，这影响一直持续到现在的研究工作，并将使我们受益终生。"

2008 年 8 月，镇江市委、市政府领导赴京拜望周秀骥院士，向他颁发"镇江市人民政府高级顾问"聘书。《丹阳村村记忆·云阳卷》收录了周秀骥院士的事迹。

周秀骥几十年如一日，呕心沥血，在大气科学的最前线培养和哺育着一代又一代新人，为我国大气科学和气象事业的发展做出了重要贡献。

参考资料

1. 镇江市地方志研究会. 镇江为你骄傲：镇江籍两院院士、全国名人 [M]. 北京：方志出版社，2003.

2. 周秀骥. 周秀骥文选 [M]. 北京：气象出版社，2011.

（王礼刚撰稿）

注：本文经周秀骥院士的秘书审核修改。

　　汪尔康，中国科学院院士，分析化学家。1933年5月出生于江苏镇江。70余年来一直从事分析化学、电分析化学研究，提出"阴离子促使汞电极氧化产生极谱氧化波的普遍规律"和"与汞形成配合物及汞盐膜"的理论。最早发现钌的极谱动力催化波和吸附催化波并提出其电极过程机理。首创线性电流扫描法研究液/液界面的方法、仪器、理论，发展了各类研究液/液界面的电化学方法，提出离子转移普遍规律的理论。在国际上首次成功研制出达商品水平的新极谱仪、四电极系统循环伏安仪、线性电流扫描伏安仪、毛细管电泳-电化学发光仪，分别建立了其方法和理论。自1990年起，率先开展电化学扫描探针显微学、毛细管电泳电化学、电化学发光系统、水质监测系统及纳米生物电化学等基础和应用研究，系统开展金属纳米簇和纳米酶研究，先后四次获国家自然科学奖。

　　1991年当选为中国科学院学部委员（1993年改称院士）。1993年当选为第三世界科学院院士。

汪尔康

卓越的分析化学家

汪尔康，1963 年和 1984 年两次被评为吉林省劳动模范；1986 年被国家授予有突出贡献的中青年科学家、全国优秀科技工作者荣誉称号；1992 年荣获全国五一劳动奖章，并当选为中国共产党第十四次全国代表大会代表；1994 年被评为吉林省共产党员标兵；2004 年被吉林省委、省政府授予"吉林省首届科技进步特殊贡献奖"和"吉林省特等劳动模范"称号；2005 年被全国总工会授予"全国先进工作者"荣誉称号；2015 年 9 月 3 日受邀在天安门观礼台参加纪念世界反法西斯战争暨抗日战争胜利 70 周年大阅兵；2018 年 5 月 30 日受邀在人民大会堂出席中国科协成立 60 周年"双百"座谈会；2019 年获"庆祝中华人民共和国成立 70 周年"纪念章；2021 年获"全国优秀共产党员"称号。

从旁听踏上化学科研之路

汪尔康，1933 年 5 月 4 日出生于江苏镇江，家在城西的石浮桥、邹家巷一带。汪尔康的童年本应顺遂，但日本侵略者的铁蹄踏进了镇江的土地，把美丽平静的镇江城变成硝烟弥漫的战场。汪尔康的父亲是电报局电报员，父亲对全家人说：宁可生活拮据，也绝不为日本侵略者做事！父亲离开了电报局，全家失去了经济来源，家里靠变卖为数不多的家产维持生计。

因家贫，汪尔康没能读正规的小学。但是，求知欲很强的汪尔康时常到邻家的"立人学社"的窗户外面偷偷听先生讲课。他好学的精神深深打动了教书先生，先生便免费让汪尔康入学，让他做扫地、打水、擦桌椅等杂活，汪尔康就这样有幸成了学社的一名旁听生。

学社的先生崇尚科学，他常常对学生们讲："电灯怎么会亮？留声机为什么会发出声音？这都是科学发明的结果。"一个个科学发明在汪尔康眼里像"天方夜谭"般神奇。先生的引导，给了汪尔康以启蒙，在他幼小的心灵上刻上了探索科学的烙印。汪尔康憧憬着自己将来也能成为会发明、能创造的科学家。

抗战胜利后，汪尔康的父亲恢复了电报局的工作，全家人的生活步入正轨。汪尔康凭着天赋和刻苦考入镇江新苏中学初中，三年后考入京江中学高中。汪尔康未满 16 岁时就离开了家乡，凭着对科学的热爱和追求，以优异的成绩考入上海沪江大学理学院化学系。上海沪江大学是成就汪尔康攀登科学研究高峰的初始专业学校。

在上海沪江大学理学院化学系学习期间，汪尔康没有时间去欣赏黄浦江畔旖旎的城市风光和多彩的校园，他惜时如金，把时间全部用在了学习上。

1952 年，汪尔康从上海沪江大学毕业，年仅 19 岁。那时候国家经济薄弱，许多技术都靠苏联支持，国家有 150 多个项目在东北，需要大批的人才。大学刚毕业的汪尔康决定离开江南，去东北参与国家的建设，而他的很多同学留在了南方。怀着报效祖国远大理想的汪尔康，从草长莺飞的江南来到冰天雪地的东北，义无反顾地投身到祖国建设的大潮中，在中国科学院长春应用化学研究所工作，从此踏上 70 余年的分析化学科研之路。

汪尔康至今还记得当年奔赴东北的情景："那时候的我满腔热情，坐了三天三夜的车抵达东北。和我同时期奔赴东北的有 1500 名大学生，那时国家的大学生很少。我就这样被分到了东北的研究所。东北一下子涌进了这么多的青年才俊，这是一个良好的开端，更是科研发展的重要契机。新中国成立后，新成立的长春应用化学研究院有多个学科，人员背景各异，包括理工和机械等领域。研究院里有不少著名科学家。"

东北虽然条件艰苦，但是在汪尔康内心却是一个有着别样温暖的世界。他的周围有一大批享有盛誉的学者，还有刚刚从战场上来到科技战线的勇士，他们火一般的工作热情，对科学事业的执着追求，每时每刻都使汪尔康感到有一股强大的动力在激发自己前进，唤起他克服困难的勇气和信心。汪尔康刚到东北的前三年是国家经济恢复期，他和同事们几乎跑遍了东北的所有工厂。

1955年，汪尔康被派往捷克斯洛伐克科学院极谱研究所留学深造，师从著名化学家、诺贝尔化学奖得主、极谱创始人海洛夫斯基教授，主攻当时新兴的、中国科技界少有人问津的极谱学。汪尔康深刻认识到，这是一个起点，他需要把握机会，开始新的冲刺。在极谱这个崭新的领域，他立志要做出贡献，报效祖国。

在捷克斯洛伐克的三年期间，汪尔康扎实学习基础理论，进而对极谱学的原理和技术进行了广泛和深入的研究，为后来在国内的工作打下了坚实的基础。留学期间，他首次提出"阴离子促使汞电极氧化产生极谱氧化波的普遍规律"和"与汞形成配合物和形成汞盐膜"的理论。海洛夫斯基在与我国极谱学先导韩祖康教授的通信中，多次称赞汪尔康聪明、刻苦、成绩优秀。这位著名科学家满怀信心地预言：中国的科学事业将在新一代人手中开启崭新的征程，必定前途无量。

在布拉格，汪尔康仅用了三年时间就完成了常人要用四五年时间才能完成的学业，于1959年获得了捷克斯洛伐克科学院极谱研究所化学副博士学位。博士毕业后，汪尔康婉言谢绝了恩师的再三挽留，回到了日夜思念的祖国。回国后，汪尔康把目光聚焦在电分析仪器的研发上，开始了他攀登科学高峰的新征程。

1966年，汪尔康参加完在匈牙利举行的一次国际学术会议，便踏上归国之旅。然而，他未曾料到的是，长春应用化学研究所的上百名科技人员遭遇了"全面专政"，汪尔康也不例外。但出于科学家的使命感和责任心，在那动荡的日子里，他依然奋勇前行，以献身科学事业的牺牲精神探索未知的科学世界。

1977年，"文革"终于结束了，汪尔康作为第一批科学家代表赴美考察，并以分析化学组负责人的身份在美国做了学术报告。1984年，他应邀赴美在休斯敦大学任客座教授，并参与该校化学系研究生的教学工作和研究指导工作。他多次出国考察，在美国、加拿大及欧、亚国家的几十所大学进行了讲学访问。多年的潜心研究使汪尔康在国际科学界颇有声誉，受到了国际同行的好评。

出国考察期间，汪尔康看到了我国科技发展与国外存在巨大差距。他把生活补贴全部积攒下来，留着买仪器用，这成为汪尔康奋斗的一个支点。

20 世纪 70 年代中期，他成功研制出我国第一台大型脉冲极谱仪，其分析灵敏度和稳定性均达当时国际领先水平。80 年代后，他又首创多功能新极谱仪，该产品获得国家新产品金龙奖。他先后成功研制经典极谱仪、各类示波极谱仪、方波极谱仪、示波/方波极谱仪、脉冲极谱仪、循环伏安仪、电位溶出伏安仪、四电极系统循环伏安仪、线性电流扫描伏安仪和水质检测仪等。

针对我国环境保护监测以及人民健康、生命科学等诸多领域中的关键科学问题，从 20 世纪末开始，汪尔康开展了毛细管电泳/电化学发光检测仪的研发。他创新性地将毛细管电泳的分离技术与电化学发光检测技术相结合，成功研制出国际首创、具有我国自主知识产权的毛细管电泳/电化学发光检测仪。

科学研究孜孜不倦

在科研的道路上，汪尔康胸怀崇高的理想：中华民族不弱于别的民族，当居世界前列。汪尔康常常勉励自己："搞科研不能怕吃苦，要孜孜不倦，要奋斗终身。"

20 世纪五六十年代，汪尔康在中国用极谱法研究络合物的电极过程和均相溶液动力学，他最先发现阴离子能促使汞电极氧化产生极谱氧化波，并提出与汞配合及形成汞盐膜的观点，这一观点被写入极谱学专著中。他发现了铂的极谱动力催化波和吸附催化波，研究了其产生机理，提供了以催化波做铂系元素分析的基础。他发现锑（Ⅲ）与各类氨羧配合剂的配合物、锰（Ⅱ）与酒石酸双核配合物等的极谱波，系统研究了配合物的极谱电极过程，领导研制了我国第一台脉冲极谱仪和新极谱仪。研究成果获得了 1989 年中国科学院自然科学奖一等奖。

汪尔康成功研制出达到国际商品水平的脉冲极谱仪、新极谱仪、四电极系统循环伏安仪、线性电流扫描伏安仪，并加以推广，多次获奖。

进入 20 世纪 80 年代，汪尔康创建线性电流扫描法研究液/液界面的方法并研制出仪器，发展了多种电化学研究方法，提出离子转移理论的新见解，率先在我国开展了油/水界面电化学、液相色谱电化学研究，首次提出以循环电流扫描法研究油/水界面电化学，达到当时世界先进水平。他也因此获得了1990 年中国科学院自然科学奖一等奖。

科研无止境，步步求创新。汪尔康结合生命科学中的化学问题、环境分析等领域的要求，开辟了油/水界面电化学、生物电化学、液相色谱/电化学的基础与应用研究，发展了一系列通常较难检测的检测物的液相色谱/电化学测定方法，系统研究并设计出各类微电极、阵列电极、多工作电极、各类化学修饰电极和水/固化硝基苯界面薄层电化学检测器并与液相色谱联用，加深了人们对这些问题的了解。汪尔康还进行了电化学扫描探针显微法、毛细管电泳/电化学、液/液界面和仿生膜电化学的研究。汪尔康是"七五""八五""九五"国家自然科学基金分析化学方面重大项目、重点项目的参加者和负责人。由于在电分析化学方面取得的成就，汪尔康 1997 年获世界知识产权组织（瑞士日内瓦）创新发明奖和第十届霍拉子米国际科学优秀研究奖（伊朗德黑兰）。

严谨的科学态度

"文革"结束后，为了尽快改变"文革"造成的科技人员青黄不接、科技队伍素质下降的状况，汪尔康与其他科学家一起，为中青年科技人员办起了英语补习班。在研究室内，他时时注意对助手和研究生的言传身教，从每一件具体的小事抓起，使他们养成严谨的科学态度，同时又在实验设想、方法等方面给予启发和指导，鼓励他们大胆探索，使青年人能够尽快抓住科研中的核心问题，尽早独立承担科研任务。在他的悉心教导下，一大批优秀的中青年科技人才迅速成长起来，成为分析化学研究团队的骨干力量。

汪尔康对青年朋友既热心帮助，又严格要求。他常教育青年要立志献身科学事业，不要计较眼前的待遇。他给青年讲科学家艰苦奋斗的成长历程，激励他们积极进取。他创造条件，争取机会推荐一批又一批研究生出国进修。每有学生出国深造，他都叮嘱："你们是代表祖国去的，要努力多出成果，要有创新精神。"

多年来，汪尔康为培养年轻人呕心沥血，无私奉献，把自己的时间、精力和知识倾注在青年人的成长上。他给研究生和科研人员设计的课题，既有理论意义，又有应用前景。对年轻人的每一篇论文，他都悉心指导。当他们遇到困难时，他总是热心帮助，答疑解惑。他甘为"人梯"，愿意为"铺路石"，不管科研任务有多重，总是要挤出时间，精心编写教材，亲自讲授。他认真备课、授课，耐心指导学生实验，对学生论文答辩的要求非常严格。

汪尔康院士在指导学生做实验

他与年轻人合作研究，发表论文时总是把年轻人的名字署在前面。他毫无保留地与青年人分享自己的科研资料、科研经验和科研成果。他想方设法创造条件，让青年科研人员出国进修、参加国内外高水平的学术会议、在一流的学术刊物上发表论文。在他的悉心培养下，一大批年轻的科技人才脱颖而出，其中一些人已成长为学科带头人。

他言传身教，教育青年面向世界、勇于探索。他的学生思想开阔、敢于创新、充满活力，是科研事业的生力军。

多年的潜心研究和丰硕的成果使汪尔康在国际科学界享有盛誉。他先后被美国休斯敦大学、法国第戎大学、日本京都大学、日本山梨大学等聘为客座教授。

发展分析化学

20 世纪 50 年代末，汪尔康最早发现阴离子促使汞电极氧化产生极谱氧化波的规律，提出界面形成汞配合物及汞盐膜理论。20 世纪 80 年代，他首创线性电流法研究液/液界面电化学的新方法，创造性提出离子转移新理论，开拓了仿生膜电化学研究。从 1990 年起，他率先开展电化学扫描探针显微学、毛细管电泳电化学和电化学发光及纳米生物电化学等的基础和应用研究，相关研究成果获国家自然科学奖二等奖。汪尔康课题组与中国科学院生物物理研究所阎锡蕴合作开展纳米酶研究，相关成果于 2012 年获国家自然科学奖二等奖（汪尔康排名第三）。汪尔康系统开展了金属纳米簇相关研究，相关成果作为"生物分子识别分析化学基础研究"的部分内容，获 2015 年国家自然科学奖二等奖（汪尔康排名第四）。

汪尔康始终以国家需求为根本出发点，面向国家战略需求，创新研制系列分析仪器。20 世纪 70 年代中期，他成功研制出我国第一台大型脉冲极谱仪，80 年代后又首创多功能新极谱仪（获国家级科技新产品奖）。他先后成功研制出经典极谱仪、

汪尔康院士在思考问题

各类示波极谱仪、方波极谱仪等多种电分析仪器。20 世纪末，汪尔康研制出国际首创、具有我国自主知识产权的"毛细管电泳/电化学发光检测仪"。汪尔康重视水质监测仪的研制，突破国际上 BOD5 法（5 天才能测出结果）的困境，首创生化需氧（BOD）原位在线监测方法和装置；与企业合作，研制出全套水质参数监测仪，该监测仪成功在全国范围内多个站点推广应用。

汪尔康热心推动国际学术交流。作为中方负责人，他发起创办中日分析化学会议，该会议后扩展为亚洲分析化学会议，已举办 10 届；创办中法生物电分析化学会议（2001），至今已举办 10 届；创办国际电分析化学会议，会议一直在长春召开，两年一次，自 1987 年开始至今已成功举办 19 届；创办北京分析测试学术报告会暨展览会，两年一次，自 1985 年开始至今已举办 20 届。

汪尔康是科研组织优秀管理者。1989 年，汪尔康与同事创建了中国科学院电分析化学开放研究实验室；2001 年，该实验室建设成为我国分析化学领

汪尔康院士在书房

域第一个国家重点实验室。1992年，汪尔康担任中国科学院长春应用化学研究所所长。在他担任所长的四年间，长春应用化学研究所成立了长春科鹰防腐保温公司、应用化学科学研究中心等一批科研开发实体和具有产学研特点的中心；创建了长春热缩材料股份有限公司，公司在上海证券交易所成功上市，成为中国科学院第一个上市公司；改造职工住宅小区，使长春应用化学研究所成为中国科学院系统首家进行房产改造的研究所。

日常生活中的汪尔康

在长达70余年的科研生涯中，汪尔康不懈地耕耘，科研的脚步一刻也没有停过。"科研无甲子，寒尽不知年。"科研工作让他忘记了时间，有一年除夕，他和夫人董绍俊像平常一样结束当天的工作，回到家属区时，才知道第二天就过年了。

1990年，汪尔康患骨膜炎，腿肿得发亮，他一瘸一拐仍然坚持为在长春召开的国际电分析化学研讨会而奔走，筹备会议事项，以顽强的毅力完成了整个学术会议组织工作，并站着完成学术报告。当会议结束时，他晕倒了。医生从他肿胀的腿上抽出了大量的脓血。腿还没有好，他又前往北京参加另一个学术会议。

汪尔康谦和、儒雅、睿智、勤奋，在同行和学生心目中留下了深刻的印象。2013 年 5 月中旬，汪尔康由北京乘坐飞机回长春，由于天气原因滞留在机场。时间宝贵，汪尔康利用待机时间，坐在候机大厅的沙发上阅读资料。一摞资料，一杯清水，他或沉思凝望，或奋笔疾书，或自言自语，早已忘记了自己身处喧嚣的机场。汪尔康是清华大学兼职教授，他不仅能够用英语流利地做学术报告，还帮助学生做补充翻译。

汪尔康生活俭朴。《中国科学报》的一位记者曾在采访他时注意到，他外套的肘部和袖口处磨出了两个小洞。在科研荣耀光环之下，汪尔康的人格魅力让人们深深地折服。

科学贤伉俪的故土情

汪尔康所研究的课题极其专业，其领域或许并不为大众熟知。他在长春应用化学研究所已经工作了 70 余年。对祖国和科学的深深爱恋，驱使汪尔康在崎岖的科研道路上不断攀登，他将全部精力投入科研事业中。白天，他辛勤工作；夜幕降临，繁星闪耀，实验室的灯光陪伴他度过了无数个不眠之夜。即使在节假日，他也与夫人早早进入实验室，忘我地工作。他的一日三餐常常只是简单的方便食品，他的生活轨迹始终围绕着工作室、实验室、图书馆和家（其实也是他的工作室）不断循环。

汪尔康院士和夫人董绍俊院士，夫妻携手从事电分析化学研究数十载，分别荣获省部级以上重大科研成果 10 多项，各发表学术论文 1000 多篇，H 指数超百，均为全球高被引科学家。

1979 年末，"文革"期间被迫改行的董绍俊重返电分析化学室，在查阅文献时注意到"化学修饰电极"这一领域，而后投身研究，并取得了显著成就。1981 年 5 月，美国加州理工学院的 F. Anson 教授来华讲学，董绍俊受邀在北京大学的学习会上做题为"化学修饰电极研究"的学术报告。同年 10 月，她又受邀前往日本化学会和东北大学做大会报告，期间还受到日本仙台市市长的接见和宴请。多年来，董绍俊一直深耕于化学领域，1998 年当选为吉林省首批优秀专家，1999 年当选为第三世界科学院院士，2002 年担任电分析化学国家重点实验室学委会顾问。截至 2024 年 5 月，董绍俊共出版专著和专论 17 部（册），获得发明专利 60 项，荣获中国发明专利优秀奖 1 项，发表 SCI 论文 1000 多篇，获得国家自然科学奖 3 项、省部级奖 11 项、国际个人奖 1 项。这些荣誉都是董绍俊日复一日勤奋工作的见证，但并没有让她停下前进的脚步。她将自己的知识传授给学生，以为国家培养人才为己任。她教育学生要耐得住寂寞，抵御外界干扰，不为名利所动，"成功时不骄傲，失败时不气馁"。在她培养的 100 多名研究生中，获得博士学位的有 80 多人，桃李芬芳，教泽深远。2020 年 3 月，董绍俊被评为"全国优秀博士学位论文指导教师""中国科学院优秀研究生导师"以及研究生院建院 30 周年"杰出贡献指导教师"。

汪尔康和董绍俊在化学界可谓"夫妻双打"，这对贤伉俪携手在化学的海洋里遨游几十载，甘守寂寞，忘我地从事着枯燥的科学事业。董绍俊是青岛人，由于成绩优异，1952 年从北京辅仁大学化学系提前一年毕业，同年 9 月到中国科学院沈阳检验所参与筹建工作，12 月被分配到中国科学院长春应用化学研究所。董绍俊和汪尔康的人生经历相似，相同的研究方向让两个年轻人走到了一起。只要不出差或没有其他安排，他们两个人都是同进同出。董绍俊从实习员起步，最终成为博士生导师、院士。

在汪尔康的办公室里，四壁书柜是唯一的装饰，许多书已被翻得发旧，它们见证了他和妻子董绍俊为国家需求而奋斗的历程。这对化学界的"神仙眷侣"始终把科研放在第一位，字典里从未有过"节假日"这几个字。2017 年除夕夜，正值万家团圆之际，但中国科学院长春应化所无机分析楼的二层和三层各有一间办公室的灯仍然亮着。这对耄耋之年的夫妻各自坐在灯下阅读，偶尔起身，走到对方的办公室交流探讨。温暖柔和的灯光照耀着他们的银发，场面温馨而动人。夜深时，汪尔康和董绍俊准备回家休息。平日里，为了节省时间，汪尔康总是走得很快，但这个除夕夜，他牵着老伴的手，放慢了脚步，慢慢地一起离开了办公室。大年初一，董绍俊考虑到可能会有客人来访，于是与汪尔康商量，一人留在家中接待客人，另一人前往实验室继续工作。

虽然汪尔康和董绍俊从事的研究工作异常复杂，但他们的生活却极其简单。夫妻二人对吃穿毫不讲究，每顿饭董绍俊只做一个菜。汪尔康对此感到内疚，觉得多年来两人都忙于事业，未能好好照顾家庭。然而，对于丈夫将全部精力投入到国家需要的事业中这一点，董绍俊从无怨言。这对志同道合的科学伉俪，在简单的生活中各自忙碌，在化学事业的道路上全心投入，达到了忘我的境界。

汪尔康视镇江为第一故乡，视长春和应用化学研究所为第二故乡。汪尔康对家乡的感情很深，他不仅为祖国繁荣富强而努力，也要为家乡争光。这位闻名海内外的院士，无时无刻不思念家乡，闲暇之余，他给镇江家乡人民写了一封热情洋溢的信。笔者读之感动不已，故录于本文之中，以表对汪尔康院士的崇敬之意。

献给家乡和家乡人民的话：

陆游词云"江左占形胜，最数古徐州。连山如画，佳处缥缈著危楼。"镇江得三山之胜，一水横陈，钟灵毓秀。身居寒冷的北国，我无时无刻不思念我的家乡镇江。那山水楼阁宛如一幅幅画卷常常浮现在我的脑海，萦绕在我的心间。如今家乡不仅山水优美，文化底蕴深厚，更是在家乡人民的奋斗下成为了一座富有生机和活力的新兴工业城市。尤其令我欣喜的是家乡已被国家科技部认定为国家级高新技术创新服务中心，成为了一座人才资源丰富的创新型城市。鸿鹄高飞，一举千里。祝愿家乡在科学和谐的发展道路上不断前进！祝愿家乡人民生活富裕、幸福安康！

汪尔康

2011 年 7 月 30 日

是的，镇江是优美的"城市山林"，正如汪尔康在信中写的那样，"家乡不仅山水优美，文化底蕴深厚，更是在家乡人民的奋斗下成为一座富有生机和活力的新兴工业城市"。汪尔康院士虽然身在长春，但仍想念着镇江人民，镇江人民同样在想念他！汪尔康是国家的骄子，更是镇江人民的骄傲！

2024 年 7 月 11 日，镇江市政协走访组一行抵达中国科学院长春应用化学研究所，拜访汪尔康院士。见到家乡来人，汪尔康十分高兴，侃侃而谈："我对家乡一直非常留恋，还记得当年在新苏中学，抗日战争爆发后，日本人占领了新苏中学，我们不得不转到京江中学。我家原来住在邹家巷，后来改名为小杨家巷，位于大西路和中华路附近，我就是在那里长大的。"

汪尔康院士题词

虽然是江南人，但在长春应用化学研究所工作已经 72 个年头的汪尔康早已习惯了东北的生活。时光荏苒，中国发生了巨大的变化，汪尔康经常回忆起在镇江生活的场景。这次见到家乡人，他的眼睛不由一亮，话也多了起来："我对镇江有着很深的印象，金山、焦山、北固山，还有大西路、中华路以及江苏大学都让我难以忘怀。我曾多次回到镇江，每次经过润扬大桥时，都会感慨家乡的变化实在太大了。我最近一次回镇江是在 2019 年 9 月，当时到江苏大学讲课，我的一位学生由天艳当时任江苏大学农装学院的院长，现在则在河南科技大学担任副校长。"

那些年、那些事常常在汪尔康的脑海中浮现，历久弥新，成为他心中永远珍藏的记忆。

参考资料

1. 马德泾，范然，马传生，等. 镇江人物辞典 [M]. 南京：南京大学出版社，1992：421.

2. 镇江市地方志研究会. 镇江为你骄傲：镇江籍两院院士、全国名人 [M]. 北京：方志出版社，2003.

3. 旁听生中走出的院士：记著名分析化学家汪尔康 [EB/OL].（2014-06-17）

［2023-09-27］.https://news.sciencenet.cn/sbhtmlnews/2014/6/288286.shtm.

4. 分析化学编委会，分析化学编辑部. 莫道桑榆晚 为霞尚满天：庆贺我国著名电分析化学家汪尔康院士八秩华诞 ［J］. 分析化学，2013，41（5）：4.

5. 中国化学会. 会士：汪尔康 ［EB/OL］.［2023-09-27］.https://www.chemsoc.org.cn/member/fellow/137892.html.

（王礼刚撰稿，钱兆南修改）

注：本文经汪尔康院士审核修改。

　　段正澄，中国工程院院士，机械工程专家。1934年6月出生于江苏镇江。1957年毕业于华中科技大学机械系，华中科技大学机械科学与工程学院教授、博士生导师、制造装备数字化国家工程研究中心首席科学家。先后获全国科学大会奖2项，国家科技进步奖一等奖1项、二等奖3项，省部级科技进步奖特等奖1项、一等奖7项、二等奖4项；2011年获湖北省科学技术突出贡献奖；授权专利19项。被评为全国优秀教师、湖北省劳动模范、湖北省先进教育工作者和湖北省先进科技工作者。所带领的团队被评为全国先进集体，获全国五一劳动奖章。2020年2月15日逝世。

　　2009年当选为中国工程院院士。

段正澄

把论文写在工厂里的"机械狂人"

小码头街上冉冉升起的新星

镇江西津渡小码头街被称为一部"活着的历史",是镇江古城的文化遗址所在地。一眼望千年的古街上,留下了历代文人墨客的足迹。李白、孟浩然、张祜、王安石、苏轼等名人曾从这里登岸,写下诸多不朽的诗篇。镇江籍中国工程院院士段正澄就出生在这条古街上。一条长长的青石板路上曾有他从童年到少年的成长履痕,直到他18岁离开古街。街坊邻居们谈起这个聪慧的孩子,总会竖起大拇指。

段正澄,原名正淳,1934年6月15日出生。父亲段子美,是镇江家具厂的一名普通员工,母亲郑元贞是武昌青龙巷人。段家有一对乖巧懂事的儿女,儿子正澄,女儿玉玲,兄妹俩从小形影不离,一起上学,一起回家写作业。段正澄在江汉里小学(行业公会办学)上的初小,在小码头小学(县立)念的高小,初中就读于市级中学,高中就读于省级镇江中学。1952年,由于父亲的工作调到武汉,举家迁往母亲的故乡武汉市武昌区青龙巷生活。巧的是,青龙巷和镇江著名的西津渡一样,也是历史文化古街,古朴大气。

初到武汉生活,段正澄几乎每天都想念镇江的家。特别是到了夏天,他想,要是能回镇江过夏天就好啦。那个年代连电风扇都看不到,镇江的夏天到了午夜,凉风徐来,就可以上床睡觉。武汉的夏天是白天刮大风,太阳一下山风就止，闷热难耐，最低温度都到 30℃ 左右。所以一到夏天，段正澄就特别想念镇江小码头街上的清凉夜。他还记得，太阳一落山，母亲和街坊邻居们就会从一口老井里打水，然后用水把门前的青石板路浇个透，刚开始浇时热气像烟雾一样往上喷。天一擦黑，家家户户从家里拖出竹床和竹椅放在屋门口，孩子们洗过澡便睡在屋外面。一些顽皮的孩子在青石板路上追赶嬉戏，一直疯到玩不动了才回到妈妈身边睡觉。

从 1953 年起，段正澄成了武汉人。全家人在青龙巷安顿好后的第二年，正赶上他高考。段正澄报考了华中工学院（现华中科技大学），这年他 19 岁。

段正澄报考时，正好是华中工学院第一年招生，他成了这所著名大学的第一届学生。学校就位于武汉武昌的喻家山南麓。新的校区，条件十分简陋，站在校门口放眼望去，是连成片的农田。初秋时节，蛙鸣一片。不过眼怕手不怕，段正澄与老师和同学们一起，齐心协力加入了建设学校的大军。教室不够用，怎么办？他们把一个大食堂用砖头隔成许多小格子，一个个小格子就是一间间教室。

节假日，段正澄和同学们都不休息，上午种树，下午在工地当小工。现在华中科技大学的东二楼、东三楼，就有他挑过的砖。段正澄清楚地记得，从华中科技大学附属中学西南角往北数，路边第二棵法国梧桐树，就是他当年栽下的。他对华中科技大学的感情很深，这种感情是从一砖一瓦、一草一木开始的。他和老师、同学们亲手栽的小树苗，那些成排的香樟、雪松、法桐、银杏、水杉、红皮松，如今已经长成了参天大树。两只手都抱不住的法桐树目视着他走进教学楼，给学生们讲课，见证了他的育人之路，也见证了他从黑发小伙子到鹤发老人的岁月变迁，他把毕生的精力都奉献给了科研事业。从 1953 年到 2020 年，段正澄和这所学校一起成长，走了整整 67 年平凡而又不平常的科技之路。

1957 年，段正澄大学毕业留校任教。除了当好一名大学老师，他还坚持深入一线到企业去，认为只有这样，才能学有所用。他对学生们说，一个学机械、做工程的，空有理论而不能解决实际问题是不行的，要写好论文，就要到车间一线去发现问题、解决问题，所以要和工厂结合，去生产一线。

怀抱故乡的恩泽，扎根武汉

自从告别镇江的"三山"（金山、焦山、北固山），扎根于华中科技大学的喻家山后，在几十年的教科研生涯中，段正澄获得过许多荣誉。对于记者的采访，他通常情况下都会拒绝，并不是拿架子，而是实在没时间。但对镇江来的记者，他却会"网开一面"。

镇江的记者们至今记得采访他时的情景。"你们是从家乡来的吧？欢迎家乡人来看我。"家乡人眼中的段老特别单纯，很快就打开了话匣子。他不谈自己的专业，只谈镇江，谈他小时候住过的小码头街，问镇江都发生了怎样的变化。热情周到、讲话风趣的段正澄，和家乡人一谈就是2个小时。

家乡来了人，段院士两眼放光，那个高兴劲儿，有点像小孩子巴望着有亲戚来家里做客。他一定要亲自开车去接家乡来的人，带家乡来的人参观华中科技大学校园。他一边开车，一边给记者讲解校园，每经一处建筑、操场，总会将其背景、结构娓娓道来，为大家讲述华中科技大学的故事。他以高龄稳稳驾驶汽车，让家乡的记者很是佩服。他说，10年前得知交管部门将考驾照年龄上限放开至70岁时，他就去学了驾驶，他认为这是一项必备的生活技能。

说起他在小码头街上的家时，他开始描述家门口的景象：家旁边有一个观音洞，靠近老的火车站，附近是新河街，对面有一家面粉厂，中间只隔了一条河。半个多世纪前的景象在段正澄的记忆中清晰如昨。

他最难忘的是母校，当年的镇江中学。段正澄用镇江话和记者说："我那时候就想上江苏省镇江中学，因为公立学校收费少，学校好。不过，报考的人极多，录取率却低。1500多名考生只有十分之一的录取率。我在班上的成绩中不溜儿的，谈不上好，但也不坏。我不算是那种死用功的类型，考试的时候像许多人一样临阵磨枪，磨出了亮光。"

那时，大家除了过日子穷了些，生活还是十分快乐的。段正澄最喜欢的是打弹珠和篮球，尤其是打篮球。1.8米个头的他在镇江中学时就从年级队打到了校队。

"因为有在中学里打篮球的基础，后来到武汉我也打得很好，是华中工学院第一届篮球队的首任队长，专职后卫。"谈及此，段正澄颇有些自豪。

不过在拿到省级比赛冠军的那一天，他还没来得及换下球衣，就被时任华中工学院党委书记的朱九思叫住了："你的学习成绩怎么样？"

"还可以吧。"段正澄有些紧张，虽然他的成绩还不错。

"还可以不行。"朱九思盯着他认真地说，"学校要培养全面发展的学生，不是只要你会打球。"

这段话令段正澄至今记忆犹新："从那时起，每晚10点宿舍熄灯后，我会搬一大一小两张凳子到走廊上，借助路灯把课补回来。"

在段正澄的记忆中，最快乐的时光都是在学校度过的，从小学到大学，他很贪玩，但学习起来的时候也非常刻苦。他还记得当年的省镇江中学地处七里甸，是个有些偏僻荒凉的地方，学校附近还有军营、后勤学校。学校的管理也有些军事化，男生入学后头发一律理成"板寸头"。"前两年还有老师打电话告诉我，把我当年在校的档案记录找出来了。"说起母校，他的脸上忽然露出了一点孩子气。

段正澄对学术十分较真，但对吃穿用度却不讲究。有一次家乡的记者去采访他，几个人在等电梯互相谦让时，记者无意中发现，面前的段院士的 T 恤后下摆处竟有一块"T"形的长补丁，缝补得非常细密。

伽马刀里的芳华

在 2011 年度湖北省科技奖励大会上，获湖北省科学技术突出贡献奖的段正澄院士平静地说："我将以诚惶诚恐之心对待这次的荣誉，以兢兢业业之心对待今后的工作。"

这位在球场上敢拼、做科学研究同样拼命的院士，被华中科技大学的学生们称为"机械狂人"，因为他对认准的事从不放弃。他曾告诉学生们，做科学研究要耐得住寂寞，不能外面来一个"脉冲"，自己就要"振荡"。

段正澄当选院士时已经 75 岁，花白的头发，硬朗的身体，见谁都是一脸的笑。不知情的人只知道他首次申报中国工程院院士就一次性通过，而内行人都知道，以他的成就，许多年前就可以申报院士了。

为什么他年逾古稀才申报院士？原华中理工大学校长、中国科学院院士杨叔子帮他向外界回答了这个问题："他告诉我，有些项目、有些技术需要经过历史的考验，二三十年不算久。项目应用被业界广泛认可，他才开始报奖、报院士。"

段正澄院士在办公室

他没有时间去关注与荣誉有关的事情，只知道努力再努力。在他和团队坚持不懈努力的同时，荣誉也悄悄地眷顾着他。他总是说，一个重大的研究项目，仅凭个人的力量是很难完成的，需要大家团结协作，所以荣誉不是某一个人的，而是属于大家的。谈到自己的团队，段正澄非常自豪："好的科研成果往往需要几代人的共同努力。我所要做的工作就是为他们创造一个和谐、团结的氛围，最大限度地挖掘他们的潜力。"他和团队曾三次获国家科技进步奖二等奖，获奖的三项成果，没有哪一项研究用时少于 10 年：研制全身伽马刀，10 年；研究激光加工技术与装备，20 年；完善汽车发动机曲轴磨床，30 年。

每一个奖项都是从时间的深处磨砺出来的光华。

20 世纪六七十年代，美国、德国、日本等国家垄断了世界汽车曲轴制造设备市场。为了打破垄断和封锁，段正澄带领团队，住进孝感机床厂，跟工人们同吃同住数年，终于在 1983 年研制出国内第一台数控高速全轴自动曲轴磨床。经过 20 多年的不断升级改造，目前，我国生产的汽车曲轴磨床拥有自己的知识产权，有些磨床的结构比国外的设备更简单，功能更齐全，价格却便宜一半。

20 世纪八九十年代，我国高档激光加工装备基本依赖进口，段正澄和团队成员从 1985 年开始了艰苦的研究。经过 20 年的努力，研究团队突破了国内外激光拼焊板的待焊板边传统加工方法，发明了激光切焊组合加工新方法，并研发了国内首台（套）激光加工装备。其产品已在神龙汽车、东方电机、胜利油田、成飞集团、三一重工等大型骨干企业应用，并出口美国、印度、巴西、澳大利亚、巴基斯坦等 8 个国家。2003 年，该"高功率激光切割、焊接及切焊组合加工技术与设备"项目获国家科技进步奖二等奖。

1996 年 9 月，深圳奥沃国际科技发展有限公司的负责人吕凤华找到段正澄，邀请他加盟主持立体定向伽马射线全身治疗系统的研发工作。出于对医学放疗领域不甚了解、其成败涉及患者生命安全等因素的考虑，段正澄对此项课题的承接非常慎重。

"我们国家每年新增的肿瘤患者在 200 万人以上，但是放疗的效果并不是很好。我觉得如果能够完成这个项目，提高我们国家的放疗水平，确实能够造福老百姓，是件很有意义的事情。"怀着这份仁心，段正澄决定接手主持这个项目。

他先是着手参与总体方案的设计，接着将放射医学、精密机械、计算机软件、计算机数控、图像处理多个学科领域的 100 多名国内外科学家和工程技术

段正澄院士在科研现场

人员组织起来，根据总方案的要求分解项目任务，井井有条地推动项目进展。

从改进旋转式头部伽马刀，到体部伽马刀设计、制作及实验，段正澄带领团队用了一年时间反复研讨，耗时 3 个月绘制设备图纸，又用一年半时间攻克一个又一个机械难题，最终研发出采用双 PLC 和运动控制器构成的开放式体系结构的控制系统等。

1999 年，经过团队 3 年的合力攻坚，具有我国完全自主知识产权的大型放疗设备——OUR-QGD 型全身伽马刀问世。该设备在临床试验后获得了国家有关部门批准的生产制造认可证和市场准入证，标志着我国无创伤医疗设备的制造已跃居世界领先水平。

全身伽马刀可以进行旋转动态聚焦，使伽马射线焦点对准经过精密定位后的肿瘤，进行高剂量的伽马射线辐照，从而杀死肿瘤细胞，大大降低对人体正常组织和器官的损伤。

在投入市场应用几年后，全身伽马刀使用效果得到了进一步检验——2000年，全身伽马刀通过了美国 FDA（美国食品药品监督管理局）认证并首次在美国进行安装。2005 年 11 月，该成果获国家科技进步奖二等奖。

从机械和激光的交叉到机械与放疗的结合，面对国家和人民需求，段正澄以敏锐的眼光快速捕捉科研空白点，凭借扎实的专业知识、勤恳的钻研态度、坚韧的科研毅力，站到了科技创新的前沿。

在 2011 年度湖北省科技奖励大会上，满头白发的段正澄成为全场的焦点，他说自己代表众多获奖者上台发言，坦言自己的内心特别激动，最要感谢的是母校对他的培养。会后他拒绝媒体采访，只说有两件事情必须确定：一是 100万元奖金中自己个人的部分将全部捐出，用于资助贫困大学生；二是自己只是一名普通的科技工作者，获奖后的第一件事还是回到实验室工作。

不过，这奖金的捐出，段正澄是有条件的，要奖励给那些品学兼优的学生。他认为，一个对自己要求不高的学生，是很难为国家做多大贡献的。在华中科技大学机械学院流行一个说法：不熬个四五年，博士很难毕业。特别是要想过段正澄院士这一关，不是那么容易的。学生们都知道"段王爷"对研究生的论文比较挑剔，每个博士、硕士的论文他至少要看 3 遍，不过关就重新再来。他认为，做论文是对自己研究工作的总结，作为研究生，不会总结自己的成果是件遗憾的事。

然而，"挑剔严苛"的段老又对学生有着超乎寻常的关爱，他现身说法："我们那时读大学四年不需要个人出钱，每个月还发一元零花钱，学费、生活费全免。实习路费、毕业设计纸张都是国家出，就连我所戴的第一副眼镜也是国家配的。羊有跪乳之恩，鸦有反哺之义。现在，为贫困学生分担点什么，既是一个老师的职责所在，也是想为国家尽一分力。"

2018 年年底，段正澄办了退休手续，但仍然每天上班下班，指导学生，经常到省内各地工作站开展工作。

反哺家乡，制造中国镇江的螺旋桨

这位少小离家的天之骄子从来没有忘记江苏镇江这个生他养他的地方。

早在 2002 年，时任镇江市政府科技顾问的段正澄就在构思打造国产高精度数控车铣加工中心。他选择了镇江螺旋桨厂。这家公司历经企业合资、股权变更等变革，从镇江螺旋桨厂到中船瓦锡兰螺旋桨有限公司，不改初衷，全力投入，全程参与，花了 800 多万元人民币，实现了中国螺旋桨制造的节点式突破。而 10 年前进口性能还不及它的类似设备，一台就要花 500 万欧元。以往，加工一只螺旋桨，要两班工人手工忙上十七八天，如今，编定程序，用 3 天时间就能完成，不仅劳动强度大减，制造精度也大幅提升。除了可加工大型船用螺旋桨，这种机床还可用于航空、发电等领域的零部件加工。

段正澄院士在讲学

2011 年 4 月，在镇江组织召开了由多名院士和原机械工业部高层技术专家参加的鉴定会，鉴定专家一致认为该国家"863 计划"重大项目技术难度非常大，项目研发的成功不但属国内首创，填补了国内空白，而且其主要技术性能达到同类产品的国际先进水平，将为我国船用大型螺旋桨制造技术水平的提高发挥重要作用。该项目还为国家大型舰艇螺旋桨数字化加工技术与装备的进一步研发，培养造就了一批国家级人才。

镇江中船瓦锡兰螺旋桨有限公司的工作人员还记得 2013 年 5 月 9 日这一天，在车间数控机床上，一只硕大的船用螺旋桨静静地躺在那儿，刚刚加工的铣痕流畅而清晰。冰冷的金属无言，却在诉说一个惊世事实：已经投入使用的这一国家"863 计划"项目成果，打破了西方发达国家对这种机床的限制和封锁，世界顶级的螺旋桨从此烙上中国制造的印记。这台机床高 3.3 米，承重可达 160 吨，有超大的加工空间，可加工出最大直径 12.5 米、重 160 吨的螺旋桨，这一生产能力达到了世界顶尖水准。

段正澄一生取得的成果无数，发明众多，每一件都是国宝级的，都是惠及广大人民、推动社会进步的重量级创造，曾获 1978 年全国科学大会奖 2 项，国家科技进步奖一等奖 1 项、二等奖 3 项、省部级科技进步奖特等奖 1 项、一等奖 7 项、二等奖 4 项，授权专利 19 项，发表论文 200 余篇。

天妒英才，大师永生

2020 年春，华中科技大学校园里的樱花还没来得及开放，一场新冠疫情便肆虐开来。这期间，还在计划开春后工作的段正澄，不幸染上了新冠病毒。

他的病情牵动着许多人的心，特别是他的亲人、学生和同事们。大家都在等待着他康复归来。每一个关心和热爱他的人都倍受煎熬。在学生们看来，86 岁的段爷爷应该能稳稳地活过百岁，他是那么乐观有趣，像个调皮的老小孩。

武汉协和医院的一名年轻护士在微博上回忆段老："第一次见他，是因为夜班给他俯卧位通气，知道他是位院士，我虽然对他并没有太多的了解，但内心对他的敬意油然而生。隔着起雾的防护眼镜，我看着他花白的头发，就想，段爷爷看起来如此慈祥，而且他的心态特别好，应该能熬过去。"

可是，病魔太凶险了，他没能熬过去。

谁也没有想到这位学术老人的生命会定格在 2020 年 2 月 15 日 19 时 35 分。这一天，正处于疫情风暴中心的武汉传出一个不幸的消息：中国工程院院士、华中科技大学机械科学与工程学院教授段正澄，因病不幸去世。

家乡的记者们曾记录下他的许多原话，他说："镇江人就是喜欢吃甜的，看见个甜的就会流口水。"有着多年糖尿病史的段正澄还有血压高的毛病，他却乐观调侃："总的来说控制得还算好，这些都是老年人的病，也没什么可怕的。"在他看来，人一辈子活 80 岁就够了，能活到 81 岁就是赚到，"80 岁还能和你们这样说说笑笑，蛮好"。记者还记得进电梯时听到的他调侃自己的身高早已从 1.80 米缩至 1.77 米的俏皮话。

在段正澄最后的日子里，这位爱吃甜、穿补丁衣服、身高在慢慢变矮的可爱老人，认为自己是用赚来的命活着。

的确，在他的学生们看来，这位主导过数控磨床、激光加工、医疗装备等先进技术的研究，发明国际首台全身伽马刀，一次获国家科技进步奖一等奖、三次获国家科技进步奖二等奖的 86 岁学术大咖肯定能活过百岁。去世之前，他还在研究适合大部分癌症病人的质子放疗设备。

段正澄的丧事从简，无法举行遗体告别仪式，一座以段正澄名字拼音为域名的网上纪念堂在 2 月 15 日当晚紧急搭建上线。数百条唁电和数百篇悼文从政府领导、领域专家、师生校友、社会各界发来，纪念这位把一生奉献给华中科技大学和机械工程事业的杰出院士。华中科技大学官方微博上的悼念文章中写道：段正澄为人师表，注重立德树人，教育学生"将文章写在祖国的大地上，写到车间里"。

2020 年 2 月，镇江日报、金山网、今日镇江等媒体发文悼念段正澄院士。镇江中学微信公众号发悼文："我校 1950 级校友，我国著名机械工程专家与世长辞。"

华中科技大学课题组在春天里来到镇江，寻找段正澄院士当年的足迹。我们在张峥嵘老师的带领下，沿着小码头街寻找当年他上过的小码头小学，去运粮河畔的大伦厂附近寻找他多次提到的那条护城河。然而，他上过的小学，在运粮河畔玩耍的地方，早已没有了当年的痕迹，只能在那个年代的地图上找到他走过的地方。

10 岁那一年，段正澄对一家德国人开的面粉厂产生了浓厚兴趣。这家面粉厂与段正澄的家只隔一条 20 多米宽的小河，厂房建得非常气派，是一栋 6 层楼房。他的一个同学是这家面粉厂职工的孩子，时常带着段正澄和其他同学到面粉厂里面玩。因此，段正澄见到了面粉的整个生产过程：小麦被电机拉到六楼，逐层向下运送，每一层都有加工设备，经过各种机器的一系列加工，到了一楼，小麦就变成了面粉和麸皮。这种神奇"变身"令 10 岁的段正澄非常着迷，他一下子感觉到机械很有意思，希望自己长大后能够研究机械。长大后的他果真实现了少年时期的愿望，且是大愿望。

2023 年年底，段院士的大女儿段菁来镇江寻根。镇江中学的档案室，保存了段院士当年的成绩档案。

一个名为"放牛娃的春天"的网友在评论中写道："与段老只有一面之缘却一直铭记于心。从西五舍去前青年园的湖边草坪上，看见段老独自一人拿着单反照相机拍树，拍湖，拍建校纪念碑，我没敢打扰他的雅兴，便悄悄走过。

从当选院士的新闻照片可以认出来是段老。那时候，高高瘦瘦的他戴着厚厚的眼镜，穿着干净整洁的西装衬衣，面带着平易近人的笑容，那拍照时开心的神态却仿佛回到了他的青春时代。"

庚子年，大地上的一颗星星陨落。天妒英才，大师已去，荣光犹存。

参考资料

1. 中国工程院. 院士名单：段正澄［EB/OL］.［2023-06-18］.https://www.cae.cn/cae/html/main/col48/column_48_1.html.

2. 雷宇，万霞，朱娟娟. 甘守寂寞段正澄 年逾古稀当院士［N/OL］.（2009-12-05）［2023-07-21］.https://news.sina.com.cn/o/2009-12-05/041816720688s.shtml.

3. 魏劲松，柳洁，万霞，等. 段正澄院士：五十载坚持把科研写在工厂里［EB/OL］.（2012-05-30）［2023-08-18］.http://district.ce.cn/zg/201205/30/t20120530_23366869.shtml？from=timeline&isappinstalled=0.

4. 华中科技大学. 追思纪念 深切缅怀段正澄院士［EB/OL］.（2020-02-15）［2023-08-18］.http://duanzhengcheng.hust.edu.cn/info/1004/1394.htm.

5. 粟晓丽，万霞，高翔. 追忆段正澄院士：一生本色鉴初心［EB/OL］.（2020-02-16）［2023-08-18］.https://mp.weixin.qq.com/s？__biz=MjM5MDAyMzM4MA==&mid=2650046885&idx=1&sn=2377f68281e4516507b7345f5e5ecdfd&chksm=be4b0a1e893c8308dd782861ea03d0df5838a5f33c3ec43b63fb0a21f3efbf6f4d407be44841&scene=27.

6. 沈佳暄. 镇江痛失一骄子 段正澄院士请走好［EB/OL］.（2020-02-16）［2023-08-18］.http://jres2023.xhby.net/index/202002/t20200216_6514068.shtml？from=groupmessage.

7. 大师远去荣光犹在 纪念段正澄院士追思会举行［EB/OL］.（2020-06-17）［2023-08-20］.http://edf.hust.edu.cn/info/1149/1165.htm.

8. 郝日虹. 段正澄：一生机械情 拳拳报国心［J］. 智慧中国，2021（6）：38-42.

（钱兆南撰稿）

注：本文经段正澄院士之女段菁审核。

　　钱清泉，中国工程院院士，铁道电气化自动化专家。1936年5月出生于江苏丹阳。西南交通大学教授，曾任西南交通大学电气工程学院院长、国家轨道交通电气化与自动化工程技术研究中心主任、牵引动力国家重点实验室主任、国家磁浮交通工程技术研究中心技术委员会主任等职。在我国电气化铁路的建设和高速铁路发展以及磁浮交通的推动等方面做出了重要贡献，获多项国家及省部级科技进步奖，1987年获国家科学技术进步奖三等奖，1990年获国家重大技术装备成果奖三等奖，1996年获国家教委科学技术进步奖一等奖，1998年获铁道部科学技术进步奖二等奖。获全国五一劳动奖章、铁道部有突出贡献的中青年专家、全国优秀科技工作者等多项荣誉，享受国务院政府特殊津贴。

　　1997年当选为中国工程院院士。

钱清泉

中国轨道通途中的一泓清泉

幼年立誓让火车不再冒烟

从前的丹阳横塘大钱村离城市很远,唯一与现代文明社会有关联的事物,是隔着运河从麦田后面呼啸而过的绿皮火车。钱清泉初中毕业时才第一次乘坐火车从丹阳到镇江市区去游玩,在站台候车时,一条钢铁巨龙从他的面前飞驰而过,发出"呜呜呜——"的巨大轰鸣声,车头上冒着一圈圈的浓烟,一股夹杂着铁腥气味的黑烟灰迎面扑来,迷住了他的双眼。他无法想象外面的世界是什么样子,铁路的尽头是什么地方。少年想,如果这火车不用烧煤,就不会冒出乌黑的浓烟。能不能用另一种东西来代替煤呢?改变火车浓烟的这个想法开始在少年心里扎下了根。他坚定地认为,中国人一定有能力做好这件事。

钱清泉出生于 1936 年 5 月 7 日,5 岁时,父亲送他到村里的私塾读书。两年后,村里的私塾改为小学。1950 年,钱清泉考取江苏省丹阳中学,他在这里读完了初中和高中。

钱清泉的家在横塘大钱村。小时候生活非常苦,兄弟姐妹九人,生活来源全靠父母种田的微薄收入。每天放学回家后,钱清泉都要帮着父母做农活。除了他和哥哥,其他孩子都没有读书的机会。有一年,他和姐姐、妹妹同时生病,因无钱治病,三个人中只存活了钱清泉一人。

丹阳钱氏家族,究其源流,大多为武肃王钱镠后裔。在丹阳,带"钱"

字的村名有九个，不带"钱"字而实为钱氏族居的也有数个。钱氏主要分布在横塘、荆林、云阳、司徒、皇塘、吕城、蒋墅、访仙、陵口、行宫等镇。全市钱氏在籍宗人达8166人，而横塘大钱甲是丹阳钱氏的集中居住地。钱清泉一家就居住在这里。据丹阳《钱氏宗谱》记载，丹阳钱氏系吴越王后裔，家规家训完备，族内风尚甚好，勤耕好读，族邻敦睦，人丁兴旺。丹阳钱氏中也不乏名人，当代考入大学成才者亦有多人。自十五世钱宽之，十六世钱毂，十九世钱谦、钱恭，雍正十年的钱清，到当代的钱清泉院士，钱氏家族中人才辈出。

年近九旬的钱清泉回忆起儿时第一次看火车的情景，依然记忆犹新。那时候，每天都可以听到运河边沪宁线上的火车从村庄后面飞驰而过，浓烟像黑色的尾巴在村庄的上空摇曳。直到考上江苏省丹阳中学，他才终于实现了坐火车的梦想。当火车开动的时候，他还不敢相信这是真的。村庄与庄稼地在飞驰，像一幅流动的画，火车又长又大，能装进那么多的人。那时候他的梦想就是学好数理化，让火车不再冒烟，还大家一片明朗的天空。

倾尽一生努力，他终于实现了童年的愿望，使家乡的面貌得到了改变。

改变中国的电气化铁路

钱清泉拥有一系列令人尊敬的头衔：中国工程院院士、全国五一劳动奖章获奖者、轨道交通国家实验室（筹）技术委员会副主任、高速铁路系统试验国家工程实验室技术委员会副主任。和许多老一辈科学家一样，无论是台上演讲，还是台下交流，钱清泉的专注、严谨令人印象深刻，而其朴素简约的着装——夹克、牛仔裤、运动鞋，很难让人将其与大师后面的光环联系起来。

1956年，钱清泉考入唐山铁道学院电机系，成为电气化专业的第一届学生，师从中国科学院院士曹建猷教授。后来才知道，当时国内还没有其他大学开设这个专业，而该专业的开创人就是钱清泉的老师曹建猷，曹建猷为中国铁路的电气化与自动化开辟了一条道路。钱清泉进入这个专业后，感觉像是一个非常瞌睡的人找到了舒适的枕头，从此一头扑进了该行业的甜蜜梦乡，辛苦却踏实。

钱清泉尚未毕业就提前留校，担任预备教师兼助教。当预备教师时，他一边教学，一边自学。当时，曹建猷、潘启敬等老一辈专家学者认为，铁路远动技术的研究方向至关重要。他们在宝凤段（宝鸡—凤县）电气化铁路开通前，已开始研究这个课题——宝凤段电气化铁路远动装置。钱清泉准备把电气化铁路远距离控制作为自己的科研方向，他的恩师对他寄予了很大希望：这个专业是个新专业，涉及尖端技术，中国还没有开始这方面的研究。钱清泉希望沉下心去好好干，但是，当时的他对这个专业并没有很深的认识，而且也有很多人反对搞这个控制系统的研究，认为一旦用机械代替人，就会造成很多人下岗。当时，火车上的指挥调度都是依靠人力，效率很低。比如，中途要停电维修就有许多环节：调度员先要下令，下令完了值班员要接收，接收完了还要回复，回复完了再执行操作，操作过程中还要完成一系列的工作。因此，实现远程自动化控制是一个必然趋势。

反对意见让钱清泉心里打起了退堂鼓，他希望社会稳定，不希望有人因为自动化控制系统而失业。况且当时国家经济实力有限，这个科研项目资金需求量大，若没有雄厚的资金保驾护航，是不可能完成的。

转眼到了 1961 年，中国在苏联的帮助下建成了第一条电气化铁路——宝成铁路北段（宝鸡到凤县段），全长 97 公里。从此，中国电气化铁路实现了从无到有，并逐渐跨越秦岭、穿过平原、走进城市。可以说，没有昔日的电气化，就没有现在的高铁，更没有当前轨道交通蓬勃发展的大好局面。

为什么修建第一条电气化铁路要选在秦岭山区杨家湾到秦岭隧道这段路？这是因为进入四川的铁路要经过秦岭，这一段坡度太大，蒸汽机车的牵引力不够，而内燃机车运行时产生的浓烟会对周边农作物造成污染。这让钱清泉不禁想起了丹阳老家，那里同样深受污染困扰，且司机和乘客也受不了那呛人的浓烟。而改用电力机车就可以解决这些问题，电力机车拉得多，跑得快，最重要的是其更为环保。火车是长距离运输工具，如果使用煤或柴油作为燃料，污染将随其行程扩散至各处。

此外，一起火车相撞事故也改变了钱清泉的看法，更加坚定了他研究铁路自动化的决心。那一年，上海至成都方向与成都至西安方向的两列火车相撞，事故造成车头、车厢损毁严重，并造成人员伤亡。调查结果显示，这起事故是由于采用电话调度方式、人工传达指令效率低造成的。当两列火车在同一轨道上相向而行时，一旦发现线路错了，就应该及时断电。然而，由于人工控制过程比较慢，在未及断电的情况下两列火车就相撞了。

钱清泉去了事故现场，车毁人亡的惨状让他的内心久久无法平静。他想，如果拥有了远程控制技术，采用远动装置实现调度，就可以避免这样的灾难再次发生。

一声重托，全力以赴

当时国际上电气化铁路供电远动技术才刚刚起步。1965 年，在曹建猷教授的带领下，钱清泉参加了在北京展览馆举行的全国工业新产品展览会，当时他所在课题组的研究成果获得了发明二等奖。从此之后，课题组开始了又一个新课题的研究——电气化铁路分区远程动力及控制系统，这个课题在技术层面又上了一个新台阶。

钱清泉院士在参加会议

20 世纪 70 年代，中国的微机远程动力及控制系统才刚开始发展，与国际先进水平的差距很大。要搞科研，微机远程动力及控制系统是无法回避的技术鸿沟。当时为了建设京秦线，中国不惜重金引进了日本的全套设备，包括供电远动装置。

改革开放以后，良好的政治环境和条件，使钱清泉能够全身心地投入研究当中。在搞科研的同时，他还把研究成果编写成教材，运用到教学中。1983 年，钱清泉编写出国内第一本铁道远动技术教材《电气化铁道远动技术》，这本教材刚在国内发行，隔海相望的日本人就发现了。1984 年，钱清泉去日本出差，日方有关人员对他说："看到你写的书了，从技术上讲，中国人是行的，但是要达到日本的水平，差距很大。"

"人家日本人能造出来的东西，我们为什么造不出来，况且我们也不比别人笨。"钱清泉和同事们说。

在参加日本研讨会时，凡是涉及技术的问题，日方全部回避，且态度非常轻蔑。他们认为中国就是用八年甚至十年时间都研制不出来。作为一个中国人，钱清泉的自尊心很受伤害，他是代表中国来的。

"买别人的东西不是长久之计，研制出自己的东西，才能解决根本问题。"他暗下决心。

在日本，钱清泉每天都要工作到凌晨2点，研究收集资料。回国后，钱清泉发现设计中漏掉了一些东西，需要买一台设备，而日本要价1000万元人民币。当时他的工资每个月只有几十块钱，1000万元不亚于天文数字，大家非常着急。

时任铁道部总工程师的屠由瑞找到钱清泉。他说，京秦线是买来的现代化，我们要一个模拟屏，人家要价上千万元人民币。他希望中国人能在产业化、国产化上走出一条自己的道路，为国家做贡献。谈话结束时，屠总工程师握着钱清泉的手，满怀期待地对他说了声："拜托了。"这句话使钱清泉深受感动，同时也深感肩上的担子更重了。

此时的钱清泉只是一个小小的讲师，这样的难题对他来说是压力，更是动力。为了实现这个目标，从1984年起，他带领团队的10多个人，不分白天和黑夜，一心扑在电气实验室。那时学校的校区在峨眉山，电气馆下面是个操场，每周六都会有一些娱乐活动，有时会放露天电影，而他们就在露天电影场外做实验。都是年轻人，谁不想参加娱乐活动，哪怕看一场电影也好。但是这个十几人的团队，没有一个人往外面看一眼，真正是两耳不闻窗外事，一心扑在实验室，每天都要干到深夜才回宿舍休息。钱清泉至今记得，当时加班给每人一个煮鸡蛋作为奖励，这是他自己在家准备的。

苍天不负有心人，1986年样机面世。在这几年，钱清泉团队平时没有休息日，春节只休息两天，初三就上班。日本人认为中国十年都做不出来的东西，他们三年就做出来了。样机当年就通过了鉴定，随后他们与成都铁路局合作，在西南铁路上使用了我国研制的首套电气化铁道多微机远动监控系统。钱清泉与他的课题组获得了奖励，他也因此评上了教授。而他认为再多的荣誉都是次要的，最重要的是将我国铁路自动化控制提前了许多年。

钱清泉主持研制的我国第一套电气化铁道多微机远动监控系统于 1987 年实现产业化，在 10 多项国家、省部级重点工程中推广应用，并在 10 多次世界银行贷款国际招标项目中击败国外对手，中标经费累计达 2000 多万美元。这些累累硕果，替代进口，走出国门，无不与钱清泉童年的梦想和后天的努力密切相关。

从慢跑到飞跑

靠着锐意进取和顽强拼搏，钱清泉和他的团队有了质的飞跃，技术很快迈上了一个新台阶。到 20 世纪 90 年代中期，中国电气化铁路供电设备的百分之七八十都实现了产业化。远动技术的研究到这时才算是完成了"引进—消化—吸收—再创新—产业化"的过程。多年前微机远动监控系统与综合自动化受制于人的"卡口"，也逐步得到了突破和解决。钱清泉主持研制了国内首创的"牵引供电仿真培训系统"，达到国际水平。接着，他领导的电气学院相继研制成功 DWC-01 型变电站电气试验车、WGW-62GA 型牵引供电系统微机故障点距装置、牵引变电所主变压器的微机保护装置，很快形成高科技产品，在电气化铁道中得到广泛应用，在国际投标中击败诸多强劲对手，成为中国铁路市场的主导产品。

中国是人口大国，以前的中国铁路少，列车运行速度慢、效率低，老百姓坐车难，这些问题都需要通过自主创新来解决。如果城市实现轨道交通，有地铁、轻轨，郊区有铁路和单轨电车，还有磁悬浮

钱清泉院士在书房

和真空高速管道列车等新型的轨道交通，就能解决老百姓出行难的问题。1988年，钱清泉参与沈志云教授团队，组织和筹建"牵引动力国家重点实验室"，用5年时间建成了实验室。1993年下半年，该实验室由铁道部批准开放运行，1995年正式接受国家研究、试验任务。

不管怎样的科研，都牵涉到安全问题，高速铁路的研究更是如此。钱清泉认为，对高速铁路而言，不是速度提高危险性就会提高，无论是时速200公里还是时速300公里，只要出事都是重大事故。相对于节能、减排等一系列问题，安全是列车运行中的头等大事。按照现在的科技手段和建设要求，各种防护措施都很周全。譬如现在的高铁，列车在运行之前，会由高速综合检测列车先去检测，一趟跑下来，各种参数都有了，有什么问题都清清楚楚。钱清泉举了一个小时候玩滚铁环的例子：一个铁环滚得很快的时候是不容易倒的，就像骑自行车一样，速度很快不容易倒，速度慢了反而容易倒。除了自然界不可抗力引起的安全问题，借助自动化控制系统，技术上的安全问题都可以得到解决。除此以外，还有管理人员的责任心问题，安全检修是安全责任人的必修课，只要在动态检修中不忽视任何安全因素，列车大概率就比较安全。

对于教学与科研，钱清泉有自己的心得。教学是培养人，科研是充实和提升人。只有通过科研体会创新所在，才能把这些新的知识教给学生，启迪学生的心智。

在人才培养方面，钱清泉积极推动轨道交通领域卓越人才的培养，先后指导青年教师、博士及硕士等百余名，为我国培养出了数百名轨道交通领域的杰出人才。他对学生的创新能力给予了很大启发，他认为，知识并不一定能改变这个世界，而创新是用来改变世界的。此外，他还特别重视团队精神，他认为一个全面发展的高素质人才仅有个人智慧远远不够，再聪明的人考虑问题都不可能面面俱到，总会有漏洞。要懂得与人和谐相处，多数科研成果都不是一个人单干出来的。他对学生的要求很高，要求他们在搞科研时，一要有前瞻性，二要有扎实的基础，三要对自己所学的专业有兴趣。他以自己为例，"如果当年没有兴趣的话，就算勉强选了这个专业，也难有建树"。

磁悬浮时代的到来

一个有梦想的人，经过一生的努力，也许还是无法成功。可是一个人如果连梦想都没有，那就根本不会成功。中国的电气化铁道从无到有、从有到大、从大到强，是钱清泉这代人孜孜不倦追求梦想的结果。中国的大铁路、大交通，从山区建到平原，再到大城市，经历了重重磨难。钱清泉和他的团队孜孜以求，大家很自觉地去做，不仅成就了自己的梦想，也给社会带来了福泽。以前的火车都靠火车头的动力拉动，现在的高铁动车组动力是分散的——每节车厢都有动力，这样就保证了即使个别车厢的动力出现问题，也不影响列车的整体运行。

今天的磁悬浮列车更是一个大飞跃。高速磁悬浮列车是继汽车、轮船、火车、飞机和管道运输之后，填补火车和飞机之间速度空白的第6种交通运输系统。相比传统轮轨铁路，作为一种实际应用才20年的新型交通技术，其发展一开始也不是一帆风顺的。

钱清泉清楚地记得，早在2007年京沪高铁动工前，也曾因究竟是使用轮轨技术还是磁悬浮技术而争论了5年之久。就在2007年，上海市还决定，要在浦东机场磁悬浮线的基础上，再建设一条从浦东龙阳路站通往虹桥机场的磁悬浮线路。消息一出，上海舆论界一片哗然，这一决定尤其遭到规划线路沿线居民的强烈反对，不少居民甚至为此频频上访。

钱清泉院士在办公室

钱清泉曾这样总结磁悬浮的优势：第一，磁悬浮列车不像地铁、轻轨会产生很大的噪声污染，影响人民生活。第二，磁悬浮的运行能力大、转弯半径小，可以上下运行。因为城市中心的高层建筑很多，地铁转弯半径得很大，所以在地下选线就很麻烦，相比之下磁悬浮列车地下选线就非常方便了，施工建设中所需要的拆迁量和工程量都会减少很多。第三，磁悬浮列车的耗能比较小。因为磁悬浮列车浮起来以后运行阻力很小，甚至普通人都可以推得动，所以从长期看，磁悬浮列车能耗不大，反而更节能。第四，磁悬浮对人体无害。磁悬浮列车符合国际标准和国家标准，和家电产生的辐射接近，不影响人体健康。第五，磁悬浮列车不易脱轨，维护成本很低。磁悬浮列车没有轮轨，既不需要打磨，也不需要更换。

事实上，磁悬浮上海示范线投入试运行之前，在中、德两国政府磁悬浮领域合作框架下，由中外专家组成的第三方评估机构进行了从系统、子系统到零部件三个层次的安全评审与运行考核，通过安全审批后再颁发载客试运行批文及许可证。投入运行后，其经历了风霜雨雪等各种极端天气的考验，在相当于11级风速的台风中，磁悬浮列车仍按时刻表正常运行。

2013年，由钱清泉牵头的中国工程院"中低速磁浮交通技术与系统发展战略研究"咨询项目正式立项。该项目研究汇聚了国内磁浮领域的院士等多位专家，对我国中低速磁浮交通发展战略进行了深入研究，论证了我国发展中低速磁浮交通的必要性和战略意义，并推动了北京S1市域磁浮和长沙中低速磁悬浮线的工程建设。2015年10月，包括钱清泉在内的17位中国工程院院士、2位中国科学院院士、6位大学教授联合署名了一份《关于加快中低速磁浮交通推广应用的建议》，希望明确中低速磁浮交通为国家战略新兴产业，扩大应用规模。2015年12月26日，由西南交通大学参与研究设计的长沙中低速磁悬浮工程进行了试运行，钱清泉参与了方案论证、审查、评审等。2016年5月6日，中国首条具有完全自主知识产权的世界上最长的中低速磁悬浮运营线开通试运行。

当今中国的蓬勃发展，与中国的轨道交通事业紧密相连，从20世纪50年代蒸汽机车、70年代内燃机车、80年代内燃机车与电力机车并举，到现在的高铁列车、磁悬浮列车，轨道交通在中国发展史上具有举足轻重的作用。现在，我国经济发展水平不断提升，出门旅游的人越来越多，快速便捷、畅通安全的交通系统是重要保障。

故乡情怀与科技梦想的完美结合

　　钱清泉很坦然地说，自己是农民的儿子，对故乡丹阳横塘大钱村非常想念。年近九旬的他仍像婴儿依恋母亲一样对那方土地怀有深深的眷恋。钱清泉常年在外，多次主动与家乡亲人联系，了解家乡的变化，表达对家乡的思念之情。有一年家乡之行，他携妻子和儿女，一家五口早早就动身。飞机抵达后，他离开机场就直奔丹阳老家看望父老乡亲。钱清泉的妻子赵素洁也是丹阳人，在成都家里，他们要求子女都说丹阳话，以寄托对家乡的深厚感情。

　　2021年5月，钱清泉受邀参加故乡镇江举办的紫金英才大会。回到故乡，他还是那身装束——夹克、牛仔裤、运动鞋，面对家乡人，他慷慨地述说心中对家乡的愿景与期望。

　　2024年8月3日，钱清泉再回丹阳，参加高校院所走进镇江产学研合作大会，为支持镇江建设高水平国家创新型城市积极建言献策。当我们院士走访组在酒店见到钱清泉院士时，他刚刚接待完科学技术协会等单位宾客，坐了一整天时间，略显疲惫。我们说明来意后，钱院士谦逊地说："其实我只做了一点应该做的小事，我能够有一点发展，得益于国家的强大，否则就没有科技创新的强大。""我们这代人赶上了好时代、好机遇，这并不是我有多特别，而是我所学的自动化专业赶上了好时代，遇到了大机遇。""我这辈子只做一件事，做自己喜欢的事，是最大的幸运。我们这个研究团队是最强的，从高铁、

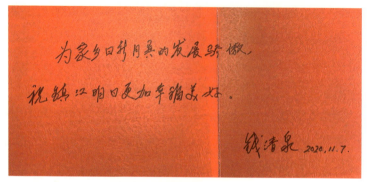

2020年11月钱清泉院士返乡题词

地铁到磁悬浮，连接起北京、上海、广东，在国际上享有较高的声誉，这才是最重要的。"

如今的丹阳横塘大钱村，早已不是钱清泉小时候的模样，近些年已打造成远近闻名的"全国宜居乡村"，村民们搬进了成群的别墅区。在钱清泉心里，大钱村是他一辈子无法忘却的地方，也是他经常回家看看的动力所在。

在故乡大地上，朴实宁静的钱清泉像一棵枝繁叶茂、生机勃勃的大树，让丹阳老乡们深深敬重；在笔者眼中，他更像静静流淌的一泓清泉，悄无声息地滋润着故乡。

参考资料

1. 邹荣君. 为铁路电气化自动化奋斗的人：专访中国工程院院士钱清泉教授 [J]. 科学中国人，2012（2）：6-11.

2. 郭中朝. 中国高铁追梦人：中国工程院院士钱清泉印象 [N]. 四川科技报，2012-12-19（9）.

3. 镇江市地方志编纂委员会. 镇江市志：1983—2005 [M]. 北京：方志出版社，2014：2724.

4. 镇江年鉴编辑部. 镇江年鉴：2003 [M]. 北京：方志出版社，2003：319.

5. 镇江市地方志研究会. 镇江为你骄傲：镇江籍两院院士、全国名人 [M]. 北京：方志出版社，2003：171-178.

6. 镇江市历史文化名城研究会. 镇江历史文化大辞典 [M]. 镇江：江苏大学出版社，2013：533.

7. 石胜华. 丹阳读本 [M]. 北京：中国文联出版社，2018.

8. 陈彬，田红. 钱清泉院士：中低速磁浮正当时 [EB/OL].（2016-01-04）[2024-09-27].https：//news.sciencenet.cn/htmlnews/2016/1/335430.shtm.

（钱兆南撰稿）

　　彭堃墀,中国科学院院士,光学专家,国内量子光学的奠基人之一。1936年8月出生于江苏镇江,原籍四川广元。山西大学教授、博士生导师,山西大学原校长、山西大学光电研究所所长,主要从事量子光学、固体激光技术等领域的基础与应用研究。1961年从四川大学物理系毕业后分配到山西大学任教;1982年至1984年在美国得克萨斯大学留学;1984年回国后建立山西大学光电研究所、量子光学实验室;1988年至1989年在美国加州理工学院留学;1991年至2000年任山西大学校长。曾获2022年度国家技术发明奖二等奖,2003年何梁何利基金科学与技术进步奖,2005年山西省科技杰出贡献奖,2006年度国家自然科学奖二等奖。被授予"全国优秀教育工作者"称号、"中青年有突出贡献专家"称号、全国五一劳动奖章。发表论文200余篇,授权发明专利20余项。2005年当选为美国光学学会会士。

　　2003年当选为中国科学院院士。

彭堃墀

一束照向世界的量子之光

守时慎为，挑战激光技术难题

彭堃墀 1936 年 8 月 25 日出生在江苏镇江。父亲彭善承，字汝为，四川广元县人，1927 年毕业于天津南开中学，1931 年从中央政治学校部大学部第一期行政系市政组毕业。母亲张正璇在南京三民中学读书期间与父亲结识。彭堃墀的父母共育有五子两女。彭堃墀出生时，上面已经有一个哥哥、两个姐姐。1936 年 11 月，彭善承调往高淳县任县长。彭家一家老小在高淳只过了一年的太平日子，1937 年 11 月，日军的铁蹄踏进上海，战火迅速蔓延到高淳，中国军队展开了殊死战斗。为了躲避战乱，彭善承让夫人先带着一岁多的彭堃墀和长子彭镇墀回四川万县岳父家中避难，他和其他人留守高淳。12 月初，日军一路烧杀抢掠，攻进高淳，很快攻入南京，血洗了南京城。

山河破碎，国难当头，百姓生活在水深火热之中。高淳失守后，彭善承奉命调入四川继续工作，举家从高淳迁居四川成都。彭善承先后在四川永川县、华阳县当县长，后来调到自贡市任市长，还曾在四川省民政厅等政府部门任职。夫人在家相夫教子，打理家务。彭堃墀和哥哥姐姐们在硝烟弥漫中读书。彭堃墀从私塾读到新式小学、初中、高中，高中考取省立成都二中。

生于乱世，国家贫弱，无数英才的前途被战火断送。彭堃墀在父母的庇护下是幸运的，在父母的眼里，他是个很内向的孩子，凡事都有自己的主见，学习非常刻苦，属于那种不要大人操心的乖孩子。

也正是因为这种乖巧，彭堃墀从小就比别的孩子多了几分沉稳，这得益于书香家庭长期的熏陶，他天性中的沉静得到发挥——能静下心来思考更广阔的事物。在家长的眼中，他悟性很高，学东西很快。在后来求学的道路上，他遇到很好的老师，在互动启发式的教育下，通过个人的加倍努力，他养成了独立思考的良好习惯。

彭堃墀说自己最大的特点有两个，一是"守时"，二是"慎为"。守时这一习惯是从高中起就养成了的，当时他住在成都华西后坝（南门外），要步行到北门五世同堂街省立成都二中上学。早上天还没亮，附近华西医学院6点的钟声一响，他就起床准备当午餐的干粮，每天7点50分前到达学校。寒来暑往，走路上学，风雨无阻。正是因为养成了这样的好习惯，在后来几十年的学习和工作中，无论遇到什么情况，他从未无故迟到。而"慎为"则贯穿于他的一生，他认为在认真工作的同时，必须全面预判工作带来的结果，不打无把握之仗。

1956年，彭堃墀以优异的成绩考入四川大学物理系。在大学校园里，彭堃墀邂逅了他的妻子谢常德。他们在同一个小班。彭堃墀朴实内向、敏思慎行，谢常德活泼大方、聪慧热情，两人性格互补，乃天作之合。

在大学里，彭堃墀接受了良好的教育，为后来的教学和科研奠定了坚实的基础。四川大学的老师们给他留下了难以忘怀的印象，他们基础知识扎实，涉猎内容广泛。虽然当时国家经济实力较弱，学校实验条件不太好，但学生们依然在老师们的倾心教授下学到了不少前沿知识，只是许多学习内容因当时环境所限无法实践。彭堃墀在以后的工作中就非常注意这个问题。

大学毕业后，彭堃墀夫妇服从国家分配，到山西大学物理系工作，至今已60余年。20世纪60年代，老师们有的上山下乡，有的到校办工厂半工半读。到山西大学工作没多久，彭堃墀先是下乡去了农村。学校停课后办了个电视机厂，组建了车间，彭堃墀和爱人都到厂里，在车间开了三年的车床。他始终认为，作为一名教师，应该通过自己的专业知识来服务社会，所以不管在哪里，他都会牢牢抓住学习技术的机会。

在校办工厂三年的车工经历，使彭堃墀熟练掌握了机械设计和加工的基础知识及技能，正是这些知识和技能在他以后的激光器研制和实验平台建设中起到了非常重要的作用。当时实验室缺少经费，买不起高精尖设备，只能自己动手做激光器。他的车工经验派上用场，自己设计加工，给大家做示范，手把手教学生做。后来彭堃墀自费公派留学，在国外的实验室，也是由他自己设计、组装和调试激光器。回国后，他组建了量子光学实验室第一个机加工车间。他有独到的激光器制作经验，可根据自己实验所需制作出适合的激光器，进一步为实验室基础研究提供良好的硬件支撑。直到现在，仪器自制也是该实验室科研特色之一。通过自力更生，不仅节约了时间和经费，而且培养了师生的动手能力和钻研精神。

彭堃墀经常讲，仅培养硕士、博士做科学研究是不够的，在做好基础研究的同时，还要注重高科技成果转化，掌握关键核心技术，培养高级专门技术人才，服务社会，造福人类。

科学无国界，科学家有国籍

20 世纪 70 年代末，我国科技工作者的春天真正到来，1978 年北京隆重召开了全国科学大会。这一年，彭堃墀在美国《应用光学》期刊上看到一篇论文有误。于是，他和妻子谢常德合写了一篇题为《在具有负透镜的激光棒中分布孔径效应》的稿件投给该期刊社，经过评审，《应用光学》已刊载的那篇论文的作者及期刊社认同他们的意见，稿件最终以论文形式发表在 1980 年的美国《应用光学》期刊上。文章发表后，美国光学学会主席写信邀请他们参加美国光学学会，彭堃墀夫妇成为中国较早的美国光学学会会员。后来，他们于 2005 年和 2008 年先后入选美国光学学会会士（Fellow）。

1980 年仲夏，国际激光会议在中国召开，彭堃墀作为代表去北京参加了会议。通过这次高水平的学术会议，彭堃墀进一步意识到了中国光学发展的落后，于是萌生了出国学习先进科学技术的想法。

在当时百里挑一、竞争激烈的出国留学大潮中，论资历、学识、人品，彭堃墀都是无可挑剔的。但同样是出国留学，他的情况与别人不同。他的父亲1949 年去了台湾，是国民党"立法委员"，弟弟是定居法国的著名画家。想到这样"特殊"的家庭关系，他内心深处还是感到些许忐忑。

一个人无法改变自己的出身，但长久以来，学习国外先进知识，发展我国科技事业、报效国家、造福社会的志向时刻激励着他。在北京召开的科技大会上，时任国务院副总理兼国家科委主任方毅讲到，我们国家很穷，但是为了提升我国的科学技术水平，将派出大批留学生到发达国家去学习，在派出方面要多层次、多渠道、多形式。彭堃墀鼓起勇气向校领导提了想出国留学的事，希望得到领导支持。

同时他又犹豫起来：自己是国家培养的大学生，又是副教授了，如果自费出国，会不会影响不好？思来想去，考虑了一个两全的办法：以"自费公派"的形式出国。当时国家的留学政策规定，出国留学只有两种，要么公费，要么自费，二者合一在全国都没有先例。他不想放弃留学的机会，还是以"自费公派"条件写了申请，由学校上报省高教厅。

在等待批复的过程中，彭堃墀内心备受煎熬，他一次次向系、校方、高教厅的负责人陈述出国留学的理由。就在焦急等待之时，一位叫关朴的同志打来电话，告诉他省里批准了他的申请，让他尽快准备出国。他知道，这是党和国家、山西省各级领导对自己的信任。就这样，特殊的身份决定了他与众不同的留学方式。

1981年3月的北京，冰雪消融，春意萌发。在首都机场，一位面容清秀、身材修长，身着浅灰色西服的中年男子登上从北京飞往巴黎的班机，他就是时年45岁的山西大学副教授彭堃墀。作为改革开放后山西省最早派往外国留学的人员之一，他将赴法国国家科学研究中心非线性光学实验室学习访问。这是彭堃墀第一次坐飞机，他凝望着窗外的浮云，想到未知的世界、崭新的未来，内心五味杂陈而又波澜壮阔。

出国的第一站是法国，1982年，彭堃墀在法国国家科学研究中心"四波混频"的研究告一段落。一年以后，彭堃墀由法国辗转到美国得克萨斯大学量子光学实验室做访问学者，在这所大学要学习两年半时间。而就在他到美国不久，山西省又批准了他的妻子谢常德到美国留学。他们夫妇俩搞的是同一专业领域的研究，这样在一起生活上也互相有个照应。得知此消息，彭堃墀激动万分，谢常德出国的难度并不亚于他，当时国内没有夫妻一起出国留学的，有许多人都觉得不可思议。

彭堃墀和谢常德第二次出国是 1989 年，那时他们的儿子也到了美国，一家三口都到美国学习和工作，这无疑又是一次非凡经历。当时，彭堃墀面临两个选择：一个是进入正在出成果的实验组，这样容易写出优秀论文；另一个是帮助金布尔教授（J. Kimble）建立一个新实验室，这样时间花费长，不易出成果。他经过认真思考，决定选择从零开始建立一个新实验室，原因是这样可以得到全面训练，为将来回国建立自己的实验室积累经验。发表高水平学术论文固然重要，但国家更迫切需要的是建立世界先进实验室的经验。

在建立实验室期间，他独立承担研制一台瓦级输出单频环形 Nd：YAG 激光器，以用于非线性光学和量子光学的研究的任务。从设计、绘图、装配、调节到工艺复杂的冷却系统的安装调试，他都亲自动手完成，以前在工厂劳动时学到的机加工技术派上了大用场。激光器研制经过一年的努力终于完成，其主要指标达到当时国际最好水平。J. Kimble 实验室用此激光器置入倍频晶体作为泵浦源，与我国学者吴令安（当时是博士研究生）一起完成了量子光学领域"光场压缩态产生"这一重要基础性实验。

到法国后，彭堃墀与从小分离的弟弟重逢，兄弟俩相见，有说不完的话。在美国留学期间，彭堃墀在台湾的父亲专门赴美看望他，谈及留学结束后的去向时，父亲劝他说："学成后，你可以不去台湾，但美国的科研环境比国内好许多，你可以留在美国工作，不一定要回到大陆去。"彭堃墀不假思索地答复父亲："美国再好，这里也不是我的根，国家需要发展科技，山西大学有我事业的根基，我要回去。"父亲望着儿子，沉思片刻，缓缓点头："人各有志，我也不强求你，可以选择到最需要你的地方去。"

彭堃墀理解父亲的顾虑，自己是想干一番事业，美国有现成的国际先进设备，可是当时的山西大学哪有！回国后他将只能赤手空拳，从零做起。但为了学成本领、报效祖国，他义无反顾、责无旁贷，在积极筹备中积蓄力量，等待希望。

回到山西大学做国际前沿科学研究，首先面临的就是缺少仪器设备的问题，令人大伤脑筋。就在他矛盾困扰之际，山西省赴美国慰问留学人员代表团的一名工作人员告诉他：省里研究决定，由省财政出资 20 万美金，支持他建设山西大学量子光学实验室。

这振奋人心的消息令他简直不敢相信自己的耳朵：这是真的吗？在山西生活了20多年的他，对地处中西部地区的山西省的经济情况还是基本了解的。20世纪80年代初的20万美金意味着什么，不言而喻！他把这一喜讯告诉了妻子和同事，没有人敢相信这是真的。当妻子问他这笔钱怎么用的时候，彭堃墀回答道："这不仅仅是金钱，更是山西人民的血汗，是国家、省里对我们的信任，是沉甸甸的责任，我们一定要好好规划，不能乱花一分，每一笔都要用在刀刃上。"当天晚上，他们就制订采购原则：设备要买实用的，价格要实惠的，国内有的不在国外买，能自己做的绝不买。他们到处打听信息，了解设备情况，直到他们回国后，才把一个科学合理的设备清单列出来交给省里。分管文教、财政的两位副省长说："我们相信你，一切由你决定。"

学成归国，创建国际一流实验室

1984年彭堃墀回国后，父亲与他多次通信，肯定了儿子的选择，并希望他早日做出成果，为国出力。

1985年，山西大学光电研究所成立，彭堃墀担任所长。从美国回来的那一年，彭堃墀带回近万美元的实验室元器件，当时学校坚持折合人民币1.8万元给他，他用这笔钱建立了光电所"所长基金"，用于奖励所里做出优秀成果的年轻教师以及逢年过节慰问退休老同志。直到20世纪90年代，所里经费较为充裕后，"所长基金"才取消。

1993年，山西省政府投资300万元专款筹建山西大学光电研究所实验大楼。一年后，一座占地面积3000平方米的实验楼建成。大楼正面墙上镶嵌着"攀登奉献"四个大字，在所里工作的每个师生进入大楼必须佩戴胸卡，老师和学生们工作、学习时的门要求打开着，楼内彭堃墀办公室的门窗都是透明玻璃的，他可以看到周围大家工作的情况，大家也能随时看见所长勤奋工作的身影。彭堃墀办公桌背后是自己培养的毕业生照片墙，其中有硕士生、博士生，还有几位外国留学生，卡片上记录着他们的毕业时间和毕业论文题目。这里的学习、工作环境形成一种独特的氛围，既和谐温馨，又严谨团结，点点滴滴体现出彭堃墀和谢常德夫妇为科研事业倾注的心血。随着事业的发展，2013 年山西省专款修建的近万平方米实验大楼正式启用。

1991 年，彭堃墀被任命为山西大学校长，兼任山西大学光电研究所所长。担任校长后，他和党政领导一起制定了改革—发展—上水平的发展战略，大力促进了山西大学教学、科研事业的发展。1993 年，他领导的光学学科成为山西大学第一个博士点。1994 年，山西大学物理专业被评为国家理科基础科学研究和教学人才培养基地。1999 年，物理学被批准设立博士后科研流动站，同年山西大学被教育部正式批准为国家大学生文化素质教育基地。山西大学光电研究所于 2000 年被评为教育部量子光学重点实验室，2002 年被批准为量子光学与光量子器件国家重点实验室，同年光学学科被评为国家重点学科。

彭堃墀领导的科研团队 2004 年被评为山西省优秀创新团队，2005 年被评为教育部创新团队，2008 年被评为国家自然科学基金委创新群体。作为学科带头人，彭堃墀领导团队开展了量子光学与光量子器件方面的科研工作，在非经典光场的产生及应用研究，特别是连续变量量子信息的研究中完成一系列富有特色的创新性工作，同时进行了全固态单频激光器的研制及开发，形成系列产品，指标达到国际先进水平。他的科研成果获 2002 年度国家技术发明奖二

彭堃墀院士在参加会议

等奖, 2003 年度何梁何利基金科学与技术进步奖, 2006 年度国家自然科学奖二等奖, 他所培养学生的科研成果获得 2020 年度国家自然科学奖二等奖。

彭堃墀经常对大家说："好的事业没有好的团队不行, 一个人不可能创造整个事业。只要给优秀人才创造良好的、宽松的环境, 他们的能量就会源源不断地涌现。而好的人文环境比物质环境更重要, 多年来, 从省里到学校, 给了光电所非常宽松的环境, 饱含信任与关怀, 只问投入, 从不干预, 只有一点要求, 就是加快发展。正是这些, 培养了我这个院士, 也正是这些, 支撑起我这个院士。"

彭堃墀院士在工作

彭堃墀夫妇放弃国外优越条件, 重返三晋大地, 在国家和山西省的大力支持下, 全身心投入建设中国自己的高水平实验室工作中。当时量子光学是国际热点前沿领域, 而国内该方向的研究才刚刚起步, 难度大、耗资大、潜力大。凭借过人胆识、精准研判及敢为人先的勇气, 彭堃墀选择从事该方向的研究, 主持建立山西大学光电研究所量子光学实验室。经过近 40 年的不懈努力, 山西大学光电研究所具备了开展世界前沿科学研究和高素质人才培养的条件, 并且取得了阶段性的创新性成果, 与国际著名量子光学实验室建立了实质性学术联系, 成为我国量子光学领域科研和人才培养基地之一。

彭堃墀认为, 科研工作者不能成天关起门来冥思苦想、埋头做实验, 要适当调节气氛、调整思绪。有意义的业余活动, 不仅不会影响工作, 反而更能激发灵感, 促进工作。

2024 年 7 月 12 日, 镇江市政协院士走访组一行从北京丰台站出发, 赶往山西太原坞城路 92 号, 去与山西大学彭堃墀院士的秘书高星老师见面。在光电研究所一楼大厅, 我们仔细观看了山西大学量子光学与光量子器件国家重点实验室的介绍, 这个实验室凝聚了彭堃墀院士及其夫人谢常德全部的心血。近年来，这个实验室承担着国家重大任务，仅近三年就承担各类科研项目200多项，获得国家专利140多项、国际专利10项。这些专利的成果都是国家急需的，这些成果站在国家前沿，转化后服务于国家建设。

在彭堃墀办公室的墙上和书柜里，有他和家人、领导及学生们不同时期的合影。彭堃墀自小练习书法，造诣深厚，墙上的几幅书法作品吸引了我们的目光，其中苏轼的《定风波》"莫听穿林打叶声，何妨吟啸且徐行。竹杖芒鞋轻胜马，谁怕？一蓑烟雨任平生。料峭春风吹酒醒，微冷，山头斜照却相迎。回首向来萧瑟处，归去，也无风雨也无晴"，何尝不是彭堃墀跌宕人生的真实写照！2016年，彭堃墀80岁，学生们提议为他庆祝生日，而他要求学生们给他做贺卡，他认为贺卡更有意义。他把学生们的签名用红纸裱起来，放在办公室显眼的位置上，签名的是张靖、王海、苏晓龙、贾晓军、张天才、高星、卢华东等40多位学生，如今这些优秀的学生都已成为国家的栋梁，有不少学生像他当年一样，不慕外国的高薪和优越环境，选择回国报效祖国。多少年过去，红纸褪了色，但这些学生在彭堃墀心中的分量不因时光的流逝而褪色，在量子光学领域，这些优秀的学生都是山西大学的宝贝，更是他这位老师心中的光。办公桌上有一块20世纪七八十年代的玻璃台板，下面压着大学通讯录，以及两张并不大的纸条。其中一张纸条上，彭堃墀用粗水笔写下两行刚劲有力的字"对待科学的态度容不得半点虚假"，写于山西大学物理系，1979年11月。另一张纸条上写着"书山有路勤为径，学海无涯苦作舟"。而"回首方知群山峻，举目又见峰更高"则是彭堃墀的座右铭。这句座右铭，彭堃墀1979年写在一个笔记本的第一页上。"攀登、奉献"则是他一生的修行。他有很多的称呼：彭院士、彭所长、彭校长……而他最喜欢"彭老师"。

国家实验室走廊的墙上挂满了这么多年取得的成

彭堃墀院士在办公室

1992年6月，彭堃墀院士（右一）陪同诺贝尔奖获得者杨振宁（左一）参观山西大学光电研究所

果、中外人士来访的相关图片。镜框里的一张照片让大家停住了脚步，那是1992年6月11日，山西大学校庆，诺贝尔奖获得者杨振宁博士来山西大学祝贺。杨振宁参观光电所，面带微笑，倾听同样面带微笑的彭堃墀讲解。那时的他们满头乌发。他们谈到物理学的未来……不管在什么领域，正如在李政道、杨振宁获诺奖时，李政道用英文发表感言所说的那样："无论是在科学领域还是在日常生活中，没有什么是真正具有确定性的。然而，随着我们知识的不断扩展，我们会遇到一些用旧的理论无法解释的新现象。那样我们则需要去重新审视我们原有的理论体系，并提出新的研究方法和观点。"这正是每一个时代的科学家不懈追求的方向。

从1961年第一次踏上山西这片热土，彭堃墀就和山西结下终生情缘。留学深造，几经流转，彭堃墀最终毅然返回山西，在三晋大地上创建国际一流实验室，发展量子光学事业。他谦虚地说："在山西大学的几十年来，我从一名年轻教师成长为一名老教师，是国家和山西给了我们团队发展的舞台，是山西大学培养了我，感谢山西大学的关怀与厚爱。"从此之后，彭堃墀的名字将永远铭刻在山西大学的发展史上，也将铭刻在中国量子光学发展史上。这位将山西视为家乡、将一生都毫无保留地奉献给山西的中国科学院院士，值得我们所有人铭记、学习。

参考资料

1. 钱伟长，陈佳洱. 20世纪中国知名科学家学术成就概览·物理学卷·第三分册［M］. 北京：科学出版社，2015：299-311.

2. 山西大学党委宣传部. 山大学人［M］. 太原：山西教育出版社，2017：1-7.

3. 中国科学技术协会. 中国科学技术专家传略·理学编·物理卷·4 [M]. 北京：中国科学技术出版社，2012：272-287.

4. 李林霞. 回首方知群山峻 举目又见峰更高：记全国优秀共产党员、中国科学院院士、山西大学教授彭堃墀 [N]. 山西日报，2021-07-04 (3).

5. 镇江市地方志编纂委员会. 镇江市志：1983—2005 [M]. 北京：方志出版社，2014.

6. 镇江年鉴编辑部. 镇江年鉴：2004 [M]. 北京：方志出版社，2004.

7. 镇江市历史文化名城研究会. 镇江历史文化大辞典 [M]. 镇江：江苏大学出版社，2013.

（高星、钱兆南撰稿）

彭堃墀

　　于渌，中国科学院院士，物理学家。1937 年 8 月出生于镇江。1961 年毕业于苏联国立哈尔科夫大学理论物理专业。1986 年受聘于国际理论物理中心，任凝聚态理论部主任。1990 年当选为发展中国家科学院院士。2002 年回国工作，任中国科学院交叉学科理论研究中心主任。2005 年当选为美国物理学会会士。2008 年获得国际物理学领导才能奖。几十年来，主要从事高温超导、强关联电子系统、低维量子系统等方面的研究。

　　1999 年当选为中国科学院院士。

于渌

高温超导界的"现代夸父"

九如巷里的如意少年

1937年8月22日，于渌生于镇江九如巷同鑫里6号。镇江九如巷的巷名出自《诗经·小雅·天保》一诗，诗中连用九个"如"字，含有祝贺福寿延绵之意。

忆童年，思故乡。于渌说："小时候在镇江的生活是一生中最宁静和美好的时光。迄今我还记得那条被磨得发亮的石子小巷，巷子上空总是回荡着小伙伴们的欢声笑语。闻着淡淡的青苔味道，仿佛还能听到以前走街串巷的货郎的叫卖声。直到现在，家乡的蟹黄汤包都是我最怀念的美食。小的时候家里孩子多，父亲去世得早，一家人的生计都是靠母亲张罗。那时家家条件都不太好，一年吃不了几回蟹黄汤包，现在想起来都是口齿留香。"

除了蟹黄汤包，于渌印象最深的镇江美食还有"火面"，也就是现在闻名遐迩的"镇江锅盖面"。"因为火面是最普通、最方便的主食，所以小时候可以经常吃。"现在于渌只要回镇江，都会尝一尝蟹黄汤包和锅盖面，每一口热乎乎的面里都有他童年的记忆和家乡的味道。

除了家乡的美食，于渌最怀念的就是母校。回忆起在江苏省镇江中学上学时的情景，他动情地说："我从小就想当一名物理学家。最要感激的是朱经之老师和吴静渊校长，朱老师的物理课讲得深入浅出。"是这两位老师培养了他的好奇心，使他对许多物理学家产生崇敬之情，下定决心学好物理。就这样，于渌在镇江中学的校园里，便与物理结下了不解之缘。"吴静渊校长非常重视对学生干部的培养，对大家非常信任，有事共同讨论，放手让大家去做。我虽然只是其中的一个'小萝卜头'，但那几年也得到了很好的锻炼，遇什么事都'不发怵'，这种锻炼后来在组织国内外学术活动中发挥了较大的作用。"于渌回忆道。他认为，如果说朱经之老师是自己事业上的启蒙老师，那教会自己"做人"的就是吴静渊校长了。对于渌来说，在镇江中学度过的时光是美好的，也是艰苦的，但更是值得的。

"那时候，我们住的是由日本人留下的军营改造成的宿舍，100多个人住在一个大房子里，条件非常简陋。记得那时候只有中午才能吃上干饭，而早晚都是喝粥。刚进学校时，我们每个月的伙食费是4.6元，直到毕业才调成6.4元。虽然条件比现在艰苦多了，但大家都铆足了劲学习，努力用知识丰富自己。在镇江中学的学习，给我的人生打下了坚实的基础。"

于渌姐弟五人，都是镇江中学的毕业生。姐姐于漪，从复旦大学教育系毕业后，一直从事教育工作，是特级教师，曾任上海教师研究会会长、全国语言学会理事、全国总工会执委，2018年获党中央、国务院颁发的"改革先锋"荣誉称号。2019年，于漪获得"人民教育家"国家荣誉称号，这是共和国最高荣誉。大哥于渤是浙江大学教授。二哥于洸历任北京大学组织部长、副校长，首都师范大学党委书记。小妹于涟是浙江大学教授。于家的五个兄弟姐妹，都为社会做出了特殊的贡献。

于渌特别钟情于物理学。他在自我总结中说："物理，是我为之奋斗一生的事业。"在于渌的人生中，最绕不过去，也最避不开的，就是物理。物理，是他不断前进的动力；物理，是他为之奋斗一生的事业；物理，是他追求一辈子的人生目标。"学物理的过程，一开始就很曲折。"于渌说。高三时，镇江中学第一次选拔留苏预备生，于渌幸运地入选了。他在北京外国语学院学了一年俄文，出国学习填志愿时报了物理，但被分配到"国际财政金融关系"专业。"在那个时代，一切都要服从组织分配，'学物理'只能是藏在心中的美好愿望了。可快要出国时却接到通知，由于那年选拔的留学生多于苏联能接纳的人数，部分人不能去了，我也在其中。"于渌说，幸亏自己参加了1954年的高考，可以根据考试成绩选择国内的学校，虽然因为不能出国留学有点泄气，但能学物理还是很高兴的。可当他准备去北大报到的时候，又发生了变化——再学一年俄文，第二年出国。这次，于渌被分配到苏联国立哈尔科夫大学学习物理，实现了自己的心愿。于渌自豪地说："后来到苏联留学，与'老大哥'培养的学生相比，我们毫不逊色。"

于渌有数不完的回忆，对于母校镇江中学的回忆更多："镇江中学的学习氛围和老师的谆谆教导使我永世不忘。我从少年时代萌生做物理学家的梦想，就是从镇江中学开始的。"

遨游物理世界

于渌在物理学领域的研究方向，主要是高温超导、强关联电子系统、低维量子系统。他在超导理论、相变和重正化群、非平衡统计物理方法、一维有机导体理论、低维量子系统等多个领域进行了大量的研究工作，从理论上预言含顺磁杂质超导体中存在束缚态，推动了磁性杂质对超导体影响的系列理论与实验研究；参与倡导闭路格林函数研究，给出了描述平衡与非平衡统计物理的统一理论框架；提出导电高分子准一维系统中孤子型元激发应满足的拓扑性边界条件。他与郝柏林合作，用骨架图展开方法计算了连续相变临界指数，准到小参量 ε（$\varepsilon=4-d$，d 是空间维数）的三阶；与苏肇冰合作，发展黄昆的晶格弛豫理论，研究了准一维导体中局域性元激发的动力学和物理效应；用自洽方法研究了空穴在反铁磁背景下的运动；研究并预言电阻在超导转变温度附近有极大值；用规范场理论研究了高温超导体的理论。

1961 年，于渌从苏联留学回国，被分配到中国科学院物理研究所。研究室的五个年轻人组成了一个小组：第一位是从莫斯科大学留学归来的陈春先；第二位是于渌在哈尔科夫大学的校友郝柏林，他比于渌高两届，1961 年再次去苏联做研究生，1963 年回国；第三位是复旦大学的陈式刚；第四位是北京大学的霍裕平；第五位是于渌。这五个人成了志同道合的好兄弟，组织起富有成效的互教互学活动。虽然当时处在三年困难时期，肚子还填不饱，但大家工作和学习的劲头很足。于渌他们每周要组织三四次学术报告会，思想比较解放，难的问题也敢碰。20 世纪五六十年代，量子理论研究取得重要成果，巴丁、库、施里弗的超导微观理论是最杰出的例子。陈春先在博戈留波夫的研究组工作过，成为这个五人小组学习、研究量子多体理论的带头人。于渌在超导研究中做了个"大练习"，用广义正则变换把含磁性杂质超导体的哈密顿量近似对角化了，发现在能隙中会产生一个束缚态。后来大家才知道这是国际上最早的理论预言。五人小组的同事们经过共同推敲，觉得理论没有错误。于是，于渌就把相关研究文章投到《物理学报》，1963 年投稿，1965 年发表。这篇"练手"的习作，时隔 60 年，仍在国际物理学的前沿研究中被多次引用。当时的"五人小组"，除陈春先过世外，其他四人都先后当选中国科学院院士。

1965 年后，于渌被分到超导实验室的超导天线组，向实验同行学做实验。

1972 年，于渌进入了郝柏林在磁学室重新组织的理论与计算组。当时成立这个组有两方面的原因：一是郝柏林、蒲富恪等同事已经开展了相当长一段时间的天线研究，大量使用计算机；另一个更直接的原因是郝柏林等利用外国公司在天津办展览、座谈的机会，从日本武田理研公司引进了一台美国的 NOVA1200 小型计算机，需要人掌握硬件、软件技术并推广应用。郝柏林负责 FORTRAN，于渌负责 BASIC，诸克弘负责 ALGOL。后来十多年，我国小型计算机的发展从"剖析"这台计算机中受益良多。当时物理所的理论与计算组和外界隔绝，没有任何直接交流，他们只能如饥似渴地分工阅读重要的文献，一篇一篇地"抠"，在组里仔细讲，反复讨论。不记得讲过多少次，单是讲稿叠起来已超过 1 尺厚。通过这种互教互学的办法，理论与计算组较快地跟上了统计物理领域的重大进展。后来，经郝柏林提议，他们在讲稿的基础上提炼出一些内容，先在《物理》杂志上发表了三篇综述性短文，后来扩充成一本书，取名《相变与临界现象》，由科学出版社出版。该书后来多次再版。2007 年相应的丛书《物理改变世界》获国家科技进步奖二等奖。

经过近半年的奋斗，于渌与郝柏林终于将临界指数的计算推到了 ε 小参量的三阶。他们看到布拉钦（E. Brezin）等在《物理快报 A》上发表了同样的结果。1973 年年底，他们把文章投到《物理学报》，1975 年才刊登出来，连英文摘要都没有。"文革"期间，他们凭借中国科学院物理所"局部小气候"完成的这项研究成果，在促进国际交流方面发挥了很好的作用。1975 年美国物理学会组织了一个高层次代表团到中国访问，成员包括巴丁、施里弗、布鲁姆贝尔格等多位诺贝尔奖得主。该高层次代表团事先做了认真的准备，在日本开了预备会，要深入了解"文革"期间中国物理学发展的真实情况。他们在中国科学院物理所召开了不同形式、不同规模的座谈会。于渌介绍了这项研究成果，给他们留下很好的印象，在他们正式出版的调查报告中得到了很高的评价。1977 年郝柏林到法国访问，见到布拉钦，给他看了于渌、郝柏林 1975 年在《物理学报》上发表的文章，布拉钦对"文革"时期的中国还能取得这项与国外相同的研究成果感到十分惊讶。从那时起，他们成了好朋友。

改革开放后，于渌与大家放开手脚，在科研道路上阔步向前。除了在《物理学报》上发表文章，于渌和郝柏林还花了不少时间学习、研究量子场论及重正化群方法在凝聚态和统计物理中的应用。在 1978 年的中国物理学会庐山会议上，以及 1982 年华中工学院的讲习班上，于渌与苏肇冰等同事一起，为年轻的研究生和同行们比较系统地介绍了"文革"期间国际上有关研究的进展，对填补"文革"期间的研究空白发挥了一定的作用。后来，经郝柏林提议，他们将这些课程的讲义编写成《统计物理学进展》一书，由科学出版社正式出版，署名为郝柏林、于渌等编著。于渌出版了 3 部著作并发表了200 篇研究论文，其中最有影响的有两篇：一篇是 1965 年发表的最早预言含顺磁杂质超导体中存在束缚态的文章，时隔 60 年还被国际前沿研究大量引用；另一篇是和郝柏林合作的连续相变临界指数计算文章，是当时国际上最前沿的研究成果。这两篇有影响力的论文受到了国外同行关注。

那时，于渌的心愿是：到世界发达国家看一看，学习国内还没有掌握的高科技。1979—1981 年，于渌到美国哈佛大学和加州大学做访问学者。1986 年，于渌受聘为意大利国际理论物理中心（ICTP）研究员，负责凝聚态物理部工作直至 2002 年。于渌在此岗位上所制定、实施的一流研究计划，为发展中国家青年科学家的成长提供了广阔的舞台，包括举办培训班、研讨会和实施访问学者计划。

回国后，于渌担任中国科学院交叉学科理论研究中心主任，致力于推动中国在新兴交叉学科领域的研究工作。他充分运用近 17 年在 ICTP 工作积累的经验，精心策划和组织了多个具有国际先进水平的学术活动，邀请国际顶级科学家来华讲学、和国内年轻学者面对面交流，帮助许多优秀人才不出国也能参与国际前沿研究，填补了若干空白，给他们提供了不少进一步深造的机会。

于渌是 Adriatico 系列会议的主要组织者，该会议在 ICTP 成功举行了 30 多次，其中包括 1987 年的高温超导会议。于渌在组织发展中国家科学研究活动中扮演了重要角色，是 BCSPIN 前沿物理讲习班的主要组织者之一。他领导的中国科学院交叉学科理论研究中心，得到了国际同行的认可和支持。自 2002 年以来，于渌在推动中国与亚太地区物理学家的合作方面付出了巨大努力并取得了重要进展。

于渌 1984—1990 年曾任国际纯粹与应用物理学联合会凝聚态物质结构和动力学委员会委员，2008—2014 年任统计物理委员会委员、副主任。1987 年获中国科学院科技进步奖一等奖。1990 年当选为发展中国家科学院（TWAS）院士。1999 年获中国科学院自然科学奖一等奖，当选为中国科学院院士。2000 年获 ISI 经典引文奖，获国家自然科学奖二等奖。2005 年被遴选为美国物理学会会士（Fellow）。2007 年获国家科技进步奖二等奖。

2008 年 2 月，美国物理联合会（AIP）宣布，中国科学院于渌被授予该协会 2007 年度国际物理学领导才能奖（Tate Medal for Leadership in International Physics）。该奖以美国物理学家 John Torrence Tate 命名，每两年颁发一次，用于表彰对物理学界做出突出贡献的非美国籍科学家。于渌因"四十年来为荟集世界凝聚态物理学界、扶持青年科学家、创办重要国际会议所做的里程碑式贡献，以及其对理论物理学界的国际领导才能"而获奖，于 2008 年 3 月 10 日在美国物理学会（APS）年会上接受此奖。

励志千里

2002 年，65 岁的于渌回国工作，任中国科学院交叉学科理论研究中心主任。为了培养接班人，让更多有志于从事物理研究的同仁少走弯路，于渌奔波于全国各地。2003 年 12 月 11 日，于渌在中关村教学园区，为中国科学院研究生院物理系做题为"凝聚态物理和有关学科的若干前沿问题"的报告。

2007 年 10 月 24 日晚，中国人民大学举办建校七十周年校庆活动，在逸夫会议中心 400 人大报告厅，于渌做了题为"呈展现象——从千奇百怪的相变谈起"的学术讲座。于渌说，之所以选

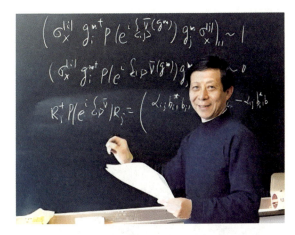

于渌院士在授课

择此题目，主要是想通过讨论这个题目，介绍一下研究自然科学的态度，即一些科学观和方法论的问题，这对于其他学科也会有所启发，他还希望把它作为文科和理科交融的一个尝试。在回答记者提问时，于渌表示，希望物理系的同学能抓住机遇，发挥自己的潜力去学习知识，积极实践。同年 11 月 14 日下午，中国科学院研究生院举行"中国科学与人文论坛"第 76 场主题报告会，于渌应邀做题为"演生现象——对建构论的挑战"的主题报告。

2008 年 2 月 18 日，日本科学家关于铁基超导体的文章发表后，中国科学家在一周的时间里就制作出了样品，实现了超导并测量了其基本物理性质。在随后的一个多月里，中国科学家一项项成果震撼着世界物理学界。于渌用"暴发爆炸"来形容一个多月里中国物理学家在新超导材料研究方面掀起的热潮。于渌说："有外国朋友和我说，几乎每天都能看到来自中国的新成果。对世界而言，中国的一系列成果是突如其来的，可是我们知道，这是我国科学家多年积累带来的质的飞跃！"于渌认为，人才是成功的关键，"在那些紧张的日子里，物理所凝聚态物理国家实验室的灯光几乎彻夜长明，很多科学家平均每天只睡两三个小时。有人看到，凌晨两点半左右才离开的陈根富研究员，五点就又出现在了实验室"。于渌认为："科学研究要解放思想，必须要改变现行的评价体制，鼓励探索、激励创新，宽容自主创新中的失败。"于渌表述的意思是说，在材料科学领域，在制备新材料的 100 个尝试中，有 99 个是失败的。"但在申请项目的计划书上，必须写明预期取得的成绩。还要三个月一考

于渌院士在工作

核，五个月一评价，没有成绩就取消资助。如果不改变这种评价机制，哪有人敢于尝试。"

2009年，在浙江大学召开的以"物质的新状态和量子相变"为主题的2009杭州量子物质研讨会上，于渌在接受《科学时报》记者采访时谈到"看得见"的量子世界，他说："上世纪信息时代的发展主要是依靠量子理论和相对论，以及半导体、电子学等的成就，但当时我们对量子世界是被动观察和解释。进入21世纪以后，从某种程度上讲，对于神奇的量子世界，我们也在进入'看得见、摸得着、可以操控'的调控时代。"近20年来，诺贝尔物理学奖中有一半的获奖项目与量子论和相对论有关，有1/3的获奖项目与极端条件下材料的物理性质有关，而正是量子效应对材料的这些物理性质起到决定性的影响。对此，于渌解释，科学技术的革新，很多都来自物理方面的基础研究，而物理学研究的核心领域之一就是量子物质。在此次会议开幕式上，由浙江大学和美国莱斯大学共同发起创建的浙江大学量子物质国际合作中心宣告成立。于渌说："这个中心的成立非常及时，是个很好的开端，我们这些同行都非常支持。我国近10年在这一领域的研究整合比较好，大家比较团结。研究需要互相促进。这一领域很好的一点是学术交流比较充分。"于渌认为，科学研究上的合作，能够通过互相了解和交流达到优势互补。中国科学研究在一些方面取得进步以后，对其他先进国家的发展也是一种推动。美国的一个报告显示，他们认为在材料生长研究方面，美国明显落后于日本，在某些方面也落后于中国。

于渌70岁以后仍在忙碌。2011年10月，以"物质科学综合极端条件"为主题的第404次香山科学会议在北京举行。于渌在会上指出："极端条件可以拓展物质科学的研究空间，为解决当前许多重大科学技术中的疑难问题，以及创造新物态、合成新材料、发现新现象提供前所未有的机遇。"于渌介绍，极端条件下的物质科学研究，主要包括量子物质研究、功能材料研究、物态变化动力学过程研究等，涉及物质的形成、结构、性能及变化规律等问题，涵盖了当今物质科学研究的关键前沿领域，并关系到下一代信息、能源和材料科学中的核心问题。近年来，人们已利用极端条件取得了许多影响深远的科学突破。多名科学家也因原子的玻色–爱因斯坦凝聚的实验观察、超导超流现象的理论等多项工作获得诺贝尔奖。借助极端实验条件取得创新突破已成为科学研究的一种重要范式。于渌表示，综合极端条件在物质科学中的应用，对促进国家和社会经济的发展有十分重要的意义，建立并发展集成多种极端条件的实验装置，将为提升我国物质科学研究水平和实现重大突破提供重要研究平台。

2012 年 5 月 17 日，于渌在合肥微尺度物质科学国家实验室，为师生做题为"调控时代的演生现象研究"的精彩学术报告。同年 6 月 18 日，他到重庆大学做学术交流访问，做题为"演生现象（Emergent Phenomena）——从千奇百怪的相变现象谈起"的物理思想讲座。

2013 年 6 月 20 日下午，在中国科学院举行的《科技发展新态势与面向2020 年的战略选择》研究报告新闻发布会上，于渌在讲解重大基础前沿与交叉领域的科技发展态势时表示，中国在探测暗物质和暗能量上具有得天独厚的

于渌院士在参加会议

条件。他说："对暗物质和暗能量的探索与物理解释，是21世纪粒子物理学面临的最严峻挑战和重大发展机遇。暗物质和暗能量的探测是很难的，需要比较大的设备。一种方式需要放卫星，另一种是在地面或者地底下去研究。另外，在南极我们也有特别好的观测条件。我们应当抓住这些战略机遇，把这方面的研究向前推进。"

于渌还介绍，在中微子振荡实验方面，中国科学家做出了非常杰出的贡献。"他们抓住了战略机遇。当时国际上有三个研究组基本上处于同一个研究状态。但是，我们大亚湾这个团队，做了一个非常正确的战略判断，提前开始采集数据，抢在韩国团队之前几个星期得到了结果，所以在这一场竞争当中取得了重大的胜利。下面还有进一步的挑战：中微子振荡中，三种中微子可以相互转变，有一个所谓'混合角'，我国团队已经测了最后一个混合角。这三个中微子哪个重一点，哪个轻一点，这是下一个全世界竞争的焦点。在新一轮的国际竞争当中，我们还有可能保持领先的地位。"

于渌还特别提到，在前瞻领域的研究中，必须重视大科学装置的作用。而大科学装置，比如直径8～30米的光学望远镜和真正有效直径一公里的SKA射电望远镜，不是仅靠一个国家的经济实力能做到的，因此需要积极参加国际合作。国务院在"十二五"规划时期已经列出了16项大科学装置，相信在不久的未来能够实现。

面对人民网记者的提问，于渌表示，自己这段时间最关心的，是同步辐射加速器和极端条件设施的发展。其中，同步辐射加速器是近年我国研究进展很快的大科学装置。另外，大家都知道中国超导体研究已达国际先进水平，超导体研究主要依赖低温强磁场技术的发展，如果中国在极端条件设施上能有所突破，一定会如虎添翼，取得更大的进展。

2009年3月27日，于渌应中共镇江市委、市政府之邀回到家乡镇江。看到家乡亲人，看到母校，看到镇江的发展变化，于渌深情地说："这次'院士家乡行'活动，对我来说，是一次寻根之旅。我的根在镇江，以后我会为家乡做更多的贡献。"

参考资料

1. 马德泾，范然，马传生，等. 镇江人物辞典 [M]. 南京：南京大学出版社，1992：19.

2. 镇江市地方志研究会. 镇江为你骄傲：镇江籍两院院士、全国名人 [M]. 北京：方志出版社，2003.

3. 于渌院士被 AIP 授予 2007 年度国际物理学领导才能奖 [EB/OL]. (2008-03-10) [2024-05-14]. https://news.sciencenet.cn/htmlnews/2008310155124104203172. html.

（王礼刚撰稿，钱兆南修改）

注：本文经于渌院士的秘书审核修改。

　　吴宏鑫，中国科学院院士，控制理论与控制工程专家。1939年10月出生于江苏丹徒。北京控制工程研究所研究员、博士生导师、资深技术顾问，中国空间技术研究院技术顾问，中国航天科技集团有限公司科技委技术顾问。被聘为南京航空航天大学、南京理工大学、武汉科技大学等多所高校的兼职教授或名誉教授。主要从事航天和工业领域的自适应控制和智能控制理论与应用研究。获国家科技进步奖特等奖1项，国家技术发明奖二等奖1项、三等奖1项，部级科技进步奖一等奖1项、二等奖5项，中国新闻出版政府奖图书奖1项，全国优秀科技图书二等奖1项，国家发明专利多项。1988年，获首都五一劳动奖章。1992年，被评为航空航天部有突出贡献专家，享受国务院政府特殊津贴。在空间站控制预先研究中，被"863"空间站专家组评为有突出贡献先进个人。2003年当选为中国科学院院士。

吴宏鑫

航天强国 "追梦人"

少年如愿考进清华园

1939 年 10 月，吴宏鑫出生在江苏丹徒县的一个农村家庭。不幸的是，在吴宏鑫刚刚 10 个月大时，父亲就去世了。他的爷爷是私塾先生。他小的时候放过牛，没事的时候就似懂非懂地听爷爷在私塾里讲四书五经。当时谁也不会想到，这个整天骑在牛背上的放牛娃，日后竟会成为一位科学家。

当爷爷把吴宏鑫送进新式学校时，按年龄他已该读四年级了。只接触过四书五经的他和四年级的孩子们一起学习，可想而知十分吃力。但聪明听话的吴宏鑫十分要强，经过一年努力，成绩很快赶了上来，一举拿到班上的第一名。从那时起直到高中，吴宏鑫的成绩一直名列前茅。

1959 年，吴宏鑫从丹徒大港中学高中毕业，同年考入清华大学自动控制系自动控制理论及应用专业。吴宏鑫高考时，正值苏联第一颗人造卫星发射成功 2 年，他十分向往航天技术，一心想报考清华大学自动控制系。当吴宏鑫如愿以偿后，他非常珍惜这个学习机会，全身心投入学业。

投身航天事业，实现人生梦想

1965 年，吴宏鑫从清华大学毕业，后被分配到中国科学院自动化研究所工作。1968 年，中国科学院自动化研究所进行调整，一部分划归航天部门管理，成为北京控制工程研究所。吴宏鑫因此顺利地加入了航天人的队伍。

1978 年以后，吴宏鑫原计划回到卫星方案总体组，继续研究卫星控制方案。副所长杨嘉墀建议他转到航天器自适应控制这一领域。当时吴宏鑫不了解这一领域，问杨嘉墀："这个东西现在有用吗?"杨嘉墀说："现在没有用，但未来一定会有用。你要想好了，若要干，至少要准备坐十年冷板凳。"

除了要求吴宏鑫有"坐冷板凳"的准备，杨嘉墀还希望他成为既能搞理论，又会搞工程的科研工作者。吴宏鑫笑着调侃道："这样一来就有个'坏处'——'两头不是人'，搞理论的认为我是搞工程的，搞工程的觉得我是研究理论的。"

1980 年，当时的系统科学研究所邀请外国专家来北京讲课交流，专门讲自适应控制，但是两三天的课要收 30 块钱的报名费。30 块钱在当时不是一个小数目，在吴宏鑫为交不起学费发愁时，杨嘉墀已经担任北京控制工程研究所的所长，他帮吴宏鑫交了报名费，最终吴宏鑫是拿着他的请帖去听的课。

当时为项目争取经费也很不容易。最初国家自然科学基金委在 1986 年给"全系数自适应控制方法"研究项目批了 1 万元经费。后来总装备部、科技部、航天部等单位先后给予了资金支持。研究所的研究生等青年人才也通过这些项目成长起来。

1989 年，杨嘉墀和屠善澄给吴宏鑫定了一个目标，要搞航天器的智能自主控制研究。什么是智能自主控制? 杨嘉墀曾在《中国空间计划中智能自主控制技术的发展》一文里给出解释：在系统中引入人工智能技术以期达到自主或半自主运行，使系统在全回路中完全或部分没有人参与下运行。他同时指出，中国发展智能自主控制技术有其必要性。那一年，他们递交了组建空间智能自主控制国家重点实验室的申请报告。围绕这一目标，他们还制定了三个阶段的研究计划。

2003 年，吴宏鑫当选为中国科学院院士。杨嘉墀专门把他叫去，给他看了一篇文章《院士要做遵纪守法自律的典范》。"院士只是一种荣誉，你做工作，要对得起国家。"他叮嘱吴宏鑫说，"成为院士以后，找你的人多了，事情也多了，你要考虑清楚。"

2004 年，空间智能自主控制国家重点实验室的申请获批。15 年里，吴宏鑫团队一共递交了 11 次申请报告。在吴宏鑫看来，"杨先生那个时候就已经想得很远，他曾经对我们说，搞研究的，要看到 20 年之后。光看眼皮底下的，不是好科学家"。

杨嘉墀去世前曾因为胯骨摔伤住院。吴宏鑫在他骨伤基本痊愈、准备出院的时候去看望他。他一见到吴宏鑫就开始谈工作的事情，完全不顾自己的身体状况。当时杨嘉墀的夫人徐斐也在，还劝他们等出了院再谈。没想到这之后，杨嘉墀因为被痰呛住，大脑失去知觉，一直到去世也没办法说话。

这也成了吴宏鑫与恩师之间最后一次谈话。他至今记得杨嘉墀关照他的几件事：第一是坚定不移地继续研究智能自主控制，和领导要慢慢沟通好；第二是发展重点实验室，注重与国内外同行的交流；第三是抓紧培养年轻科研人才，让学生尽早投入工作……让他欣慰的是，"这些事，我们还在做，也做出了一些成绩"。

从 1988 年起，吴宏鑫先后任北京控制工程研究所研究室主任、科技委副主任、博士生导师，先后承担了卫星型号任务、国家"863"课题、国家"973"课题、部重点预研课题、国家自然科学基金重点项目和工业控制等 10 多项国家任务和工程项目。

从 2004 年 8 月起，他担任中国空间技术研究院科学技术委员会顾问，2006 年任中国航天科技集团公司科技委顾问。

多年来，他主要从事航天和工业领域的自适应控制和智能控制理论与应用研究，提出了"全系数自适应控制理论和方法"。这是一套完整的系统性和实用性很强的自适应控制理论和方法，对于一类对象在参数估计未收敛到"真值"的过渡阶段，能保证系统闭环稳定且具有良好性能。在智能控制方面提出了"特征建模""基于对象特征模型描述的黄金分割智能控制方法""航天器变结构变系数的智能控制方法""基于智能特征模型的智能控制方法"等，为降阶控制器和智能控制器的设计开拓了一条新的道路，对航天器控制和工业控制的发展具有重要理论意义和实用价值。

吴宏鑫提出的理论方法已应用于"神舟"飞船返回控制、空间环境模拟器控制、卫星整星瞬变热流控制和铝电解过程控制等多个控制系统，特别是在

吴宏鑫院士在参加会议

"神舟"飞船返回再入自适应控制中的成功应用，使控制精度达到世界先进水平。他的"基于智能特征模型的智能控制方法"在铝电解控制中成功应用，是中国铝行业的首创，达到国际先进水平。

在研究领域，吴宏鑫取得了丰硕的研究成果，获得国家技术发明奖二等奖1项、三等奖1项，部级科技进步奖一等奖1项、二等奖5项，于1985年获国家科技进步奖特等奖，拥有多项国家发明专利。发表主要论文70多篇，出版专著3本，其中《全系数自适应控制理论及其应用》于1992年获得全国优秀科技图书二等奖，《基于特征模型的智能自适应控制》于2010年获得第二届中国新闻出版政府奖图书奖。

此外，吴宏鑫于1988年获首都五一劳动奖章；1992年被评为航空航天部有突出贡献专家，享受国务院政府特殊津贴；在空间站控制预先研究中，被"863"空间站专家组评为有突出贡献先进个人。

吴宏鑫注重培养年轻人才，到目前为止，已指导和培养博士后、博士生、硕士生100多名，协助老专家培养博士生和硕士生18名。吴宏鑫多次被评为部、院人才培养先进个人，2004年8月被中国航天科技集团公司授予"航天人才培养突出贡献奖"，2010年被中国航天科技集团公司评为"航天人才培养先进个人"。

2016中国可穿戴计算产业技术创新战略联盟（CWCISA）第三次年会暨首届海峡两岸智能可穿戴产业论坛在厦门举行。论坛上，吴宏鑫做主旨发言，主题为"智能化下的产业发展思路"。

他在发言中指出，《中国制造2025》在技术层面最核心的问题就是智能化。最早的智能是 20 世纪 70 年代由美国人提出的，一种是人与技术的智能，即智能自主控制；另一种是将机器智能和人结合在一起。德国以多年自动化经验与人工智能研究为基础，不再局限于"自动化将全面取代人工"这一思维框架，改为强调人机协同合作。

在智能制造流程中，人虽然不再负责提供劳动工作，但仍然扮演生产过程的设计决策者及流程的管理者。工业 4.0 概念下的工厂将具有智能化、无人化、信息化等特性，这类自动化智能工厂将能把外部世界和工厂联结在一起，工厂能快速处理各地需求。除了德国提出工业 4.0 概念，美国也提出了工业互联网、互联企业等概念，这些概念的核心都是物联网。

吴宏鑫举例道："1994 年我到日本去，日本的汽车制造厂，这么大一个厂没有人，最后终于看到两个穿白大褂的在那里晃，我就问他们：'你们的工人去哪儿了？'他们说：'我们就是工人。'日本的汽车生产完全采用自动化的流程，人只做一些辅助性工作。"

他说，社会主义就是为了人民的幸福生活，这是干一切事业的出发点，如果生产效率提高了，工人得到了休息，就可以出去旅游了，这才是目的，加班不是目的，而是要尽可能少让大家做一些非常艰苦、效率很低的工作，这就是研究自动化的初衷。原来担心搞了自动化，工人失业，而实际上搞了自动化，

吴宏鑫院士在做学术报告

工人不但没有失业，反而生活质量大大提高了。

吴宏鑫认为，要把信息技术和制造业结合起来，需要高端人才。我们中国的高铁技术在全世界遥遥领先，我们的航天技术在世界上也是先进的，我们要让我们的生产、制造业从低端走向高端，就必须把信息技术和制造业结合起来。

吴宏鑫院士在做科普讲座

要建设大数据体系，实现制造业数字化、网络化、智能化。现在买火车票、飞机票实行实名制，在任何地方买票都可以，这就是依靠了大数据。每个人每天都有生命信息，中国有 14 亿人口，就有 14 亿人的信息，要定位在什么地方什么位置，没有大数据就不能处理，所以大数据对未来的发展很重要。

他认为，智能自动化是未来产业化发展的重要方向，过去打手机，有的地方打不出去，信号不行，因为当时使用的是美国的 GPS，中国的技术支撑还做不到，这就需要航天技术的发展。航天发展的未来方向是智能自主，我们要提高航天器控制的性能，满足长期可靠运行的需要，适应地面测控站资源有限的需要。

吴宏鑫坚持理论联系实际的科研工作作风，在自适应控制和智能控制领域有很高的学术造诣，取得了系统性和创造性的成就。他热爱祖国，学风正派，为航天事业做出了突出贡献。

期望家乡有更多的航天人

虽然大学毕业之后一直在北京发展，但是吴宏鑫心里一直牵挂着家乡，每隔两三年就会回家乡看一看。多年来，吴宏鑫的乡音没有多大改变。谈及自己对家乡的感情，吴宏鑫非常感慨："1959 年去北京上大学之前，我都生活在镇江，我对这里的感情很深厚。"他说："只要电视里出现有关镇江的新闻，我是一定要看的。"

这么多年，镇江的发展让吴宏鑫看在眼里，喜在心间。"我最大的感触是家乡的环境变好了。"谈起家乡的变化，吴宏鑫眉眼间透着喜悦。"原来我们村里环境很差，现在再回去一看，池塘干净了，环境也好了。镇江这些年发展得很好。"他笃定地说道。

吴宏鑫认为镇江很有发展前途，"家乡的气候很好，交通发达，历史悠久，文化底蕴深厚，家乡人也好，勤劳热情"。他希望镇江能大力发展经济，发展制造业，多宣传旅游与文化。

2019 年 6 月，吴宏鑫回镇江参加江苏发展大会"镇江行"活动。80 岁的他头发花白、精神矍铄，回答记者问题时，依旧让在场的人精神振奋："我目前研究的领域是航天器的控制。从国家层面来看，我国航空航天技术发展得很快，但成果出得很慢，距离世界领先水平还有一段艰难的路要走，这也是我们航天人共同的奋斗目标。可喜的是，我国飞船返回地球时的落点精度及飞船跳跃式返回（进入大气层再跃出大气层）等技术，已达到世界领先水平，包括我国北斗卫星导航系统代替美国 GPS，这些也指日可待。"

作为航天人，吴宏鑫对我国的发展感触非常深：如果航天不发达，我们就要受人家的欺负！美国的军舰一旦进入南海地区，中国立马就能发现，这换作以前是做不到的。他认为，未来航天航空领域的技术发展依旧任重道远。

他建议家乡要大力发展先进制造业，要利用金山、焦山、北固山、茅山等多做宣传，提高镇江的知名度。他认为"镇江行"合作恳谈会办得非常好，坚持办下去，一定能结出硕果来。

在应邀去大港中学演讲时，吴宏鑫表示："我希望家乡的孩子把航天事业做下去！要把我国从航天大国建设成为航天强国，希望家乡能有更多的年轻人加入航天队伍，为国家贡献镇江力量，为民族做出应有贡献！"

针对同学们提出的中美贸易摩擦和美国对华技术封锁如何解决的问题，吴宏鑫说，中国航天坚持自力更生、独立自主路线，我们不怕美国封锁。他回顾当年毛主席决策"两弹一星"的过程，说："毛主席说，要给赫鲁晓夫发一个大勋章。我看现在也要给特朗普发一个，特朗普企图卡我们的脖子，只会导致中国航天和整个中国科学技术更快地进步！"

多年来，吴宏鑫始终关心着家乡的发展，新闻里只要出现"镇江"二字他都会格外关注。2020年11月7日，镇江市委、市政府举行2020院士家乡行暨"金山英才"计划项目集中签约活动，在镇江籍院士座谈会上，吴宏鑫深情地说："镇江是个宝地，是历史文化名城，人才荟萃，有很好的人文资源和自然条件。"他建议："未来人工智能领域将是一片蓝海，镇江可在智能穿戴、智能养老设备上发力。"

创新创业福地，
山水花园名城，
战略机遇助力，
镇江前途光明！
吴宏鑫
2020.11.7.

2020年11月吴宏鑫院士返乡题词

如今，吴宏鑫已80多岁高龄，仍在进行航天智能控制的研究。他说："航天事业伟大而光荣，做航天人要有对国家、对民族深厚的爱，要耐得住寂寞、吃得了苦，隐姓埋名搞科研。"谈起祖国的航天事业，他总是激情满怀："航天事业关乎国家安全，显示国家实力，体现国家科技水平和影响力，希望家乡能有更多有志青少年，为国家、为民族投身航天事业，一代接一代把我国建设成航天强国。"

2020年11月6日，院士创作组成员在镇江市金山英才大会现场采访吴宏鑫院士

参考资料

1. 吴宏鑫院士：智能化下的产业发展思路［EB/OL］.（2016-04-19）［2024-08-19］.https://news.sciencenet.cn/htmlnews/2016/4/343832.shtm.

2. 吴宏鑫."光看眼皮底下的，不是好科学家"［EB/OL］.（2018-12-05）［2024-08-19］.https://news.sciencenet.cn/htmlnews/2018/12/420725.shtm.

3. 肖杨，张利，曹明.中科院院士吴宏鑫寄语武汉学子持之以恒创新图强发展人工智能不能光靠科学家［EB/OL］.（2020-10-27）［2024-08-19］.http://news.cnhubei.com/content/2020-10-27/content_13412016.html.

4. 郑艳杰.科学家拥有的不仅是智慧更是态度和情怀：记中国空间技术研究院吴宏鑫院士［J］.科技中国，2022（1）：95-98.

5. 镇江市地方志编纂委员会.镇江市志：1983—2005［M］.北京：方志出版社，2014：2726.

6. 镇江市史志办公室.镇江年鉴：2005［M］.北京：方志出版社，2005：353.

7. 镇江市人事局，镇江市地方志办公室.我是镇江人：镇江当代旅居外地人物［M］.上海：上海社会科学院出版社，1997：59.

8. 镇江市历史文化名城研究会.镇江历史文化大辞典［M］.镇江：江苏大学出版社，2013：534.

（马彦如撰稿）

　　李德仁，中国科学院院士，中国工程院院士，摄影测量与遥感学家，测绘界唯一的中国科学院、中国工程院双院士，2023年度国家最高科学技术奖获得者。籍贯江苏镇江，1939年12月出生于江苏泰县。曾任武汉大学学术委员会主任、测绘遥感信息工程国家重点实验室学术委员会主任、武汉市科学技术协会主席。主要研究领域是遥感、全球卫星定位和以地理信息系统为代表的地球空间信息科学与技术，提出了处理测绘误差的可靠性、可区分理论和空间数据挖掘理论。长期活跃在国际科学研究舞台上，多次获国家及省部级科技进步奖、全国优秀教材和优秀教学成果奖。国际摄影测量与遥感学会先后授予他会士、"名誉会员"和"布洛克"金奖。

　　1991年当选为中国科学院学部委员（1993年改称院士）。1994年当选为中国工程院院士。1999年当选为国际欧亚科学院院士。2018年当选为国际宇航科学院院士。

李德仁

测绘天地人生的遥感专家

　　李德仁，祖籍江苏镇江，1939 年 12 月出生于江苏泰县。1963 年毕业于武汉测绘学院航空摄影测量系。1981 年获武汉测绘学院摄影测量与遥感专业硕士学位。1985 年获德国斯图加特大学博士学位，同年返回武汉测绘学院任教。1986 年破格晋升为教授。1991 年 10 月当选为中国科学院学部委员（1993 年改称院士）。1994 年 5 月当选为中国工程院院士。1997 年 2 月至 2000 年 7 月担任武汉测绘科技大学校长。1999 年 10 月当选为国际欧亚科学院院士。2000 年 8 月担任测绘遥感信息工程国家重点实验室主任。2018 年当选为国际宇航科学院院士。第九届全国政协委员。武汉大学学术委员会主任，教授、博士生导师；国家有突出贡献的中青年专家。曾任中国测绘学会副理事长、中国图像图形学会副理事长、中国地理学会环境遥感分会副理事长、中国 GIS 协会顾问、国家"973 计划"专家顾问组成员、国家遥感中心专家组成员、欧美同学会常务理事、国家航天专家组成员。承担国家"863"项目及"973"项目。任国家重大科技攻关项目"高分辨对地观测系统"专家组副组长、教育部第六届科学技术委员会委员兼战略研究委员会委员、湖北省科协副主席、湖北省测绘学会名誉理事长、湖北省土地学会第六届理事会名誉理事长、武汉市关爱学会会长、武汉市欧美学会会长、武汉留学回国博士联谊会会长、武汉·中国光谷首席科学家。

　　李德仁是国际知名的摄影测量与遥感学家。他于 1982 年提出了比传统"丹麦法"更加优越的粗差定位验后方差选权迭代法，该方法被国际测量界称为"李德仁方法"。其后，他于 1985 年提出用包括误差可发现性和可区分性在内的，基于两个多维备选假设的扩展的可靠性理论来处理测量误差，科学地"解决了测量学上一个百年未解的难题"。该成果获 1988 年联邦德国摄影测量与遥感学会最佳论文奖和"汉莎航空测量奖"。瑞士苏黎世联邦理工学院为此授予他名誉博士学位。

坎坷的求学之路

回顾李德仁的成长之路，可以说是充满了坎坷，但他靠自己坚忍不拔的毅力，一步步登上了科研的顶峰。

李德仁小时候身体比较瘦弱。读小学的时候，母亲华淑蕙对李德仁很严格。为了鼓励李德仁好好读书，华淑蕙学孟母，将他转入私立养正小学。

"养正"一词源于《易经》，意为施以正确的教育，包含对品行、道德、学业等各方面进行正确的教化引导。养正小学有严格的考评制度，学校走廊一边是红榜，一边是黑榜，红榜鲜明地表扬考试取得前三名的同学，以此来激励学生用功读书。转入养正小学后，李德仁如鱼得水，成绩直线上升，名字经常上红榜。

1951 年，已满 11 周岁的李德仁以全校第一名的成绩从养正小学毕业，考入江苏省立泰州中学。泰州中学历史悠久，文化底蕴深厚，师资力量雄厚，教学质量非常高。

李德仁的语文老师是前清秀才，物理老师是北大赵忠尧教授的弟子、泰州市科协主席，化学老师毕业于南京大学化学系，历史老师当过国民党议员。老师们出于各自不同的原因，在那个特殊的历史背景下，辗转来到了泰州中学当教师。李德仁遇到了这么多的好老师，是他一生的幸运。

1957 年，李德仁高中毕业考大学，第一志愿填报了北京大学，第八志愿是武汉测绘学院航测与制图系，最终被武汉测绘学院录取。李德仁填报第八志愿选择武汉测绘学院航测与制图系，与他曾利用小平板测量小泰山高度有关。他以为制图就是几何老师教的机械制图，贯穿投影，而这正是他的兴趣所在。进入武汉测绘学院后，他听人说自己的分数是学院当年录取学生中的最高分。

教育部当时有规定，凡是 12 个志愿里填写了新建大学的考生，只要合格，一律录取到新建大学。武汉测绘学院 1956 年成立，1957 年第一次招生，正好在李德仁报考大学的节点上。

在入学大会上，李德仁听了院长夏坚白（学部委员）以及王之卓教授、陈永龄教授的讲话，很受鼓舞。他们三人都是 1939 年从德国留学回来的博士和名师。一个学校之大，不在于房屋之高大，而在于学校有大才子，有大学者，有大师。

然而，平静的学习生活被突如其来的事件给打破了。1958 年 3 月，系党总支书记突然找李德仁谈话，说李德仁读中学时有政治问题。李德仁吓了一跳，赶紧问是什么问题。党总支书记答道：自己回去检查。

李德仁在泰州中学时就是团支部副书记、班长，成绩好，表现突出，进了大学又当上了班长。学校老师已经准备介绍他入党了，突然说他有政治问题，还原因不明，19 岁的李德仁慌了，根本摸不着头脑。

一个礼拜后，党总支书记再次找到李德仁，说教育部有文件，他这样的情况只能勒令退学。李德仁吓坏了，不知所措。有人告诉他，可以到人事处找一位叫杨坚的处长。

李德仁找到杨坚，这位女处长是省军区王司令的夫人，当年红色娘子军的成员。这位老党员看着他，打量一番，再看看他的档案，说道："你还是三好学生呢！"然后告诉他："学校党委研究决定，给你一个机会，你回中学去，出个证明，只要证明你在中学没有问题，你就可以继续上学。"杨坚还给他开了个条子。

李德仁拿着杨坚的条子，请假先从武汉坐船到镇江，然后坐汽车到扬州，再到泰州。此时的学校，正在整治"右派"。他高中时的班主任兼化学老师朱广鉴已经被打成了"右派"。李德仁找到学校校长和书记，可他们告诉他："你已经毕业了，在你的毕业证上我们已经做了鉴定，现在不会给你做任何鉴定。"

没有办法，李德仁只得坐船无功而返。他又去找杨坚，杨坚告诉他，必须要有中学的答复。杨坚又给他写了一个条子。李德仁带着这一张条子，再次踏上回家的路。

这时他才知道，他是因为在中学时曾经议论报刊上的观点受到牵连。议论的话题是"在分数面前人人平等"，李德仁当时当众提出了自己的认识，希望政府教育部门能做得更好一点。

在泰州待了一个月，学校才通知他，给了他一封信，告诉他可以回去了。回到武汉，李德仁把信交给杨坚，他才得以继续上学。

但要回到原来的班级已不可能，时任教务处处长的纪增觉老师提出了反对意见，说李德仁一个学期缺课超过1/3，必须要休学。就这样，李德仁从5721班留级到5821班。留级期间，杨坚给他找了份勤工俭学的工作，到学校大办钢铁的小高炉当炉前工，不光每个月有18元的收入，还可以住教工宿舍，在教工食堂吃饭。

可是，李德仁在食堂里吃饭的时候，时常有人叫他"李德仁站起来"，然后就当时某某事件、某某人物责问他。

原来是优秀的班长，现在随时会被人叫站起来，还不能讲话，不能反驳，如此折腾让李德仁心里十分苦闷，他多次走到东湖边上，就差没跳下去，他想到一句话：我应当活着，证明我的清白。

在当炉前工期间，他和几个退伍军人一起谈人生，谈自己的处境，觉得找到了一点平衡。于是，他不仅接受了命运的安排，还自学了高炉冶炼学及炉前工操作手册。

留级后的李德仁当不了班长，但他成绩优异，就当了学习委员。作为"漏网右派"的李德仁，每逢搞运动被揪出来做典型是免不了的。

李德仁有一套自己的学习方法，常常第一个跑到图书馆，他几乎看遍了所有的专业文献，英文的、俄文的都看。在看了大量的测量和制图的刊物，做了一大堆的心得笔记后，李德仁隐约觉得这些刊物里有些教授宣讲的"真理"存在问题，他一口气写了4篇文章，阐述自己的观点，还指出加拿大的某教授、苏联的某教授论据不对。

王之卓教授看到李德仁的文稿后十分兴奋，又批又圈，还命办公室秘书找到李德仁，叫李德仁第二天下午到他家里谈话。

李德仁如约找到王之卓家，第一次和一位大师面对面地交流。两人一见如故，李德仁为找到一位好老师而兴奋不已，王之卓为意外发现一匹千里马而感到格外惊喜。

1963 年，李德仁大学毕业，毕业论文《反光立体镜作解析摄影测量加密制图》被评为大班第一名，随后发表在《测绘学报》上。经王之卓挽留，李德仁报考了王之卓的研究生，当年王之卓也仅仅就招一名研究生。

在逆境中秉承学习初心

开学了，李德仁兴奋地回到学校报到，可上研究生的事却有了变化。学校宣布李德仁毕业，不可以读王之卓的研究生，他被分配到国家测绘局地形二队，他的女朋友朱宜萱分在了陕西测绘局地形七队。王之卓惋惜不已。

到了地形二队三中队，李德仁才得知自己将被派往新疆。后来由于国家测绘局研究所在宝鸡秦岭有个试验场，要做全野外控制点测量，李德仁没去成新疆，到了这个试验场搞野外测量。

李德仁计算速度非常快，别人一天算三五个点，他一天可以算十几个甚至三十个点，而且他还发现山区高程不闭合，是由于高程视距表出错了。他提议用水准尺加气泡测量，修改规范，重做视距改正表，及时完成了全野外测量任务，还写了文章在《测绘通报》上发表。

不久他接到通知，说可以回北京到测绘研究所工作了。后来才知道是王之卓把他推荐给了当时的测绘研究所所长陈永龄。也正是由于这个原因，"文化大革命"开始后，李德仁又多了一条罪状：李德仁是反动权威王之卓推荐给反动权威陈永龄的！

进研究所后，不能直接到航测研究室工作，李德仁被派到情报研究室做二线情报工作。工作中，李德仁始终没有忘记恩师的教导，继续研究。在这里，李德仁遇到了大学同学刘先林。

"文化大革命"开始后，李德仁被定为"修正主义苗子""1957 年的漏网右派"，被下放到河南"五七"干校。李德仁年轻力壮，被派去搅拌混凝土，送料盖房子，陈永龄负责拉砖头，刘先林则是拖拉机驾驶员。

半年后，"五七"干校又让李德仁去种水稻。去正阳农场的那天，车子载着行李绝尘而去，李德仁他们则背着背包，徒步往农场赶，名曰"拉练"。

大家在很长的水田里插秧，长长的秧田几乎一眼望不到头，累得人腰酸背痛。收粮的时候则要将一袋袋粮包扛到仓库，稻谷一袋 180 斤，小麦一袋 120 斤。李德仁双手叉腰，另外两人合力将包送到他肩上，他一路小跑，经过一个小坡后到达仓库，然后身子一斜，将包堆好。

劳动中，李德仁受了风寒又吸入粉尘，哮喘病发作了，后来他被派去当了炊事员，在那里学会了做馒头，做红烧鸡，还能做到打菜"一勺准"。再分配的时候，由于测绘局已解散，李德仁被分到了石家庄水泥制品厂，刘先林分到了汽车配件厂。

在水泥制品厂，李德仁整天干的就是制作电线杆、扎钢筋、钻螺丝、搅混凝土的工作。厂长看他是大学生，就把他转到实验室专门负责水泥制品的化学分析与研究。这时，李德仁跟国家建材研究院的研究人员一起发明了一种全新的硫铝酸盐系列水泥，获得了国家技术发明奖二等奖。当时普通的水泥只卖 30 元/吨，他们研究出来的特种水泥能卖 120 元/吨。

在"五七"干校和水泥制品厂这段艰苦的日子里，李德仁坚持学习，始终没有放弃学业，坚持做好分配给自己的每一件事。

远赴德国，崭露天赋

1975 年，测绘局和测绘学院恢复了，李德仁携妻子朱宜萱进了河北测绘局。在河北测绘局，李德仁开发了一个个独立模型法区域网平差软件，获得河北省科技进步奖二等奖，英雄开始有了用武之地，凭借自己的努力，他还当上了科技处的干部。

经过长达 15 年的磨砺，李德仁的命运在 1978 年迎来转折。那一年，国家恢复研究生招生，时年 39 岁的李德仁终于回到恩师王之卓先生身边。

读研究生的三年里，李德仁几乎把当时全世界可以找到的专业文献都看了一遍，没有复印机就手写，整理了 20 多本笔记，以至于他后来到了德国，初次见到一个外国教授就能说出人家是从事什么研究的，让对方惊讶不已。

读研究生的第二年，李德仁参加出国考试，不负众望，他考了第一名。

1982 年 10 月，李德仁以访问学者的身份如愿去了德国，当时的他已经

43 岁了。王之卓将李德仁介绍给世界摄影测量领域领军人物之一阿克曼教授。当时阿克曼教授正带着好几个学生，于是建议李德仁先到波恩大学学习半年。

一到波恩，李德仁大开眼界，马路上汽车来来往往，浴室里的水龙头也很先进，一边是热水，一边是冷水，洗澡非常方便，李德仁大感新鲜。

初到波恩大学库普费尔实验室，李德仁便发现该实验室的区域网平差程序有缺陷，状态不稳定。他向库普费尔教授要来程序，承诺一个礼拜就能把程序调试好。当他如期将修改好的程序交给库普费尔教授时，教授非常惊讶。李德仁随后用德文写出文章《克服自检校平差中过度参数的三种方法》，一鸣惊人，当然这与在国内时老师为他补习了大量高深的数学知识有很大的关系。

当时国际上正着力研究粗差问题，很多德国科学家、测量学家都在研究这个问题。当时有两派观点：一派认为用最小二乘法的原理，是可以找出粗差的；另一派认为不可以，要用稳健估计，要推翻高斯分布。

李德仁则提出自己的观点：如果把粗差看成一个期望异常的值，那么就需要对最小二乘法进行改造。如果把粗差看成一个方差异常大的观测值，那么就可以用最小二乘法。他首次从验后方差分量估计原理出发，提出了选权迭代粗差检测方法，也即"李德仁方法"。这是他在武汉读书时受德国教授讲授验后方差估计启发的结果，也是他在王之卓那里学到的本事开始发挥作用的结果。

"李德仁方法"提出后，库普费尔教授告诉李德仁："你的这个方法很绝，但道理我不是很懂，我把它邮寄给阿克曼教授看看。"

阿克曼教授看了以后，十分欣赏，于是找到慕尼黑的德国摄影测量与遥感杂志社的主编，希望能发表出来。这位主编把文章仔细地看了一遍说道："文章写得如此通顺流畅，我这个当编辑的不需要改一个词。"

这是李德仁在德国发表的第一篇德文文章，非常短小，但他用逻辑推理的魅力弥补了词汇表现上的不足。

李德仁在波恩大学开始小有名气，大家都知道中国的王之卓 20 世纪 30 年代在德国拿了航测博士学位，现在又出了一个很厉害的中国人。在与国际同行的见面聊天中，李德仁总能指出对方研究成果的不足，他因此而大受欢迎。

在波恩大学短短半年的学习时间里，李德仁用德文写出了三篇论文，一个语法错误都没有。库普费尔教授问李德仁："像你这种水平的中国人多不多?"李德仁不假思索,真心地回答道:"像我这个水平的,仅在武汉测绘学院,在王之卓教授手下就有很多。"

半年后,李德仁从波恩大学转到斯图加特大学阿克曼教授门下。阿克曼教授告诉李德仁:"你的老师(指王之卓)是我老师的同学,我尊重王之卓,王之卓又这么喜欢你,你还是读博士吧。"

李德仁正式由访问学者转为阿克曼教授的博士生。

1983年,阿克曼教授到中国讲学,到武汉测绘学院讲课,李德仁担任翻译。阿克曼教授鼓励李德仁多讲、大胆地讲,因此这次讲课,很多时候就是阿克曼教授点出一个题目、思路,李德仁口译成中文,再大加拓展、延伸,两人非常默契。

李德仁跟阿克曼教授做的博士论文研究领域是:在区域网平差里面,自动地把多个粗差和系统误差区分出来。

分别处理粗差和系统误差,早在高斯理论中就有涉及,但是自动区分它们的方法,却百年未有。1984年10月,李德仁的博士论文《摄影测量平差中控制点粗差和像片系统误差可区分的理论及实验研究》开始送审,按照规定,整个斯图加特大学土木工程学院的100多个教授都要审阅。论文被复印成5份快速传递。

在等待论文评审的过程中,斯图加特外事局推荐李德仁去一所歌德语言学校。该校不仅免费教外国人德语,还为每个人提供一个月400~500马克的零花钱。李德仁告诉王之卓自己去了德语学校,王之卓大为不解,即将回国还学德语干什么?后来才知道,这是大学给李德仁的奖励:学习、度假兼挣钱。

李德仁一边学德语一边准备答辩,学术对博士答辩有严格的要求,规定45分钟的答辩时间,偏差不超过一分钟才能拿到高分,李德仁天天计表练习。

1985年2月5日,答辩正式开始,李德仁共用时45分20秒。这一次的训练,使他以后讲课、做报告,根本不用看表,凭感觉就能准确掌握时间。

李德仁的博士论文答辩获得了斯图加特大学的最好成绩,1分+5星。在德国,博士论文评语是严格保密的,但在李德仁回国前的告别聚会上,阿克曼教授破例公布了李德仁博士论文的评语,国际著名理论大地测量学家格拉法韧特教授写道："我为此文而激动，它解决了一个困扰测量理论与实践达一百多年的难题。"

李德仁随后将粗差发现的理论上升到粗差和系统误差区分的理论高度，他因此荣获了汉莎航空奖。即使是世界上科学技术最先进的国家，也要用李德仁的理论来校正自己的航测平差系统。1985年2月，李德仁回到了中国，当了武汉测绘学院的一名讲师，1986年破格晋升为教授。因为突出的贡献，李德仁于1991年当选为中国科学院学部委员。

李德仁院士工作照

1994年，李德仁又当选为中国工程院院士，成为测绘界唯一的双院士。

带领弟子在遥感海洋中远航

李德仁在德国时，阿克曼教授对李德仁说：教授的第一任务是教学，要发现和鼓励学生；第二任务是组织科研；第三任务才是自己动手搞科研。受阿克曼的影响，李德仁回国后一直给学生上课。他还将阿克曼教授关于最小二乘法的文章全部拷贝，带回来送给了张祖勋（中国工程院院士）。张祖勋和李德仁同为王之卓先生的学生，王先生对他们进行了学术研究分工：李德仁负责加密，张祖勋负责数字测图，现在人工智能将加密与测图一体化了。

李德仁回国后就开始编写教材，把摄影测量分为基础、解析和数字，他和夫人朱宜萱合编《基础摄影测量学》，与郑肇葆合编《解析摄影测量学》，请张祖勋编写了《数字摄影测量学》，又依据博士论文编写了《误差处理与可靠性理论》。《误差处理与可靠性理论》后来被当作研究生教材。

李德仁研究把他的可区分理论用来做区域网平差，减少野外控制点。他做的第一个项目就是带GPS的空中三角测量，他不仅提出了全套理论，还培养了第一个硕士袁修孝（后来也成了他的博士）、第一个博士单杰，并指导其博士生编写了软件。这个软件于 1999 年获得了国家科学技术进步奖二等奖，解决了整个海南岛深山密林里不好布设控制点的全岛航测，完成中越边界地面可能有地雷地区的 1∶50000 测图，后来还用该软件制作了西部测图。现在 GPS 空中三角测量加航空惯导已成为标准方法。李德仁超前的研究得到国家测绘局金祥文局长的大力支持，国家测绘局为他及他的团队拨款 10 万元。

从 1988 年开始，李德仁组织团队研制开发地理信息系统 GIS 软件，推广数学形态学，做地图等高线识别，并培养了第二个博士生陈晓勇。他将"加密—制图—进数据库"这一流程里的数字测图交给张祖勋，直接由加密跳到"进数据库"环节。他从数学形态学这一新理论入手，用数学形态学指导陈晓勇。陈晓勇后来到了日本东京大学做博士后研究，又到泰国亚洲理工大学（AIT）当系主任。

1988 年，李德仁当选为国际摄影测量与遥感学会（ISPRS）第Ⅲ委员会主席（1988—1992 年）。这个委员会主要研究数学理论和算法，共设 6 个工作组，李德仁利用这 6 个工作组的研究理论开拓在国内的研究领地，将博士生龚健雅送到地理信息理论工作组，还送他到丹麦学习地理信息理论。随着面向对象的兴起，他和龚健雅一起研究面向对象和一体化数据结构（矢量栅格一体化），这是全新的两个点。他一直告诉自己，要善于发现方向，把学生带到科研的第一线。

在 GIS 这一领域，李德仁组织了 20 余人的大团队，他开始开发"吉奥之星"软件系统。2001 年"国产 GIS 基础软件吉奥之星的研制与工程应用"获国家科学技术进步奖二等奖。随后，李德仁组建了吉奥公司，开始将研究成果产业化。

在摄影测量研究进展到一定程度的时候，李德仁开始进军遥感领域，以国家重点学科摄影测量与遥感以及大地测量专业的相关实验室为基础，积极参与筹建"测绘遥感信息工程国家重点实验室"，进行早期的遥感研究。

1991 年，李德仁受到有关部门的邀请以遥感研究为方向申请项目，得到 40 万元扶持资金，该研究项目成为武汉测绘科技大学（1985 年由武汉测绘学院更名）的一个大项目，李德仁找来四个教授分别做高分辨率遥感、超光谱、成像光谱仪、数据压缩和雷达研究，他自己带着研究生开始向遥感领域拓展。

进入遥感领域后，李德仁的队伍逐渐壮大，在基础成果和产业化方面取得突出成绩，培养了一大批优秀人才。测绘遥感信息工程国家重点实验室不仅发展成为我国测绘学科唯一的一个国家级重点实验室，而且成为学科内全世界规模最大的实验室，在李德仁的带领下，实验室向最高级别的"国家实验室"进军。

在科研的道路上，李德仁敏锐地感觉到集成，尤其是多系统集成的重要性。于是，他发表了当选院士后的第一篇文章《论 3S 集成》（3S 指 GIS、GPS 和 RS）。其基本思想就是：遥感（RS），包括摄影测量，是在面方式下进行数据成像、采集和处理，全球定位系统（GPS）则是在点方式下进行数据成像，地理信息系统（GIS）是所有面方式和点方式成像结果在计算机里的存储、管理和应用。点方式精度高但效率低，面方式速度快但要依靠点方式做基础，所有最后的成果都沉淀到 GIS 之中。他的这一思想得到了国际上的认可，《论 3S 集成》成为李德仁再上台阶的标志性科研成果。

1994 年，李德仁花了 2 万元买来一辆旧吉普车，在车上装 GPS，装惯性导航系统，装 CCD（电荷耦合器件），装电脑等，做成一部 3S 移动测量车，终于把集成系统研制了出来。

李德仁院士正在接受采访

系统研制成功后，李德仁开始引进投资创建立得公司。2007 年，测绘遥感信息工程国家重点实验室和立得公司联合研制的"基于 3S 集成技术的 LD2000 系列移动道路测量系统"获国家科学技术进步奖二等奖。

李德仁院士指导开展雷达干涉测量研究

1994 年到 2007 年这十几年的时间里，李德仁攻破了数据"时空同步"的技术难关，并研究出第一套产品卖给韩国用户用于制作智能交通地图，还派技术员到韩国，配合用户一边使用一边修改，软件逐渐成熟和完善。

2007 年，当以美国为代表的西方国家提供 PNT，实现无所不在的定位、导航和授时服务时，李德仁院士在全球率先提出 PNTRC，要通过通信、导航和遥感的一体化，在实时人工智能技术支持下实现无所不在的定位、导航、授时、遥感和通信服务，为军、民用户快、准、灵地提供地球上任一目标是什么、在哪儿、有什么变化的空天信息智能服务。他作为国家"2011 计划"地球空间信息技术协同创新中心主任，组织武汉大学、清华大学、北京航空航天大学、北京理工大学与航天科技集团一同攻关，发射了"珞珈"系列科学试验卫星，实现了卫星在轨智能处理，通过通信卫星与地面互联网集成，将卫星遥感数据和信息送到用户的手机上，实现了在轨秒级处理，分钟级传输，米级绝对精度。

近年来，他推动武汉大学与山东省烟台市的校地合作，提出了"东方慧眼"卫星星座的建设方案，将他在 2014 年向国家提出的商业航天建议落到实处，一个由 200 多颗高分辨率光学、雷达、高光谱和热红外卫星组成的中国造智能卫星星座正在加速推进中。

李德仁院士在庆祝中国共产党建党 100 周年时，表达了活到老、学到老、干到老、为党和人民奉献到老的决心。他正在带领他的团队为此而不停歇地思考、创新、实践和奋斗！

参考资料

1. 镇江市地方志研究会. 镇江为你骄傲：镇江籍两院院士、全国名人［M］. 北京：方志出版社，2003.

2. 程墨，肖珊，尚紫荆. 中国科学院院士、中国工程院院士、武汉大学教授李德仁：在不懈创新中报国育才［N］. 中国教育报，2024-06-25（3）.

3. 廖明生. 中国科学院院士中国工程院院士李德仁教授学术成就概要［J］. 上海国土资源，2013（4）：2-3.

4. 王菲，吴纯新. 李德仁：满腔热血浇铸遥感强国梦［N］. 科技日报，2024-06-25（5）.

5. 中华人民共和国教育部. 测绘遥感学家李德仁：精准测绘大地山河［EB/OL］.（2024-06-25）［2024-08-16］.http://www.moe.gov.cn/jyb_xwfb/xw_zt/moe_357/2024/2024_zt14/hdz/ldrxgbd/202406/t20240625_1137674.html.

6. 笔者参观泰州"院士旧居"时所收集的资料.

（王礼刚撰稿）

注：本文经李德仁院士审核修改。

　　李德群，中国工程院院士，材料成形专家。1945 年 8 月出生于江苏泰县，祖籍江苏镇江。1968 年毕业于清华大学冶金系，1981 年获华中工学院塑性加工专业工学硕士学位，后留校工作。曾任华中科技大学材料科学与工程学院教授，博士生导师。长期致力于材料成形数字化与智能化研究，研发出冲压和塑料模 CAD/CAM 系统，填补了国内空白；率先在我国开展塑料注射成形模拟研究，创建的成形模拟表面模型成为国际主流技术，产生了重要的国际影响；研制注射成形智能装备，引领了成形装备智能化的发展方向。获国家科技进步奖二等奖 3 项、国家自然科学奖二等奖 1 项，获国际先进成型技术学会终身成就奖、全国优秀科技工作者等荣誉；带领团队获评全国高校黄大年式教师团队。出版专著和教材 21 部。2022 年 9 月 5 日逝世。

　　2015 年当选为中国工程院院士。

李德群

智能成形的拓荒者

制造业是国民经济的主体，是立国之本、兴国之器、强国之基。在国务院发布的《中国制造2025》中，智能制造再一次被重点关注，"推进信息化与工业化深度融合"被写进这一纲领性白皮书。李德群教授在30余年的科研生涯中，一直致力于材料成形智能化、塑料注射机智能技术及应用研究，引领我国智能制造行业的发展。

"成功的关键在于，你是否敢于拼搏，敢于啃硬骨头。"作为20世纪40年代出生的知识分子，在李德群教授的心中，"占领学术的制高点"已经成为他指导学生选择研究方向、开展学术研究的立足点。

在镇江的李家六代祖辈

姜堰人缪荣株在调查、收集、整理有关《姜堰名人》一书的资料时，收到中国科学院院士、中国工程院院士李德仁发来的两万多字的资料，结合多方文史资料的调查研究发现，清道光年间丹徒县文科状元李承霖（1808—1891）是李德仁、李德毅、李德群院士三兄弟的第六代祖，实地走访镇江后得知城西其墓"状元坟"早毁不存。李承霖是明清两朝镇江地区唯一的状元，字雨人，又字仰严，号果亭，行五。其先世为山西省河东闻喜县人，元朝末年为江苏省盱眙县令，朱元璋起兵濠泗时以死尽节。其后人先迁徙广陵（扬州），再迁镇江落籍丹徒县，李承霖是十七世孙。

那么李德仁、李德毅、李德群怎么会到苏北里下河水乡溱潼镇落户呢？原来，李德仁、李德毅、李德群祖上是高门大族，世代书香门第。第六代祖李承霖于道光十九年（1839）秋的乡试中，举经魁（中举第一名称解元，前五名统称举经魁），翌年春的庚子恩科（该科为庆贺道光皇帝六旬寿辰特设），李承霖为清道光二十年（1840）恩科进士第一人，被道光皇帝钦点为一甲一名状元。

李承霖的后裔曾经听家里的老人讲过，在太平天国起义时，洪秀全怕连累老师李承霖，命人送了一袋枣和一袋梨到老师家，"枣梨"是"早离"的谐音，状元公理解这个意思是叫他早早离开。因而李承霖由丹徒（今镇江）迁居泰州，此后一直在泰州生活了 30 年。

镇江的文史资料提到：李承霖的际遇很特殊，30 多岁时还是童生，这一年侥幸进了学为秀才，又遇朝廷庆典设恩科而先赴南京参加乡试（若非恩科，应于第二年才能参加乡试），中举后接着赴京参加会试，连捷后经殿试又点了状元。从中秀才到点状元共计八个月的时间，所以在李承霖友人的贺诗中有"读书三十年，发达八个月"之句。咸丰初年，李承霖因母亲亡故而回家乡丹徒守孝。咸丰三年（1853），太平军攻打镇江时，李承霖侍父避乱黄墟。第二年他居住的地方半夜失火，他背着父亲冒烟逃出险境。

李承霖曾经历了 1842 年的镇江抗英保卫战及 1853 年太平军攻打镇江的战争，其文稿在避乱时大半被火所毁，因而今人很难从史料中去追寻其人生轨迹。李承霖在《劫余仅存》一书卷首的自序中称"因遭壬寅之夏、癸丑避乱，存稿及行箧又毁于火，一劫再劫"。

自序中还说兵燹后向友人索得"关乎治乱救生、试院及吾郡大事的散文""应酬诸作、往复书信""时文、古近体诗"等，分编为《劫余仅存》上、中、下三卷。最关键的是自序末注明了"光绪甲申春七十七叟李承霖自序于泰州休息庵"。

李承霖在镇江时家住在何处未见地方文献记载，李氏宗祠位于镇江市运河路通往南郊的铁路涵洞附近，后因铁路南站货场扩大规模，宗祠被拆毁而不存。李承霖去世后与原配夫人郭氏合葬于镇江市城西的高骊山小银窝，当地村民称之为"状元坟"，通过实地走访后得知其墓早毁不存。

在不同时期的战乱年代，李家历代后人与镇江的渊源很深，镇江城是他们的根。

学术研究的起点从华工开始

1978 年，李德群拿着华中工学院的研究生录取通知书百感交集。1968 年大学毕业后的十年里，李德群在宁夏灵武农场当过农工，在湖北潜江机械厂做过工人和技术员。直到 1978 年，33 岁的他才回归校园，重新拿起课本，开启人生新的征程。

"进入华工后，我才有可能真正开始学术研究。"李德群说。他倍加珍惜"拨乱反正"后来之不易的学习和科研机会。

当时李德群的导师肖景容教授结合学科前沿和实际需要，为李德群确定了塑料注射成形模拟的研究方向。"科学研究一开始找准方向十分重要"，李德群认为，正是导师的高瞻远瞩和循循善诱，让自己走上了研究的快车道。他从此步入了塑料注射成形模拟和模具 CAD/CAE/CAM 的科学研究之路。

1986 年，李德群前往美国康奈尔大学做访问学者。一年多的美国之行，大大拓宽了他的视野，提高了他的研究能力，让他认准了塑料注射成形模拟技术的发展方向。

在塑料注射过程中，熔体薄壁成形时流动方向和壁厚方向速度、温度等

1987 年，李德群在康奈尔大学协助指导学生用图形软件设计产品

差异显著，难以构造可供工程应用的表征模型。20 世纪八九十年代国际上一直采用中面模型，通过人为构造产品中心面来简化流动分析，该模型的缺点十分明显，难以在工程中广泛应用。

带着改变这种状况的决心，从美国归来的李德群带领其团队开始了三十年

如一日的科学技术攻关。

从中面模型到表面模型

针对中面模型的缺陷，李德群经过深入的思考和调研，提出了表面模型的概念。他认为，可以不必构造中心面，直接采用产品表面表征熔体流动，这样能够显著提高分析精度，突破中面模型的应用局限。

在概念提出后，李德群和他的博士研究生通力合作，开发出基于表面模型的模拟软件，并首先在国际上发表相关论文。国际专业杂志 *Modern Plastics* 随后用整版篇幅专题报道了该研究成果。

李德群的这一成果很快成为国际研究热点。来自美、英、德、日等国家的50 多个国际研究团体引用了其关于表面模型的论文，其中包括一批国际知名学者。美国佐治亚理工学院的 Cardozo 教授在综述论文中评价："表面模型的概念是创新和激动人心的，是注射成形模拟历史上一个重要里程碑。"

李德群及其团队的表面模型等成果获 2002 年国家科技进步奖二等奖。

李德群注重学科交叉和科研合作，他与化学系研究复合塑料结构的解孝林教授建立了长期合作关系。2004 年，李德群与解孝林共同承担了国家自然科学基金重大项目第四子项"联系介观到宏观尺度的高分子共混物流变学本构模型"，该项目结题时被国家基金委评为优秀。

李德群将成形建模研究从宏观流场深化到微观结构，建立了塑料成形中流动诱导结晶、分散相形态演变、纤维取向等的分析模型，实现了塑料注射成形的宏微观模拟和产品性能的定量预测，相关成果获 2010 年国家自然科学奖二等奖。

从模型研究到软件开发

在 20 世纪 80 年代李德群回国之初，我国自主家电行业刚刚起步，面临着十分尴尬的境地：由于塑料件制造技术不过关，大量的成形模具需要依靠进口。李德群及其团队意识到这是一个亟待解决的行业难题。

成形模拟是实现塑料成形工艺优化的关键技术，它能够使模具的设计周期大幅缩短、成本大幅下降，使材料和设备利用率大幅上升。但长期以来，我国缺乏的正是具有自主知识产权的模拟软件。李德群和他的团队在 20 世纪 90 年代初率先开发出国产塑料注射成形模拟软件并实现了工程应用。

塑料注射成形集成模拟软件——华塑 CAE，成为李德群的又一重要成果。该软件覆盖了充填、保压、冷却、应力、变形模拟的全过程，并且经过了严格的实验验证和工程测试，预测精度达到工程应用的允许范围。

李德群团队与青岛海尔公司共建模拟中心，分析生产案例上万个，持续支撑了海尔家电产品的自主创新，引领了国内先进注射成形的发展方向。

在李德群和他带领的数字化成形团队的努力下，塑料注射成形模拟和金属铸造模拟、板料成形模拟软件一道，成为我国材料成形模拟领域的知名品牌，目前已在 600 多家单位应用，覆盖家电、汽车、航空、航天等领域的龙头企业，产生了显著的社会效益和经济效益。

2007 年，材料成形过程模拟技术及其应用成果获国家科技进步奖二等奖。

从成形工艺到智能装备

2005 年，李德群将目光投射到成形装备智能制造方向。当时我国塑料注射机保有量达 100 万台，传统技术普遍陈旧，无法实现能量按需供给与精确控制，产品质量的一致性难以保障。李德群认为，对于如此量大面广的行业，一旦做出技术创新，其产生的价值将不可限量。

李德群在成形模拟的基础上，将工艺参数自动设置、自适应注射等智能技术应用到注射机上，提出了在线反演的注射速度

李德群院士在办公室

平滑优化、工艺曲线的二级闭环控制等方法，成功开发出智能型注射机。

经国家权威机构测试，他所开发的智能型注射机能耗低于我国及欧洲最高能耗标准，响应时间、位置精度等关键指标均达到国际先进水平，显著提高了注塑产品的重复精度、良品比例和生产自动化程度。目前，智能型注射机不仅在国内推广应用，还远销海外。

熟悉李德群的同事们说，当初很少有人看好智能成形装备的研究，都觉得耗神费力不讨好。但李德群和他的团队"明知山有虎，偏向虎山行"，经过十年的悉心研究，终于把智能控制系统和智能型注射机研制成功，令人不得不佩服。当前，工业技术4.0、智能制造都是全社会关注的热点话题，李德群又一次走在了学科的前沿。

李德群院士在参加会议

从表面模型的提出，到模拟软件的开发，再到智能装备的制造，李德群在科学研究的道路上经历了从理论到实践、从工艺到装备的全过程，为我国塑料成形加工学科的发展做出了突出的贡献。

2010年，李德群被中国科学技术协会评选为全国优秀科技工作者。

2012年，塑料注射机智能技术及应用成果获教育部技术发明奖一等奖。

从科研工作到教学实践

除了科研工作，李德群也始终把教书育人当作自己的本分与天职。

华中科技大学材料科学与工程学院副院长周华民教授曾是李德群指导的博士生。他回想起走上科研之路的开端，总是忘不了最初李老师给予他的重任和厚望。

就像当初肖景容教授将塑料成形模拟的前沿课题布置给李德群那样，李德群建议周华民立足学科研究最前沿，去突破困扰国内外塑料注射成形模拟软件发展和推广的瓶颈。

面对李德群老师所布置的博士论文选题，周华民觉得有些为难，"这是当时本领域全世界都在关注的课题，属于高精尖之列"。李德群及时给予了指导和帮助。"在那段时间，李老师亲自和我一起分析问题，找出问题关键。"周华民回忆说。

在李德群的指导下，周华民终于攻克难关，取得了优秀的研究成果，现在他已是国家杰出青年科学基金获得者和教育部长江学者特聘教授。"直到今天，我的研究依然受益于当初确定的方向。"周华民不禁感叹李德群老师看问题的独到之处。

"用好方向、难问题去占领研究制高点"，是李德群为团队、学生定的研究基调。

在他的另一名学生张云副教授看来，李德群将勤奋刻苦看作科研的基础。"李老师曾跟我们讲，建设一个优秀的团队，选择学生最重要。"张云说，"李老师首先要看的就是学生有没有勤奋学习的强烈意愿。如果一个学生做事兢兢业业，上进心强，李老师就让我们着重关注和帮助他。"

李德群在张云眼里正是持之以恒的典范，张云说："李老师以身作则，用

李德群院士和学生在一起

实际行动为团队注入了勤奋刻苦的基因。"

湖北省高等学校教学成果一等奖、机械工业部优秀教材一等奖、国家精品课程、国家级教学团队、8 部专著和 13 部教材等,都是李德群作为一名优秀教师的最好注脚。

当被年轻后辈问到怎么能在科研、教学和生活中取得成绩的时候,李德群总是说,离不开持之以恒的努力和淡泊宁静的心态。

天上的一颗星,如地上的一个命。2022 年 9 月 5 日 10 时 34 分,李家的杰出人才李德群在武汉逝世,享年 78 岁。

编者按:本篇主要选用记者王潇潇、汪泉,记者团王思远刊登在 2015 年 12 月 11 日华中科技大学本科招生信息网站上的文稿,原标题为《李德群院士:注塑人生》。在编撰本书的过程中,镇江市政协办公室、镇江市史志办公室院士风采创作组的周福全和王礼刚曾到李德仁、李德群、李德毅三位院士的出生地扬州泰县(今泰州市姜堰区),寻访三位院士成长的足迹,并由周福全撰写《机械与运载工程的领路人》纪实作品。诸多事实证明,每一位集大成者的生命里都注入了勤奋刻苦的优良基因。厚德载物,李德群院士在注塑人生中,一直站在学术的制高点。为完整反映李德群院士所做出的贡献,本篇以六段故事,从不同角度,全面展示李德群院士在科研、教学和生活中取得的成就。

参考资料

1. 中国工程院. 院士名单:李德群院士百科 [EB/OL]. [2023-05-23]. https://www.cae.cn/cae/html/main/colys/47471633.html.

2. 中国工程院院士馆:李德群 [EB/OL]. [2023-05-23]. https://ysg.ckcest.cn/html/details/6045/index.html.

3. 余梅,李秋晨,汪泉,等. 华中大教授李德群:33 岁开始学术研究 [EB/OL]. (2015-12-07) [2023-08-18]. http://focus.cnhubei.com/xw/kj/201512/t3475350.shtml.

4. 陈思炎,王潇潇,汪泉. 注塑人生:访中国工程院机械与运载工程学部院士李德群［EB/OL］.（2018-01-21）［2023-08-24］.http://www.hubeitoday.com.cn/
post/34/279.

5. 李碗容，王箫侣，王潇潇. 著名材料成形专家李德群院士逝世 百年家训培
养出大国之"材"［EB/OL］.（2018-09-06）［2023-08-27］.https://roll.sohu.com/a/
582832585_121372103.

（周福全撰稿，钱兆南修改并新增部分内容）

朱诗尧，中国科学院院士，量子光学专家。1945 年 12 月出生于上海市静安区，籍贯江苏镇江。他在量子光学、激光物理和光与物质相互作用等前沿研究领域中做出了重要的贡献，是国际知名学者。他是国内最早从事量子光学研究的学者之一，主要研究原子相干性及其效应，在无反转激光研究和自发辐射噪声的抑制等方面开展了开创性研究，他的工作对量子力学、量子光学的基础研究具有重要意义。他为中美在量子光学和基础物理方面的合作做出了积极贡献。2015 年当选为中国科学院院士。

朱诗尧

追"光"人生

朱诗尧 1962 年就读于华东师范大学物理系，1968 年毕业；1978 年至 1981 年就读于山西大学物理系，获得硕士学位；1983 年至 1986 年就读于上海交通大学物理系，获得博士学位；1986 年至 1988 年任上海交通大学副教授；1988 年至 1992 年在美国新墨西哥大学任助理研究员；1992 年至 1993 年在美国得克萨斯农工大学任助理研究员；1993 年至 2004 年任香港浸会大学副教授；2004 年任香港浸会大学物理系教授；2006 年任香港中文大学荣誉教授；2010 年至 2016 年任中国工程物理研究院北京计算科学研究中心量子光学与量子信息实验室教授；2015 年当选为中国科学院院士；2016 年 12 月起任浙江大学物理系教授和浙江大学量子信息交叉中心首席科学家；2018 年受聘为华东师范大学荣誉教授，以及山西大学、南昌大学、同济大学荣誉教授。2004 年被遴选为英国物理学会会士；2005 年 10 月被遴选为美国光学学会会士；2011 年 10 月被遴选为美国物理学会会士。

朱诗尧长期从事量子光学领域的研究，努力寻求量子光学的进一步突破，在量子相干方面，特别是在无翻转激光和自发辐射噪声的抑制方面做出了重要的创新性贡献。

长期致力于量子光学研究

朱诗尧一直坚持工作在科研第一线，研究了在光子晶体中利用负折射率材

朱诗尧院士小学毕业证书

朱诗尧院士初中毕业证书

朱诗尧院士高中毕业证书

料实现互正交跃迁之间的量子干涉和自发辐射抑制，取得一系列研究成果，为光子晶体的研制提供了重要参考数据；在无旋波近似的自发辐射动力学和拉姆位移研究中取得重要进展，修改了反 Zeno 效应的普适性，对激光物理、量子力学、量子光学的基础研究具有重要意义。

朱诗尧在量子光学理论方面造诣很深。他在国内外学术刊物上共发表论文 300 余篇，其中多篇文章发表在物理领域权威杂志 *Physical Review Letters* 上。他与美国量子光学权威司嘉理教授（Marlan O. Scully）合作发表在 *Physical Review Letters* 上的有关无粒子数反转激光的论文被引用 1000 多次。

任何一项开创性成果的取得都不是一蹴而就的。1982 年，朱诗尧就在国际权威物理学期刊 *Physical Review A* 上发表了 2 篇论文。1990 年，朱诗尧又在 *Physical Review A* 第 42 卷第 9 期上同时发表了 4 篇关于无反转激光和激光机理研究的颇有影响力的学术论文，当时 *Physical Review A* 的编辑部门还给朱诗尧发来电邮表示祝贺。

1993 年，赴美工作 5 年的朱诗尧感到自己已经具备独立从事研究的能力与实力，他选择了香港作为自己报效祖国的基地。当时香港科学研究领域呈现一派生机，这给了朱诗尧成长的土壤。除了地利，朱诗尧还占据了人和，他开始与国内众多优秀的研究人员合作，沟通的便利使得各项研究都能深入问题的本质。事实证明，朱诗尧当年的选择是明智的。短短 3 年后，朱诗尧首次发现可以透过量子干涉来消除自发辐射。他的论文在 1996 年被国际权威杂志 *Physical Review Letters* 刊载，先后被引用超过 1000 次。1999 年，他获得了中国自然科学奖三等奖（当时该奖项分四等）。

几十年来，朱诗尧一直从事量子光学领域的研究，取得了显著的成绩，并已经成为国际上知名的量子光学理论研究专家。朱诗尧长期从事量子光学的基础研究，特别是在量子相干、相位衰退的干涉效应研究方面取得重要成果。他曾多次主持国际学术会议，并多次应邀在相关国际会议上做报告，多次组织和主持专题分会议。

朱诗尧创立自发辐射量子相干理论。1999 年，朱诗尧在"自发辐射和受激吸收中的量子干涉效应"研究项目中取得突破性成果，首次证明了可以用量子干涉效应去抑制（或增强）多能级体系中的自发辐射。这一理论的建立

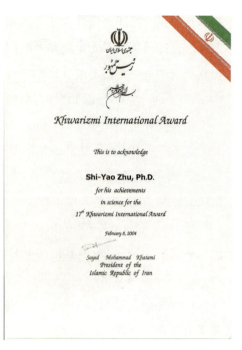

朱诗尧院士1999年国家自然科学奖三等奖获奖证书　　　　朱诗尧院士2004年花拉子模国际大奖获奖证书

丰富和发展了自发辐射理论，改变了人们关于自发辐射总是一个不相干过程的观念，提出了自发辐射也可以相干的新理论。这一理论在某些新型量子器件，如新的微型光开关及高频率、高强度激光器的制造等方面有广阔的应用前景。这一成果引起了世界各地学者的关注，并被广泛引用。

　　朱诗尧在量子光学研究中取得了许多重要成果，获得了各种荣誉。他1984年曾获得山西省科学技术奖三等奖；1989年至1998年曾多次在德国慕尼黑的马-普量子光学研究所理论组做研究。2005年，朱诗尧因在量子光学和激光物理方面的研究，特别是无反转激光和自发辐射噪声抑制方面的开创性工作，被遴选为美国光学学会会士（OSA Fellow）；2011年，朱诗尧因在"量子光学特别是自发辐射抑制和无反转激光方面的开创性贡献，以及推动中美双方关于量子光学和基础物理方面的合作所做出的努力"，被遴选为美国物理学会会士（APS Fellow）。1999年，朱诗尧的"自发辐射和受激吸收中的量子干涉效应"项目获国家自然科学奖三等奖；2004年，朱诗尧获得由伊朗政府授予的第十七届花拉子模国际大奖（Khwarizmi International Award）二等奖；2014

年，朱诗尧获得以诺贝尔奖获得者拉姆（Lamb）命名的量子光学"拉姆奖"。

然而，所有奖项和荣誉的背后都有着不平凡的故事。1968年大学毕业后，朱诗尧服从国家分配做了老师，1979年才开始真正投入科研工作中。为了把前10年的时间补回来，他开始在知识的海洋中远征。他认为，做科研必须静下心来，脚踏实地，用心积累。他还记得自己当年读硕士的时候，图书管理员都成了他的好朋友。每期国外杂志寄来的时候，图书管理员都会第一时间告诉他。

许多科学研究最关键的就是临门一脚，但就是为了这一脚能成功，科学家们必须努力很多年，坐很长时间的冷板凳。

"我希望当代年轻的大学生好好学习，学一行，钻一行。"

味蕾上的故乡

朱诗尧告诉笔者，他从小就听父亲说过，他们家这一支的祖籍在镇江丹阳，他们是宋代理学家朱熹的后裔，他的曾祖父、祖父都是丹阳人。祖父十岁左右跟随父母离开丹阳去上海生活。由此推算，祖父是光绪初年到上海的。祖辈离开后，老家还有些家产，靠家族里的人照看打理。朱诗尧的曾祖父、祖父对丹阳的感情很深，故土难移，有机会定会回家看看。

朱诗尧的父亲长大后考进黄埔军校，娶了浙江上虞谢联璧为妻。对于镇江丹阳这片土地上朱氏族人生活的许多场景，朱诗尧听祖父和父母讲过多次。随着年龄的增长，一个从没有在祖籍地生活过的人，听着至亲的深情讲述，对故乡的印象反而明朗——精神上的故乡渐渐变得清晰。

在同治末年或光绪年间，朱诗尧母亲的外祖父曾经在镇江做官，有产业，他把产业留给了朱诗尧的姨母。小时候，朱诗尧听母亲无数次说起曾外祖父家的人和事。但他已记不清曾外祖父的名字，只知道曾外祖父姓谢。当年谢家一大家子人就住在镇江四牌楼附近的万古一人巷，出门就是街，很热闹。曾外祖父早不在人世，姨母一直生活在镇江的祖宅。

朱诗尧成年后，母亲第一次带着他到镇江看望姨母。见到姨母后，朱诗尧很是激动，终于见到母亲的家人，而父亲的亲人们离镇江城也不算太远。

从前，镇江的大西路是最繁华的市中心，街上好吃的、好玩的很多。捏泥人的手艺人，卖糖葫芦的，铁匠铺子，南北杂货店，银山门商场的古玩市场，应有尽有，热闹非凡。当走到宴春酒楼门口时，朱诗尧停住了脚步，怎么这么香？这食物的鲜香，是他在别处从来没有闻到过的，舌下开始生津。

头一次来镇江的他并不知道这是镇江城远近闻名的宴春酒楼，里面能吃到最有名的镇江美食：蟹黄汤包、肴肉、锅盖面，还有大煮干丝、红烧狮子头、京江饹。姨母带他到大西路，就是为了带他来品尝宴春的特色早茶。所谓早茶，就是各式点心，特别是宴春的蟹黄汤包、大煮干丝、晶莹剔透的肴肉，看上去就秀色可餐，诱惑力很大。从小到大父母亲对他管得有点严，平时在饮食起居上都上规矩，来到姨母家就不同了，姨母特别喜欢他。朱诗尧和母亲一起来镇江总共 11 次，每次来都留下无数的美好回忆。后来，都是他一个人来姨母家，每次来他都会沿着江边去大西路宴春酒楼。镇江，在他的记忆中与蟹黄汤包、红烧狮子头、肴肉、香醋、锅盖面紧密相连。

朱诗尧第一次品尝镇江的蟹黄汤包时，对美味的记忆是刻骨铭心的。吃完汤包，继续吃姨母特地给他点的肴肉，薄薄的一片，夹在筷子上细看，白里透红的，肥中有瘦，瘦中有肥，这哪像菜品，简直就是艺术品，蘸点香醋入口，肥而不腻。这镇江的醋是肴肉最好的佐料，微酸中带着甜味，却没有违和感，与肴肉搭配起来享用，恰到好处。

吃过宴春的早茶，姨母顺路到京口闸农贸菜场买菜，这里是全市最大的批发市场、南北货物的集散地，里面的货物价廉物美。姨母一辈子生活在镇江，对镇江的本土文化熟稔于心，她告诉朱诗尧："古城镇江，地处长江与京杭大运河十字交汇处，山水相连，风光旖旎，素有'黄金十字水道'之称。千余年前，古代镇江江口镇京口港内的河道上就设置有水闸，名为京口闸，是长江入江南运河上的第一道闸，是历代漕运的咽喉，交通枢纽。"朱诗尧随姨母来到这"江南第一闸"，百闻不如一见，果然名不虚传，江上南来北往的船很多，在京口闸菜场交易。姨母走到卖水产品的摊位，买了一网兜螃蟹，还买了几种朱诗尧不认识的鱼，姨母告诉他它们是长江里的鲥鱼、刀鱼、鮰鱼，在别的地方吃不到，只有镇江有。她想，蟹黄汤包里的蟹肉太少，只能吃个味儿，朱诗尧难得来镇江，得让他吃个痛快。

姨母买的螃蟹每只有三四两重，一共买了 13 只。从京口闸步行回家，姨母到家就蒸螃蟹，中午一大盆热气腾腾的螃蟹端上桌，把朱诗尧乐得眼睛眯成了两条缝。朱诗尧一口气啃光 4 只螃蟹，姨母担心他吃伤了，不放心地问："肚子疼不疼?"朱诗尧回答:"什么事也没有。"姨母问他还想不想吃，朱诗尧答说"想"。姨母就把剩下的螃蟹全蒸了，当天 13 只螃蟹全部下肚。

多少次的镇江之行，朱诗尧收获的不仅仅是美食，更多的是姨母给他讲的镇江的历史文化和名人故事，激励着他在求学的道路上不断精进。多少年以后，他一直感念姨母对他的爱，因为一个人而爱上了镇江城，包括这座城市的美食。无论走到哪里，他都记得在姨母家吃 13 只螃蟹的经历。

多少年后，朱诗尧走过许多地方，吃过无数的美食，而镇江的肴肉、蟹黄汤包给他留下了难以磨灭的印象。吃对他来说，只是生活中的一个小小片段，更让他难以忘怀的其实是姨母对他的爱。

参考资料

1. 黄晔. 香港浸会大学朱诗尧来校作讲座 [EB/OL].(2017-10-17)[2024-05-14].https://news.jsu.edu.cn/info/1005/1130.htm.

2. 徐沁，吕安琪. 中科院院士，杰出校友朱诗尧来校访问座谈 [EB/OL].(2017-10-17)[2024-05-14].https://phy.ecnu.edu.cn/8b/db/c5688a101339/page.htm.

3. 杰出校友朱诗尧院士回母校座谈交流 [EB/OL].(2024-11-25)[2024-11-30].https://mp.weixin.qq.com/s? __biz = MzA4MDYyMDMzMg == &mid = 2650789983&idx = 1&sn = c046d3e97db5186533e35afa3103c3fa&chksm = 8601045a5205ad3609f22bd18ac1d8514ae919f8a623cbcb5d400149d16d4c1cc275417ccc90&scene = 27.

4. 中科院院士朱诗尧加盟浙大物理学系 [EB/OL].(2017-01-04)[2024-11-30].https://mp.weixin.qq.com/s? __biz = MjM5OTkxNDgwMg == &mid = 2649971816&idx = 2&sn = d2eff170b0561a120480f2381d0ebb2f&chksm = bf33c03588444923a29a6086d449fbd3ff538838913199b9b2979f3ec98026008ae8a4bfd54d&scene = 27.

（王礼刚撰稿，钱兆南修改并新增部分内容）

注：本文经朱诗尧院士和他的秘书审核修改。

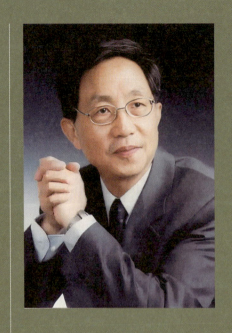

　　孙家广，中国工程院院士，软件及应用领域专家。1946年1月出生于江苏镇江。清华大学教授。1970年毕业于清华大学自控系并留校任教，历任清华大学学术委员会副主任，国家企业信息化应用支撑软件工程技术研究中心主任，中国图学学会理事长。曾任国家自然科学基金委员会副主任，清华信息科学技术国家实验室主任，清华大学信息科学技术学院院长，清华大学软件学院院长，国务院学位委员会委员、学科评议组成员，教育部高等学校软件工程专业教学指导委员会主任。第十二届全国人大代表、教科文卫委员会委员。长期从事计算机图形学、计算机辅助设计、软件系统建模、分析与验证及软件工程与系统的教学、研究、开发，为推动中国制造业信息化、工业化与信息化深度融合，提升中国软件产业化能力做出了重要贡献。

　　1999年当选为中国工程院院士。

孙家广

CAD 三维世界的星光

在任何一个领域里要想有所建树，都需要一种信仰和执着，它可以把一个人引向光明。孙家广就是这样一个执着的人。

通向 CAD 软件阶梯的两次试水

中国古人利用拨弄算珠的方法计算数据，通过固定的口诀将答案计算出来。这种被称为"计算与逻辑运算"的概念传入西方后，被美国人加以发扬光大。后来美国人发明了可协助处理乘数等较为复杂数学计算的机械，这种机械被称为"棋盘计算器"。不过，这一时期的"棋盘计算器"尚属于纯计算阶段，与后来的软件相距遥远。

直到 20 世纪 80 年代初期，全世界的计算机软件技术才慢慢兴起。

第一台现代计算机于 1946 年 2 月 14 日在费城公之于世，由美国物理学家莫奇利任总设计师，美国政府和宾夕法尼亚大学合作开发。

1946 年，也是孙家广出生的那一年，孙家人没想到这个孩子后来与中国的计算机软件工程紧密联系在一起。他从小学到高中，数学成绩都特别好，从镇江第一中学毕业后考取了清华大学自控系，大学毕业后留校当了一名老师。1985 年，他到美国加州大学洛杉矶分校做访问学者。1991 年，他又到美国惠普公司从事计算机辅助设计系统的设计与分析。这 6 年时间，是孙家广进军计算机软件领域的蛰伏期，更是修行期。作为清华大学自控系的教授，他有太多的事想做，只是在等待时机。

1993 年 10 月 13 日，时机来到，孙家广迈上了致力于中国软件产业化发展道路的第一个台阶，他意外地得到了广东顺德一个劳姓个体户的一笔投资。这个老板是生产卫生洁具的，想用 CAD 软件做产品设计。当时一套完整的 CAD 产品至少要花五六万美元。劳老板心想，如果自己投资做 CAD 肯定会赚钱。

孙家广那时已是蜚声中外的 CAD 专家，他们很意外地建立了联系。就这样，有一点钱的个体户碰到了技术牛人孙家广教授。

孙家广在清华大学花了十多年时间研究 CAD 技术，他手头握着好几项科研成果，早就盼望能把自己在研究室里研究的技术应用于市场。在与劳老板几次沟通后，孙家广果断决定与劳老板合作，成立高华公司，劳老板占 80% 的股份。但是孙家广找到的这第一个合作伙伴，毕竟是只有初中学历的个体户，劳老板对 CAD 的认识只处在初级阶段，他哪知道 CAD 其实很难做。按照商人的思维模式，既然投资了就要有回报。时间过去了两年，劳老板才意识到 CAD 的"水很深"，两年时间一共花了 400 万元，不断地在投入，却没有收入。劳老板再也沉不住气，他选择了放弃，停止投钱。

孙家广的第一次 CAD 市场试水合作，便因为有限的资本与合作投资人看不透高端技术而结束。

直到 1995 年 11 月 11 日，孙家广的新合作伙伴出现了，这是孙家广事业发展的第二个台阶。这次不是个体户，而是做冰箱的科龙公司。当时科龙的董事长徐铁峰拍板，以 1500 多万元买下了劳老板的股份，成为高华公司持股 60% 的新股东。

孙家广再次成为高华公司的技术专家，他重新披挂上阵，准备用自己潜心研究的成果大干一场。然而理想是美好的，现实是骨感的。科龙公司的董事长徐铁峰是军人出身，他把部队的军事化管理用到企业里。但做软件是搞高科技，军人精神与科研精神有时并不在一个频道上。

在实际的技术管理和实施过程中，科龙公司和孙家广存在着很多的分歧。特别是在给高华公司程序员开出的工资上，普通职工的工资是 600 元，但这样的工资程序员是难以接受的，没有 8000 元左右很难留得住优秀人才。科龙公司没有考虑把钱投资到程序员的身上，而只有留住人才才会有回报。虽然当时高华公司等的国产 CAD 产品的出现，迫使美国 Autodesk 公司在欧美售价 1000 美元左右的 AutoCAD 软件在中国只能卖五六百元人民币，但 AutoCAD 占据着中国 90% 的用户市场，科龙公司认为这绝对不是高华这种规模的公司所能撼动的。

行业之间的管理差异，以及孙家广与科龙公司方面对双方共同从事的领域存在不同的认识，注定了孙家广的这第二次合作时间不会太长。身为高级技术顾问的孙家广很沮丧，干脆不再过问公司的事情，回到清华园专心带他的研究生去了。

科龙公司在人才问题上的短视果真出现了问题。两年后，科龙公司投的那 1500 多万元花完了。"身心俱疲"的科龙掌舵人徐铁峰找到孙家广说："老孙，还是你来吧。"

1998 年 1 月 17 日，孙家广和几个志同道合的同事自筹资金，接过了连工资都已发不出的高华公司。为了维持公司的运转，孙家广千方百计筹措经费支付员工的工资。他虽然不是企业管理者，但深深懂得，仅有技术没有人才的加盟是不行的。靠一个人的力量是做不成大事的，身后一定要有一个铁班底团队。

资产重组振雄风

除了是高华公司的总经理外，此时的孙家广还是鼎新公司（清华大学与美国 IBM 公司合资的软件公司）的总经理，以及清华大学软件发展中心和清华同方"电子商务城市信息化"事业部的一把手。其实，在 4 个单位身兼多职，并不是孙家广所希望的。孙家广期望的理想状态是要有规模，能做出产业化的治理结构，而不是现在这样各自为政，每家最多一年只能有 1000 万元左右的收入。因此，孙家广想把这 4 个与清华大学都有着密切关系的单位整合起来，成立一个实行统一管理的、有规模的软件公司。把这个想法付诸实施的第一步是，清华同方股份有限公司和清华大学企业集团 1999 年以不到 500 万元的价格回购了科龙公司在高华公司的全部股份。

2000 年 5 月 8 日，清华同方软件股份有限公司筹备组成立，孙家广成为负责人。只是这个负责人太难当，每一步都如履薄冰。

随后，清华同方软件股份有限公司进入孵化期。在这一孵化过程中，清华同方的支持功不可没。清华同方一方面通过 1000 多万元的项目经费投入将清华大学软件发展中心纳入同方软件公司；另一方面通过注入无形资产统一品牌，整合了原来分散的资产。了解清华大学软件发展中心的人都知道，其实软件发展中心自己也有一个孵化器部。这个孵化器部主要进行软件产品和软件企业的孵化。运作了一年多，孵化器部由于自身缺乏独立的资本运作能力，抵御风险的能力较弱，因而在实际的软件孵化中并不十分到位。正在孵化中的两个软件项目，投资都在 100 万元以内，且前景不甚明朗。孙家广说："100 万元做软件，数量级还不够。"孙家广把建成软件公司的希望寄托在将自己定位于创新孵化器的清华同方身上，只有上市的清华同方才能为自己的技术产业化提供广阔的资本空间，实现"技术+资本"的协同运作。更重要的是，双方都是在共同的清华文化中成长起来的，彼此的认同奠定了良好的发展基础。

从 1999 年 5 月 8 日开始筹备，到 2000 年 6 月 28 日清华同方软件公司成立，历时 410 多天。这期间，围绕着个人无形资产在公司中占多大股份的问题，孙家广拿着厚厚一摞申请材料四处活动，找财政部部长签字，找教育部部长签字，找北京市市长签字，一直奔忙到 6 月 24 日，国家《鼓励软件产业和集成电路产业发展的若干政策》出台了。孙家广说："接下来的 4 天我干完了前 400 多天没干完的事。"清华同方软件股份有限公司终于完成孵化，破壳而出。同时，孙家广和他的 3 位同事得以将个人科技成果以无形资产的形式折价入股，4 人共占得公司 8% 的股份。这个事件，被孙家广视为自己事业发展的第三个台阶。

清华同方软件股份有限公司成立后，孙家广自言"成功的希望更大了"，因为"这一次命运掌握在自己的手里"。当初，因为缺乏资金，孙家广在合作中一直受制于人，自己的技术专长未能充分施展。而今天，有技术的孙家广是资本方赋予相当权力的公司董事长，他终于有机会按照自己的构想，在自己熟悉和擅长的技术领域，朝着产业化的方向运作一个公司。孙家广开始思考将要跨越的第四个台阶，那就是上市。

对于上市，孙家广远没有大股东陆致成那么乐观。作为清华同方软件股份有限公司的总裁，陆致成在公司成立的新闻发布会上吐出豪言："清华同方要出百名千万富翁。"而孙家广认为，这只是一个经营者激励其员工的承诺或口号，其借以实现的充分条件和必要条件都远未落实。他认为，硬核的科学技术不能掺入"假设"这个虚指的词。陆致成的豪言壮语只是经营者的一个策略。他此言一出，果然清华同方的股票就往上跳了几块。而三五年后百名千万富翁的出现，需要两个前提：其一，清华同方自己的股票能由最初的每股 50 元涨到 150 元；其二，同方软件等公司也能上市。但对于新公司的未来，孙家广看得很现实。新公司把原来分散的几块整合在一起，搭接上了清华、同方这两个品牌，利用统一的品牌去开拓市场，利用互补的技术去扩大规模，只是有了将来做大的可能性。至于是否真的能做成，需要同方软件公司以后多做一些实实在在的工作。公司上市，是要靠实际的业绩来说话的。

凭自己磕磕绊绊跋涉 7 年的经验，孙家广深有体会：很多事情，说是一回事，做是另一回事。有些事前脚说过，后脚就可能被推翻。

比照美国、印度等软件产业发达国家的经验，上市是一个软件公司产业化发展的重要条件。如果不能成为一个社会化的上市公司，单凭同方软件的一己之力，孙家广觉得很难做大。孙家广的这种感觉基于自己过去的经历。这些年里，他目睹了一个又一个优秀程序员（其中包括自己的学生）的离开，他们或者去了外企或者去了国外。因为，"即使天才，也不是清心寡欲的"。孙家广深刻地意识到，今天的软件研发，不像过去一个人证明"1+1＝2"，而是需要大量的高技术人才进行群体性的长期奋斗。因此，长期稳定的资金和人才投入，是软件公司产业化发展的两个最关键因素。通过上市向社会募集资金和招徕人才，是孙家广看好的可行之道。孙家广急需良好的激励机制与实际措施来吸引和留住优秀人才。他与另外 3 位同事名下的那总共 8% 的股份，其中一部分将来就是要分给公司的技术骨干的。

软件科技代表国家的软实力

孙家广认为，软件是新一代信息技术的核心和灵魂。改革开放 40 多年来，我国软件产业实现了从无到有、从小到大的重大转变，在国民经济和社会发展中的地位和作用显著提升。数据显示，2017年，我国软件产业完成业务收入5.5万亿元，占全球软件产业的比重将近20%，是2000年业务收入593亿元的92.7倍，收入平均复合增长率达到30.53%，远高于同期GDP增速；年收入过百亿元的企业达到17家，BAT等互联网企业逐渐步入千亿软件企业行列，国际竞争力和影响力不断提升；软件产业从业人员接近600万人，是2013年的10倍。

孙家广就工业软件发展阐发思考。他指出，高端工业软件，也称为制造业核心软件，是指支持制造业设计开发、生产制造、经营管理、运维服务和再制造等产品全生命周期和企业运行全过程集成及优化的支撑软件，是制造、信息和管理等技术交叉融合发展的产物，是工业软件的核心组成部分。

几十年来，我国制造业核心软件从无到有，突破了一批制造业核心软件技术关卡，研制开发了具有自主知识产权的三维计算机辅助设计、企业资源规划、制造执行系统、产品生命周期管理、产品运行维护等制造业核心软件，打破了国外软件在国内市场的垄断局面。

随着以移动互联网、物联网、云计算和大数据技术为代表的新兴信息技术的快速发展，制造业核心软件产业发展模式发生了重要变革，快速跨入了可按需定制软件的发展阶段，形成新型制造业核心软件，其特征是基于互联网、面向服务、按需定制、知识驱动、泛在计算、动态演化。

新一代制造业核心软件是连接数字制造、智能制造、网络制造，实现制造业数字化的基石，这也是西方发达国家在新型工业革命中遏制中国创造的重要武器。

国内外高端工业软件发展现状是明摆着的。欧美发达国家将"掌握最先进的制造业核心软件"视为保证本国制造业"持续掌控全球产业布局主导权"的必要条件。2010年，奥巴马政府签署规模为170亿美元的《美国制造业促进法案》。2013年，德国《高技术战略2020》确定"工业4.0"为德国未来十大项目之一。2012年，英国《经济学人》杂志指出，西方发达国家政府和企业希望通过正在来临的新型工业革命击败中国制造业，"让一度已成为全球制造业中心的中国望尘莫及"。

当前，随着工业互联网平台的兴起，工业软件再度成为发达国家争夺的战略高地。谁在软件行业站在最前沿，话语权就在谁的手上。

我国的制造业核心软件发展虽然已取得长足进步，但是长期以来承受着自身发展困境和国外主流软件冲击的双重压力。随着制造业和信息技术的发展，国产软件面临的发展环境更为恶劣，问题凸显。这是孙家广团队面临的新挑战。

一是软件自主创新能力不强，高端软件被国外企业垄断的局面依然存在。国产软件尚未摆脱模仿、跟踪和追赶的被动局面，对移动互联网、物联网、云计算、大数据等关系软件未来发展方向的新兴及前沿信息技术的研究不够深入，设计开发、生产制造、运维服务等领域的高端软件及高端用户基本被国外产品垄断。二是软件与制造业的深度融合不足，总体发展水平滞后于企业的需求和应用水平。国产软件与制造流程业务的深度融合不足，加之缺乏产业标准规范，软件产品的成熟度、适用度、稳定性、兼容性等与国外同类产品相比差距较大，极大地影响了制造企业用户对国产软件及产品品牌的接受度和信心，制约了国产软件的发展。三是软件产业规模偏小、竞争力不强。国产软件企业虽然参与了从软件产品研发到终端用户服务全过程各环节，但经营成本相对较高，总体上处于产业链及价值链中低端。

孙家广认为，产生这些问题的主要原因在于：一是对软件发展的复杂性和长期性认识不到位。制造业核心软件是融合信息、制造、管理、服务等多学科技术与知识的复杂系统，技术含量高、研发工程量大、资金投入大、投资回报周期长、投入风险高。很多人认为开发软件就是堆砌代码，在短时间内以较低的投入就能获得巨大回报，形成急功近利思想和拔苗助长行为。二是社会资本对软件的投入不足。国产软件的投入不到国外同类软件的 1/10，社会对软件的投入不足是主因。社会资本更愿意投入"短平快"的建设项目，而对类似国产软件这样高技术含量、高风险、高投入、回报周期长的投资项目，常常敬而远之。国产制造业核心软件处于有限的政府政策支持、软件企业自我滚动发展状态。三是软件产业发展模式落后。国产软件企业大多数沿袭立足自我、滚动发展等传统封闭作坊式运作模式，积极、主动寻求市场及资本整合、支持的意识欠缺或努力不足。国产软件企业经营方式简单、粗放，也没有形成与国外软件相比具有差异化竞争优势的服务模式。掌握核心技术的软件行业龙头企业凤毛麟角，国产软件产业链生态体系尚未形成。

软件强则国家强

孙家广说："加快发展制造业核心软件产业，是以新兴信息技术为基础的工业革命的核心，是国际制造业和软件业发展必争的战略高地。新兴信息技术发展为我国加快发展制造业核心软件产业提供了难得的重要机遇。"

开源软件、物联网、云制造、云服务、大数据、社交化、移动互联网等技术发展，给我国制造业核心软件产业抢占关键技术制高点提供了难得的机遇。

加快发展制造业核心软件是保障我国产业安全的重要手段。我国60%以上大型企业选用了德国 SAP 或美国 Oracle 公司的管理软件，个别行业全行业统一使用了法国 Dassault 公司的 CATIA 设计制造软件。2008 年"微软黑屏"、2011 年设计软件 SolidWorks "泄密门"、2013 年"棱镜"计划等事件的曝光，引起了国际社会对产业安全的广泛关注，发展及应用自主可控软件也成了当今国际社会的共识。

加快发展制造业核心软件产业是我国由制造大国向制造强国转变的重要支撑。制造业核心软件支撑着我国制造业实现环境友好、智能化与精益制造，实现产业价值链由低端向高端升级。

加快发展制造业核心软件产业是推进制造业信息化与工业化深度融合、推动先进制造业健康发展的切入点、突破口和重要抓手，是我国抢占新型工业革命竞争制高点的重要武器。

自主可控的软件才是软件中的内核

孙家广对软件的开发有着自己的新思路。当今社会，"以机械为核心的工业"正在向"以软件为核心的工业"转变。高端工业软件是制造业实现数字化、网络化、智能化的基石，是新一轮工业革命的核心要素。围绕建设制造强国，发展高端工业软件，对我国工业领域实现"自主可控"具有重要意义。

为加快发展我国制造业核心软件产业，支撑先进制造业健康发展，保障产业安全，孙家广建议在围绕产业链部署创新链的同时，着力提升产业规模化水平和价值链发展能力，重点做好以下几个方面工作：一是加强战略研究，做好顶层设计，绘制新型制造业核心软件发展路线图。二是重点扶持国产软件骨干企业做大做强，引导中小软件厂商向专业化、服务化方向发展，打造制造业核心软件产业链。三是加大科技投入，持续推进制造业信息化科技工程，推动制造业核心软件产业发展壮大。四是鼓励社会资本投入软件产业，建设完善发展环境，形成制造业核心软件开放集成创新体系。五是以制造业企业为主体，鼓励互联网企业、物流企业等加入工业应用云平台生态系统，开展跨领域资源和价值链整合。六是鼓励中国企业加入国际主流开源社区，成为具有投票权的理事单位。加强工业软件标准的制定和修订工作，鼓励有实力的单位牵头制定国际标准。

1996 年以来，孙家广先后担任了国家"863 计划"自动化领域专家组专家、首席科学家，国家税务总局、国家质检总局、中央组织部农村党员远程教育信息化工程及多个省市信息化工程的专家组组长，参加了《国家科学和技术中长期发展规划纲要》与《国家中长期教育改革和发展规划纲要》的制定工作。

宇宙很大，我们很渺小。就像苍山顶上米粒大的小花，绽放后就消失在苍辽的天穹之中。而在这个不需要弓弩的时代，在信息无处不在的今天，那盏在天空中发光的科技"神灯"一直指引着我们前进，让我们安静地栖息在地球上，这得益于那些为我们开路的科学哲人。

2018 年 4 月 16 日，昆仑数据迎来了重量级大咖的加盟——孙家广院士正式成为昆仑数据首席战略顾问。而孙家广的一席讲话，更像是一个孵化国产技术、促进工业升级的长辈对晚辈的谆谆教诲。

同年 9 月 26 日，清华大学大数据研究中心揭牌成立。作为中国第一批研究计算机图形学及 CAD 的专家，"国内三维设计第一人"，孙家广的 CAD 舞台变得更广阔。大数据研究中心的成立，让

孙家广院士在参加会议

他的学生有了更大的用武之地。他的团队中年轻人很多，他和学生的关系是亦师亦友。昆仑数据创始人兼 CEO 陆薇是他的学生，在公司的发展过程中，孙家广在许多需要破冰的转折点默默给予了昆仑数据无私的指导与帮助，推动昆仑数据在工业领域向纵深发展。他告诉学生，做企业不能急功近利，既要有沉稳的心态，又要有国之担当的诚恳。

孙家广多次到昆仑数据进行指导，他回忆自己早年间科研创业的经历，当初国际 CAD 研究领域没有华人，他放弃了美国优越的科研环境回到中国开展研究，打破了国外自动化软件的垄断局面，并推动技术从实验室走向产业化，也正是在此时他和国内众多制造企业结下了渊源。所以，他对昆仑数据创业之初的艰难感同身受。作为制造业升级领域的前辈，他对后辈提出了殷切期望。

孙家广是全国创建软件学院的主要倡导者之一，为中国培养软件微电子方向的高层次应用型人才不断探索新的道路。

在教育教学工作中，孙家广积极推进高校办学机制改革与教育教学模式创新，倡议成立国家示范性软件学院，并在清华大学软件学院的教育教学中提出"学中练、练中学、练中闯、练中创"的实践教学理念。

师生齐力铸就软件辉煌

1996 年 8 月，为了研发可以替代国外版本 AutoCAD 的国产 CAD 系统，清华大学和华中科技大学的 166 名师生来到广东省容奇镇科龙模具厂，在工厂车间里封闭开发二维 CAD 系统。工厂管吃管住，160 多人睡在工厂铺了木板的地铺上，孙家广作为总指挥，更是经常带着学生加班加点解决问题，最终成功研制出国产 CAD 系统。国产 CAD 系统的性价比比国外的系统有了大幅度提升，从而为中国成千上万家工厂甩掉绘图板、普及 CAD 降低成本创造了条件，让中国的软件努力站在了世界的前沿。

不能学以致用，就业将会面临困境。每年的高校毕业生就业压力非常大，八九百万甚至上千万人奔向社会，其中必定会有一些学生的就业之路走得比较坎坷，甚至包括一些名校的学生。这一方面是由于企业提供不了那么多优质的岗位；另一方面是由于很多毕业生的能力与企业的需求存在较大的差距，在大学 4 年甚至本科和硕士阶段 7 年所学的知识都无法满足企业的实际生产需要。现在一些高校教育和企业用人需求是脱节的，部分老师"纸上谈兵"，学生无法"学以致用"，造成就业困局。但是"学以致用"这个理念在孙家广的教学和研究中真正落到了实处。

"师生之间应当有共同的信仰、有共同的追求、有共同的目标。有信仰才能不畏工作中的困难，有共同的追求才能把劲往一处使，能够坚持才能做成一件事。"这是孙家广常常对学生们说的话。孙家广始终认为，师生在教学科研工作中是"同一战壕的战友"，师生在科研工作中是平等的，都是"科研工作者"，师生为了共同的信仰而奋斗。

基于这样的理念，孙家广在带学生的时候，不会单纯灌输理论知识，也不会让学生盲目地去自己摸索，而是带着学生一起干，一起研究。例如孙家广1975 年参与筹建清华大学计算机与信息管理中心，需要把不能使用的计算机样机修整成能用的计算机。在整个筹建过程中，师生一起商量一起做，老师带头干，学生跟着干，边干边学，干中成长。

孙家广负责开发的用来替代 AutoCAD 的系统包含了 260 多万行代码，用

孙家广院士和学生在一起

户手册有 1000 多页。这是孙家广和学生一起努力的结果。在这个研发过程中，学生的理论水平和业务能力也获得了极大的提升，这样的学生才是真正的可用之才。孙家广务实的教学理念、踏实严谨的治学态度、以身作则的品行，堪称"传道授业"的典范，为国家和社会培养了一批批优秀的人才。

白发苍苍的孙家广身后，站着一大群年轻的黑发清华精英。

回望当年在母校镇江第一中学上学的时光，孙家广对镇江有着特殊的感情，那是他人生性格的塑造期，学校良好宽松的学习氛围、优良的师资，促进了每个孩子的学习和成长。只要镇江有活动，再忙他都欣然参加。他是从镇江走出来的人才，不能忘记家乡和母校的培育之恩。2000 年 9 月，孙家广应镇江市科委、市高级人才协会邀请，在镇江市委、市政府召开的创新和人才主题会议上，作题为"信息技术的发展与应用"的专题讲座。2005 年 9 月，镇江市政府举办中国镇江金秋经贸洽谈会和中国镇江高新技术洽谈会"镇江籍院士家乡行"活动，孙家广、戴立信、于禄、吴宏鑫、钱清泉、杨启业等院士应邀参加，孙家广做了题为"用信息化带动工业化，走新型工业化道路"的学术报告。2006 年 10 月，镇江市政府和江苏省科技厅在镇江联合举办国家863 制造业信息化集成技术成果推广洽谈会，孙家广做了题为"制造业信息化的认识与思考"的主题报告。会后，他去了其与大全集团的合作项目现场，进行检查指导。

对于这些为了事业在外奋斗的游子们，镇江人民没有忘记他们，镇江市先后建立了省级、市级院士工作站 23 个，其中 2013 年惠龙港设立国际院士工作站，2018 年江苏江南生物科技有限公司院士工作站获"全国示范院士专家工作站"称号。这些优秀的人才，都与镇江有着千丝万缕的关系，美丽故乡欢迎他们常回家看看。

参考资料

1. 中国工程院院士馆：孙家广 [EB/OL].[2023-07-18].https://ysg.ckcest.cn/html/details/626/index.html.

2. 清华大学. 师资队伍：孙家广 [EB/OL].[2023-07-18].https://www.tsinghua.edu.cn/info/1166/93889.htm.

3. 孙家广. 高端工业软件打破国外垄断，抢占竞争制高点 [EB/OL]. (2018-11-22) [2023-07-18]. http://www.cameta.org.cn/index.php？m=content&c=index&a=show&catid=240&id=14026.

4. 曹龙丹. 保证质量 继续实践 不断探索——清华大学软件学院院长、中国工程院院士孙家广访谈 [J]. 计算机教育，2004（2）：13-14.

5. 镇江市地方志编纂委员会. 镇江市志：1983—2005 [M]. 北京：方志出版社，2014：2728.

6. 镇江市地方志研究会. 镇江为你骄傲：镇江籍两院院士、全国名人 [M]. 北京：方志出版社，2003：179-181.

7. 镇江市历史文化名城研究会. 镇江历史文化大辞典 [M]. 镇江：江苏大学出版社，2013：237，533.

（钱兆南撰稿）

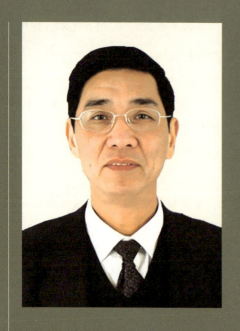

　　祝世宁，中国科学院院士，功能材料学家。1949 年 12 月出生于南京，籍贯江苏镇江。曾任南京大学物理学系主任、物理学院院长，江苏省科学技术协会第九届委员会副主席等职。1996 年获南京大学博士学位，博士论文被评为首届全国优秀博士论文。1996 年 10 月赴享有"铁电材料研究之都"美誉的美国宾夕法尼亚州立大学材料研究所开展合作研究工作。和团队共同完成的"介电体超晶格材料的设计、制备、性能和应用"项目获 2006 年国家自然科学奖一等奖。2012 年当选为美国光学学会会士，2017 年当选为美国物理学会会士。成功将铁电畴应用于非线性光学、激光技术和量子光学领域并做出重要贡献，获2006 年国家自然科学奖一等奖，2019 年度江苏省科学技术奖首次增设的基础研究重大贡献奖，2024 年又荣获在科技界具有重要影响的陈嘉庚科学奖。2007 年当选为中国科学院院士。

祝世宁

把冷门做成国际前沿的"光学大师"

学海无涯苦作舟

1949 年年底，祖籍镇江的祝世宁出生于南京，父母给他取名世宁，也有希望"世代安宁"的意思。这个普通的名字在英文里听起来又是"阳光"（shining）的意思。光，正是祝世宁一生的追求。在追"光"的路上，祝世宁把自己隐匿在南京大学物理学院的光环下，言必称"我们的团队"。他说："我只是在人生每一个发展阶段，都遵循着国家的命运，尽自己最大的努力。"他说在嘴上，也落实在行动中。

上小学的时候，有天祝世宁无意间翻开班级图书角的一本书——《科学家谈 21 世纪》，科学家们为 21 世纪描绘的美好蓝图让年幼的祝世宁充满了好奇，激发了他对科学的无限向往。

1968 年，祝世宁从南京市十中（今金陵中学）高中毕业，被下放到泗洪县管镇（今属盱眙县）公社花园大队做了知青。从南京到管镇，如今只需两小时的车程，但在当年，祝世宁和他的同伴们却足足走了 6 天。

农村的环境与城市截然不同，他们在农村不但要干插秧、除草、收割这样的农活，还要疏通河道、兴修水利，苦和累自然是免不了的。那个时候的祝世宁已做了扎根农村干一辈子的思想准备。

插队的地方盛产芦苇，芦苇是当地农民最重要的经济作物之一，每年的

11 月，生产队都会分派人员到湖滩上割芦苇。祝世宁至今都记得，在凛冽的寒风中，割完芦苇的苇茬非常锋利，如尖刀一样，稍不小心就会穿透草鞋把脚刺伤，严重的还能刺穿脚背。

虽然白天干活十分辛苦，但祝世宁仍然不忘学习，他将《生物化学讲义》《遗传学》和一些农业科技丛书带到农村，每晚在昏暗的煤油灯下，他都在孜孜不倦地读书做笔记。

看到本地农作物产量不高，想到高中生物课上老师讲过的农作物杂交实验，他大胆地给中国科学院遗传研究所写了一封信，恳请他们寄一些优良种子，用来与本地种子杂交。没想到，过了些时间，他真的收到了回信与附带的美国玉米良种和水稻种子。

生产队听说知识青年想改良农作物，特地开辟了一块地给他做试验。那一年，祝世宁的试验田里种的玉米比其他品种高出了一大截。试验田的成功让祝世宁在喜悦之余，更加深刻地感受到科技的重要性。

1970 年，祝世宁通过招工来到苏北沭阳马厂柴油机厂当了一名普通工人。从翻砂、抬铁水到热处理、开机床、搞机修，厂里所有的工种他几乎都尝试过。虽然工作辛苦，但他爱读书的习惯却依然没变。他常约上几个青年人一起，下班后在食堂里就着灯光看书，先后自学了《机械制图》《电工学》《金属工艺学》等教材。他将自己所学运用到生产中，时不时为厂里搞点小发明、小革新，厂里人都亲切地称他为"祝工"（意为工程师）。

1976 年，祝世宁调到清江拖拉机厂，解决了与爱人两地分居的问题，在这里，他继续做了两年热处理工。奋斗在艰苦的工作一线，祝世宁从未叫过一声苦。回忆当年的经历，他毫无怨言："这段人生经历，是我宝贵的财富，使我坚信无论面对何种困难，只要坚定信心，必能克服。"

1977 年，得知国家恢复高考的消息时，祝世宁仅有三个月的备考时间。凭着多年的自学习惯和知识积累，他参加了考试，并被南京师范学院淮阴分院（现为淮阴师范学院）物理系录取，成为恢复高考后首批大学生中的一员。

大学期间，他一直保持着优异的成绩，毕业后留校任教，开始了科研探索和教书育人之路。

1985 年，36 岁的祝世宁考上南京大学物理系的硕士研究生。因为是"老三届"，他比室友们大了十几岁，加上本科未在南京大学就读，他对晶体专业的知识了解甚少，刚开始，他的学习、研究开展得并不顺利。

他发扬勤奋刻苦的学习精神，不懂就问老师，一有时间就到图书馆查阅文献。那时候，研究条件也很艰苦，甚至连仪器设备都得自己动手研制，一次实验往往需要几十个小时才能完成，祝世宁索性吃住都在实验室，请同学从食堂把饭带回来，累了、困了就趴在实验室的桌子上打个盹儿。

望远镜中的宇宙之光

祝世宁特别喜欢马克思的一句名言："在科学上没有平坦的大道，只有不畏劳苦沿着陡峭山路攀登的人，才有希望达到光辉的顶点。"

最终，他以"高温超导"为研究课题，完成了硕士学位论文，当时的论文答辩委员会主席王业宁院士给予这篇论文很高的评价。论文的外审专家是著名的超导专家、中国科学技术大学的张裕恒院士。在看完论文后，张院士提笔写下评语："该论文是一篇优秀的硕士学位论文，无论质还是量，都达到了博士论文的水平。"

硕士毕业后，祝世宁走上了科研工作岗位。1990 年，41 岁的他被选进闵乃本院士领导的研究组。闵乃本院士希望他继续攻读博士学位，祝世宁当时认为自己年龄不小了，不读这个学位也一样可以做科研。

在闵乃本院士的坚持下，他开始在职学习。如今回顾往昔，祝世宁仍然十分感激闵院士的建议："在读博士学位时，我又系统地学习了一些专业课程，提高了理论水平和研究能力，后来在学术交流时发现，有无博士学位还真的不一样。"

他一边攻读博士学位，一边投入研制新型介电体超晶格材料的"攻坚战"中。在闵乃本院士的带领下，他和同事们经常夜以继日地泡在实验室里，一待就是几天几夜。在这无数个日夜交替中，他开始了与光结缘、与光同行的科研生涯。

闵乃本院士课题组的研究重点是光学超晶格、声学超晶格。1962 年，诺贝尔物理学奖获得者、美国科学家布洛姆伯根提出了准相位匹配原理，预言周期结构材料可获得高效激光倍频。1984 年，以色列科学家丹尼尔·谢德曼发现了准晶。准晶不同于晶体，准晶中的原子排列不是周期性的，而是准周期性的。当时人工微结构的研究刚刚起步，南京大学的研究人员就想到可以将准周期序首先引入人工微结构材料中。

闵乃本院士敏锐地发现，可将准相位匹配原理从周期拓展到准周期非线性晶体中，并于 20 世纪 80 年代末和他的学生初步建立了较为系统的理论，预言了准周期光学超晶格的一系列新效应。

祝世宁的博士论文，就是要验证准周期光学超晶格中的准相位匹配原理。

准周期样品的制备是该研究中最大的难题，当时最大的困难是没有极化用的高压电源，在实验室能找到的产生高电压的仪器远远达不到要求。怎么办？祝世宁在同事们的帮助下利用从废旧电视机上拆下的高压包，研制出一台1.1 万伏的高压电源，基本满足了实验需求。"那个年代，真的是拼拼凑凑做实验。"回想当年，祝世宁不无感慨，也不无调侃。

从单反相机到智能手机，都离不开镜头，成像系统在当今世界正飞速发展。祝世宁的研究与未来的成像系统发展紧密相关，他预言道："未来，也许单反相机就不再需要那个'大炮筒'了。"

祝世宁从小就喜欢阅读和探索。等到祝世宁上中学时，书店里能买到的科普读物还很少，无论是科幻小说，还是科普期刊，凡是能找到的科普读物，祝世宁都不会错过。从 1 角 5 分钱一本的《天文爱好者》，到 2 角钱一本的《科学大众》和《科学画报》，为了买这些杂志，他偷偷地将母亲给他的饭钱节省下来。

阅读为祝世宁打开了一扇认识世界的大门，他不再满足于阅读本身，而是迫切地希望能动手实践，将知识转化为成果。20 世纪 60 年代，天文望远镜不仅价格不菲，而且在市场上几乎买不到。《天文爱好者》中展示的神奇的宇宙让他心动不已，望着浩瀚的星空，他突发奇想：自制一架天文望远镜。看着《天文爱好者》中有关天文望远镜的介绍，他规划起材料器件和制作步骤。

制作望远镜最重要的材料之一就是镜片，祝世宁自己动手做了几次，均以失败告终。他没有放弃，跑到眼镜店，央求店里的老师傅帮他磨制了一块长焦距的凸透镜。当老师傅得知他是要用来做望远镜看星星时，虽然诧异，却也没忍心拒绝。

拿到来之不易的镜片，加上合适的目镜和自制的圆筒、架子等，一架简易的开普勒望远镜居然真的做出来了。拿着自制的望远镜，祝世宁和小伙伴一起迫不及待地仰望星空。通过望远镜，他们观测到月亮的环形山、土星的光环、木星的卫星，这个新鲜而神奇的玩意儿，让同龄的孩子投来艳羡的目光，也让祝世宁得到"小科学家"的称号。

对科学的热爱，对知识的渴求，正是祝世宁一路走来最大的动力。

然而，少年时代的科学梦的实现，并非一帆风顺，科学家本身需要的是一种探索、钻研、坚持不懈的精神。

高眼界中的高光时刻

经过不断尝试，第一块准周期铌酸锂光学超晶格于一年后研制成功。然而新的难题又出现了，继续实验还缺少一台实验用的宽调谐激光器。祝世宁和团队找遍了周围的研究所都没发现这种激光器，市场上也买不到。在中国科学院物理研究所和中国科学院安徽光学精密机械研究所老师的帮助下，他们用了近半年时间，研制出一台调谐范围为 1.1~1.8 微米的纳秒脉冲激光器。

当激光器输出波长调谐到 1.56 微米时，理论预言的明亮的三倍频绿色激光从晶体端面射出，这是一种新的非线性光学效应。当时，整个实验室响起热烈的欢呼声，大家忍不住互相拥抱，这个场景令祝世宁至今难忘。

说起准周期光学超晶格的发明，祝世宁有许多难忘的经历。1995 年，闵乃本院士参加在日本召开的环太平洋激光与光电技术大会，会上介绍了准周期光学超晶格的方案，引起与会者的兴趣。

回国后，闵乃本院士对祝世宁及其团队成员说："在场的有美国斯坦福大学等世界一流科研单位的相关研究组，他们的研发能力很强。如果你们不抓紧时间赶快做，就会被别人抢先。"

闵院士给团队成员立下军令状："给你们一年时间。"

祝世宁暗暗下了决心：这，不仅是个学术难题，更是一场国际科研竞赛。接下来一年多的时间里，他几乎没给自己放过一天假。最终他研制出世界上第一块能同时发出两种颜色激光的准周期介电体超晶格,并首次实现了激光的高效三倍频,展示了准周期在非线性光学领域的重要性。这一研究成果对后续光孤子、光学混沌等非线性光学前沿领域的研究起到了积极的推动作用。

在此基础上,祝世宁和其团队研制出世界上第一台光学超晶格全固态红、绿、蓝三基色激光器样机。要知道,在此之前,世界上所有的激光器只能发射出一种颜色的激光。

准周期光学超晶格的倍频和三倍频两项研究成果,先后发表在美国《物理评论快报》和《科学》杂志上,在国内外都产生了重要的影响,被科技部列为"1998年度中国基础研究十大成果"之一。

1996年,祝世宁获得南京大学博士学位,他的博士论文被评为首届全国优秀博士论文。

1996年10月,在闵乃本院士的推荐下,祝世宁赴享有"铁电材料研究之都"美誉的美国宾夕法尼亚州立大学材料研究所开展合作研究工作。闵乃本院士认为,科学家之间的思想交流,特别是与国外一流科学家的交流,对提升研究水平有重要的意义。他对祝世宁说:"你们要出国,一是打开眼界,二是把外语学好,三是要多交朋友。"

在美国仅半年的时间,祝世宁就发现了铁电畴环境扫描二次电子成像新机制,并由此提出一种铁电材料无损检测新技术。该项成果很快就被物理学顶级刊物《物理评论快报》发表,美国同行们纷纷对这位来自中国的学者刮目相看。

在科学的道路上,祝世宁一步一个脚印,奠定了自己的学术地位。

2007年2月27日,南京大学闵乃本院士课题组凭借"介电体超晶格材料的设计、制备、性能和应用"项目获得2006年国家自然科学奖一等奖,作为第三完成人,祝世宁与团队共同分享了这来之不易的荣誉。

祝世宁为微结构科学的发展做出了突出贡献,通过系统理论发现与技术创新,实现了用材料微结构对经典光场和量子光场的有效调控。他发展了光学超晶格和超构材料两种材料体系,发明的新材料被成功用于新波长激光器开发、高性能光电芯片研制、新原理成像器件设计等,在激光技术、量子信息、光学成像、环境监测和广义相对论模拟等方面获得重要应用,系列研究成果两次入选中国基础研究年度十大新闻,两次入选中国高校年度科技十大进展,得到了国内外学术界广泛认可。

由于祝世宁及其团队的工作产生了重要的国际影响，他先后当选为美国光学学会会士和美国物理学会会士，每年当选会士的人数只占会员总数的千分之几。

2007年年底，58岁的祝世宁成为南京大学最年轻的中国科学院院士。

祝世宁院士在参加会议

顶尖学术期刊《自然》曾在专栏中这样评价祝世宁及其团队的工作："该工作第一次用光学材料精确模拟爱因斯坦方程，非常漂亮地演绎了广义相对论的部分思想。"这是因为他们在芯片上实验演示出了黑洞的视界、天体的引力透镜效应和宇宙快速膨胀导致的拓扑缺陷——拓扑宇宙弦，开拓了用光学芯片研究广义相对论和宇宙学的新途径。

为加快基础研究成果的转化，2018年，祝世宁牵头在南京江北新区成立了新型研发机构——南智先进光电集成技术研究院，把光电子芯片技术作为重要研究方向。两年多时间内，研究院组建了10多个研究团队，吸引了包括材料、物理、光学等领域的专家，瞄准下一代光电子芯片技术发展在基础材料、器件工艺等方面的需求，开展研发工作。"目前，光子芯片还处于发展的早期，尽早布局光子芯片研究，将来就不会再遭遇芯片'卡脖子'问题。在这场以铌酸锂集成光子芯片为核心的国际竞争中，江苏省有明显的优势，抓住机遇尤其重要。"祝世宁说。

2020 年初揭晓的 2019 年度江苏省科学技术奖，首次增设了基础研究重大贡献奖，以表彰在基础研究领域和应用基础研究领域做出突出贡献的科学家，祝世宁获此殊荣。

祝世宁从来不是埋首书斋、两耳不闻窗外事的科学家，他主张学者要互相交流。前几年，南京大学现代工程与应用科学学院要建新楼，学校询问祝世宁的意见：教授的办公室应该设计多大？他建议，从院士到副教授的办公室都一样大，不要超标。但是公共区域要大，要有咖啡厅、讨论室，能接待客人和学生。"我们要创造那种轻松的文化氛围，鼓励大家进行思想碰撞和交流。"

2020 年 11 月 8 日，镇江市委、市政府举行 2020 院士家乡行暨"金山英才"计划项目集中签约活动。在镇江籍院士座谈会上，祝世宁积极为家乡发展把脉开方、建言献策。他指出，镇江首先要充分发挥长三角一体化和宁镇扬一体化的战略优势，资源共享、优势互通。要围绕主导产业加强研发平台、机构的配套服务，同时加强人才培育，抢抓科技创

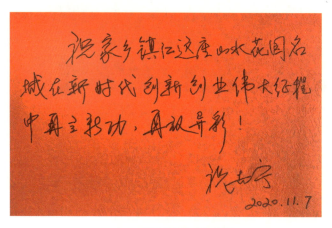

2020 年 11 月祝世宁院士返乡题词

新，促进资源转化与成果落地，为镇江发展赢得先机。他建议，要争取大学的支持，将地方经济建设的需求跟大学的专业、学科的建设，以及人才培养有机结合，为镇江的特色产业培养更多人才。

2024 年 8 月 3 日，祝世宁又参加了由镇江市政府和江苏省科技厅在丹阳共同举办的"2024 年高校院所走进镇江产学研合作大会"并在会上做了题为"光子芯片领域研究现状和发展趋势"的报告，再次为家乡的发展献计献策。

祝世宁常说，基础研究之路很长，要取得突破，最基本的特征就是一个团队长期不懈的积累和坚持。基础研究不能今天追这个热点，明天追那个热点，而是要通过自己的科学判断，在原来不被关注的领域长期不懈地坚持下去，把

冷门做成热门，做成国际前沿。他谦逊地表示："我取得的成就，主要归因于学术领导人的专业眼光、团队成员的集体努力、南京大学的学术氛围，以及国家这些年来对科研的重视和投入。"

参考资料

1. 魏娟，蒋潇，范文丽. 祝世宁院士的科研之路 [J]. 中国研究生，2009（9）：27-29.

2. 镇江市地方志编纂委员会. 镇江市志：1983—2005 [M]. 北京：方志出版社，2014：2729.

3. 镇江市历史文化名城研究会. 镇江历史文化大辞典 [M]. 镇江：江苏大学出版社，2013：535.

4. 中国科学院学部. 院士信息：祝世宁 [EB/OL].（2009-06-24）[2024-12-05]. http://casad.cas.cn/sourcedb_ad_cas/zw2/ysxx/jskxb/200906/t20090624_1808109.html.

5. 张宣，王梦然. 中科院院士祝世宁：为下一代芯片提供技术支持 [EB/OL].（2019-07-30）[2024-12-05]. http://www.xhby.net/nj/yw/201907/t20190730_6282178.shtml.

6. 李苑，苏雁. 祝世宁：追光者的光影人生 [EB/OL].（2019-11-26）[2024-12-05]. https://epaper.gmw.cn/gmrb/html/2019-11/26/nw. D110000gmrb_20191126_4-01.htm.

7. 常国庆. 南京大学祝世宁院士：微结构中的科研与人生 [EB/OL].（2021-01-11）[2024-12-05].https://www.edu.cn/rd/re_dian_tui_jian/202101/t20210111_2068292.shtml.

8. 马彦如，陈声秦，杨泠. 院士祝世宁：抓住机遇，打造宁镇扬一体化中的地位 [EB/OL].（2020-11-09）[2024-12-05]. http://www.jsw.com.cn/2020/1109/1588927.shtml.

9. 马彦如. 祝世宁：抓住"宁镇扬一体化"机遇 [EB/OL].[2024-12-05]. http://cmstop.zt.jsw.com.cn/p/121767.html.

（马彦如撰稿）

芮筱亭，中国科学院院士，发射动力学家。籍贯江苏镇江，1956年8月生于江苏盐城。1982年毕业于苏州大学，1986年和1994年在南京理工大学分别获得硕士和博士学位。现任复杂多体系统动力学全国重点实验室主任，南京理工大学学术委员会主任。兼任国际机械系统动力学学会理事长、《国际机械系统动力学学报》主编、（常设）机械系统动力学国际会议主席。

他长期从事多体系统动力学和发射动力学科研与教学工作，首创多体系统传递矩阵法，该方法在国际上被称为"芮方法"，成为国际上计算速度最快的多体系统动力学全新方法。以排名第一获国家技术发明奖二等奖2项、国家科技进步奖二等奖2项，获国防科技工业杰出人才奖、首届全国创新争先奖、"全国优秀科技工作者"称号。

2017年当选为中国科学院院士。

芮筱亭

国际同行眼中的中国"芮方法"

攻坚克难，助力国防科技

单是看芮筱亭院士的简历，只知道他的籍贯是江苏镇江，出生于江苏盐城，一般而言芮院士与祖籍地镇江没有多少交集。直到与芮院士面对面交谈，才知道他与镇江市解放路上的芮姓族人血脉相连。解放路上的芮家后人，只有芮筱亭父亲这一支因故迁居盐城，其他族人都在镇江生活。芮院士的爷爷是土生土长的镇江人，是一名船老大。

在芮筱亭的记忆中，每年寒暑假期间，他常到镇江与堂兄弟们一起玩耍。小时候，他跟着堂兄弟们一起逛金山公园，去长江边玩耍。奶奶会给他讲镇江的传奇故事，如白素贞水漫金山救许仙、梁红玉击鼓战金山、刘备甘露寺招亲、江中浮玉是焦山等。

作为我国恢复高考后的首批考生，芮筱亭考取了苏州大学 1977 级本科，后来又考取了南京理工大学硕士、博士，走上了一条科技创新之路。

芮筱亭自从走进南京理工大学的校门，就再也没离开过这座高等学府，一头扎进科研的海洋里。多年来，他一直以科学理论助力国防科技发展，以创新人才培养引领发射动力学研究。他年轻时就立下宏愿，不计个人得失，以服务国家需求为己任，为国家和人民奉献一生。

他对母校苏州大学充满感情，认为母校教育基础扎实，学习氛围浓厚，在

芮筱亭院士在办公室

母校本科阶段的学习为其后来的科研之路打下了坚实的基础。回忆起当年的求学经历，他还记得自己曾为买书挤破衣服、为节约时间在洗衣时用自制的随身听学英语的场景。他以献身科研、百折不挠、敢为人先、勇于担当的亲身经历，勉励广大学子要养成奋发向上和刻苦拼搏的精神，取得更大的成就，为母校增光。

从 1983 年开始，芮筱亭在南京理工大学攻读硕士学位，自此一直从事多体系统动力学和发射动力学教学和科研工作。急国家之所急，个人的研究、发展全部围绕国家需求这条主线，芮筱亭上下求索，开始了长期艰苦的奋斗。

1986 年，芮筱亭负责组建发射动力学课题组。在他的领导下，当初的课题组一步一个脚印，逐步发展成为今天的南京理工大学发射动力学研究所、国防科技创新团队、复杂多体系统动力学全国重点实验室。

在芮筱亭的带领下，南京理工大学发射动力学研究所在国内外的影响越来越大，国内外许多科研机构慕名而来，寻求合作。例如，针对国内久攻不破的炮弹解体难题，国内同行先后带着问题上门请教，芮筱亭带领团队从分析故障机理入手，设定多个试验方案，再现了解体现象，追根溯源，形成方案，彻底解决了这一难题。为兄弟单位解决久攻不下的难题，成了南京理工大学发射动力学研究所的家常便饭，在兄弟单位中也形成良好口碑：发射动力学研究所"善啃硬骨头"。

在芮筱亭率领团队攻坚克难解决国内难题的同时，一些国际难题也迎刃而解。长期以来，我国装备发射领域面临着"三道难题"：一是提高发射精度，以大幅提高装备毁伤效能；二是减少试验用弹，以大幅降低研制成本；三是保证发射安全，以避免意外爆炸导致装备和人员的毁亡。经过芮筱亭的努力，这些难题正在被一一攻克，有些已经被攻克。他创立的多体系统传递矩阵法，让多体系统动力学研究告别了复杂烦琐的系统总体动力学方程，大幅提高了计算速度，取得国际性突破，被国内外同行广泛关注和普遍认可，是当今国际上计算速度最快的多体系统动力学方法，被国际同行称为"芮方法"。该方法解决了 10 项国家高新工程 40 多种装备在提升装备性能、降低研制成本、保障发射安全方面的国家重大急需。美国、俄罗斯等国多位相关领域的著名科学家称这种方法为"全新的原创性多体动力学方法"，认为其"非常值得在多体系统动力学和复杂机械工程研究领域推广"，"对现代科学有特别的影响"。

顶天立地，遍地桃李芬芳

中国科学院院士赵淳生认为，芮筱亭院士是一位有理论、有实践、有重大应用、在国内外有重大影响力的杰出科学家，芮院士的学术成就"既顶天又立地"。"顶天"，是指他的创新理论；"立地"，是指他的成果解决了国家重大工程中的关键技术难题。

在芮筱亭的带领下，南京理工大学发射动力学研究所被国家国防科工局授予"国防科技创新团队"称号，"为国家级技术团队，填补发射动力学专业研究机构空白"。桃李不言，下自成蹊。迄今为止，芮筱亭培养的学生获国家科技奖 30 多人次，一大批人分别获中国青年科技奖、中国青少年科技创新奖、首届国防科技卓越青年基金、江苏省优秀博士论文等荣誉，他们在各自的领域肩挑重担。

在中国工程院院士刘怡昕眼里，芮筱亭"思想明确，致力于提高中国兵器行业研究水平；非常注重人才培养"。芮筱亭做人坦荡、治学严谨，是学生心目中的严师慈父。在南京理工大学发射动力学研究所，几乎每个博士研究生都独立负责一个项目，芮筱亭让学生参与项目从立项、开题到结题的全过程，每个研究生都在承担科研项目的过程中经受锻炼，学会做人、做事、做学问的道理。

学生们取得的每一座奖杯、每一项创新性成果的背后，都蕴含着芮筱亭多年来为军工科研创新发展默默沉潜的钻研，为国防建设做大做强持之以恒的奋斗，为莘莘学子成人成才无微不至的付出。

每年有多名学校最优秀的本科生被选拔进入南京理工大学发射动力学研究所进行重点博士培养。芮筱亭为 4 个国家培养了 50 多位博士和博士后。

研究所的 Bashir、Adeel Shehzad 等外籍博士初来学校时，对环境、语言都不熟悉，芮院士亲自带他们熟悉校园和研究所。他们说芮院士像父亲一样，他们很高兴生活在这个大家庭，大家相互帮助、共同进步，体会到不同国家人民之间的深厚友谊。

对于研究所内研究生的论文，芮筱亭每一篇都亲自审定，从整段、整句的删改调整，到一个字、一个标点符号的修改，反复修改多遍。当他看完这些论文交给学生的时候，学生们总会被论文上面密密麻麻的修改字迹所震惊。对于在教学和研究之余加班加点，不辞辛苦地修改学生论文，芮筱亭觉得很幸福，"没有什么疲劳，很享受"，"年轻人在博士期间的创造力是最强的，修改他们的论文对我而言也是一个学习的过程"。芮筱亭这种严谨的学术态度，带动和激励着团队的每一个人努力工作，不断成长为国防科研领域的优秀人才。

理论不能仅仅停留在纸面上，芮筱亭教导学生要高度重视对理论研究结果的验证，每年进行大量试验成了他和研究生们的主要科研工作之一。试验靶场都在偏远地方，有时是在人烟稀少的山区，有时是在茫茫大海上，条件异常艰苦，且试验过程中存在一定的危险性。

芮院士的学生王国平，现任南京理工大学能源与动力工程学院院长、教授、博导，曾获中国青年科技奖。时隔多年，王国平仍记得 2003 年芮筱亭带队进行国家高新工程项目试验时，火箭弹发射过程中发动机燃气激起了一个泥块，越过掩体，直冲王国平飞过去。千钧一发之际，芮筱亭推开了他，泥块打到芮筱亭身上，留下了永久的疤痕。为了不影响试验进度，稍作休整后，芮筱亭又投入紧张忙碌的试验中。王国平至今仍十分感动："我非常感激我的导师，他用实际行动感染和激励着我们，现在我总是以芮老师为榜样教育指导我的学生。"

芮筱亭院士坚持以科技创新带动产业创新，促进两者深度融合。融合首先从产品设计开始，反复试验评估，精细到给生产厂家"把脉问诊"；再到产品的深加工，方方面面从理论到实际支撑，一步一个脚印。优越的设计方法既节省了许多成本，又确保了产品安全。

芮筱亭院士认为，扎实的理论基础与工程应用能力至关重要。他以自身的高尚师德、人格魅力、学识风范感染着每一位年轻教师和研究生，践行"奋发、创新、躬行、载物"的团队精神，引领他们在科研和教学领域不忘初心、锐意进取，攻坚克难、勇攀高峰，助力我国国防科技工业发展跃上新台阶。

2024 年 9 月 21 日，镇江市政协院士走访组一行四人专门前往南京理工大学拜访芮筱亭院士。进入校园后，一幢年代久远、古朴庄重的红楼映入眼帘，这里就是芮筱亭所在的南京理工大学发射动力学研究所、复杂多体系统动力学全国重点实验室。作为发射动力学研究所、全国重点实验室的领头人，芮筱亭院士耕耘半生，桃李遍天下。在参观产品展览室的创新成果时，用"震撼"一词来形容走访组一行人的心情一点也不为过，满满一室的科研成果应用于各行各业，特别是以他姓氏命名的"芮方法"，成为国际上计算速度最快的多体系统动力学全新方法。

2024 年 9 月，镇江市政协院士走访组在南京理工大学拜访芮筱亭院士并与芮院士合影

这些年，芮筱亭只要有机会来镇江，再忙也会回解放路等地走走看看。对他来说，镇江这座有山有水的景秀城市早已深藏于心，永世难忘，从曾经的翻

翩少年到今天的两鬓如霜，他一直钟爱着镇江的香醋、肴肉、锅盖面等家乡美食。我们一行人与芮院士挥手告别，约请他常回镇江品尝家乡风味时，他会心一笑道："好的，好的，喝一杯百年恒顺纯粮酿造的百花酒，饮一口恒顺的风味醋，惬意！"镇江，无疑在芮筱亭心里生了根，无论他走得多远，祖籍地镇江解放路上的往事景物都常常浮现眼前，历久弥新。

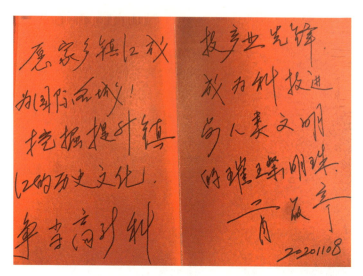

2020 年 11 月芮筱亭院士返乡题词

汽车很快驶出南京理工大学校园，行道树在车窗外疾速后退……我们几个人在回程的路上反复咀嚼芮筱亭院士刚才说过的话："最前沿的科技创新总是在风雨中不断前进，从不后退。"

参考资料

1. 中国科学院学部. 院士信息：芮筱亭 [EB/OL].（2017-11-29）[2023-08-20].http://casad.cas.cn/sourcedb_ad_cas/zw2/ysxx/jskxb/201711/t20171129_4625101.html.

2. 芮筱亭院士：创建飞行器发射多体系统动力学研究的"芮方法" [EB/OL].（2018-09-25）[2023-08-20].https://www.kepuchina.cn/person/jcrs/201809/t20180925_737823.shtml.

3. 南京理工大学. 南京理工大学芮筱亭研究员当选中国科学院院士 [EB/

OL].(2017-11-28)[2023-08-20].https://mp.weixin.qq.com/s? __biz=MzAwNzYx-
NTY4NQ==&mid=2650622727&idx=1&sn=9a63bf1e9fb9692fd6abfce236777ec8&chksm=
83728eadb40507bb7f6bb7bb1d9825ac820baae18079cd5741f0625cb3b3435270622f8cec1
f&scene=27.

4. 南理工召开兵器学科建设研讨会［EB/OL].(2017-12-01)[2023-08-20].
https://news.sina.cn/2017-12-01/detail-ifyphtze3064149.d.html.

5. 李朋飞. 芮筱亭：奋发 创新 躬行 载物［EB/OL].(2018-08-06)[2023-
08-20].http://www.jsenews.com/rmzt/2018/ssj/sjcl/ds/201808/t20180806_5575445.
shtml.

6. 镇江市史志办公室. 镇江年鉴：2018［M］. 北京：方志出版社，2018：359.

（马彦如撰稿，钱兆南修改）

注：本文经芮筱亭院士审核修改。

　　贾伟平，女，医学博士，中国工程院院士，内分泌病学与代谢病学专家。1956年11月出生，祖籍江苏镇江。1978年从西安医学院（现西安交通大学医学部）毕业。现任上海市糖尿病研究所所长，国家基层糖尿病防治管理办公室主任。兼任《中华内科杂志》总编辑，*Journal of Molecular Cell Biology* 副主编。曾任中华医学会糖尿病学分会主任委员、上海市第六人民医院院长。2020年被聘为中国医学科学院学部委员。长期致力于糖尿病精准诊疗、预警筛查、发病机制的研究及防治工程管理。获国家科技进步奖二等奖2项（分别排名第一和第二），省部级科技进步奖一等奖5项（排名第一），主持国家重点基础研究发展计划（"973计划"）及国家重点研发计划等项目，作为通讯（含共同通讯）作者在 *The British Medical Journal*、*Diabetes Care*、*Lancet Diabetes Endocrinol* 等国际权威期刊发表论文400余篇，主编国际首部双语版持续葡萄糖监测技术专著。获何梁何利基金科学与技术进步奖、潘孝仁亚洲糖尿病流行病学杰出研究奖（The Xiaoren Pan Distinguished Research Award for Epidemiology of Diabetes in Asia）。

　　2021年当选为中国工程院院士，2023年当选为发展中国家科学院院士。

贾伟平

用爱守护"糖人"家园

镇江是贾伟平的祖籍,儿时她在那里住过一段时间。她的父母都是军人,父亲 1941 年参加了新四军,历经过抗日战争、解放战争和抗美援朝战争,母亲是 1948 年参加革命的,历经了解放战争和抗美援朝战争。父母在朝鲜战场上相遇相识并结为伉俪,给女儿取名"伟平",是为了纪念伟大的祖国和期望世界和平。自出生到 1964 年父亲从部队转业到上海工作的 8 年间,伟平的生活多是跟着部队的轨迹行走。时隔多年,母亲再次带她来到镇江,告诉她自己曾在当年的荣军疗养院工作过,给为了建立新中国而受伤致残的军人提供医疗服务。那时父亲所在的部队去建设青藏铁路了,母亲带着 3 个孩子在父亲的老家镇江住过 2 年。

零起步破解"糖人"密码

20 世纪 70 年代初,贾伟平赶上了"上山下乡"的浪潮。正值豆蔻年华的她从上海来到兰州军区生产建设兵团陕西农建六师,被分配在师医院(位于陕西渭南大荔县)工作。1975 年,她就读于西安医学院(现西安交通大学医学部)医疗系。1978 年,从西安医学院毕业后,贾伟平回到原单位做了一名内科医生,为农垦职工和当地民众服务。20 世纪 80 年代初,她以"军嫂"的身份调到丈夫所在的青岛市工作。在改革开放的初期,一个医生,无论是在城市还是在农村,都会被当成护佑一方的"贵人",贾伟平立志无论在哪里都要做人民喜爱的好医生。虽然积累了丰富的临床经验，但她仍不忘学习，阅读了很多国外文献，学术研究水平不断提升。她想，自己不能局限于当一名普通的医生，而应该突破自我，不断攀登，造福更多的患者。1990 年，已离开校园 12 年的贾伟平通过了全国研究生考试，成为母校西安医科大学内分泌代谢专业的硕士研究生。在这里，导师丁汉伦教授引领她进入了糖尿病研究领域。随后，她的研究成果发表在《中华内分泌代谢杂志》上。1993 年硕士毕业后，贾伟平来到上海市第六人民医院内分泌科工作。在那里，学科带头人项坤三教授（我国糖尿病发病机制分子研究先驱人物，2003 年当选为中国工程院院士）成为她科研道路上的引领者和坚强后盾，她开始向糖尿病研究与防治领域进军。随后，她又师从我国内分泌代谢领域泰斗——上海瑞金医院的陈家伦教授，并于 2003 年取得博士学位。贾伟平在许多场合都曾感慨，能够师从项坤三、陈家伦两位大师，是她的幸运，导师们不仅在推动学术进步方面具有远见卓识，更在勇于创新、严谨治学、无私育人等方面堪称典范。

20 世纪 90 年代，随着市场经济的快速发展，人们的生活习惯与饮食结构发生了巨大变化，从缺衣少食期步入了营养过剩期。糖尿病、心血管疾病和恶性肿瘤等慢性病的发病率快速攀升，危害也越来越严重。我国慢性病导致的死亡人数占总死亡人数的比例较高，《健康中国战略之慢性病综合管理蓝皮书（2025 年）》指出这一比例高达 88%。调查数据显示，1989 年到 2007 年，我国糖尿病患病率由 2.3% 增长到 9.7%。糖尿病可导致失明、肢体坏死、脑卒中、心肌梗死等，亦与肿瘤、感染等重大疾病的发病密切相关。因此，糖尿病防治是一项多因素相互影响的系统管理工程，而不是单纯依靠临床治疗这么简单。糖尿病的发病机制复杂，在全球范围内，不同种族、地域及生活习性的人群在疾病的易感性、发病时间、发病与遗传和生活环境的关联方面存在显著差异。因此，必须开展针对我国人群的研究，找到适合中国人的糖尿病防治方案。

贾伟平和团队成员踏上了研究"中国证据"以提供解决糖尿病危害的"中国方案"的艰难征程。他们依据多年临床经验，结合大量临床数据，致力于研究中国糖尿病患者的特征及可能的形成机制。研究发现，我国大多数糖尿病患者的表型特征是肥胖程度并不严重，但体脂分布呈现出"大肚子细腿"

（腹型肥胖）的特征。通过对大样本人群核磁共振测定的体脂分布情况和糖尿病发病的关联性研究，他们发现，腹内脂肪堆积使糖尿病患病风险增加 2 ~ 4 倍，由此提出了腹型肥胖的诊断标准。她的研究成果被收入中华人民共和国卫生行业标准《成人体重判定》。标准规定，腹型肥胖的判断标准为男性腰围大于等于 90 厘米，女性腰围大于等于 85 厘米。中国成人中约有 27% 属于腹型肥胖的"苹果型"身材，若对这类人群开展有针对性的干预，将显著降低糖尿病患病风险。

科研的启发来自临床，临床的突破依赖科研成果的转化。贾伟平又在 2 型糖尿病遗传易感性方面开始了新的探索。她承担了国家重点基础研究发展计划（"973"项目），主持糖尿病遗传与环境交互作用的系列研究。她寻找并确定了 40 个中国人糖尿病易感基因位点，其中新发现 12 个与欧美人群不同的基因位点，在此基础上建立了中国人 2 型糖尿病遗传易感基因图谱，构建了遗传风险模型；通过基于人群的前瞻性研究，揭示了携带易感基因人群的高血糖发生率比低风险人群高 34%，若对携带易感基因人群开展相应干预，将有望延缓或减少糖尿病的发生。与此同时，她还发现胰岛 β 细胞功能缺陷是中国人糖尿病的主要发病机理。国际同行对贾伟平及团队的新发现给予了高度评价，认为"该模型能很好地预测胰岛 β 细胞功能损伤导致的血糖异常"，并将其写入糖尿病预防领域的教科书。《柳叶刀》子刊是这样评价她的："她是针对中国糖尿病特点的研究者，架起了遗传和临床、医院与社区间的桥梁。"

发展糖尿病的预防、监测、诊断和治疗新技术，提高糖尿病的防治效果，自始至终都是贾伟平的追求。2007 年以来，贾伟平主持持续葡萄糖监测（CGM）技术的临床应用标准研究，分析了 90 万份糖尿病患者和对照人群的监测数据，创建了 CGM 正常及异常的国际标准，并在全球首次发现血糖波动目标范围内时间（time in range，TIR）指标与视网膜病变密切相关，相关成果列入 CGM、TIR 国际共识及美国糖尿病学会诊疗标准，并被写入多部中国医学诊疗指南。美国内分泌学会主席评价她："贾伟平及其团队是国际动态血糖监测临床应用的领导者。"

从小众到大众，对"糖人"精准干预

拥有丰富临床经验的贾伟平深深懂得，糖尿病的致病过程长、诱发因素多、覆盖人群广，对民众健康的危害极大，因此必须从医院的个体诊治向广谱式的群体防控迈进。

全球有 4.25 亿糖尿病患者，中国就有 1.18 亿，占全球糖尿病患者人数的 27%，也就是说约有四分之一的"糖人"在中国。但其中已确诊的糖尿病患者仅占 38.6%，还有 61.4% 的患者尚未被及时诊断，且糖尿病的发病年龄呈现年轻化趋势。对糖尿病的防控已刻不容缓。我国每年用于治疗糖尿病的费用很高，但 80% 的费用用于治疗并发症。有 60% 的糖尿病患者至少伴有一种慢性并发症，严重者可引起失明、肾功能衰竭、肢体坏死、心肌梗死和脑卒中，可致残甚至致死。然而，糖尿病是可防可控的，如果能够做到早发现、早诊断、早治疗，就可以延缓甚至阻止糖尿病的危害。

2003 年，贾伟平开始研发面向基层的糖尿病防控管理技术。她经过调研发现，社区卫生服务中心诊断和治疗糖尿病的达标率较低，只有 10%，而且几乎不开展糖尿病并发症的筛查。这与大医院相比，差距太大了。大量的患者涌向大医院，但是再大的医院也无法满足越来越多的糖尿病患者的需求，只有提升基层医务人员的糖尿病防控水平，才能从根本上解决问题。怎么办？她想，如果能组建一个团队，打造一种全新的模式，以适宜的技术为支撑，将环境建设、质量控制管理、分级诊疗等多个环节紧密衔接起来，让医院帮助社区卫生服务中心培养专业人才，实现医院与社区卫生服务中心的"无缝"对接，最终提升试点社区卫生服务中心的"糖尿病知识知晓率、血糖控制达标率、并发症筛查率"（三率），就能解决这个大问题。说干就干，一张蓝图已在贾伟平心中绘就，这件事越早做，老百姓就越早受益。经过几年的探索和实践，"医院—社区一体化"糖尿病管理模式让上海试点社区的"三率"提高了 20%～30%，得到了国际同行的赞誉。世界糖尿病基金会主席 Anil Kapur 博士评价道："显然，如果要在大城市的医院和社区卫生服务中心之间建立一个无缝化的糖尿病管理模式，那它一定如正在上海实践的这样。"这个"上海模式"作为最佳实践特色案例，被收入国家卫健委向世界推荐的《中国慢性病防治》一书。

2015年，贾伟平在上海市政府的大力支持下，主持承担了建立上海市糖尿病预防与诊疗体系的重大任务，探索上海慢病管理医防融合新模式，以"医院—社区一体化"糖尿病管理模式为核心内容，力求实现全上海社区卫生服务中心糖尿病及其慢性并发症检验能力的同质化，建成了糖尿病防治技术和管理的大数据信息平台。她对社区内20万名糖尿病患者进行慢性并发症筛查，明确了上海糖尿病慢性并发症的现状，其中17%的糖尿病患者有糖尿病视网膜病变，33%的患者有肾脏病变，同时发现了需要及时转诊的糖尿病肾脏病患者2万余例、严重的视网膜病变患者4000余例，使这些患者得到了及时诊治。她敏锐地意识到，如果能开发出用于筛查和诊断糖尿病慢性并发症的人工智能系统，会显著提升糖尿病管理的效率。这是疾病管理的实际需要，也是智慧医疗的前沿技术难点。为此，她与上海交通大学计算机团队通力合作，研发出糖尿病视网膜人工智能自动诊断系统（Deep DR）。这个系统的诞生意义非凡，它不仅能造福国人，还能惠及全球。目前，该系统已推广到48个国家，惠及更多的糖尿病患者，为降低糖尿病患者的致盲风险提供了"中国方案"。

贾伟平深知，我国医疗资源的分布还不均匀，尚有些许缺医少药的贫困地区，那里的百姓更需要给予关注。十余年来，宁夏、青海、云南、四川、西藏等地区的农村都有贾伟平的足迹。她带领团队深入基层进行调研，了解当地的实际情况，开展健康扶贫、科学普及和基层医务人员培训。她了解到基层糖尿病药物的种类偏少，乡镇医院和社区医院中很少有内分泌专科医生，大多是全科医生。授人以鱼，不如授人以渔。当务之急是要培养基层医务人员，提升他们诊治糖尿病的水平，这样才能发挥他们的作用，把身边的患者管住、管好。她和团队开始手把手地培训基层医务人员，教他们因地制宜地使用治疗方法及管理技巧。为了把防治知识传播到更远的地方，她牵头实施了民政部糖尿病救助援藏项目，对西藏地区的糖尿病患者进行并发症检查和健康管理指导。在西藏，许多藏民感动地说："感谢党中央，感谢政府，给我们做了这么细致的各项检查，有些检查都是第一次做。"经过贾伟平及

贾伟平院士在工作

其团队的不懈努力，变化在一点一点地出现。以移动医疗赋能县乡村三级基层卫生服务体系的路标行动为例，由基层医务人员管理的糖尿病患者的血糖控制达标率由38%提升到43.6%。

如今，贾伟平又担任国家基层糖尿病防治管理办公室主任，牵头制定并组织实施了《国家基层糖尿病防治管理指南》。作为国家开展基层糖尿病医防融合的技术指南，该指南已标准化培训了全国160万名基层医务人员。她的事迹一次次见诸媒体报道。随着流媒体时代的来临，这位巾帼不让须眉的女子，也学着借助网络传播医学知识，近年来她的视频在网络上逐渐"火"了起来。在网络上，她和广大患者面对面，讲述糖尿病对人体的危害，讲述如何预防糖尿病，讲述对糖尿病并发症的理解，还讲述医防一体的重要性，更讲述作为一名医生的职责所在。

甘为人梯，琢玉成器

"管住嘴，迈开腿"，这句话是贾伟平对众多患者的嘱咐。诚然，现在的生活条件好了，各种美食的诱惑汹涌而至。但不健康的生活方式，也使糖尿病找上门来，成为威胁人类生命健康的杀手之一。贾伟平对患者的忠告如同"六字真言"，她总是反复地讲，不停地讲，通过视频讲座普及预防糖尿病的知识，把她的想法告诉更多的人。特别是在新冠疫情防控期间，她运用CGM指导感染新型冠状病毒的糖尿病患者救治，使不良结局事件发生率下降了30%。作为内分泌代谢疾病领域的专家，她一直认为医生不仅要医术精，更要对年轻人尽好传帮带的责任，对患者要有父母心。

贾伟平长期扎根在临床、科研和教学第一线。作为糖尿病研究领域的领跑者，她培养了大批硕博士研究生、博士后。在学术上，她是一位严格的导师；在生活中，她则是一位慈爱的长者。她不仅致力于提升学生的基础理论水平，还不断向学生传递专业领域的新信息，帮助他们开阔视野，并充分激发他们的创新能力。她拥有一个优秀的团队，包括临床技能一流的医学专家、博学多才的海外学子、技压群芳的实验能手，以及善于思考、朝气蓬勃的年轻博士。在贾伟平的高尚人格与学术魅力的感召下，这群年轻人对医学事业充满了热情，他们学科和科室的整体实力不断壮大。

贾伟平至今仍记得她所崇敬的项坤三教授的高尚品质——他不仅谦虚和蔼，而且乐于用道理启发年轻人。尤为珍贵的是，项教授甘为人梯，为科室的年轻人搭建了广阔的学术舞台。遇到重要的学术会议，他总是鼓励年轻人发表演讲。对年轻人撰写的论文，他甚至会检查每一个标点符号。贾伟平如今也以同样的方式对待跟在她身后的年轻人，这种传承一代又一代，她希望自己能像导师一样，将璞玉琢成器。

她对学生们说，医生这个职业非常辛苦，临床、科研、教学一样都不能落下，需要强大的韧劲与持久的毅力，才能登上成功的高峰。当一个医生不难，但当一个好医生却很难。如果没有热情，缺少刨根问底的探究精神，至多当一个普通医生，也就不能站得更高、看得更远。而最美的风景，总在险峰之上，只有登上山顶，才能一览众山小，阅尽山巅之上的盛景。贾伟平经常这样叮嘱学生们，也常用自己的经历现身说法。她忘不了自己的博士生导师陈家伦教授在她的博士论文答辩会上对她的鼓励："我这个学生真不容易，大学毕业 15 年获得硕士学位，又在大学毕业 25 年后获得博士学位，一步一个脚印，总是在不断地进步。"贾伟平清楚地知道，临床科研既要顶天——瞄准前沿、永攀高峰，也要立地——贴近生活、贴近患者，不断挑战自己，才能成就未来。

从医近 50 年，贾伟平走过了很长的路，也担任过很多职务。作为上海市糖尿病研究所所长，她主持过"973 计划"、国家重点研发计划、国家自然科学基金重点项目等各类国家重大科研项目 20 余项，在国外期刊上发表

贾伟平院士生活照

论文 400 余篇，以第一完成人的身份荣获国家、教育部、上海市等各级科技进步奖 10 项。作为上海市第六人民医院院长，她带领六院屡创佳绩。作为全国人大代表和上海市政府参事，她积极为国家富强、为健康中国建设建言献策。贾伟平最大的愿望是为患者谋福祉。如今，她仍工作在临床一线，每周二上午，她都雷打不动地来到诊室，关注每一位患者的病情，细心地给出治疗方案和饮食运动建议。每个月，她都会去六院在临港、海口或晋江的分院出门诊。有人说她已经取得了这么大的成就，不需要事必躬亲了，而她却真诚地说："很感谢这份荣誉和肯定，但无论在哪个岗位上、拥有怎样的身份，我都要不忘初心，肩负起应有的责任。既然选择了这份为百姓健康服务的事业，就必须全力以赴。"

2021 年 11 月 18 日，对贾伟平来说是个特殊的日子。镇江人贾伟平当选中国工程院院士的消息，迅速插上翅膀飞到镇江城的上空，给这座城市增添了一抹亮色。贾伟平这个平凡而闪亮的名字，很快在镇江老家的朋友圈刷屏。

参考资料

1. 唐闻佳. 上海市第六人民医院贾伟平：一辈子研究"甜蜜事业"，许多"第一"与她有关 [EB/OL]. (2021-11-18) [2024-03-05]. http://wenhui.whb.cn/zhuzhan/kjwz/20211118/434815.html.

2. 中国工程院 2021 年院士增选结果 [EB/OL]. (2021-11-18) [2024-03-05]. https://www.cae.cn/cae/html/main/col329/2021-11/18/20211118074902810998391_

1.html.

3. 上海市地方志编纂委员会. 上海市级专志·上海市第六人民医院志 ［M］. 上海：上海科学技术文献出版社，2021.

4. 黄杨子. 中国工程院院士贾伟平：从院士到参事，她成为上海市首位医药卫生工程管理院士 ［EB/OL］.（2021-11-18）［2024-03-05］.https：//www.shobserver. com/staticsg/res/html/web/newsDetail.html？id＝424987.

5. 交大新科院士：她一辈子研究"甜蜜事业"！ ［EB/OL］.（2021-12-02）［2024-03-05］.https：//m.thepaper.cn/baijiahao_15655058.

（钱兆南撰稿）

注：本文经贾伟平院士审核修改。

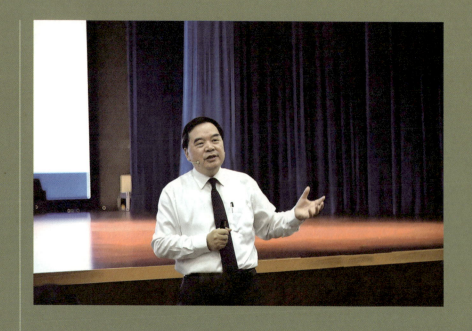

　　包信和，中国科学院院士，物理化学家。1959 年 8 月出生于镇江扬中。英国皇家化学会荣誉会士，理学博士，研究员，教授。曾任中国科学院大连化学物理研究所所长、中国科学院沈阳分院院长、复旦大学常务副校长。现任中国科学技术大学校长。主要从事能源高效转化的表面化学与催化基础及其应用研究，其带领的团队从碳管限域的金属纳米粒子催化合成气制乙醇的探索开始，系统研究了纳米限域体系中的突破性技术，所研究的技术在烯烃合成领域被誉为"里程碑式新进展"，从原理上开辟了一系列天然气、煤和生物质等高效制备烯烃等高值化学品的新途径。荣获 2015 年度中国科学院杰出科技成就奖，2015 年度周光召基金会基础科学奖，2016 年国际天然气转化杰出成就奖，2018 年度陈嘉庚化学科学奖。2016 年度最具影响力的十大"科技创新人物"之一。纳米领域催化的基础研究成果获 2020 年度国家自然科学奖一等奖。

　　2009 年当选为中国科学院院士，2011 年当选为发展中国家科学院院士。

包信和

催化祖国繁荣富强

因在能源高效转化的表面化学和催化领域做出的杰出贡献，包信和当选为中国科学院院士和发展中国家科学院院士。

什么是催化？催化是改变化学反应速率而不影响化学平衡的作用。能显著提高化学反应速率，其自身的组成和数量在反应前后保持不变的物质称为催化剂。包信和曾形象地把化学反应中的催化剂比喻为"剪刀"，它可以将长分子按人的意愿"剪"成短分子。他还形象地把催化剂比作"点焊机"，它可以将小分子"焊接"成人们需要的大分子。

"85%以上的化学反应都需要催化剂。"他以通俗易懂的方法这样解释道，"打个比方说，发面时光向面粉里倒水还不行，还需要加入酵母，催化剂的作用就好比酵母，大大加快了原来的化学反应。"

爱好钻研的"小天才"

1959 年 8 月，包信和出生于扬中油坊镇新华村一个普通的农村干部家庭，父母都是公社干部，受父母的影响，包信和从小就喜爱读书。

聪明好学的包信和上小学三年级时就因成绩出众，直接跳级到五年级。姐姐包信芳回忆："信和小时候只要有时间都是在看书，有时一边吃饭一边看，有时一边走路一边看，冬天天冷就躲在被窝里看，村里人都称他是个书呆子。"

在同德中学，包信和学习更加用功。他不仅喜欢读书，更善于思考。有次在放学回家的路上，同学们你追我赶，大呼小叫，他却突然问同学："为什么能听到喊声？声音是怎样传播的？"有个星期天，包信和在家钻研难题，从白天一直到第二天快天亮才结束，当起身离开书桌看到已经起床煮早饭的母亲时，他还奇怪地问："妈，你怎么到现在还不休息？"母亲心疼地告诉儿子："天快亮了，我刚起来。"

在立体几何课上，为了让学生们正确理解正方体边与边、角与角、边与角之间的复杂关系，数学老师要求每个学生亲手做一个正方体的模型。大多数同学认为这个很简单，不屑于做，包信和却老老实实找来材料自制模型。他边做边观察思考，理解记忆各种边、角关系的定理。当他拿着做好的模型重新思考习题时，发现原来不懂的问题都迎刃而解了，这时已不知不觉过了午夜。

在中学时期，包信和在班上的年龄最小，个子最矮。由于兴趣广泛，爱好钻研，他成了给同学们解答难题、偏题的"小天才"。尽管每次考试他的成绩并不特别冒尖，可只要有超出课本难度的题目，就会立刻显示出他的优势和水平。他的老师周轶铁知识渊博，学养深厚，被大家称为"百科全书"。包信和一有空就去找周老师，向他请教问题，有课堂上的难题，也有课本里没有提到的问题，他成了周老师宿舍里的常客。

1975年夏天，包信和高中毕业后，先是回到家乡新华六队劳动，一年半后作为知青被安排到扬中县兽药厂当学工。不少同学已将课本或装进箱子，或当作废纸卖到了收购站，包信和却始终没有放弃对知识的热爱。他一有空闲就看书，下班之后，更是手不释卷，自学数理化。功夫不负有心人，1978年，即国家恢复高考后的第二年，包信和以全县最小的年龄和优异的成绩（全县前五名）考取了他向往的复旦大学化学专业。

复旦大学的学习生活紧张而充满激情，包信和几乎每天都要学习到深夜。每年放假回家，即使在阖家团圆的除夕，他也要读书到深夜，正月初一拜年一结束，他就立即钻进书房，遨游知识的海洋。

繁花落尽现秋实

大上海的繁华，花前月下的浪漫，对年轻人来说充满吸引力，可包信和却把除吃饭睡觉之外的所有时间都花在读书和做实验上。在复旦大学读大四时，他就显露出较强的创新能力。在导师邓景发教授（后当选院士）的指导下，他参加乙二醇氧化制乙二醛催化剂的研制工作，研制成果于1983年获国家专利，1984年在衡阳第三化工厂投入规模化生产。

获得学士学位后，包信和考取了本校的硕士研究生，后直接攻读博士学位。1985年，他的《电解银催化剂的表面化学研究》获上海市化学化工学会优秀论文奖。1987年，他的博士论文《银表面的氧化活性和化学修饰》被由谢希德、郭燮贤、彭少逸等院士和教授组成的答辩委员会一致评为优秀博士论文，其中部分成果荣获国家科学技术进步奖二等奖。

28岁的包信和，凭着一身干劲闯到了国内化学学科的最前沿。这一年，他遇到了自己的终身伴侣——复旦大学哲学系青年教师、扬中老乡王国豫。按照规定，新婚可以休假10天，但他一天都没休息，更不用说旅游度蜜月了。同事们记得，他们婚后的第二天晚上，当王国豫的同事和老师相约来探望二人时，却发现只有新娘一个人在家，新郎早已返回实验室陪伴他的化学仪器去了。

1989年，包信和获得德国洪堡基金会的研究奖学金，从上海来到德国的马普学会弗里茨·哈伯（Fritz-Haber）研究所，投身于埃尔特教授（G. Ertl）的门下，从事金属催化剂的研究。

进入研究所，包信和仿佛来到了科学的殿堂。他十分珍惜这来之不易的机会。多少个日日夜夜，他不在实验室，就在图书馆，很快熟练掌握了实验室现代化仪器的操作。他与世界著名的化学家合作，提出了催化反应动态自组理论，并用先进的技术为该理论提供有力的实验证据。特别是对金属催化剂的深入研究，使他获得银催化领域"银专家"的雅号。在国际表面物理化学过程原理研究讨论会上，包信和获得了优秀论文奖。

埃尔特教授特别欣赏包信和，1991年，包信和在洪堡基金会资助下的研究工作结束后，埃尔特主动提出继续资助他的研究工作。由于包信和的出色工作，一年之内埃尔特两次给他增加工资，还嘱咐研究所的另外几个系和室，在仪器和技术上给予包信和全力支持。

在德国的5年里，从物理化学系到微电镜系，从同步加速器实验站到计算中心，包信和不仅熟练掌握了经典的表面研究技术，还做了大量的系统研究工作，在《表面科学》《物理学评论》等国际学术期刊上发表了 10 多篇论文。

1994 年，包信和的一项研究成果由巴斯夫公司申请专利，他在哈伯研究所连续工作 5 年，硕果累累，收入可观。他的儿子珂申进入当地小学，活泼可爱的珂申已能讲一口地道的柏林方言。他的爱人王国豫在完成柏林自由大学哲学系全部硕士课程后，又通过了该校日耳曼文学系的基础课结业考试，并在柏林市立医院获得半个固定职位。经过几年的努力，他们在柏林已建立良好的社会关系，有许多好朋友。

诱人的绿卡、耀眼的光环、优厚的待遇、良好的环境，这一切无不让人心动，但就在这个时候，包信和突然做出了回国的决定。是什么促使他做出了这样的决定？王国豫深知包信和急于回国的主要目的：尽早将研究所所长西罗格教授答应给他的那批总价值超过 100 万马克的实验仪器运回中国。

舍家为国，献身科研

西罗格教授是包信和的朋友和合作者之一。1994 年年初，德国教育部决定将哈伯研究所微电镜系改为无机化学系，任命西罗格为系主任。由于研究工作重点的转移，西罗格教授决定转赠部分仪器设备给马普学会的其他研究所。包信和得知这一消息后，立即找到西罗格，希望得到这部分仪器。他向西罗格表达自己想回国发展的愿望后，西罗格十分理解和支持他，当即表示不仅可无偿赠送他一台电子微探针，而且还要送他一套光电子显微镜，当时世界上只有德、美、日三国拥有这种显微镜。

当包信和回家把这一切告诉王国豫时，她陷入了烦恼中。放弃自己几年来在德国苦心经营的这个家，放弃这里的许多朋友和花园一样美丽的环境，尤其是放弃自己为之苦读了多年即将到手的毕业文凭，她有些难以接受，内心无法平静。

"家可以重建，我们在这里不也是白手起家的吗？朋友可以保持联系，还能交新的。环境虽好，但它本来就不属于我们。至于你的学业，你可以暂时留在这儿继续完成你的学业。"包信和下决心说。

王国豫太了解包信和了，知道这时自己说什么都没用，她把希望寄托在埃尔特教授的身上，因为对于他的意见，包信和总是特别重视。在一次家庭晚宴上，埃尔特教授略有担心地对包信和说："据我所知，现在许多在海外的留学生都不想回国，我担心你回去后能否像你所希望的那样做些事情。"

　　包信和说："人各有志，我从来没有做过在国外长期工作和生活的打算，相比之下，中国现在更需要我们，而且我相信，回去对我事业的发展更加有利。"

　　"可是你夫人的学业还没结束，如果现在就回去，她可能会后悔的。珂申已经是一个地道的柏林人，恐怕将来也很难适应中国的教育方式。"埃尔特夫人则更多地为王国豫和珂申担心。

　　"珂申就要上二年级了，母语还说得结结巴巴。正是为了珂申，我感到我们一天也不能耽误了。国豫要是愿意，可以暂时留在这儿继续完成她的学业，但是珂申我必须带走。"包信和说得果断坚决。

　　在弗里茨·哈伯研究所的历史上，馈赠如此多的实验装备给一个外国人，尚无前例。有工作人员给马普学会总部打电话，对西罗格的决定提出异议，包信和担心这些祖国急需的仪器设备会得而复失，他觉得不能再等了。

　　回国后，他没有回到他的母校复旦大学，而是来到了中国科学院大连化学物理研究所。尽管研究所对他的研究非常重视和支持，但鉴于当时的大环境，在研究经费和实验室建设等方面他还是遇到了很多困难。包信和迫切地想尽快缩小中国与发达国家的差距，他感到时间宝贵，时不我待。祖国的科研事业迫切需要经费的支持，1996年下半年，他在德国进行为期4个月的访问时，又向洪堡基金会申请研究资助，该会决定赠他一套时值5万余马克的质谱仪。他还与巴斯夫公司签订了合作协议，争取到每年14万马克（暂定2年）的研究经费。至此，他带回国的全部仪器和资助总值150万马克，当时折合人民币约750万元。

　　为了祖国的科研事业，每次访问德国，他都尽可能搜集和购买实验必需而国内又难以找到的仪器、资料和软件，有时即使是不值几个钱的小小阀门也不放过。一次，他在搬仪器时，一位德国同事半开玩笑地对他说："你是不是想把我们的实验室全搬回中国去呀！"

1996年11月28日，是包信和结束4个月访德回国的前一天，他决定再次飞往巴斯夫总部所在地路德维希港，签署合作协议。不到早晨6点，他就离开住所前往法兰克福机场，回柏林的航班应为晚上6点。

这是夫妻、母子分别前的最后一个夜晚，王国豫的心久久不能平静，她有许多许多话想对包信和说。做好晚饭后，她一心盼着丈夫能早点回来共进晚餐。她和儿子等来了一个个告别的电话，等来了一位位送别的朋友。儿子不肯吃饭，一定要等爸爸，晚上11点都过了，他仍饿着肚子趴在地毯上画画。心烦意乱的王国豫硬是把儿子赶到床上。将近午夜，包信和仍然未归，王国豫和前来送别的德国朋友一起拨打了几乎所有可能知情的人的电话，并得知柏林泰格尔机场当晚飞机已全部安全正点降落。29日凌晨1点多，距离他回国的飞机起飞只有十几个小时了，王国豫正在擦着眼泪时，门铃响了，包信和总算回来了。原来，他一下飞机就直奔研究所，从实验室到图书馆，再到计算中心，处理完数据，又忙着复印资料、文件。中间他也给家里打过几次电话，却又碰上占线。当妻子从地上捡起儿子画的"爸爸、妈妈和点点"在屋前草地上玩耍的儿童画时，包信和眼眶红了，他为自己是个不称职的丈夫和爸爸而内疚。

创建世界一流研究所

中国是世界上最大的发展中国家，能源需求极大，能源消费结构也存在不合理问题。中国能源消费中煤炭占比较大，石油和天然气虽然占比较小，但是对外依存度很高。贫油、少气、煤炭较多，如何充分发掘煤炭资源的潜力，保障能源安全？

包信和认为，对中国来说，有一件事是很有必要做的，而且是战略性的，那就是把我国相对丰富的资源——煤变成油、天然气或者化学品。面对中国"贫油、少气，相对富煤"的状况与生态环境和能源结构优化的需求，他立志搞技术研发，希望在未来能够像加工石油那样加工煤炭。为了这个目标，他长期从事催化基础理论研究、新型催化材料的创制，以及能源清洁高效转化过程的研究，在纳米催化基础、天然气和煤基合成高效转化等方面取得了一系列重要研究成果，多次获得国内外学术奖励。他的研究成果颠覆了90多年来煤化

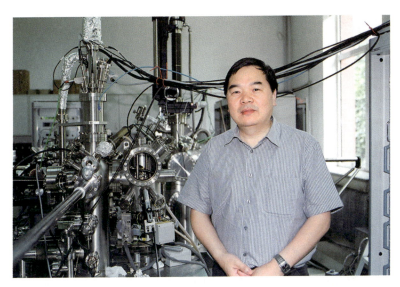

包信和在科研现场

工领域一直沿袭的传统路线，有望使煤化工水耗和能耗大幅降低，被业界誉为煤转化领域"里程碑式的重大突破"。

1998 年，中国科学院大连化学物理研究所入选中国科学院知识创新工程首批试点单位。1999 年 8 月 20 日，中共中央总书记、国家主席江泽民亲临化学物理研究所视察，欣然题词："实施知识创新工程，把大连化学物理研究所建成世界一流研究所。"2000 年，包信和被中国科学院选聘为大连化学物理研究所所长。

中国科学院大连化学物理研究所是全国催化基础、分子反应动力学、化学激光等研究领域的"国家队""排头兵"，可在人才、管理体制、科研水平等方面，与"世界一流"相比，还有很大差距。

怎样把大家的积极性、创造性调动好、维护好、发展好？包信和认为根本出路是实行德治和法（制度）治的有机结合，以政为制，为政以德，让创建"世界一流"成为大家共同的愿景、共同的理念、共同的准则，成为一种团队精神和一种创新文化。

在担任所长期间，包信和先后引进留学回国人员 40 余位，其中入选中国科学院"百人计划"的有 18 位。为引进原在台湾原子与分子科学研究所工作的科学家杨学明，包信和两次专程赴台，与杨学明的博士后导师和合作者、诺贝尔奖获得者李远哲商谈。在赴台前，他特地面见路甬祥院长，路院长向他面授机宜："只要在学术上有重大贡献，想什么办法都要请他回来。"包信和给杨学明确定了协议工资，新建了实验室，提供了1000万元的启动经费，这在当时许多人看来是"天文数字"的优厚条件，换来的是中国科学院大连化学物理研究所分子反应动力学领域的突破性学科进展。杨学明本人也荣获2007年中国科学院杰出科技成就奖、何梁何利奖和周光召奖等重要荣誉，2011年被增选为中国科学院院士。

2001年，为了生物技术学科的创建，包信和多次组织全所各方面的专家，经过充分讨论，决定组建生物技术部，他亲自诚邀杨胜利院士担任生物技术部主任。经过多次努力，杨胜利最终于2001年11月从包信和手中接过聘书，成为大连化学物理研究所生物技术学科的学术带头人。

2003年，大连化学物理研究所被中国科学院授予首届"创新文化建设先进团队"称号，大连化学物理研究所领导集体荣获"优秀领导班子"称号。这一年，是包信和工作和科研成果颇丰的一年，也是他家事频仍的一年。在他的纳米限域研究进入关键阶段时，父亲病重，母亲也查出了肺癌晚期。

母亲住在上海中山医院，包信和上午从大连飞到上海，处理完母亲手术的

包信和在办公室

事宜后，又于当天下午匆匆飞回大连。2004 年，包信和的父亲去世，按当地风俗，需要几天后才能下葬，包信和为了科研进展，只得先回来两天，安排好有关事项，待出殡前再回扬中。自古以来，建功立业者忠孝难以两全，包信和舍小家，为大家，默默无私地奉献着。

作为中国科学院大连化学物理研究所所长，他带领全所同志围绕创建世界一流研究所的发展目标，为研究所的可持续发展做出重要贡献，在中国科学院组织对知识创新工程二期进行考核评估验收时，大连化学物理研究所综合评价位居中国科学院 38 个高技术研究所之首。

在人才培养方面，截至 2020 年，他先后培养博士近百名，指导博士后 20 多名，其中多名博士获得各种冠名奖，为研究生培养做出了卓越的贡献。包信和长期从事催化基础理论与催化剂创制和推广应用工作。他从纳米限域的基本原理出发，首次发现纳米孔道限域对催化的调控现象，率先定义了基于界面相互作用的广义限域效应，开创性地提出了"纳米限域催化"新概念并成功用于实践，为催化过程和催化剂设计走向"精准"建立了理论基础，引领和推动了催化学科的发展；创立 OXZEO 过程，这一研究成果于 2016 年发表在国际顶级学术期刊《科学》（*Science*）上，获得国内外同行认可，被誉为"里程碑式新进展"和"开创煤制烯烃新捷径"，并入选 2016 年度"中国科学十大进展"，获 2020 年国家自然科学奖一等奖。

他所带领的团队因在纳米催化和碳催化方面的研究成就，已成为国际相关领域知名团队。他本人也成为相关领域的著名学者，曾担任全国催化协会主席、中国化学学会副理事长、中国科学院化学学部副主任、国际催化理事会理事，创办了英文学术期刊 *Journal of Energy Chemistry*（JEC，《能源化学》）并担任主编，应邀担任国际上多种重要期刊的编委和国际顾问。他两次被科技部聘为"973"项目首席科学家，担任国家重点基础研究发展规划第四届顾问组成员。任中科院-BP"面向未来的清洁能源"项目中方首席科学家，中国科学院德国马普学会"纳米催化"伙伴研究组中方组长，国家外国专家局中科院创新国际伙伴计划"化石能源洁净转化"项目负责人。"十三五"期间，担任科技部"变革性专项"召集人和煤专项相关项目的首席科学家。他还担任香港中文大学和北京大学等高校的客座教授，兼任中国科学技术大学化学系主任，第二十六届、二十七届中国化学会常务理事。2009 年，他当选为英国皇家化学学会会士。

助推家乡展特色

包信和 18 岁离开镇江外出求学、工作，每当听到镇江乡音或在电视上看到镇江的元素时，心里都会深受触动，倍感亲切。

在包信和的印象中，镇江是名副其实的城市山林，山水资源丰富。他也非常关注家乡的发展，虽然回镇江的时间不是很多，但每次回到家乡，看到沿途变化很大，他都感到十分欣慰。

2019 年 5 月，江苏发展大会期间，包信和应邀回镇江参加会议，他在接受采访时说道："无论在哪里，家乡一召集，我们就回来了，有知识贡献知识，有想法贡献想法，能帮忙做些事就做些事，为家乡做出自己力所能及的贡献。"

对于家乡的变化，包信和认为，经过几十年的发展，镇江的经济发展已经到了一个新的阶段，需要有自己独具特色的东西，才能在激烈的城市竞争中处于不败之地。他举例说：提到苏州，就会令人想到苏州工业园区；提到无锡，就会让人想到物联网。在包信和看来，镇江的交通和区位都具有相当的优势，再加上高校资源丰富，可以有一番大作为。如何突破传统的发展方式，在激烈的发展竞争中脱颖而出？包信和为家乡开出的"药方"是，发挥特色，依靠创新和人才。包信和说："现在各地发展都在讲投资，我想讲的是，镇江要投未来，说得通俗一些，就是投人才。"为此，他建议镇江注重对人才的引进和培育，特别是要利用好在镇高校的资源。他表示，自己所从事的就是关于教育和人才的工作，愿意力所能及在这些方面为家乡做些贡献。对家乡的发展，他充满希望，深情寄语："镇江底蕴深厚，希望镇江在百年不遇的大变局中，不仅能跟得上，还要能超前布局，在这个大变局中脱颖而出，在国内国际上有一席之地，我们也会感到很自豪。"

作为中国能源研究的翘楚，包信和认为，镇江地处长江之畔，历史悠久开埠早，虽然不是资源型城市，但有一笔最大的资源——人民的智慧。镇江人可以"靠智慧创造财富",面对当今社会的各种挑战,镇江更需要创新的东西,包括一些概念的创新。

"城市有活力,不是大家都在经商,而是有各式各样的人,所以学校很重要,代表着人才高地和创新高地。"他认为,"在人才方面,一定要舍得投入和投资,哪怕短时间内没有收益,也一定要在人才和基础设施上下功夫,做文化建设和人才培养,占领人才高地。"他强调:"从经济、社会、城市建设等方方面面来说,人才十分重要。"

他建议镇江用创新走出一条特色发展之路。在采访中,他反复提到了"特色"二字,并以产业为例补充道:普通人或许对GDP没有概念,一般人也记不住数据,但是一个城市发展的特色产业却能让人记住,比如苏州早先发展的新加坡工业园区,现在发展的医药工程,还有无锡的物联网等。

作为镇江人,尤其是镇江扬中人,他十分自豪:"我们都是镇江人,总是希望看到家乡好,就是因为这份自豪感,我们都在千方百计为家乡发展做力所能及的贡献。"他清楚地记得,当年外出求学时,扬中与镇江市区之间还没有建起大桥,"要坐摆渡船花半天的时间,如今大桥建好了,来回方便了,两地连得更近了,镇江的变化也更大了"。

谈起家乡美食,让他忘不了的是那碗荠菜圆子。"离开扬中的时候是1978年,那时物资匮乏,感觉吃什么都香,而且家乡的什么都好吃。"包信和回忆起家乡的味道,"比如早餐的时候,我们吃秧草圆子,还有竹笋烧肉也都挺好吃的。"

他还提到了家乡的香醋和锅盖面。他认为,锅盖面和香醋这样的产业很重要,可以扩大影响,让更多人知道镇江这个地方。不过他话锋一转说道:"这些还不够,还是要慢慢培育现代产业,随着产业发展的成熟,一讲到这个产业就能想到镇江。"

他对故乡扬中充满感情,对扬中的经济发展了如指掌,为城市形象的提升建言献策。2008年,扬中老乡在东北成立了扬中发展促进会,包信和当选为会长。他并没有因为自己工作繁忙而推辞,而是从一开始就积极参与扬中发展促进会的筹备工作,与同在沈阳和大连的扬中老乡群策群力、广泛联系,凡是能联系上的扬中人,他们都不遗余力地联系。

包信和关注家乡建设，支持家乡发展，将自己在东北长期工作积累的丰富的人脉资源、信息资源、技术资源充分调动起来，为将扬中建设成为环境优美、生态宜居、百姓幸福的现代化水上花园城市汇聚人脉，出谋划策。作为一个在外地的扬中籍人士，家乡的日益繁荣让他感到无比自豪。

多年来，每次回到家乡，包信和都要走进家乡的企业，了解企业的发展变化。2009 年 2 月，他回家乡时考察了江苏荣昌化工、镇江环太硅科技、辉煌太阳能等企业，走进企业的实验室和生产车间，充分肯定了企业的发展速度与发展方向。包信和十分关心新能源技术的开发与利用，在环太硅科技与辉煌太阳能，他对单晶与多晶硅的生产提出了建设性意见。2011 年，他带领团队与环太集团合作建立了"江苏省企业院士工作站"，合作研发多项高科技产品，有力助推了企业发展。

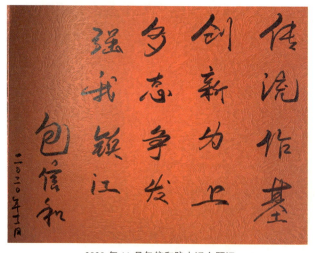

2020 年 11 月包信和院士返乡题词

2020 年 11 月 7 日，镇江市委、市政府举行 2020 院士家乡行暨"金山英才"计划项目集中签约活动。在镇江籍院士座谈会上，包信和对于镇江的发展提出四点想法：利用好江苏大学、江苏科技大学等优质高校资源，注重人才的培养和吸引；注重产业结构调整，用新举措、新方法促进传统产业走出去；在现代教育、大健康等领域下功夫，促进多业态发展；利用好资源禀赋，做好山水花园福地文章。

在包信和看来，中国的催化事业需要年轻的"催化剂"，他甘做祖国富强的"催化剂"，为祖国的繁荣发展奉献自己的一生。

参考资料

1. 中国科学院学部. 院士信息：包信和 [EB/OL].（2019-12-03）[2024-12-05].http：//casad.cas.cn/sourcedb_ad_cas/zw2/ysxx/hxb/200912/t20091203_2681360.html.

2. 中国科学技术大学碳中和研究院. 院长：包信和 [EB/OL].（2022-10-26）[2024-12-15].https：//www.ustc.edu.cn/info/1007/6941.htm.

3. 马卓敏. 包信和院士：期待一份满意的"答卷" [EB/OL].（2016-06-02）[2024-09-15].https：//news.sciencenet.cn/htmlnews/2016/6/347667.shtm.

4. 包信和. 回忆在化物所"知识创新工程"初期二三事 [EB/OL].（2019-08-27）[2024-11-18].https：//news.sciencenet.cn/htmlnews/2019/8/429840.shtm?id=429840.

5. 陈抒怡. 在这里"蛮好的"：访中国科学技术大学校长包信和 [EB/OL].（2021-03-31）[2024-10-17].https：//www.shobserver.com/staticsg/res/html/journal/detail.html? date=2021-03-31&id=311562&page=16.

6. 杨泠，郑淇元，郭秋丽. 老乡眼中的扬中籍院士包信和：拳拳科技报国心反哺桑梓助发展 [EB/OL].（2022-01-07）[2024-10-23].https：//www.jsw.com.cn/2022/0107/1669956.shtml.

7. 镇江市地方志编纂委员会. 镇江市志：1983—2005 [M]. 北京：方志出版社，2014：2730.

8. 镇江市史志办公室. 镇江年鉴：2017 [M]. 北京：方志出版社，2017：379.

9. 镇江市历史文化名城研究会. 镇江历史文化大辞典 [M]. 镇江：江苏大学出版社，2013：536.

（马彦如撰稿）

　　钱锋，中国工程院院士，过程控制和过程系统工程专家。1961年4月出生于江苏扬中。现任全国政协常委、上海市政协副主席，九三学社中央常委、上海市委主委，华东理工大学副校长。第十一届、十二届、十三届全国政协委员。获国家科技进步奖二等奖5项、省部级科技进步奖一等奖13项，获授权国家发明专利45项，登记国家计算机软件著作权90余项。获国家杰出青年科学基金、何梁何利基金科学与技术创新奖、全国发明创业奖，以及上海市科技精英、上海市劳动模范等荣誉。

　　2015年当选为中国工程院院士。

钱锋

深耕"智"造　建功新时代

厚植爱国情怀，初心牢筑

作为一名科技工作者、教育工作者和管理工作者，钱锋是中国改革开放和社会主义现代化建设事业取得历史性成就的见证者、亲历者和推动者。

1977 年恢复高考，对正值求知若渴年华的钱锋而言，恍如开启了一个新世界。1978 年，17 岁的钱锋成为恢复高考后第一批大学生中的一员，进入南京化工学院（现南京工业大学）学习，后考入华东化工学院（现华东理工大学），攻读硕士和博士学位，作为有知识、有文化、有抱负的"天之骄子"，登上了改革开放的高速"知识列车"。

20 世纪 80 年代末，我国工业化进程发展迅猛，微型计算机在化工过程控制中的应用水平不断提高，但与西方发达国家相比，仍存在很大差距。那时我国石油化学工业关键装置的装备（包括控制系统硬件和软件）几乎都从国外进口，国产化程度低，消化、吸收、再创新不够，亟待通过自主创新改变受制于人的局面，这让钱锋深感必须做些什么。

"对于我们这一代知识分子而言，家国是我们难舍的情结，使命在心，责任在肩。"怀着科研一定要服务于国家重大战略和企业实际需求的信念，钱锋选定过程控制和过程系统工程领域，开始了长达数十载的埋头攻坚。"一定要实现突破，用科技创新报效祖国，改变受制于人的局面。"钱锋暗下决心。

1995 年，钱锋来到中国石化扬子石化公司，开展石油化工领域关键工业装置——计算机先进控制系统的创新研发。他发现，工艺、装备及自动化系统等全部从国外引进的乙烯装置，不知何故，其生产过程中的物耗、能耗都比国外设计指标高。

有没有可能独辟蹊径获得更好的控制效果？能不能突破国外的控制指标？面对石化装置这个庞然大物，年轻的钱锋没有退缩，而是思考如何进一步提高工业装置运行的效率和质量。那段时间的钱锋，一遍又一遍地进行数据分析、工艺流程机理和自动控制系统运行机制的模拟仿真研究，设计了多种自动控制方案，并与企业操作人员、技术人员和工程管理人员等反复讨论交流，到工业装置上现场测试、再修改、再计算、再调整……为了将从实验室获得的研究规律与装置多年运行的真实数据进行合理匹配，钱锋从早到晚都泡在实验室或者工厂，常常工作至凌晨一两点钟，家里人也渐渐习惯他回家是例外、不回家是常态。

"我曾在工厂工作过，对工业装置的操作较熟悉，因此很容易与工人们打成一片，与他们一起'三班倒'，这样才能遇到问题及时思考和分析，然后再回到实验室做模拟研究，确保各项实验顺利进行。"如今回首，这段经历也促

钱锋院士在科研现场

成了他在科研中始终提倡和践行的"一线工作法",即项目在一线实施,问题在一线解决,经验在一线总结,成绩在一线产出。

就这样,凭着满腔的科研热忱,钱锋从众多错综复杂的研究设计方案中找到了最佳组合,铺设出最优路径,在不改造原有生产装置硬件的情况下,通过计算机软件进行先进控制和优化操作,降低了生产过程中的物耗、能耗,提高了装置产能和效能,相关性能远远超过国外专利商的指标。

这给了钱锋极大的激励和信心,此后,他的科研对象逐步从生产单元转向乙烯生产全流程智能化调控,正式开启了他在流程工业智能优化制造领域的自主创新、全力攻坚之路。

勇担强国使命,科技报国

21世纪,新一轮科技革命、产业变革正和中国的转型发展形成历史性交汇。新旧动能转换,挑战即机遇,时代呼唤弄潮儿。

钱锋带领团队瞄准石油化学工业的智能优化制造,针对乙烯、精对苯二甲酸(简称"PTA")、炼油等重要的代表性石化装置,创新性地将化工过程物质转化机理与装置实时运行信息深度融合,进行石化装置智能建模、先进控制和实时优化运行技术的研究开发,完成了中国首项自主创新的乙烯装置优化运行技术、软件和系统研发。这项研究成果在国内乙烯行业全面推广应用,一举打破了我国乙烯行业先进控制与优化技术长期依赖国外引进的局面。

他还带领团队在国内率先开展PTA装置全流程优化运行技术研究,取得了多项填补国内空白的独创性成果,为大型PTA装置成套技术自主创新做出了重要贡献。

2015年12月,钱锋当选为中国工程院院士。

从恢复高考后的第一批大学"新生",到毕业后初次踏上科研领地的"新兵",再到获得我国工程科技领域的最高学术荣誉……数十载科研路上,钱锋初心未改。如今,他思考更多的是中国如何在全球化制造新形势中,抓住机遇,赢得挑战。

当下,在智能制造的理念下,许多发达国家提出了各自的国家工业智能化规划。中国也提出了"制造强国战略"和"新一代人工智能发展规划"。但如何弯道超车、异军突起，走出中国工业生产智能制造之路呢？

"最关键的因素是观念的转变——工业制造智能化绝对不是简单的让机器变得更加自动化，而是使其变得更'聪明'，是一种思维模式的转变、生产方式的变革，需要一群具有同样思维模式的人协同，推进生产过程中各类信息的整合、决策过程的高度智能化，实现整个企业、产业的价值链最大化。这当中并不是单纯的利润最大化，还包含了社会价值、环境价值等。"钱锋说。

在这中间，钱锋尤为关注的是流程制造的智能化。"中国已是世界规模最大的流程工业制造国家，无论从国计民生的角度，还是从国家智能制造的角度，流程工业的智能化都举足轻重。要推进这一变革，目前在经营决策层面、生产运行层面、能效安全环保层面及信息集成层面还存在不少瓶颈问题，我和我的团队将深度融合传统制造业与人工智能，以'智'为引，努力将具有自主知识产权的核心技术应用于工业装置，助推工业制造向智能化方向提升，为中国制造在世界上实现跟跑、并跑到领跑的历史超越，找到抓手，提供动能。"

这是钱锋的"远望"与"深思"，也是他时时不忘的使命。

钱锋院士在办公室

深耕育人事业，立德树人

钱锋 1988 年研究生毕业后留校任教，从讲师成长为教授、博士生导师，从自动化研究所副所长成长为科技处处长、校长助理。2008 年 8 月起，他任华东理工大学副校长。

对教学，他创新理念，追求卓越。从大学毕业后进入工厂工作，到回到高校，这番经历让钱锋深知，下沉到工厂，对于凝练科学问题、解决实际问题尤为重要。他积极倡导进行新时代工程科技人才培养模式和机制改革，提出"与培养基础研究人才不同，应用研究、工程科技人才的培养，绝对不能在象牙塔里闭门造车，而要与企业、与实际生产结合起来"。他把自己长期践行的"一线工作法"贯彻到教师培养、教学安排中，鼓励青年教师去企业实践锻炼，接地气、增底气、采灵气、添锐气。

他积极推动教学与工业产业"对接"，教育研究生在读期间不但要去工业企业实习，还要将论文"写在祖国大地上"，与解决实际问题相联系。他从教学和科研实践中对知识进行总结，撰写了《粒子群算法及其工业应用》教材，参与编著了《控制工程手册》（上、下）、《我国高耗能工业高温热工装备节能科技发展战略研究》等教材，让所学、所思、所研得以惠及更广泛的教学对象。

对学生，他守正创新，铸魂育人。担任研究生导师以来，钱锋共培养博士研究生 64 名、硕士研究生 113 名，指导博士后 28 名，桃李芬芳。"高教大计、本科为本，本科不牢、地动山摇。"他多年来始终坚持为所在学院的本科新生讲授专业概论第一课，还通过"人工智能——经济发展新引擎"等前沿学

钱锋院士在授课

术报告，帮助青年学子拓宽视野，了解前沿科技和产业发展趋势。

2017 年，钱锋为华东理工大学 3000 余名研究生做题为"恪守学术规范，弘扬科学精神"的报告，为准科研工作者迈好学术生涯关键一步做好学术道德规范教育。他勉励学子们："青年是社会上最富活力、最具创造性的群体，应该走在创新创造前列，应自觉践行科技报国使命。"2019 年、2020 年新生开学季，钱锋又分别为全校 10000 余名研究生新生上了"弘扬科学精神，践行科技报国使命"的开学第一课，他号召同学们秉承"勤奋求实，励志明德"的校训，以真挚的爱国之心投入学习与科研，为中国奋起而努力。

对教师，他引育并举，甘当人梯。长期分管学校师资队伍建设工作，钱锋对如何识才、爱才、育才、用才、敬才始终有自己的一套体系。他具有强烈的人才意识和鲜明的用才导向。不断强化师德师风长效机制建设，健全师德监督考核体系，落实师德失范"一票否决制"。构建"汇贤人才体系"，加大引才育才力度，完善青年英才培育机制，聚天下英才而用之，破"四唯"、清"五唯"，形成多向发展的良好局面。在人才工作中，他在做好顶层设计的同时，也带头身体力行。钱锋注重科研团队建设，近年来他亲自指导、悉心培养出一大批中青年学术骨干。他所在的科研团队已成长为一支教学和科研实力雄厚、人才梯队和结构合理的高水平团队。团队获评"科技部重点领域创新团队"，获批全国自动化领域由上海市高校牵头的首个国家自然科学基金委员会基础科学中心项目。

"一个人和一代人的力量都是有限的，但带动一代又一代人接续奋斗下去所产生的力量却是无限的。"钱锋说。桃李不言，下自成蹊，仅近 10 年钱锋带领的团队为国家培养的博士后和研究生就达 444 名，这是立德树人接力传承的生动写照。

传承九三学社精神，启政惠民

"我深感责任重大、使命光荣。"当选九三学社上海市委员会主委伊始，钱锋面对全体委员如是说。自 1998 年加入九三学社以来，钱锋的每一段人生都与九三学社紧密相连：2007 年担任九三学社上海市委首届青年委员会主任，

2010 年当选九三学社上海市委副主委，2019 年当选九三学社上海市委主委，2020 年当选九三学社中央常委。

钱锋是一位长期致力于政治协商、民主监督、参政议政的政协委员，2003 年起担任上海市政协委员，2008 年至

钱锋院士在调研

今连任三届全国政协委员，2021 年初当选上海市政协副主席。

"担任政协委员的 18 个春秋，我始终要求自己把履行好委员资政建言的职责放在首位。"2018 年 1 月，在九三学社上海市委新一届市人大代表、市政协委员履职学习会上，钱锋分享了做好政协委员工作的体会与思考。每年全国和上海市"两会"期间，钱锋都会集广大社员之智慧，围绕国家经济和科技发展的热点，向国家和上海市政府有关部门建真言、谋良策、出实招。18 年间，他先后向全国政协提交了《推进原材料工业智能制造，实现流程制造业高质量发展》《加强行业特色大学建设，促进高校创新能力提升》等 18 篇大会书面发言和 69 份提案，受到国家相关部门的高度重视，真正展示了"九三人"以"智"启政、以"智"惠民的情怀与担当。

在多年的参政履职中，钱锋对国内高校工程科技人才和创新人才培养问题尤为关切。这是他长期在高校负责行政管理、科技创新和人才培养工作使然，他常说："国家科技创新动力的强劲，离不开创新型人才培养的源头活水。"围绕这一议题，钱锋先后提出了《关于新时代工程科技人才培养模式和机制改革的提案》《关于加强工程科技人才创新能力培养的提案》《关于优化高校工科教师结构，提升工程教育水平的提案》《关于构建本–硕连读模式，培养创新型工程人才的提案》《关于协同促进大学生创新创业的提案》《关于智能化时代制造业工程科技人才培养模式改革的提案》《关于危险化学品行业高层次管理人才培养的提案》等一系列相关提案。

钱锋院士在 2024 传感器大会上致辞

"工程科技人才是我们实现创新发展依靠的中坚力量，工程教育是国家创新的重要引擎。70 年来，我国基本建立了相对完善的工程教育体系，但我国工程教育依然面临着诸多困难和挑战，工程科技人才培养还存在与新兴产业、新经济发展脱节等问题，必须通过体制机制的改革，打破学科之间、校企之间的固有藩篱，促进学生跨学科综合能力、创新创业能力的提高。我将继续就此深入调研、建言献策、持续推动。"钱锋强调。

搭建桥梁纽带，造福桑梓

在钱锋的心中，家就是国，国即是家，他所有的荣誉都是对父母之地的最好回报。

1977 年，全国刚恢复高考，在次年春开始招生，意味着第二年春才知道是否被录取。仅过了初试还不行，还要复试。在等待复试的那年冬天，正赶上扬中修建环江大堤。钱锋年龄虽小，却也不想闲在家里，就去江边挑河泥修堤坝。

离开故乡多年，钱锋一直深爱扬中这个有情有义的地方。在 2021 年镇江

（上海）产业项目暨人才招引推介会上，他深情地说："虽然我 17 岁离开美丽的扬中岛，但作为镇江人，我们时刻关注着镇江的发展，家乡日新月异的蓬勃发展使我们倍感骄傲和自豪！在此诚邀更多的优秀企业和人才加入我的家乡'奔跑的镇江'，助力'魅力镇江'更加'活力绽放'。""我在这里呼吁在座的企业家、专家学者多去我的家乡转转，'相约镇江，携手共赢'。我也将怀着造福桑梓、共筑梦想的美好心愿，持续关注镇江的经济社会发展，与家乡人民携手共创镇江更加美好的明天。"

2011 年 1 月 8 日，扬中发展促进会上海分会成立，钱锋看到从家乡来的人，非常激动。悠悠长江水，浓浓家乡情。上海分会的成立为"扬中和扬中人的发展"提供了一个纽带和桥梁，他作为分会副会长积极发挥科技和人才资源优势，为家乡的持续发展建言献策。无论多么繁忙，他每年都欣然接受家乡人的邀请，回去看看新的变化，更希望为新的变化尽一份心，出一份力。

2012 年 5 月 19 日，在他的牵线搭桥和精心组织下，扬中与上海 8 所高校的产学研对接活动成功举办。在对接签约仪式上，扬中与上海 8 所高校代表共同签订了产学研合作框架协议；大全集团、宜禾股份、金海新源、银佳集团等企业与上海知名高校签订了 12 项科技项目合作协议。复旦大学、同济大学等高校还与扬中 4 家企业举行了"大学生实习实践基地"授牌仪式。如今，华东理工大学国家技术转移中心扬中分中心已经建立，并有 50 余项科研成果落地转化，华东理工大学"科技之花"在镇江结出了"产业之果"。

在 2020 年扬中发展促进会第二届第六次常务理事会上，钱锋说："作为在外工作的扬中人，我们时刻关注着扬中的发展。扬中的每点每滴成绩都使我们倍感骄傲，我也会尽最大努力支持家乡的发展。"

（本文由钱锋院士供稿）

江雷，中国科学院院士，无机化学家，纳米材料专家。籍贯江苏镇江，1965年3月出生于吉林长春。1987年毕业于吉林大学物理系固体物理专业，1990年在该校化学系物理化学专业获硕士学位。1992—1994年作为中日联合培养的博士生在日本东京大学留学，回国后获吉林大学博士学位。2015年任中国科学院理化技术研究所研究员。2016年任中国科学院大学未来技术学院院长。2022年起任中国科学技术大学纳米科学技术学院院长。

主要学术贡献：通过学习自然，建立了超浸润界面材料及超浸润界面化学体系，引领并推动了该领域在全球的发展，成功实现了多项成果的技术转化。2022年被选为Nature Index五强国家（美国、中国、德国、日本、法国）的中国科学家代表。迄今发表通讯作者SCI论文470余篇，论文总被引用22.5万余次。2011年获"第三世界科学院化学奖"；2013年获"何梁何利基金科学与技术进步奖"；2014年获"中国科学院杰出科技成就奖"，并成为美国材料学会奖励"MRS Mid-Career Researcher Award"中国大陆首位获奖人；2016年获联合国教科文组织"纳米科学与纳米技术发展贡献奖"，同年获"日经亚洲奖"科技奖；2017年获德国"洪堡研究奖"；2018年获"求是杰出科学家奖""纳米研究奖"；2020年获"ACS Nano Lectureship Awards"；2022年获"陈嘉庚科学奖"化学科学奖。

2009年当选为中国科学院院士；2012年当选为第三世界科学院院士；2016年当选为美国国家工程院外籍院士；2022年当选为澳大利亚科学院外籍院士；2023年当选为欧洲科学院外籍院士；2024年当选为欧洲工程院外籍院士。

江雷

道法自然的纳米仿生学大师

父母老师共织育人之网

江雷对镇江的记忆大多源自父亲的讲述。虽生在北方，但他对江南的美食念念不忘。父亲每次回镇江，总是会给孩子们捎带一些家乡风味的食物，如镇江香醋、酱菜、小萝卜头等。有种咸鱼，那独特的鲜美之味，缠绕于舌尖之上，让他回味至今。

听父亲讲，他们江家的祖先原本在安徽，太平天国兵乱时有两个支脉从安徽迁走，他家这一支脉迁居到镇江，另一支脉迁到江都。江雷的爷爷是镇江大东造纸厂的创始人，后来造纸厂被日军烧了，家境破落的江家就迁到了曹家巷，准确位置在镇江城区道署衙门的正对面，大西路东首南边一个居民区。结果坏事变好事，新中国成立后，江家的成分就划为城市贫民了。父亲高中毕业后，恰逢新中国成立前夕，在中共地下党的安排下，他假扮烟贩过江加入了中国人民解放军第二野战军，并参加了渡江战役，随军渡江后开展地方接收工作，后来因工作需要担任丹阳县第一任县长的秘书。1957 年，父亲响应国家希望年轻干部考大学的号召，考取了吉林大学，从此离开镇江，定居吉林。

江雷的三舅爷是后来被载入史册的传奇人物贺坡光，他受我党指派打入军统内部，并通过潘汉年与周恩来单线联系。贺坡光 1910 年生于丹阳城宗巷贺家大院，排行老三，童年就读于丹阳正则附小。贺坡光早年是上海工人运动的积极分子，加入中国社会主义者联盟，与华克之、孙凤鸣、张玉华志同道合，义结兄弟，成立"南京晨光通讯社"。因刺杀汪精卫，孙凤鸣被捕后牺牲，贺坡光逃回镇江避难，冒着生命危险从镇江赶回丹阳，准备与年迈的母亲去延陵的塘东村亲戚家躲避。六名军统特务在江雷爷爷家蹲守了三个月，贺坡光在丹阳和丹徒之间的宝堰镇被特务包围，被捕。审讯中，贺坡光把组织者的名头推到在逃的"暗杀大王"王亚樵身上，没有暴露真实身份。

民国35年（1946）春，经宋庆龄、黄炎培等"七君子"及冯玉祥等人在国民参政会上呼吁，"刺汪"案开始重新审理。1948年1月，原判为死刑的贺坡光被改判为有期徒刑10年。而事实上贺坡光等人坐牢已超过12年，当局只得将他们开释。新中国成立后，贺坡光改名"何一民"，经中共上海市委副书记潘汉年介绍，在上海市纺织品公司工作，来往于上海、香港之间。后来因潘汉年案被株连，于1955年8月6日被捕入狱。1956年1月22日，贺坡光在放风时跑步锻炼身体，执勤战士以为他想越狱逃跑，开枪将他射杀，时年47岁。

1985年2月12日，贺坡光被平反昭雪。复查决定："贺坡光同志是1934年参加中国左翼文化团体（社联）活动的老同志，以后一直从事革命活动，为党做过许多有益的工作，1955年受潘汉年同志冤案株连而错捕，此应予纠正，恢复名誉。"

这段家族记忆让江雷知晓了什么叫忍辱负重，什么样的人是时代英雄——那些为国为家不惜牺牲性命的大写的人。在江雷的心中，三舅爷是位让人仰视的铁血硬汉，他短暂的一生已载入史册，让家族后人代代铭记。

江雷父亲学的是无机化学专业，后来从政，曾任吉林大学化学系党委书记。母亲学的是生物化学专业，后跟随唐敖庆先生创办《高等学校化学学报》，任编辑部主任。

正是在父母从事的无机化学与生物化学学科的交叉影响下，江雷对这两门学科有了最初的了解，为他后来走上学科交叉的科学研究之路早早埋下了种子。

幼年时期的江雷经常在父母工作的理化楼里玩耍，门厅中的六根大柱子是孩子们玩捉迷藏的好地方，他至今还记得那里的空气中弥漫着淡淡的盐酸"香气"。

小学三年级时的班主任李瑞华是江雷父母吉林大学化学系同学的夫人，李老师把江雷领进了故事团，培养他上台演讲。在解放大路小学的白山小学礼堂里，江雷给全长春市的小学校长讲孔子周游列国四处碰壁的故事，他成功做到了让全场从开始的鸦雀无声到后来的哄堂大笑。这样的大胆尝试，让他练就了"童子功"，现在连续演讲 4 个小时都能让听众全神贯注。这童子功夫的前提首先得是肚子里有"货"（知识），这样才能把胸中的"墨水"挥洒出来。

　　江雷记得，1976 年春节，他跟随父母走遍了吉林大学化学系老先生们的家去拜年，长辈们都叫他"小雷子"。那时绝大多数老师都住在筒子楼里，每家一间教工宿舍，各家的厨房都在走廊里。江雷印象最深的是去唐敖庆先生家，那可是一个带有大院子的别墅。在唐先生家，江雷吃到了人生中的第一块巧克力。回到家，他忍不住问母亲："为什么唐先生能住得和别人不一样？"母亲神秘地告诉他说："因为唐先生是国家第一批学部委员，大科学家！你好好努力，将来要是能当上学部委员，你也能住大房子。"这句话让"小雷子"的眼睛瞪得老大，梦想自己长大后也能当上学部委员。

　　初一下学期时，江雷的代数成绩在班上排倒数第二。这样的成绩让班主任穆怀荣老师很是担忧，喊他去办公室谈话。穆老师认真叮嘱他："下学期要开物理课了，我想让你当物理课代表，好好努力！"就因为穆老师的话，暑假里，江雷找来了"数理化自学丛书"，把物理和平面几何自学了一遍。开学后，在课堂上，他几乎"统治"了这两门课程的课堂提问环节。这是江雷后来上大学选择物理专业，也当了课代表的缘起。而江雷的化学老师贾明更是点燃了他积极争取发言的热情。在初三课堂上，江雷因为太专注于举手抢答问题，起立后大脑突然一片空白，答案全忘记了，引起全班哄堂大笑。贾老师一拍桌子，正色道："你们起什么哄！我认为江雷同学以后会有大出息，因为他总是在积极争取机会！"没想到贾明老师对江雷未来的预言得到应验，江雷后来果真一鸣惊人。

　　贾明老师对江雷的判断没错，她一生育人无数，学生中不仅江雷成为院士，还有另两位院士，分别是霍裕平和邹广田，此外还有一位曾出任湖北省委书记的贾志杰。

　　对于贾老师的赞许，江雷铭记了许多年，他每次回东北都要去拜望贾明老师，感谢她当年的勉励。当他重提当年自己"举手提问"的旧事时，贾老师笑着说："我教过那么多学生，想不起来自己是否说过这句话了。"江雷感慨："正是贾老师、穆老师这种包容的教育方式，影响了我后来的科学之路。"

为着向父母和老师的期望更迈进一步，江雷至今一直在"积极争取机会"。

他所在的附中，同学都很聪明，学习能力强，更擅长考试。江雷属于那种"悟性好"，善于探索未知的类型。他在课堂上问物理老师："长方形的磁铁磁极在两端，球形的磁极怎么确定呢，比如地球？"老师也没有回答他，只是说："这个是你上大学要研究的问题了。"

那个时代的中学教室里，前面挂的是毛主席像，两侧则是牛顿、爱因斯坦、居里夫人等科学家的像，成为科学家曾是许多同学的梦想。为了实现这个梦想，江雷靠借来的校徽"混迹"于吉林大学的阶梯教室里备战高考，也算是吉林大学化学系的"老人儿"。后来他如愿考上吉林大学物理系，和父母成为校友。在父母的影响下，本科四年他为未来的学科交叉之路夯实了数理功底。等到他上大四时，父亲的一句话更是把他引到学科交叉的道路上，也因此改变了他未来发展的方向。

父亲说："物理学太完美了，化学里的可变机会更多，前景广阔，来学化学吧！你的老师也同意我的意见。"

本科的快速成长离不开老师"蹲马步"式的早期训练指导，在本科毕业论文答辩结束后，老师不由称赞他："你一个本科生的水平，比我们的硕士生还要高呢。"这样的称赞燃起了江雷矢志科研的自信心。就这样，江雷欣然接受了父亲的意见，师从李铁津老师攻读化学硕士。

读了半年硕士课程，江雷就进了实验室。当他的同学陆续进实验室时，江雷已经有了自己的实验数据，准备着手写论文了。这期间，江雷发表了10余篇论文，其中一篇论文获得了吉林大学"青春杯"科技论文大奖赛特别奖。

为搞科研抢行"红绿灯"

江雷在读研一第二学期时，有一次偶然在出租车上听到广播里围棋大师陈祖德讲，人生有"红绿灯"效应，在绿灯时积极地抢着通行，就可以抢到更多的绿灯。他突然想起贾明老师的教诲"积极争取机会"，这不就是"红绿灯"效应吗？

第二天他就找到两位老师，要求开题做实验。他自行拟定了两套实验方案，其中一套为备选，没想到得到两位老师的认可，并且被老师夸赞，"从来就没有见过研究生可以拿出这样完整的实验方案"。老师并不知道，江雷在做实验的时候，就已经开始考虑博士的研究方向了。凭着硕士阶段的多篇论文，进入博士阶段后，江雷斩获了当时三十六所高校"挑战杯"的特等奖，并获得了日本"文部省奖学金"资助赴东京大学联合培养的机会。

1991 年 9 月，为了抢行生命中的"绿灯"，江雷在东北师范大学留日预备学校为期一年的培训期间，白天学日语，晚上回吉林大学做实验。在赴日本前，他请姑父——时任北大书法协会会长的陈玉龙教授（1921 年 11 月生于江苏镇江）书赠他四个字"天道酬勤"，作为留日期间的"座右铭"。到达日本后，他恭敬地把姑父的墨宝挂在宿舍里，时时勉励自己勤奋努力。出国前他已经做了充分的准备，提前制作准备了大量的实验样品，因此很快进入了夜以继日的实验状态。有同学嘲笑他说"不要给日本人太卖命"，而他是在最好的年华做最重要的事情，在"绿灯"时加速，在自己给自己"卖命"。

很多同学到日本后，选择放弃联合培养，重新考日本的博士，拿日本的博士学位。但江雷想都没想，他决定快速完成博士论文，赶紧回吉林大学答辩。他在日本的老师藤岛先生亲自用毛笔为他写了推荐书，让他提前一年获得了吉林大学的化学博士学位。与同期留日的同学相比，江雷快速"抢回"了四到五年的读博时间。

江雷在科研旅程中常会遇到"红绿灯"。当一路遇到"绿灯"功成名就时，他会提醒自己，下一个路口也许会遇上"红灯"；当遇上"红灯"停滞不前时，他也从不气馁，笃信前方肯定会有"绿灯"在等着自己。

1994 年，江雷获得吉林大学博士学位后，继续在东京大学做博士后研究。江雷丝毫不敢懈怠，接着抢行前方的"绿灯"。1996 年，他被藤岛先生推荐到日本科技厅神奈川科学技术研究院，先是担任高年薪的专任研究员，后来担任主管"光电控制界面结构相变"研究课题组的组长。再后来为了在科研之路上深耕，他毅然辞去组长职务。有人说他糊涂，而他的老师藤岛先生对"难得糊涂"却有另一种理解。每年新年，藤岛先生都会邀请留学生去他家聚餐。他指着家中墙上挂着的"难得糊涂"拓片要学生们解其内涵，江雷随口答："遇事不要太认真，不要太精明？"藤岛先生说："'难得糊涂'的意思是，人这一生只做一件事，做好一件事，在这一件事上保持清醒，其他的事情，该糊涂就糊涂好啦！"江雷懂得藤岛先生对"难得糊涂"含义的解释，老师希望自己的学生们在小事上可以糊涂点，但在做学问这件大事上绝不能含糊，要抢占机遇，容不得半点马虎。藤岛先生在大小事面前的确是这么做的，也影响了许多学生。他的"指导"就是"不指导"！他把大方向交给学生，实验实施、方案研究、论文修改全靠学生自己。每月一次的半小时汇报，他只评价"有意思""没意思""明白""不明白""谁谁做过了""这个是新的"，直到他说出最高的评价"极好"，学生们才能松口气。有一次，藤岛先生把江雷的开题报告团成纸团扔进了纸篓里，这让江雷倍受打击，但也认识到了自己的错误。江雷后来自己带学生时，把藤岛先生的这套教育方法延续了下来。

江雷在日本7年，用"兵贵神速"诠释他的"抢绿灯"并不为过。当时公派去日本的留学生有100多名，分散在东京的各个大学，有的想着打工贴补生活，有的想先提高语言能力，而江雷靠坚信"天道酬勤"抢着过了"红绿灯"。在国家实施"知识创新工程"和"百人计划"时，他再次把握住了历史性的重大机遇，成就了自己"顺风顺水"的科研之旅。

他在光电界面材料的制备与理化性质研究领域取得的诸多成果，使得日本及美国的许多大学和跨国大公司向他敞开了大门。凭他的科研资历和能力，导师早就答应给他一份薪酬丰厚的教职；他还可以去跨国大公司任职，那些从事纳米材料开发的日本一流企业开给他的年薪都在千万日元以上。但是他没有留在日本或去其他国家。作为一名科研人员，最令他痛苦的莫过于原始创新的思路无人理解，最令他兴奋的是有了学术知音。他决定揣着自己的理想来一次破釜沉舟、壮士断腕，江雷决定回国自己干。

归国后遇贵人鼎力相助

20世纪90年代，出国留学回国的人很少。1997年10月，在德国汉堡举办的国际STM研讨会上，江雷有幸遇到了人生中的伯乐——时任中国科学院副院长白春礼院士。白院士鼓励江雷回国工作，这正好与他的想法相吻合。

1998年8月，江雷回到北京，出席了世界青年纳米科学研讨会。而同年3月江雷在准备日本化学年会发言材料时，写到"光诱导分子晶体表面重

江雷院士谈科学研究与生活

构，是两种高/低能量的相在表面共存的状态"时不由感叹，这不就是老子所讲的"阴阳合一"吗？江雷对能够捕捉到这一灵感感到兴奋，他因此归纳出"二元协同纳米世界材料"的构思，并在随后的组会上兴奋地讲了一番。结果一屋子人面面相觑，没有一个人提问，最后还是藤岛先生总结："完全听不懂。"江雷当时想，这也是老师的"难得糊涂"吧。

同年夏，李铁津老师访日促成了江雷学术思想的再次提升，也成就了师生俩的学术"隆中对"。李老师到江雷那里借宿，起初是睡前聊天，谈起了关于二元协同纳米界面材料的想法。李老师听完江雷的思路，在逐步深入讨论后，确认他发现了一个新的材料体系。得到李老师的肯定后，江雷十分兴奋。师徒二人干脆拿出各自的资料、笔和纸，在桌上一个问题接着一个问题地展开了讨论。两个物理出身的化学学者探讨着一个尖端的问题，不知不觉就聊到了凌晨5点。这次讨论的结果后来公开发表。

李铁津老师回国后不久就打电话给江雷："国家启动了'973计划'，你那个二元协同纳米界面材料的想法，可以去试一试。"江雷当即打电话联系国内的中国科学院物理所，托人联系到负责"973"项目的科技部基础研究司邵立

勤副司长，争取到两天后 20 分钟的汇报机会。日本当时没有汉字打字软件，一直到临行前的清晨 6 点多钟，江雷才用日本繁体汉字制作好 30 多张胶片。江雷洗了把脸，直奔成田机场，下午 2 点准时赶到科技部。邵司长是留法物理学博士，他们全程无障碍交流，讨论得非常深入酣畅，原本 20 分钟的汇报，"拖堂"到了两个多小时。随后，邵司长拿出一份申请模板，让江雷填写，准备申报"973"项目。可是，当时他还没有回国，没有可依托的申报单位。邵司长说："没关系，就以你个人身份申报吧。"1999 年年底，江雷的项目和另外两个纳米材料项目合并，江雷作为科学家首席助理拿下了中国纳米科学领域的第一个"973"项目，开启了归国后的纳米科学研究生涯。

10 月，江雷回国到中国科学院物理所参加纳米科技战略研讨会，本想约时间拜访白院长，没想到白院长亲顾"茅庐"，来到招待所的房间看江雷。白院长告诉他："江雷，你回国后既可以做基础研究，也可以搞应用研究，还可以开公司。"

江雷正式回国的时间定于 1999 年 3 月 25 日。3 月 24 日是他 34 岁的生日。终于要离开工作、生活了 7 年的日本。中午时分，藤岛先生单独为江雷饯行，师徒二人互敬了一杯，藤岛先生郑重地对江雷说："回去后一定要开展新的方向，要在课题组形成积极向上的学术风气。如果需要我，打个电话，我就飞过去帮你。"江雷向先生鞠了一躬，和先生告别。傍晚在宿舍，留日同学为江雷举行"庆生/送别会"，吃完蛋糕，气氛就变成"壮行会"了。每个同学向他敬酒的表情和语气都好像是在送"荆轲"。显然，他们想不到，江雷是回去"抢购"中国科技腾飞的"原始股"的。

归心似箭，等江雷匆匆赶到北京"客座公寓"时，已经是晚上 10 点多。朱道本先生（中国科学院院士，时任中国科学院化学所所长）亲自在门口迎接他，介绍了为他配备的助手。刚进门，母亲的电话就来了。母亲可是化学界的"老江湖"，儿子归国让母亲高兴不已。父亲更是寄予他更高的期望，嘱咐他一定要在学术方面充实自己，有实力才有魅力。这些前提是：除了自身的光，还得有贵人引路，才能走上"道"。这次谈话是父亲与儿子唯一的一次长谈，让江雷感觉到肩上的担子更重了。为家，他是父母寄予厚望的儿子；为国，他的每一分努力都是为国家科研团队而战。

所幸，他在一群人的殷殷期盼中起步。朱道本先生把所里的领导叫过来，认真交代："江雷回国，我们大家要重视啊！"又问江雷："你需要多少经费？"当时喝了点酒的江雷说："应该需要 5000 万元左右吧！"朱先生先是愣了一下，然后稳住心神："5000 万没问题，咱先从 200 万（"百人计划"的经费）开始吧。"随后朱先生就开始为江雷四处奔走，为他争取杰出青年基金评审上会答辩的机会。从那以后，朱先生对江雷彻底放手。后来江雷相继拿下了"杰青""973""863"等多个项目，获得了 5000 万元的资助。那时，中国科学院及化学研究所仅用一个星期时间，就通过了江雷的研究员职称评审，特批了三室一厅的住房，并为江雷申请了科研经费。

道法自然的"二元协同纳米界面材料"问世

　　回国后的江雷并没有继续博士后工作，他把全部精力放在荷叶表面结构与超疏水性质的关系研究上。说起这项研究的启蒙阶段，还要回到与白院长相识的那次会议上。各国专家在一起喝啤酒聊天，一位德国教授说："咱们用 STM 观察分子、原子结构，没什么深刻的科学问题，基本上就是高级实验员。"他指了指旁边的池塘说："要是能把荷叶表面自清洁性研究清楚了，那才算像样的科学。"江雷默默地记住了这位德国教授的原话，回国后立刻着手研究，借助环境扫描电子显微镜发现了荷叶表面植物蜡的微/纳米复合界面结构，这就是他做仿生超浸润体系研究的开端。

江雷院士在办公室

　　对于这个选题，江雷对别人的质疑不是没有顾虑。苏格拉底哲学辩示：怀疑和质问我们所确信的一切事物的过程，并尝试用这种办法来揭示真理。践行这一理念最好的例子，就是牛顿看到苹果落下，问："为什么月亮不掉下来？"这就是"万有引力定律"的灵感，即在司空见惯的自然现象中发现科学问题，所谓"无"中生"有"。江雷质疑的则是："为什么荷叶出淤泥而不染？为什么水黾可以在水上行走？为什么蜘蛛和仙人掌可以收集雾水？为什么鱼儿可以在水中保持清洁？"江雷在选题上"从不失手"，是因为这些课题都是在探究自然界中存在的功能特性，他的任务是去寻找其合理性。多数人往往是"因为看见，所以相信"，道法自然的人则是"因为相信，所以'看'到"。

水的对立面是油，于是又演绎出超亲油/超疏油，成为四相。此正合"道生一，一生二，二生三，三生万物"以及"太极生两仪，两仪生四象"的道理。"道"即客观世界的存在，这里指界面的超浸润现象；具有特殊结构的超浸润界面视为"一"；每种存在都具有两种相反的性质，这里即"超亲"和"超疏"，视为"二"；两种相反性质"对立统一"的组合产物为"三"。以此推演出 64 个三相界面组合，以及所拓展出的 12 类液体极端环境条件中的应用，即"万物"，构成了超浸润界面材料体系。

起初，江雷对自己能否走通这条路是非常担心的。望着案头的"天道酬勤"，除了忘我工作，别无选择。他清楚地知道，与卫星要在短时间内达到第一宇宙速度才能进入轨道一样，人生就是不断拼搏的过程。江雷每天工作长达十几个小时，没有休息日，在实验室里常常一抬眼就已经是深夜，饥肠辘辘。双安商场对面的那家 24 小时营业的"永和豆浆"店，见证了江雷从 128 斤的"瘦猴"变成"富态"大叔的过程。白院长则调侃江雷说："江雷的学术成就是和体重成正比的啊。"

就这样，从 2001 年获得国家自然科学基金委杰出青年基金资助，到 2004 年成为国家纳米科学中心首席科学家，当江雷同期的留日同学来到中心面试时，他已经是货真价实的评委了。从 1999 年回国，到 2009 年当选为中国科学院院士，江雷可谓"十年磨一剑"。这十年间，他时刻记住母亲的教导"有机会要上，没有机会创造机会也要上"。有次在全国应用化学研讨会上，江雷原本只做个分会报告，但他头天晚上得知消息，原定做大会报告的加拿大王教授因雷雨滞留在了大阪。江雷连夜准备了一个 40 分钟的报告。第二天上午大会上，会议主席刚要宣布开 40 分钟"天窗"，江雷端着电脑对会议主席说："张老师，我讲这个报告行不行？"张老师问："你准备好了吗？"江雷兴奋地答："我的 PPT 已经要打开了。"那次报告非常成功，报告内容后来也发表了。

在 2005 年独立申请 "973" 项目时，母亲打电话嘱咐江雷要向唐先生学习，认真准备。答辩前，江雷准备到凌晨 3 点钟，躺在床上用秒表，一张一张地在脑海里过片子。当天早上他 "单刀赴会"，把答辩精确到提前 3 秒钟完成，最终顺利拿到作为首席科学家的纳米 "973" 项目 "仿生超浸润纳米界面材料"。正是对自己如此苛刻要求，才能让外人看来 "顺风顺水"，其实江雷所有的成绩，得来都并非轻而易举。

所有的创新研究在开始时都很艰难。每提出一个新概念，总会有人支持、有人反对，仿生纳米界面材料在提出初期，也饱受争议。很多人对江雷的研究不屑一顾："成天捡片叶子，抓个虫子，也算是搞科学？植物有什么纳米效应？""学化学的谁都知道，含氟高分子一涂就超疏水了，扯什么纳米技术？"有人说："我们从未听说过还有什么纳米界面材料。"

但正是这些挫折，让江雷愈发强大起来。

2005 年，项目团队的超疏水/超亲水界面可逆转变 "超级开关" 的研究工作获评 2004 年中国十大科技进展，时任中国科学院院长的路甬祥院士听完江雷的汇报后，感叹道："与其学习美国，不如学习自然。"也就是从那时起，路院长提出在苏州共建新研究所，江雷的 "腰板" 终于挺直了。回想这些年他带领整个团队左手虫子、右手叶子的日子，真正打通交叉科学的 "任督二脉"，是在江雷 2003 年担任科学技术部 "863 计划" 纳米科技专项总体专家组组长期间。几年间，他走遍祖国大地检查项目进展，虽然知识面得到拓展，但是占用了大量的时间。他偶然间在一位朋友的办公室看到六个字，"知进、知退、知止"，感悟深刻，意识到自己应该 "解甲归田"。后来他请学兄书 "匾"以定心志，欣然辞去组长职务。而在那时，很少有人会这样做。他重新回到平常的研究状态时，已经是练成 "降龙十八掌" 的 "郭靖" 了。

在 2024 年国家纳米科学中心 20 周年庆典上，江雷被授予 "伯乐奖"。2004 年，他担任国家纳米科学中心首席科学家，为建立仿生交叉科学合作平台，分别以 "纳米粒子合成组装" "生物分子组装" "导电高分子组装" "生物界面调控" "生物医学物化表征" 这 5 个方向引进了在这几个领域已经 "生根" 的 5 名 PI，随后有 4 人入选 "杰青"，1 人当选院士，1 位医生竟然成为物理化学家。江雷在纳米中心一共招收了 9 名学生，其中 4 人成为 "杰青"，

2 人成为"优青",还有 1 人成为上市公司的副总经理。

2008 年江雷在北京航空航天大学创建化学学院时,凝练出 4 个方向。5 年内,江雷申请了 4 个"973"项目,完成了 30 年的布局。北京航空航天大学化学学院建院 15 年,在仿生材料化学领域已经成长为"个体研究单位",全球排名第一。

他经常告诫学生要保持一颗"童心",用孩子般的好奇心打破"认知抑制状态";在科研选题上要"自强不息",挑战学科极限。他教导学生理解"大树底下好乘凉,大树底下不长草"的道理:要尽量"远离"导师的研究方向,才能够找到自己更为广阔的天地。也正因如此,江雷的学生中涌现出大量的青年科技人才,能在国内外的很多研究机构中独当一面。他不奢求每个学生都"杰出",但希望他们谨记"厚德载物",像许多杰出的老师、前辈那样,即使在"平凡"的岗位上,也能为社会做出"非凡"的贡献。

归国 25 年间,江雷始终秉承"道法自然"的研究思路。时至今日,江雷提出的仿生超浸润界面概念在全球引起研究热潮:有 94 个国家,超过 1400 个科研单位跟踪进入此领域,论文被引用已经超过 20 万次。相关研究的应用推广正在能源、健康、环境、材料、化工等领域进行。

Nature 杂志以"Game Changer:Nature Mimic"为标题,封江雷为"自然派掌门人",这是对江雷在仿生纳米界面材料领域"道法自然、替天行道"的认可。

吉林大学的张希校长是这样评价江雷的:"心中有科学,眼里无学科。"这样的评价是精准的。江雷在科学研究的道路上,不单单把目光瞄准科学,更注重拓宽读书的视野。他认为除了要熟读精读专业书,在具备坚实的理科功底的基础上,还要努力做到通晓古今、融贯东西,加强在哲学、美术、文学、音乐等方面的自我修养,这也是他面对科学的宗旨之一。

2024 年 10 月 26 日,镇江市政协院士走访组走进中国科学技术大学苏州高等研究院(仁爱路校区),江雷早早在办公室迎候家乡人。他开口就提到小时候吃过的镇江小咸鱼、小笼包子和香醋,忆起父母、爷爷奶奶、舅爷爷这辈人,恍如隔世,唏嘘不已!

骨子里有着江南人基因的江雷,特别喜欢镇江的小笼包子,偶尔放松的时候，他会独自驱车两小时从苏州赶回镇江，只为尝一口家乡的小笼包子和酸酸甜甜的香醋。与其说他是来镇江觅食，不如说是来镇江寻根。父亲在离世的前一年（2004年），与江雷约好来镇江一同寻找爷爷住过的曹家巷。江雷从宁波出发，到镇江与父亲会合，所幸他们找到了爷爷老家的房子。次年，曹家巷拆迁，江雷颇感遗憾，心中始终难以割舍那一份浓浓的乡情。

参考资料

1. 中国科学院学部. 院士信息：江雷［EB/OL］.（2009-12-03）［2023-08-18］.http：//casad.cas.cn/sourcedb_ad_cas/zw2/ysxx/hxb/200912/t20091203_2681361.html.

2. 北京航空航天大学化学学院. 师资力量：江雷［EB/OL］.［2023-08-18］.https：//sce.buaa.edu.cn/info/1023/9159.htm.

3. 中国科学院学部. 院士动态：江雷院士获联合国教科文组织纳米科技发展贡献奖［EB/OL］.（2016-02-18）［2023-09-16］.http：//www.ad.cas.cn/ysdt2022/202303/t20230307_4878179.html.

4. 中科院院士江雷获第五届"纳米研究奖"［EB/OL］.（2018-09-16）［2023-09-26］.https：//news.sciencenet.cn/htmlnews/2018/7/415551.shtm.

5. 程群峰. 我校江雷院士获2018年度求是杰出科学家奖［EB/OL］.（2018-07-16）［2023-10-23］.http：//news.buaa.edu.cn/info/1005/45280.htm.

6. 张玉钏. 化学学院院长江雷院士为学子带来精彩一课［EB/OL］.（2018-04-02）［2023-09-05］.http：//sce.buaa.edu.cn/info/1013/7699.htm.

7. 余玮，杨滢. 江雷：我的人生一直在"跑"［J］. 中华儿女，2010（1）：22-25.

8. 余玮，杨滢. 海归院士江雷的纳米之路［J］. 华人时刊，2010（3）：36-37.

9. 吉林大学. 闻雁集［M］. 长春：吉林大学出版社，2024.

（王礼刚、钱兆南撰稿）

注：本文经江雷院士审核修改。

　　朱敏，中国科学院院士，古鱼类生物学家。1965年10月出生，籍贯江苏镇江。主要从事古鱼类学、鱼类演化生物学及相关地层学研究。历任中国科学院脊椎动物演化与人类起源重点实验室主任、古脊椎动物与古人类研究所研究员、博士生导师，中国科学院大学教授。1984年毕业于南京大学地质系古生物地层专业；1987年获中国地质科学院研究生部硕士学位；1990年获中国科学院古脊椎动物与古人类研究所博士学位，之后留所工作；1993年至1996年，在法国巴黎自然历史博物馆从事博士后研究；1996年至1997年，获洪堡基金资助，在德国柏林自然博物馆进行合作研究；1999年获国家杰出青年科学基金资助。1999年至2008年，担任中国科学院古脊椎动物与古人类研究所第七、八任所长；2016年入选科技部重点领域创新团队负责人。

　　朱敏带领团队为解决古生物学与演化生物学领域中的重大理论问题，如颌起源、有颌类起源与早期分化格局、硬骨鱼纲起源与早期演化等，提出了有影响力的新学说，并提供了关键实证，有力推动了国际学术界对硬骨鱼纲起源乃至有颌类早期分化的探索，使中国早期脊椎动物研究稳居古脊椎动物研究领域国际前沿。

　　2021年当选为中国科学院院士。

朱敏

揭开"从鱼到人"进化的奥秘

人类究竟如何起源,历来众说纷纭。现代科学研究普遍认为,生命起源于海洋,而在生命演化史中,脊椎的出现,改变了世界。在近代生物的演化中,"脊椎"的出现至关重要,现代动物学中把动物分为"无脊椎动物"和"脊椎动物",并且普遍认为,"脊椎动物比无脊椎动物更加高等"。

人真是从鱼进化而来的吗?事实上,人类和鱼类不是对等关系。从鱼到人,演化需近5亿年,这是一个漫长的过程,最早的无颌类演化变成有颌类、硬骨鱼类、肉鳍鱼类,之后登上陆地变成两栖类、爬行类和哺乳动物,最终演化成人类。

人类和鱼类同属脊椎动物亚门的有颌下门。朱敏院士领衔的科研团队经过多年的野外考察与研究,揭示了有颌脊椎动物的起源与早期演化的重要信息,在"从鱼到人"的探源研究领域取得重要突破。

"从鱼到人"最好的证据就是人类和现存的99.8%的脊椎动物都有同样的器官——颌骨,这个器官让人类和大部分脊椎动物被统称为有颌类。由于最早拥有颌骨的脊椎动物是鱼类,因此它们是人类的远祖来源。

2022年9月,朱敏院士的团队在英国《自然》杂志上同期发布4篇古鱼研究论文,首次为有颌类的崛起与最早期辐射分化提供了确切证据,为揭开"从鱼到人"进化的秘密迈出了一大步,轰动全球。

把冷门专业变成自己的兴趣

1965 年 10 月，朱敏出生于江苏吴县（现苏州市吴中区）。1959 年，他的父亲朱纪尧从学校毕业后一直在镇江句容后白中学任教，母亲陆佩珍在后白镇卫生院工作。两位老人退休后回到苏州养老。

朱敏家有兄妹三人，他排行老二，爷爷奶奶居住在张家港锦丰镇，外公外婆居住在苏州吴县横泾镇后巷桥村。因为父母工作繁忙，无法照顾孩子，幼年的朱敏时而跟着爷爷奶奶，时而跟着外公外婆生活。他回忆，自己在小学期间辗转于横泾镇、张家港锦丰和后白镇三地，一共上了 6 所小学。1976 年至 1980 年，朱敏才跟随父母在句容后白中学就读。

朱敏从小就热爱学习，虽然入学年龄比班上一些同学小，但学习十分刻苦、自觉性特别强，善于利用点滴时间，多次转学都没有影响学习，成绩始终在班级名列前茅。朱敏的大姨妈当年是苏州中学保送到中国科技大学的第一批大学生中的一员，可惜英年早逝。姨妈的遗物留在横泾镇的外公外婆家，其中有一批历史、哲学、自然科学方面的书籍。小朱敏住在外公外婆家时，常会翻看这些书。

在老师和同学眼中，朱敏是个不折不扣的"学霸"。高中时，后白中学有两个"尖子班"，学生选拔自句容南片区的 8 个公社，师资力量配备雄厚。朱敏不仅入选"尖子班"，还担任班级的学习委员。"他善于思考，善于发现问题、解决问题，特别尊敬师长，一直是我们学习的榜样。"高中同班同学胡应明回忆。1980 年，全班 40 多人参加高考，仅有 9 人应届考取大学，其中就有朱敏。

20 世纪 70 年代末，农村难得放映一场电影，当班里的同学到学校操场看电影时，朱敏却留在教室里学习。班主任虞老师对朱敏认真学习的往事记忆犹新，"学习非常刻苦，从不放过任何一个难题。夏天教室里蚊子多，他就找来水桶装上水，将双腿放进水桶里抵挡蚊子叮咬"。

1978 年，作家徐迟发表了报告文学作品《哥德巴赫猜想》，在全国引起轰动，数学老师经常在班上朗读其中的故事，数学家陈景润的故事给朱敏留下了深刻的印象。他的数学成绩一直非常好，少年的他梦想能考上大学的数学专业，将来也成为一位数学家。1980 年，不满 15 周岁的朱敏已高中毕业，准备参加高考。1977 年，我国的高考刚刚恢复，1980 年仍有一些"老三届"考生共同参加高考，竞争十分激烈。朱敏平时学习成绩优异，对考上大学相当有把握。

没想到，高考中的一个失误，却让他走上了与数学截然不同的古生物学研究之路。提起高考，朱敏略有遗憾，"我当时年龄小，性格不沉稳，把我最擅长的数学科目给考砸了"。数学考试中，尽管他答出了一道大多数同学都没做出来的难题，可看错了另一道 20 分左右大题的题干，他认为考卷题目出错了，花费了大量时间去验证，硬生生把后面做题的时间给耽误了。本来他完全有能力考 120 分满分，结果才考了 80 多分。

高考的遗憾让他与自己喜欢的数学专业失之交臂，最终，他被南京大学录取到了地质学系古生物地层专业，开启了他为人类追根溯源之路。

入学之初，朱敏根本没听说过这个冷门的专业。好在他很乐观，自己寻思着既然没进数学专业，那就在这个古生物地层专业里好好念，一样可以为国家做贡献。

他对古生物学的兴趣，是在进入大学后的专业学习中培养起来的。都说兴趣是最好的老师，他却认为，每个学科都有独到之处，关键在于你是不是能钻进去，"只要钻进去了，以后自然就产生兴趣了，各行各业都是这样。三百六十行，行行出状元"。40 多年来，他始终专注于古生物学研究，把冷门专业变成自己的兴趣，全力以赴推动我国古生物学研究走向国际最前沿。

跟随导师追溯生命演化的奥秘

什么决定了物种多样性？什么基因的改变造就了独特的人类？这些正是古生物专业所要研究的课题。

跨进大学之门，朱敏爱玩的本性流露，有时候上课还会和同学打闹，老师就将他叫上讲台去做题。可该学习时，他也毫不含糊，课余时间经常泡在图书馆里看书。他的涉猎范围很广，尤其爱看科学哲学、科学史之类的书。他认为，只有了解过去，才能更好地判断未来。朱敏的体育成绩不算好，但他清楚地知道，地质系的学生常常需要野外作业，对身体素质要求高，班上许多同学自觉地每天早晨 5 点钟去学校操场练长跑，他同样跟着同学们锻炼，从不懈怠。

古生物学是地球科学与生命科学的交叉学科，研究古生物学必须经历漫长的积累过程。本科毕业后，他顺利考入中国地质科学院研究生部，继续本专业的深造，硕士研究生毕业后又来到中国科学院古脊椎动物与古人类研究所（以下简称中国科学院古脊椎所）读博，师从周明镇院士和张弥曼院士。1990 年 9 月，朱敏以全优成绩通过博士学位论文答辩，成为国内培养的第一位古脊椎动物学博士，也是中国科学院古脊椎所自己培养的第一位博士。

朱敏常说，他很幸运，跟随的老师们都很优秀，所以他的科研之路走得比较顺畅。

他的导师周明镇院士，在中国古生物学界是一个不容忘却的存在。1952 年，周明镇开始主持中国科学院古脊椎动物研究室（中国科学院古脊椎所的前身）的古哺乳动物研究工作，几乎凭借一己之力，建立了我国最早的古哺乳动物研究团队。古脊椎动物研究室草创之初，研究古生物学所需的重要标本和图书非常匮乏，周明镇采购回 20 多套各国古生物学、人类学期刊，以及大量经典古生物学著作，为中国科学院古脊椎所留下了无比珍贵的图书馆藏。1993 年，他获得有"古脊椎动物学界诺贝尔奖"之称的罗美尔-辛普森奖章，是当年北美以外获此殊荣的第一人。

巧合的是，2016 年，罗美尔-辛普森终身成就奖颁发给了中国科学院古脊椎所研究员、中国科学院院士张弥曼。中国科学院古脊椎所成为世界上继哈佛大学、德州大学（奥斯丁）、堪萨斯大学之后，拥有两位该奖得主的学术机构，这充分显示了中国科学院古脊椎所在国际学术界的崇高地位。

张弥曼是中国古脊椎动物研究领域的"泰斗级"科学家，曾任古脊椎所第三、四任所长，是英国林奈学会外籍会士、瑞典皇家科学院外籍院士，曾于 2011 年和 2015 年分别荣获芝加哥大学、美国自然博物馆吉尔德研究生院荣誉博士学位。

多年来，张弥曼通过复杂、严谨的化石还原技术，研究了云南曲靖杨氏鱼、奇异鱼的结构，并大胆指出：它们没有内鼻孔，是一种原始的肺鱼。她的发现震动了世界古生物学界，对四足动物起源的新一轮探索由此开启。随着中国云南曲靖陆续发现震动古生物学界的泥盆纪、志留纪鱼化石，张弥曼的观点逐渐获得学界认同。2018 年，她荣获"世界杰出女科学家"奖，联合国教科文组织的颁奖词这样评价张弥曼："她的创新研究工作为水生脊椎动物向陆地的演化提供了化石证据，推动了人类对生物进化史的认知进入新的阶段。"

几代古鱼类学家筚路蓝缕、呕心沥血、不断"接力"，使中国的古生物学研究走在世界的最前沿。

作为蜚声世界的古鱼类学家，张弥曼为人淡泊，甘于奉献。20 世纪 90 年代初，经过深思熟虑，她决定让学生朱敏来做肉鳍鱼类研究，这一研究领域频出世界级成果，这为朱敏的事业发展奠定了深厚基础。

推动"古鱼王国"走向全世界

云南曲靖素有"古鱼王国"之称，是世界上独一无二的早期鱼类栖息和繁衍的天堂，被国际学术界公认为"4 亿年前人类远祖的发祥地"。朱敏与曲靖"古鱼王国"的故事始于 20 世纪 80 年代，自 22 岁师从张弥曼院士攻读博士起，他就追随导师来到曲靖，用近 40 年的时光在这里的崇山峻岭中寻找古鱼的踪迹，埋头挖化石、做研究。

20 世纪八九十年代，高铁尚未建设，从北京到云南，坐火车要三天两夜，且火车票极难买。朱敏记得，自己曾为买一张卧铺票，在北京前门附近的火车票售票点排队等了整整一夜。当时野外地质考察非常艰苦，他住的是两块钱一张床位的招待所。早晨一个人背上背包离开招待所，带着一位当地老乡做向导，步行 10 多公里的路上山，晚上再将挖出的化石背回招待所。

古生物学是地质学与生物学的交叉学科。对于这门追溯人类进化历程的科学，认识的进步离不开化石的发现。为发现化石，朱敏常常在荒山野岭一待就是几个月。用小锤子一锤一锤地敲，再小心翼翼地用凿子撬开石块，仔仔细细地用毛刷抚过石面，经常一蹲就是大半天。

然而，并非每次都有收获，绝大多数时候，这种寻找都是没有结果的。

1998 年夏天，朱敏和大师兄在曲靖连续寻找了一个星期都一无所获，两人疲惫地坐在一条水沟旁闷头啃馒头。突然，水沟边上一块发亮的石头映入朱敏的眼帘，他靠近细看，一小片深蓝色的骨片嵌在石间，这不是斑鳞鱼的下颌骨吗？两人兴奋地扔下手中的馒头，沿小河沟继续寻找，终于找到了斑鳞鱼的原生层位。自此，一个在地层中沉睡亿万年的古老灵魂被唤醒了。

年复一年，朱敏走遍了曲靖的每座山头，每次一待就是两三个月。他说自己比曲靖人还要了解曲靖，见证了曲靖近 40 年来城市的变化。

2007 年，朱敏带领的团队在曲靖潇湘水库附近发现了世界上独一无二且完整保存志留纪有颌脊椎动物化石的"潇湘动物群"。2009 年，在麒麟区石灰窑村的一处山坡上，一块名为"梦幻鬼鱼"的有颌类化石被发现，它是迄今世界上最古老、保存最完整的有颌类化石。2013 年，英国《自然》杂志长文报道朱敏研究团队发现了一条 4 亿年前的空棘鱼类——云南孔骨鱼，其解剖学特征与今天的空棘鱼几乎完全相同。这一古生物学领域的新进展填补了中国南方早泥盆世空棘鱼化石记录的空白，再次印证了中国南方古地理区域是肉鳍鱼类起源中心的假说，将"解剖学意义上的现代型空棘鱼"记录前推了约 1700 万年。

朱敏团队发现了古生物学界苦寻一个世纪的志留纪鱼化石群，这一发现成为"始祖鸟之后最令人激动的古生物发现之一"，为有颌类动物的起源与早期演化、硬骨鱼纲动物的起源与早期演化、四足动物的起源这 3 个重要研究方向找到了极为关键的化石证据。志留纪是距今 4.4 亿年到 4.1 亿年的时代，有着比西屯动物群年代更古老的鱼，分为有颌类和无颌类。其中，有颌类是 99.8% 现生脊椎动物的祖先，是人类的"远祖"。

后来，团队又发掘出麒麟鱼、宏颌鱼、甲鳞鱼等大量丰富、完整的志留纪鱼化石，令曲靖的潇湘动物群和西屯动物群"齐名"，曲靖被印在国际通行的古脊椎动物教科书上，成了全球古生物学者心目中的"圣地"，曲靖由此也成为国际社会公认的 4 亿多年前人类远祖的发祥地。

人类的面孔是如何演化而来的？这是《科学》杂志 2005 年公布的 125 个最具挑战性的科学问题之一。颌骨是包括人类在内的脊椎动物脸孔的主要标志之一，它的起源和演化是解开面孔演化之谜的关键一环。

人类的颌骨可以比较清楚地追溯到原始硬骨鱼祖先，比硬骨鱼类更原始的有颌脊椎动物是盾皮鱼类，传统上认为它们已在大约3.6亿年前的泥盆纪末灭绝。由于缺少过渡化石，长期以来科学家们不清楚盾皮鱼类与硬骨鱼类之间是如何演化的。全颌盾皮鱼类长着硬骨鱼模式的上下颌，但身体其他地方却保持着典型盾皮鱼的样子，明确地显示了硬骨鱼类由盾皮鱼类直接演化而来，相关系统学研究彻底颠覆了人们对鱼类时代各大类群间演化关系的传统认识。

根据这一发现，朱敏团队提出了从原颌状态到全颌状态的演化新理论，也将人类颌骨的起源一直追溯到我们更古老的远祖——原颌盾皮鱼类。

为中国的文化自信做出贡献

只有了解过去地球变化的规律，才能推动地球今后的发展，如何将地球历史这本万卷书逐页打开？古生物学最大的实验室在野外，每年除了要花两三个月的时间在野外考古，朱敏剩下的时间就在实验室里修补标本、研究标本。

一件标本也许需要修补数年，朱敏有时对着显微镜一干就是十几个小时。2020年，他花了几个月时间，埋头整理、清洗了脊椎动物中将近2万个分类单元（属种）的数据，这项工作也是中国科学院A类战略性先导科技专项

朱敏院士在讲学

"地球大数据科学工程"中，由他负责的一个子课题"古生物与古环境综合数据库构建及其应用"的内容。

40多年来，朱敏持之以恒从事鱼类演化生物学研究，在解决生命演化中的若干重大难题方面取得了系统性的创新性成果，其中包括颌起源、硬骨鱼纲起源与演化、鱼类登陆等。他带领团队使早期脊椎动物研究水平跃居国际前列，相关内容被引入国外权威教科书；领衔研制的多套CT装置在古生物学研究新技术应用中发挥了引领作用；主持创建的"深骨"全球数据库，已成为古脊椎动物领域物种数最全的平台。

在朱敏看来，"我们所做的事情是不断追溯过去，经过研究发现重要生物类群的起源地。它们主要来自中国的某个地方，这个地方成为全球学界关注的地方，学者都想要到这里'朝圣'，而它们属于中国的世界自然遗产。这就是我们所说的文化自信，这也是我们为国家做出的贡献中的一部分"。

古生物化石是古生物划分和对比地层、了解地球历史的重要依据，是研究动物生命与人类起源、发展历史及其规律的珍贵材料。2022年，朱敏团队在重庆秀山发现了一个具有大量鱼类完整身体保存的特异埋藏化石群——"重庆特异埋藏化石库"，这个化石群保存了大量志留纪早期具有完整有颌鱼类化石的生物群，堪称"有颌鱼类的黎明"。这是继澄江生物群、热河生物群之后，又一个在我国发现的、为探索生命之树演化重要节点提供大量关键证据的特异埋藏化石库。他们将完整有颌类的化石记录前推了1100万年，将若干人类身体结构的起源追溯到4.36亿年前的化石鱼类。这一发现填补了全球志留纪早期有颌类化石记录的空白，首次为有颌类的崛起与最早期辐射分化提供了确切证据。

2022年9月28日英国《自然》杂志在线发表了中国科学院古脊椎动物与古人类研究所朱敏院士团队的4篇学术论文，其中就包括对重庆秀山鱼类化石的研究发现。

从朱敏上大学时到现在，人们对古生物学的认识发生了很大的变化，每年都有很多学生报考。"过去古生物学是服务于地质勘探工作的，现在更偏向于对生物学生命与地球历史的认识。"朱敏介绍，现在古生物学越来越重视学科的交叉与融合，在研究中广泛应用数学和统计的方法。在野外研究方面，现在的条件也比过去好了很多，白天开车出去挖掘，一般晚上就回来了，基本不需要扎帐篷住在野外。"对很多同行来说，野外作业充满了乐趣，这是和大自然接触的好机会。"多年来，由于野外作业的需要，他走遍了祖国的每一个省，也因此更加热爱祖国的大好山河。

为向公众普及古生物学，激发年轻一代的兴趣，朱敏和几位科学家曾呼吁建立国家级自然历史博物馆。如今，他还是一位不折不扣的"网红"，"朱敏院士讲古生物"抖音官方账号已经吸引了近70万名"粉丝"，每期视频都能获得成千上万的点赞。

与第二故乡结下不解之缘

多年来，朱敏一直将镇江句容视为他的第二故乡。父母退休前，他常回后白镇探亲，现在他仍常回老家看看。在他的心目中，在后白中学度过的少年时代，是他记忆中最美好的时光，"那时，我住在学校的教工宿舍，常去同学们住的大通铺宿舍里，跟大家一起钻在被窝里打扑克、聊天"。

2021年11月20日，后白中学负责人及母校师生带上祝福，前往苏州探望朱敏院士父母，《句容日报》记者随队采访。采访期间，远在北京的朱敏院士委托妹妹朱海红向"第二故乡"句容转达了亲笔书信，深情寄语："我在后中度过了美好的中学时光，希望同学们胸怀理想，脚踏实地，打好今后为国家、为社会、为科学做出贡献的基础。"

2023年1月24日，朱敏回到母校，追忆起当年在校学习期间的点点滴滴、历历往事。他对后白中学教师无私奉献和吃

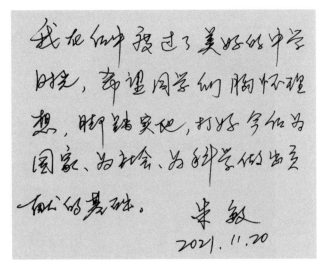

2021年11月20日，朱敏院士亲笔为后白中学学子题写寄语

苦耐劳的精神表示崇高敬意，对母校在办学理念、学校管理、教学改革等方面的举措，以及住宿条件、学习环境和校园文化等方面的发展变化给予了高度评价和充分肯定。

朱敏认为，镇江有着悠久的历史和深厚的文化底蕴，在发展文化产业方面大有可为。从 2023 年开始，他积极为筹建茅山自然科学馆牵线搭桥，设想将该馆与茅山本地的自然资源及周围的考古遗址相结合，为茅山增添更多科学元素，吸引更多的人走进镇江。

2023 年 1 月 24 日，朱敏院士回母校句容市后白中学重温校园时光（一）

2023 年 1 月 24 日，朱敏院士回母校句容市后白中学重温校园时光（二）

2024 年 1 月 27 日，朱敏院士在古生物保护和利用合作座谈会上讲话

2025 年 1 月 31 日，朱敏院士来句容参加高质量发展座谈活动

茅山组是中国岩石地层的专业名词，原称"茅山砂岩"，命名地就在茅山，岩性为暗紫色厚层砂岩，底部具灰白色砂岩，化石稀少。朱敏常笑言自己与茅山有着不解之缘，有一次回吴县横泾镇后巷桥村的老家，他无意中发现，自己小时候常爬的尧峰山就属于茅山组，而茅山组的时代恰好又与重庆特异埋藏化石库的时代相一致，"我的大半生，兜兜转转都没有离开过茅山"。

（马彦如撰稿）

后记

　　"山水花园名城、创新创业福地"——镇江，钟灵毓秀，人文荟萃。如群星般闪耀的镇江院士，是国家财富、城市荣光，是镇江人民尊敬和学习的楷模。

　　由镇江市政协办公室、镇江市史志办公室负责编撰的《崇尚科学　追求创新——镇江院士专辑》，旨在记述镇江院士先进事迹，展现他们胸怀祖国、服务人民的爱国精神，勇攀高峰、敢为人先的创新精神，追求真理、严谨治学的求实精神，淡泊名利、潜心研究的奉献精神，集智攻关、团结协作的协同精神，甘为人梯、奖掖后学的育人精神，激励更多镇江人在中国式现代化新征程上投身科技创新伟大事业。

　　本书的编撰出版工作自2019年开始，历时六年。镇江市委、市政府主要领导、有关领导高度重视，切实关心指导推动编撰出版工作。市委办公室加强统筹协调，做好服务保障。市政协办公室、市史志办公室、市政协文化文史委组建创作队伍，组织实施院士专辑编撰出版工作。凡浩、吴海平、蔡永祥、解志勇等同志为本书的出版做出了积极贡献。市合作交流中心积极联络院士或其家人、老师、学生、同事等。市科技局、市新闻出版局、市科协、市文联、市图书馆协助提供了相关资料。

　　编撰人员深入开展采访工作和学习研讨，2020年末，完成了

28 万字初稿的撰写。2021 年初，编撰委员会分别向院士或其家人、老师、学生、同事等征求意见，对书稿作了进一步修改完善。

2023 年 7 月，市政协召开文史资料征编工作会议，要求坚持系统思维，坚持守正创新，增强可读性，生动展现院士们在探求科学真理的道路上刻苦努力、成就自我的奋斗历程和报效国家、造福桑梓的巨大成就，既描绘院士个人风采，又塑造镇江院士群像。2024 年 4 月，市政协成立工作专班，深入开展联系走访院士工作，听取相关人士对本书的意见和建议，同时征集文史资料。

在本书编撰出版过程中，我们得到了各方面的大力支持和热情帮助。在此，谨向院士及其工作单位、家人、老师、学生、同事，向江苏大学出版社、北京茅以升科技教育基金会，向中国气象研究院刘品、华东理工大学梁辰、北京理工大学曹雪、山西大学光电所高星、南京理工大学王燕、西南交通大学电气学院麦瑞坤、嵇钧生、赵金柏，丹阳市、句容市、扬中市、丹徒区史志办，江苏航空职业技术学院，以及扬中发展促进会、句容市档案馆等单位和个人致以深深的谢忱！

作为编者，我们在为书稿付梓而感到高兴之际，也有一些遗憾，由于院士科研领域和工作经历的特殊性，部分镇江院士的事迹未能收入本书。囿于水平和视野，书中疏漏与讹误之处也在所难免，恳请院士及读者不吝指教。

编　者

2025 年 2 月